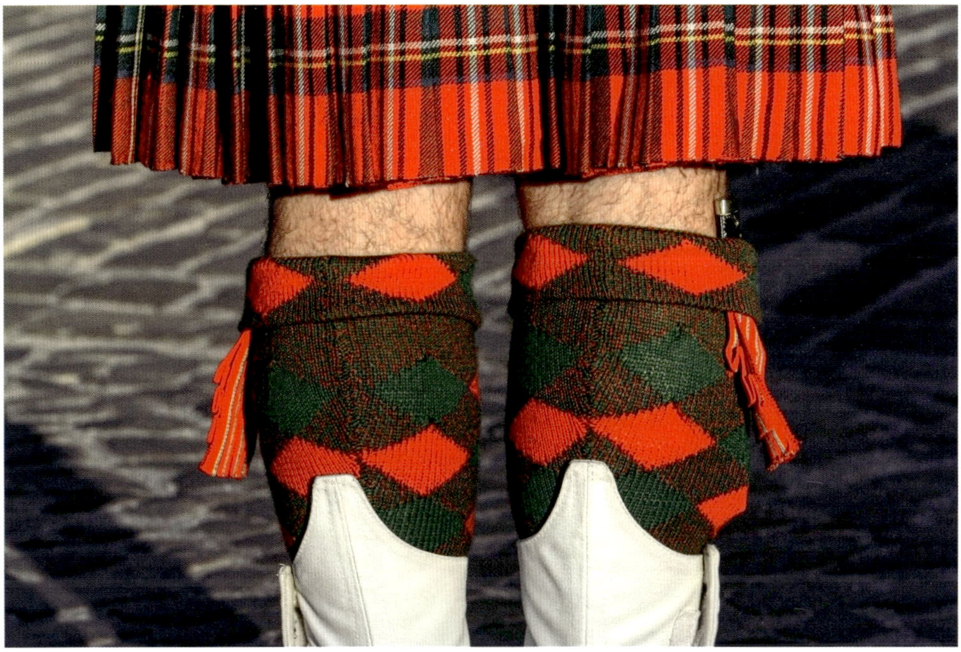

DAS REISEBUCH
SCHOTTLAND

Die schönsten Ziele entdecken
Highlights, Nationalparks und Traumrouten

Udo Haafke Peter Sahla Petra Woebke

DAS REISEBUCH SCHOTTLAND

Die schönsten Ziele entdecken
Highlights, Naturwunder
und Traumrouten

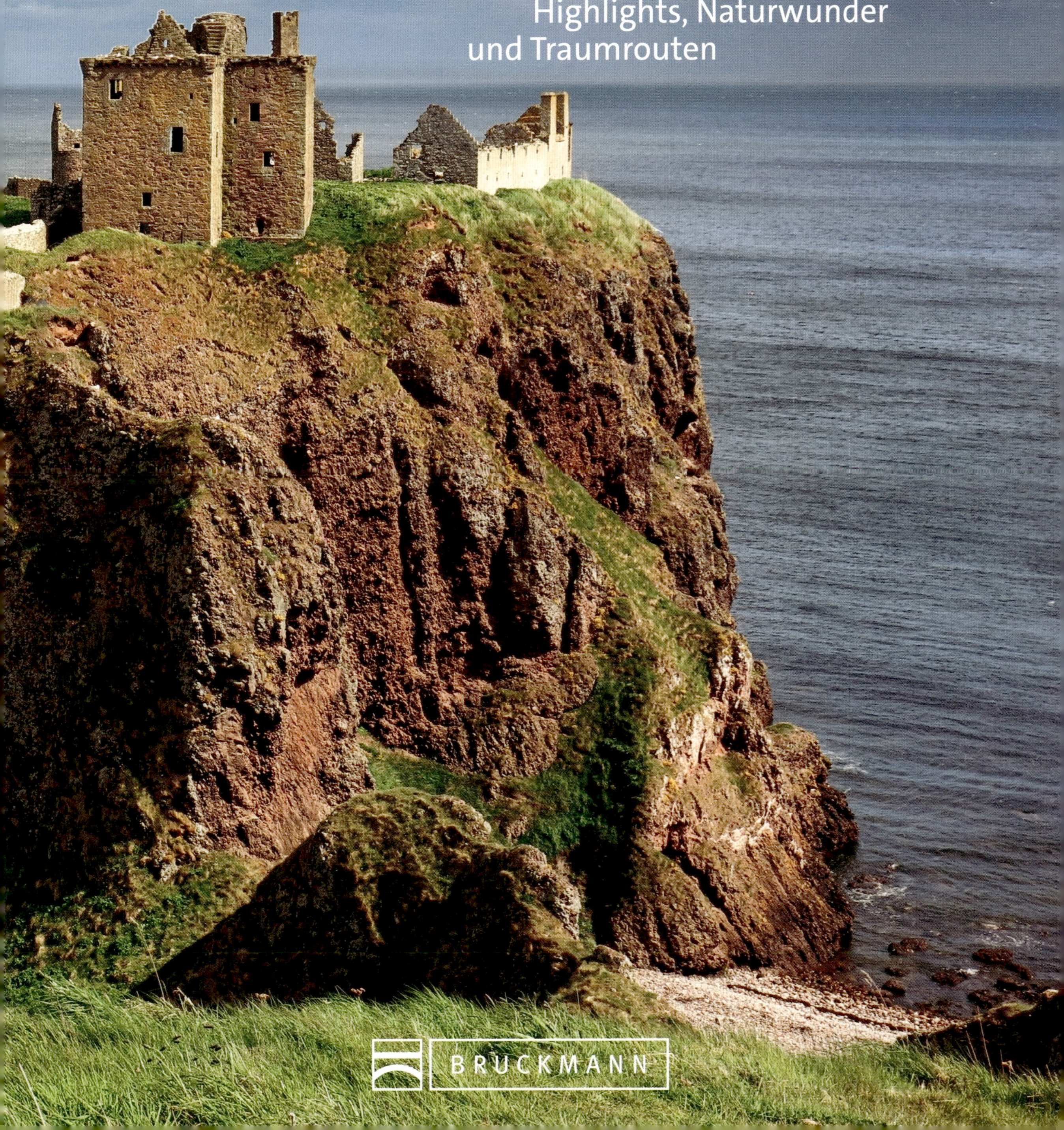

BRUCKMANN

INHALTSVERZEICHNIS

Übersichtskarte 8

Willkommen in Schottland – Große Geschichte(n) 12

Schottland – Autonom im Königreich 22

EDINBURGH, DIE LOTHIANS UND DER SÜDEN

1 **Edinburgh** – Das Athen des Nordens 28

2 **Edinburgh in Grün** 34

STATIONEN EINER KÖNIGIN
Die Tragik der Maria Stuart **36**

3 **Ehrwürdiges Leith** 38

4 **Verträumtes Dean Village** 39

5 **East und West Lothian** – Hart umkämpft 40

6 **Firth of Forth** –Stoff für Tragödien 46

7 **Das Falkirk Wheel** – Technisch meisterhaft 48

8 ABBEYS CYCLE ROUTE
Radeln durch die Geschichte **50**

9 **Abbotsford am River Tweed** 52

10 **Traquair House** – Schloss im Grünen 53

11 **Dumfries** – Poesie und Freiheitskampf 54

12 **An der Solway Coast** – Wälle und Mauern 56

13 **Kirkcudbright** – Große Kunst 58

14 **Die Halbinsel Rhinns of Galloway** – Bezaubernd 60

15 **Am Loch Ken** – Historische Seenlandschaft 64

16 **Coldstream** – Regimenter und Regenten 65

GLASGOW UND DIE PROVINZ ARGYLL

17 **Glasgow** – Europäische Kulturhauptstadt 68

18 **Schottischer Jugendstil** 72

Kenner trinken in der Scotsman's Lounge. Beim Tauziehen messen die Clans im Wettstreit ihre Kräfte. Mindestens drei Jahre braucht Whisky bis zur Reife. Pubs bedienen sich gern skurriler Bezeichnungen. Briefkasten am Queens View. Ein Vorgarten in Footdee. (v.l.n.r.).

Das Dorf Dornie am Eingang zum Loch Long liegt nur unweit des legendären Eilean Donan Castle.

19 **Die Willow Tea Rooms** – Tee im Weidenhain 74

20 **Celtic Connections** – Beste Unterhaltung 75

21 **Am Firth of Clyde** – Einzug der Moderne 76

22 **Turnberry** – Golf am Meer 78

23 **Culzean Castle** – Glanz an der Küste 79

24 **Lanark und die Industrie** 80

25 **Loch Lomond** – Mit Inbrunst besungen 82

26 **Am Loch Tay** – Uraltes Siedlungsgebiet 84

27 RUNDE UM ARRAN
Kleine Welt im Firth of Clyde **88**

28 **Kintyre und Islay** – Whisky und Meer 90

29 **Gigha und Jura** – Kontrastreich 94

30 **Stirling Castle** – Königliche Residenz 96

UNABHÄNGIGKEIT – JA ODER NEIN?
Das ewige Streben nach Freiheit **98**

31 **Die Schlacht am Bannockburn** 100

DER WESTEN

32 **Inveraray** – Aus einem Guss 104

33 **Der Crinan Canal** – Wasserstraße mit Stil 106

34 **Iona und Mull** – Ungleiche Pilgerstätten 108

35 **Das Naturwunder Staffa** 112

36 **Carsaig** – Mehr als nur Filmkulisse 114

37 **Die Insel Ulva** – Im Schatten Mulls 115

38 **Im Glen Coe** – Einsame Schönheit 116

EIN PARADIES FÜR TIERFREUNDE
Die Vielfalt schottischer Fauna **122**

39 **Glen Orchy** – Im Tal des Königs-Clans 124

40 **Am Loch Linnhe** – Burgen und Brücken 128

41 **Fort William** – Tor zu den Highlands 130

42 VON FORT WILLIAM NACH MALLAIG
Der Hogwarts Express auf Charlies Weg **132**

43 **Glen Shiel** – Wo die Spanier untergingen 134

INHALTSVERZEICHNIS

NORTH WEST HIGHLANDS UND ÄUSSERE HEBRIDEN

44 **Skye** – Scotland in a nutshell 140

45 **Plockton** – Einfach nur zauberhaft 146

46 **Lower Diabaig** – Kleinod am Loch Torridon 147

47 **Durch Torridon** – Herrliche Panoramastrecke 148

48 **Lewis and Harris** – Das doppelte Lottchen 152

SCHOTTLANDS CLANS UND IHRE TARTANS
Mode und Tradition eng verknüpft **156**

49 **Uist** – Land im Meer 158

50 **Die Insel Barra** – Landen am Strand 160

51 AUF DEM CALEDONIAN CANAL
Bootstour von der Nordsee zum Atlantik **162**

Beim Highland Gathering in Braemar. Cottage mit Telefonanschluss auf Barra. Highland Dancing gehört zum Standardprogramm des Edinburgh Military Tattoos. Vogelkommune in Portsoy. Das Edinburgh des 18. Jahrhunderts in »The People's Story«. Ikonische »Belties« bei einer Zwischenmahlzeit auf ihrer Weide. (v.l.n.r.).

52 **Loch Maree und Loch Ewe** – Legendär 164

53 **Im Highland bei Ullapool** – Wilde Schönheit 168

54 **Inverewe Gardens** – Geschenk des Golfstroms 172

55 **Rund um Durness** – Sandstrand und mehr 174

56 **Im äußersten Nordosten** – Flachland 178

OSTKÜSTE UND DIE ZENTRALEN HIGHLANDS

57 **Am Dornoch Firth** – Einmal unabhängig 184

58 **Black Isle** – Idyllisches Burgenland 186

59 **Cromarty** – Das Dorf an der Spitze 188

60 **Inverness** – Taktgeber der Highlands 189

61 **Glen Cannich und Loch Ness** – Ungeheuerlich 190

62 **Zum Castle of Old Wick** – Der »alte Mann« 192

63 **Falkner auf Dunrobin Castle** – Im Anflug 193

64 **Blair Castle** – Bei den Highland Games 194

65 **Die Grampian Mountains** – Für Outdoorfans 198

Die charakteristischen Formationen der Gebirgslandschaft der Cuillin Hills locken alljährlich Wanderer und Bergsteiger nach Skye.

HEIMAT BERÜHMTER WHISKYS – STRATHSPEY
Mit Volldampf zur Whiskyhauptstadt 200

66 **Craigellachie** – Fässer und Brücken am Spey 204
67 **Von Elgin bis Crovie** – Macbeths Triumph 206
68 **Pennan** – Anruf aus Hollywood 212
69 **Nairn** – Badeort mit Tradition 213
70 **Fraserburgh** – Noch wird gefischt – 214
71 **Boddam** – Still standing 215
72 **Aberdeen** – Eine Stadt in Grau und Silber 216
73 **Aberdeenshires Küstenidyll** 220
74 **Königliche Spiele in Braemar** 222

75 CASTLE TRAIL
Im schottischen Burgenland 226

76 **Glamis und Glen Clova** – Nicht nur Rinder 228
77 **Dundee** – Die wandelbare Stadt 232
78 **Die Halbinsel Fife** – Einst ein Königreich 234
79 **Gekrönte Häupter am Forth** 238

ORKNEY- UND SHETLAND-INSELN

80 **Die Orkney-Inseln** – Nahe fremde Welt 242
81 **Die Italienische Kapelle von Lamb Holm** 246
82 **Im Südwesten** – Imposante Klippen 247
83 **Starke Biere voll im Trend** 250

DAS ERBE DER WIKINGER
Traditionen bis ins 21. Jahrhundert 252

84 **Die Shetland-Inseln** – Energiereich 254
85 **Muckle Roe** – Reizvolles Nichts 258
86 **St Ninian's Isle** – Mainlands Anhängsel 259

87 VON YELL NACH UNST
Der Norden im Norden 260

88 **Fair Isle** – Insel der Schafe und Vögel 262

Kartenatlas 266
Register 282
Text-/Bildnachweis 286
Impressum 288

THE WITCHERY
BOSWELL'S · COURT ·
352

Highlights
Traumrouten
SHETLAND-INSELN
UNST
YELL
FETLAR
St. Magnus Bay
MUCKLE ROE
WHALSEY
MAINLAND
FOULA
Lerwick
ST. NINIAN'S ISLE
Jarlshof
FAIR ISLE
ORKNEY-INSELN
WESTRAY
ROUSAY
SANDAY
MAINLAND
Orkney Beer Brewery
Kirkwall
Stromness
Old Man of Hoy
481 m Ward Hill
Italienische Kapelle
HOY
SOUTH RONALDSAY
Pentland Firth
ATLANTISCHER OZEAN
ÄUSSERE HEBRIDEN
Butt of Lewis
Arnol
Carloway
Standing Stones
Callanish
Stornoway
LEWIS
Ballalan
Clisham 799 m
Tarbert
HARRIS
Rodel
SHIANT ISLAND
The Minch
NORTH UIST
Lochmaddy
Creagorry
SOUTH UIST
Lochboisdale
BARRA
Little Minch
TROTTERNISH
Kilt Rock
Uig
719 m The Storr
Dunvegan
Dunvegan Castle
SKYE
Portree
Loch Torridon
Sango Bay
Durness
Smoo Cave
Tongue
Golval
Thurso
Duncansby Head
Sinclair's Bay
Girnigoe
Wick
Castle of Old Wick
HANDA ISLAND
Laxford
Ardvreck Castle
HIGH-
959 m Ben Klibreck
LANDS
Kinbrace
Latherton
Helmsdale
Lochinver
Loch Assynt
Loch Shin
Ledmore
Inverpolly Nature Reserve
Lairg
Dunrobin Castle
Achiltibuie
Gruinard Bay
Ullapool
Bonar Bridge
Dornoch
Dornoch Firth
Tain
Loch Ewe
Inverewe Garden
Poolewe
1081 m Ben Dearg
Cromarty
Moray Firth
Loch Maree
Beinn Eighe Nature Reserve
Lower Diabaig
Achnasheen
Garve
BLACK ISLE
Nairn
Cawdor Castle
Torridon
Glen Cannich
Culloden Battlefield
Applecross
Loch Carron
Plockton
Inverness
Drumnadrochit
Urquhart Castle
Eilean Donan Castle
STRATHSPEY
Spey
Grantown-on-Spey
Carrbridge
Fort Augustus
Loch Ness
Aviemore
GLEN MORE FOREST PARK
Ardvasar
Sound of Sleat
Glen Shiel
RHUM
Mallaig
Morar
Invergarry
Kingussie
Spean Bridge
Glenfinnan
Arisaig
EIGG
Fort William
Ben Nevis 1343 m
Dalwhinnie
Grampian Mountains
Elgin
Cullen
Troup Head
Fraserburgh
Buckie
Banff
Crovie
Pennan
GRAMPIAN
Peterhead
Craigellachie
Fyvie Castle
Huntly
Boddam Bay
Dufftown
Pitmedden Garden
Ellon
Don
Inverurie
Fraser Castle
Aberdeen
Craigievar Castle
Crathes Castle
Ballater
Dee
Banchory
Braemar
Balmoral Castle
Stonehaven
Dunnottar Castle
Blair Castle
Glen Clova
Killiecrankie
Pass of Killiecrankie
Pitlochry
TAYSIDE
Glamis Castle
Montrose
Lunan Bay
Rannoch-Moor
Tummel
1083 m
Schiehallion
Blairgowrie
Forfar
Meigle
Arbroath
Dundee
Hebridensee
COLL
Strontian
Tobermory
Calgary
Lochaline
TREE
Scarinish
ULVA
Staffa
MULL
IONA
Fionnphort
Carsaig
Craignure
Glencoe
Loch Leven
Castle Stalker
Loch Linnhe
Glen Etive
1079 m
Ben Starav
Ben Lawers 1214 m
Loch Tay
Dunkeld
Perth
Etive
Glen Orchy
Dorchart Falls
Crieff
Oban
Loch Awe
Crianlarich
Drummond Castle Gardens
CENTRAL
St. Andrews
FIFE
Anstruther
NORDSEE
Firth of Lorn
Kilmelfort
Inveraray
Trossachs
Callander
Dunblane
Arrochar
974 m Ben Lomond
Loch Lomond
Stirling
Stirling Castle
Dunfermline
Firth of Forth
North Berwick
Tantallon Castle
Dunbar
Kilmartin
ARGYLL
Loch Fyne
COLONSAY
Scalasaig
Dunadd Fort
Crinan Canal
Falkirk Wheel
LOW-LANDS
Ardlussa
JURA
KNAPDALE
Dunoon
Firth of Clyde
Haddington
Lammermuir Hills
St. Abb's Head
Eyemouth
Port Askaig
Tarbert
Kennacraig
Greenock
Paisley
Glasgow
EDINBURGH
Coldstream
Rosslyn Chapel
Bowmore
GIGHA
Rothesay
Wemyss Bay
Hamilton
Lanark
LOTHIAN
Tweed
Portnahaven
ISLAY
Port Ellen
Lochranza
Ardrossan
Clyde
Floors Castle
Melrose Abbey
Melrose
Kelso
Traquair House
Galashiels
Jedburgh
KINTYRE
Brodick Castle
ARRAN
Kilmarnock
DUMFRIES
Devil's Beef Tub
Hawick
Firth of Clyde
Ayr
Wanlockhead
Grey Mare's Tail
Culzean Castle
AND
Moffat
Hermitage Castle
Campbeltown
North Channel
Turnberry
Southern Uplands
Mull of Kintyre
Girvan
GALLOWAY
BORDERS
Nith
IRLAND
GALLOWAY FOREST
New Galloway
Lockerbie
Ballantrae
Dumfries
Newton Stewart
Dee
Sweetheart Abbey
Gretna Green
ENGLAND
Loch Ryan
Cross-michael Church
Caerlaverock Castle
Stranraer
Wigtown
Rhinns of Galloway
St. Ninian's Cave
Kirkcudbright
Solway Firth
Whithorn
N
0
50 km

Das malerische Glen Coe spielt als »Tal der Tränen« eine besondere Rolle für das schottische Nationalbewusstsein. 1692 war es Schauplatz des »Massacre of Glencoe«, dem der Clan der MacDonalds von Glencoe zum Opfer fiel.

WILLKOMMEN IN SCHOTTLAND

Große Geschichte(n)

Die Anziehungskraft Schottlands begründet sich in der mystischen, landschaftlichen wie urbanen Vielfalt, der so liebenswerten wie exzentrischen Traditionen sowie nicht zuletzt einer sprichwörtlichen Gastfreundschaft.

Schottland querbeet

Schottland als das zweitgrößte Land im Vereinigten Königreich. Es bildet den Norden der Britischen Insel und beansprucht dafür ein Drittel der Landmasse bei allerdings nur knapp zehn Prozent der Gesamtbevölkerung. Während die Landesgrenze zu England eine Länge von nur etwas über 175 Kilometern misst, nehmen die schottischen Küsten gut 10 000 Kilometer ein. Von den insgesamt 787 Eilanden der schottischen Inselwelt sind lediglich 130 bewohnt, manche von ihnen nur mit wenigen Einwohnern, dafür meist jedoch mit unzähligen Schafen und zudem einer gewaltigen, lebhaften und gerne lautstarken Population an Seevögeln.

115 Stufen

sind auf der Wendeltreppe im Leuchtturm am Mull of Galloway, dem südlichsten Punkt des schottischen Festlandes, zu bewältigen. Oben hat man dann eine herrliche Sicht über die Irische See.

Millionen

und Abermillionen kribbelige Midges, winzige Mücken, können in dichten Schwärmen jegliche sommerliche Outdoor-Aktivität in windgeschützten, leicht feuchten Gebieten des Hochlandes zum quälenden Martyrium werden lassen.

»Doon the Watter«

ging es im vergangenen Jahrhundert für die Ausflügler aus Glasgow und der Region Inverclyde. Man reiste übers Wochenende in die Badeorte nach Argyll & Bute. Diese Tradition setzt der einzige noch fahrbereite hochseetüchtige Schaufelraddampfer, Baujahr 1947, heute fort. Eine Kreuzfahrt an Bord der P/S Waverley ist stets ein zauberhaftes Landschaftserlebnis.

Haggis

ist ein Reizwort in der schottischen Küche, gehasst und geliebt, weil niemand die Ingredienzen kennt. Bei der ebenfalls schottischen Kreation, dem frittierten Schokoriegel, weiß man, was man hat. Sieht auch nicht gut aus, aber schmeckt ausgezeichnet.

Doppelt einzigartig

liegt weit draußen vor den Äußeren Hebriden mitten in den Unbilden des Atlantiks der St.-Kilda-Archipel. 1930 wurden die letzten 36 Bewohner der Inseln evakuiert, ihrer Heimat entrissen. Zurück blieb eine Welt mit außergewöhnlicher Flora und Fauna, die als einziger Standort in Großbritannien doppelten UNESCO-Status besitzt: als Weltnatur- und Weltkulturerbe.

Die Tasse Tee

gehört auch in Schottland zum traditionellen Tagesritual. Lynne Collinson von der kleinen Insel Shapinsay im Orkney-Archipel hat es sogar geschafft, selbst Tee anzupflanzen und mit Norse Noir den nördlichsten jemals im Königreich produzierten Tee auf den Markt zu bringen.

Goldene Briefkästen

der Royal Mail finden sich an vielen Stellen des Landes. Sie erinnern in den Heimatorten siegreicher Sportler an die Olympischen Spiele in London 2012. Ganz besonders ist jener Briefeinwurf für Andy Murray am Kreisverkehr in der High Street von Dunblane, unweit der Kathedrale aus dem 13. Jahrhundert.

James Watt

ließ sich 1769 die Dampfmaschine patentieren. Er führt die Phalanx schottischen Erfindertums an. John Logie Baird gelang 1927 die Übertragung von Fernsehbildern, Alexander Graham Bells Telefonpatent stammt von 1876. Das logische System logarithmischer Rechenstäbe des John Napier bildet die Grundlage der Computertechnik, William Cullen erfand den Kühlschrank, Isaac Holden das Streichholz, James Dewar die Thermosflasche, James Clerk Maxwell die Mikrowelle, Alexander Shanks den Rasenmäher und gegen Landregen hilft zuverlässig der Regenmantel des Charles Macintosh.

Bunte Netze stapeln sich im Hafen von Findochty, einem alten, malerischen Fischerdorf mit hübschem, kleinem Sandstrand.

Schottische Wasserfälle sehen wunderschön aus und haben, wie die Fairy Glen Falls, oft geheimnisvolle Namen.

Idyllisch gelegen und gut zu erreichen: Die Silver Sands of Morar zählen zu den schönsten Stränden der Highlands.

Immerhin gute 1022 Meter misst das Bergmassiv des Buachaille Etive Mor, auf Deutsch: »Großer Schäfer von Etive«.

Loch Leven ist mit dem Clan MacDonald eng verbunden und zählt zu den schönsten Seen Schottlands (oben). Das imposante Eilean Donan Castle am Treffpunkt dreier großer Seen (Loch Long, Loch Duich, Loch Alsh) wird seit dem 13. Jahrhundert bewohnt (rechts).

AUTONOM IM KÖNIGREICH – SCHOTTLAND

Dramatische Schönheit im Norden

Die meisten Reisenden kommen sicherlich vor allem wegen der spektakulären Landschaft nach Schottland. Beherrscht wird sie von wuchtig-runden Bergmassiven, weiten Tälern, nebeligen Hochmooren und geheimnisvollen schwarzen Seen. Dazwischen beeindrucken steile Küstenstreifen mit stillen Buchten, hübsche Städtchen, einsame Fischerdörfer und abgelegene Bauernhöfe.

Für Schottland muss man sich Zeit nehmen. Über seine eindrucksvollen Berge und malerischen Täler führen nur wenige Schnellstraßen und schon gar keine Autobahnen. Das gilt vor allem für die Highlands, in den Lowlands kommt man etwas schneller voran. Sie machen ungefähr die Hälfte der Landmasse aus, dennoch lebt hier fast die gesamte Bevölkerung Schottlands. Die Highlands sind in weiten Teilen menschenleer. Die früheren Bewohner der Täler und Inseln sind nicht immer freiwillig weggezogen, sondern wurden von Großgrundbesitzern vertrieben.

Der Traum von der Unabhängigkeit

Alle Schotten zusammen sorgten 2014 weltweit für Schlagzeilen, als sie bei einer Volksabstimmung entscheiden mussten, ob die über 300 Jahre alte Gemeinschaft mit der englischen Krone aufgelöst werden sollte. Kurz vor der Abstimmung am 18. September sah es so aus, als sei ein Ende des United Kingdom tatsächlich in greifbare Nähe gerückt. Doch dann siegte – zumindest in den Augen der meisten Briten – doch die Vernunft: 55,3 Prozent aller wahlberechtigten Schotten stimmten gegen die Unabhängigkeit und 44,7 dafür.

Ein Blick in die Geschichte hilft, die Gründe für diesen Drang nach Unabhängigkeit zu verstehen: Fangen wir damit an, dass die Britischen Inseln von den meisten Ausländern als England bezeichnet werden. Das ist natürlich falsch. Die Inseln bestehen aus verschiedenen Ländern, die teilweise sogar eigene Volksvertretungen besitzen. Schottland hat seit 1999 sein eigenes Parlament. Wales ist nicht ganz so autonom wie Schottland, nennt aber auch seit 1998 eine Nationalversammlung sein Eigen. Und dann gibt es noch Nordirland, das nach der Unabhängigkeit der Republik Irland im Jahr 1922 britisch blieb. In zwei dieser Teilstaaten gibt es mehrere offiziell anerkannte Sprachen: In Wales ist seit 1998 Walisisch neben Englisch Amtssprache. In Schottland ist das schottische Gälisch seit 2005 offizielle Sprache, gesprochen von gerade einmal einem Prozent der Bevölkerung, zudem gibt es zusätzlich noch das *Lallans* oder *Scots*, die Sprache in den Lowlands.

Die Strathislay Distillery ist die älteste noch immer in Betrieb befindliche Brennerei Schottlands (oben). Der Garten des Dunrobin Castle ist dem Park von Versailles nachempfunden (unten).

Schottisches Geschichtsbewusstsein

Im Lauf der Jahrhunderte gab es immer wieder Bestrebungen der Schotten, sich von England zu lösen. Der Drang nach Unabhängigkeit von den *Sasunnach* oder *Sassenach*, den Sachsen, sprich den Engländern, basiert auf einer Historie voll Tragik und Gewalt, voll Blut und Tränen. Sie brachte große schottische Heldinnen und Helden hervor, aber auch unsägliches Leid über das einfache Volk. Es ist vor allem eine Geschichte, die den Menschen in Schottland auf jeden Fall bewusst ist. Und gerade in dieser Allgegenwart liegt einer der Gründe für den wachsenden schottischen Nationalstolz. Die Bestrebung nach Unabhängigkeit ist keine neue Erfindung, sie ist mehrere Jahrhunderte alt, zieht sich durch die Geschichte des Landes, ist verbunden und unlösbar verwoben mit seinen Tälern und Bergen. Selbstverständlich suchen viele junge Schotten ihr Glück im wohlhabenden Süden des Vereinigten Königreichs. Sie legen aber immer auch großen Wert darauf, an ihrer Sprache, an ihrem Akzent als Schotten ausgemacht zu werden. Sie reagieren deshalb oft sehr empfindlich, wenn sie von Ausländern gedankenlos als »Engländer« bezeichnet werden. Sie sind *British* (bestenfalls), aber niemals *English*.

Was Schottlandbesucher vorfinden, ist ein in jeder Hinsicht dramatisches Land. Das gilt vor allem für die Highlands und die westlichen Inseln. Hier beherrschen beeindruckende Täler und Bergzüge die Szenerie, auch wenn dazwischen immer wieder weitläufige Gebiete liegen. Sie sind so gut wie menschenleer, weil die ursprünglich hier lebenden *crofters* (Lehnbauern) von den Großgrundbesitzern zu Tausenden vertrieben wurden, um

das Land gewinnbringend der Schafzucht zu überlassen. Die Schmerzen dieser *Clearances* (Säuberungen) sitzen tief in der Psyche der Highlander und Inselbewohner.
Ebenso unvergesslich sind für jeden Schotten aber auch die vielen großen und verlustreichen Schlachten, die ihre Vorfahren einst für ein unabhängiges Schottland gekämpft – und oft verloren – haben.

Tradition und Moderne

Schottland ist aber auch ein Land, das große Feste feiert, das sich begeistert beim Sport misst und das gern tanzt und singt. Bei den sommerlichen Highland Games wird dies alles auf einmal geboten: Da werfen kraftstrotzende Kerle in bunten Karoröcken schwere Baumstämme und tanzen anschließend in Ballettschuhen leichtfüßig den Schwerttanz seann truibhas. Diese Feste locken von überall Besucher an, sind aber trotzdem authentisch und ein wichtiges Element der Volkskultur.
Im krassen Gegensatz dazu stehen die Metropolen Glasgow und Edinburgh mit ihren Festivals, Theatern, Opernaufführungen, Orchestern und Museen, kurz: mit einem kulturellen Angebot, das sich in der ganzen Welt sehen lassen kann. Schottland ist deshalb ganz sicher mehr als nur eine Reise wert.

Es lohnt sich, diesen wildromantischen Teil des Vereinigten Königreichs zu erfahren, zu genießen und sich von ihm herausfordern zu lassen.

Alle reden vom Wetter

Es weht ein steter Wind, und es regnet – vermeintlich – häufig. Beides ist eng miteinander verbunden, denn der Wind, der vornehmlich aus westlicher Richtung vom Atlantik her bläst, treibt Wolken vor sich her, die sich an der Küste im Westen, wo das Meer auf vorgelagerte Inseln und Festland trifft, entladen, während der Osten des Landes eher trocken bleibt. Dies belegen diverse Statistiken, wobei Niederschlagsmenge und -intensität durchaus nicht dramatischer sind als in klimatisch begünstigteren Regionen auf dem Kontinent. Gleich mehrere Orte im Land beanspruchen für sich, die meisten Sonnenstunden zu haben – ein müßiges Unterfangen, dies zu überprüfen. Der permanente Wind hat im Übrigen seine Vorteile, sorgt er doch dafür, dass eine Wetterlage nie zu lange anhält. Unbeständigkeit ist an der Tagesordnung, vier Jahreszeiten an einem Tag sind durchaus keine Seltenheit und beste Voraussetzung für eine gepflegte Konversation, die in Schottland mitunter philosophische Züge tragen kann.

Die Atholl Highlanders sind Europas einzige Privatarmee. Ihr Oberbefehlshaber ist der Duke of Atholl. Heutzutage haben sie aber nur noch zeremonielle Aufgaben.

EDINBURGH, DIE LOTHIANS UND DER SÜDEN

Monumentale Schönheit

Edinburgh Castle, trutziges Symbol des Widerstands, dominiert seit dem 12. Jahrhundert das Stadtbild (links). Herrenhäuser wie Hopetoun House zeugen auch im Inneren von kultiviertem Reichtum (oben). Das berühmte Deacon's Café am Lawnmarket ist eher ein *tearoom* denn ein Café (unten).

Edinburghs St Giles' Cathedral gilt als »Mutter des schottischen Presbyterianismus« (oben). Vom Calton Hill schweift der Blick über Edinburghs Altstadt bis hinüber zum ehrwürdigen Edinburgh Castle (rechte Seite oben). Die North Bridge überspannt seit 1897 die Bahngleise an Waverley Station und verbindet die Princes Street mit der Royal Mile (rechte Seite unten).

1 DAS ATHEN DES NORDENS – EDINBURGH

Geschichtsträchtiges Mekka der Kultur

Edinburgh ist seit 1437 Hauptstadt Schottlands und königliche Residenz. Mitten im Zentrum thront eine großartige Burg scheinbar uneinnehmbar auf einem Felsen. Von dort führt die Royal Mile nach Nordosten zum Palast Holyroodhouse. Die Residenz des Königs in Schottland wurde in ihrer jetzigen Form im 17. Jahrhundert angelegt. Hier heiratete Mary Stuart, *Queen of Scots*, 1565 Lord Darnley.

Rechts vor dem Palast steht Schottlands modernes Parlamentsgebäude. Es ist bezeichnend, dass gerade dieses Gebäude, das sich so selbstbewusst von seiner Umgebung absetzt, von dem katalanischen Architekten Enric Miralles entworfen wurde. Mit den Katalanen teilt Schottland den Wunsch nach Unabhängigkeit. 2004 wurde das Gebäude von Königin Elizabeth II. eingeweiht. Südlich vom Schloss erhebt sich wuchtig im Holyrood Park der sogenannte Arthur's Seat. Auf diesen 251 Meter hohen Gipfel führt keine Straße. Man muss zu Fuß hinaufsteigen. Von oben hat man einen grandiosen Blick auf die schottische Hauptstadt und die Burg – die Aussicht ist sogar besser als auf dem Calton Hill, dessen Gipfel man bequem mit dem Auto erreicht. Auf Calton Hill steht eines dieser schrägen Bauwerke, die man auf Englisch eine folly nennt – eine Torheit. 106 Meter über der Stadt sollte auf dem Hügel das Walhalla für Schottlands Dichter und Denker, Kriegsherren und Staatsmänner, Erfinder und Künstler entstehen. Dort wurde auch 1822 mit dem Bau von Charles Cockerells Parthenon begonnen. Leider ging dem guten Mann das Geld aus. Oder Gott sei Dank, denn heute bewundert man das unvollendete Werk, das gerade durch sei-

DUGALD STEWART

Das neue Parlament repräsentiert Schottlands Blick in die Zukunft (oben).

nen unfertigen Zustand etwas von seiner geplanten Monumentalität verliert. Aber auf dem Calton Hill gibt es noch mehr Interessantes zu sehen, so zum Beispiel das alte Observatorium, ein Denkmal für den schottischen Philosophen Dugald Stewart und das 31 Meter hohe Nelson Monument.

Die königliche Burg

Der Vorplatz, die Esplanade, vor Edinburgh Castle dient während des Sommers als tribünengesäumte Arena des Royal Edinburgh Military Tattoos, ansonsten beginnen hier die Reisegruppen ihre Rundgänge durch die Stadt oder eben auf die altehrwürdige Festungsanlage, die wie ein Adlerhorst weithin sichtbar in der Mitte der Stadt thront und deren unverwechselbar charakteristische Silhouette prägt. Bis ins 11. Jahrhundert reicht die Geschichte des monumentalen Bauwerks als königliche Residenz auf dem markanten Castle Rock in gut 135 Meter Höhe zurück. Der erloschene Vulkan diente zuvor schon den Pikten um 600 n. Chr. Als Respekt einflößendes Statussymbol und perfekter Standort ihrer Machtzentrale. Das heutige Aussehen des königlichen Palastes, der tagtäglich gewaltige Besucherströme zu bewältigen hat, basiert auf den architektonischen Idealvorstellungen des 15. Jahrhunderts. Einige Gebäudeteile sind wesentlich älter, so die vergleichsweise winzige St Margaret's Chapel, die etwa um 1130 errichtet wurde und gleichzeitig das älteste noch erhaltene Bauwerk Edinburghs ist. Am Gatehouse bewachen die Helden der schottischen Geschichte, William Wallace, der Braveheart aus dem gleichnamigen Film, auf der rechten Seite und Robert the Bruce, der heroische Triumphator über England in der Schlacht von Bannockburn 1314, auf der linken Seite. Nach Durchquerung des Portals führt der Weg bergauf, rechts liegt der gut sortierte Souvenirshop mit Ticketverkauf. Am Portcullis Gate im Argyle-Tower gleich dahinter beginnen die geführten Touren über das Burggelände. Danach öffnet sich ein großer, gepflasterter Platz mit Hinweistafeln zu historischen Daten und den unterschiedlichen Baustadien.

Von der Terrasse der Mills Mount Battery wird täglich um 13 Uhr aus alter Gepflogenheit ein Kanonenschuss abgefeuert. Dieser belächelte, aber sehr beliebte Anachronismus benennt, außer sonntags, seit 1861 auf Wunsch der Händler und der Bürger der Stadt die exakte Tageszeit. Eigentlich sollte diese Aufgabe der Time Ball, eine herabfallende Kugel am Nelson Monument am Calton Hill übernehmen. Doch es stellte sich schnell als wenig praktikabel heraus, denn man musste schon genau zur rechten Zeit zum Turm auf dem 103 Meter hohen Hügel am östlichen Ende der Princes Street hinaufschauen, um die Kugel an der Standarte fallen zu sehen.

Die Gesichter der Stadt

Zugegeben, auch die Aussicht vom Calton Hill auf die Stadt ist beeindruckend, vor allem auf die Princes Street und die Burg. Vielen Besuchern sagt jedoch der Blick vom Arthur's Seat über die mit Schornsteinen geschmückten Dächer mehr zu. Von den zwei Aussichtspunkten kann man die beiden Gesichter der Stadt ausmachen: die Old Town mit der Royal Mile und die vor 200 Jahren angelegte New Town mit ihren großzügigen Boulevards und eleganten Stadtvillen der Aristokratie, mit ihren vornehmen Squares und Einkaufsstraßen. Während die mittelalterliche Altstadt aufgrund Platzmangels hinter den Mauern der Flodden Wall 250 Jahre lang bis zu 14 Stockwerke nach oben wuchs, entstanden die Stadtviertel der New Town auf dem Reißbrett.

Die Flodden Wall wurde aus Angst vor den Engländern gebaut. Am 9. September 1515 erlebten die Schotten eine der entscheidendsten Niederlagen ihrer Geschichte gegen die Engländer auf dem Flodden Field südwestlich der englischen Stadt Berwick. Ihr König fiel und mit ihm der Adel des Landes und Hunderte, wenn nicht sogar Tausende Soldaten. Es war eine grausame Schlacht zwischen den tapferen Soldaten des englischen Königs Henry VIII und denen des Schottenkönigs James IV. Edinburgh geriet in Panik. Man begann sofort mit dem Bau eines Schutzwalls, der Flodden Wall.

Unter der Bezeichnung »Auld Reekie« ist Edinburgh, dessen Zentrum seit 1999 zum UNESCO-Weltkulturerbe gehört, etwas weniger bekannt. Damit umschreiben die Schotten die vom Rauch der Kohleöfen geschwärzten Sandsteinfassaden, die zuweilen durchaus düstere Assoziationen wecken. Vor allem in den schmalen, verwinkelten Gassen der Altstadt zwischen immens hohen dunklen, fast fensterlosen Hauswänden geht es, unterstützt von entsprechender Wetterlage, ausgesprochen unheimlich zu. Auch weht hier bisweilen ein recht eigentümlicher Geruch,

Die Victoria Terrace überragt gleich in mehreren Stockwerken den Western Bow, der in weitem Bogen zum Grassmarket hinunterführt.

Das Edinburgh Festival bietet nonstop Unterhaltung (oben). Ob solo, in einer Kapelle bei den Highland Games oder in einer Rockband – der Dudelsack ist allgegenwärtig (unten). Prinz Albert legte 1850 den Grundstein der klassizistischen Scottish National Gallery (rechte Seite oben). Das ikonische Palmenhaus des Botanischen Gartens der Hauptstadt stammt von 1858 (rechte Seite unten).

der schon Theodor Fontane bei seinem Besuch aufgefallen ist. Nicht umsonst sind die allabendlichen Geistertouren so außerordentlich beliebt. Jeder Meter der Royal Mile, die stetig abwärts vom Castle nach Holyrood führt, birst vor Historie, Mythos und immer auch sehr viel Mystik. Allerdings wollen sich diese nicht immer auf den ersten Blick erschließen, da sie von üppig-überladenen Souvenirshops und Andenkenläden kaschiert werden. Typisches Schottentum verkommt dann manchmal zu schnödem Kitsch im traditionellen Mäntelchen, zu viele Karos, zu viele Kilts, zu viele Dudelsackklänge, allenthalben etwas zu viel Folklore.

Georgianische New Town

Ganz anders verliefen die Dinge bei der Planung der New Town. Als es 1707 zum Act of the Union gekommen war, der Vereinigung des Königreichs England mit dem Königreich Schottland, konnten die Bewohner von Edinburgh aufatmen. Die Stadt sprengte ihre schützenden Mauern und breitete sich aus. 1760 wurde der See Nor' Loch unterhalb der Burg trockengelegt, und ab 1772 überbrückte schließlich die North Bridge die Schlucht, die die Old Town von der New Town trennt. In Edinburgh zog jene georgianische Eleganz ein, die noch heute das Bild der Stadt prägt. Große Architekten und Stadtplaner wie Robert Adams, Thomas Hamilton und James Craig zog es ebenso in die Stadt wie Dichter und Denker, beispielsweise James Boswell, Robert Burns und Sir Walter Scott. In Edinburgh ließen sich aber auch der Philosoph David Hume, der Ökonom Adam Smith und der große Ingenieur Thomas Telford nieder, um nur einige der Geistesgrößen zu nennen.

Kulturelle Metropole

Edinburgh ist ohne Zweifel eine schöne, eine äußerst charmante Stadt mit hervorragenden Restaurants und einem regen Kulturleben. Weltweit bekannt ist die Metropole für das vielleicht bedeutendste Kulturevent der Welt: Das Edinburgh International Festival besteht aus einer Reihe von Festivals, die alle 1947 ins Leben gerufen wurden. Im Lauf der Jahre kamen immer mehr hinzu. Allein das Fringe Festival sorgt mit rund 1000 verschiedenen Veranstaltungen dafür, dass im August und Anfang September keine Langeweile aufkommt. Dort werden oft neue Talente entdeckt und innovative Wege der Kunst eingeschlagen.

Aber irgendwann hat auch der eifrigste Fan das Verlangen nach Stille, die er unter anderem in der Scottish National Gallery findet. Hier in den im Stil der Antike gestalteten Bauten in den Princes Street Garden lockt Kunst

vom 18. Jahrhundert bis in die Gegenwart. Auf einen Künstler muss der Gast im Sommer allerdings verzichten: auf den großen William Turner. Seit über 100 Jahren stellt die Galerie Werke des Malers aus. Sie sind ein Geschenk des Sammlers Henry Vaughan, der seine Schenkung jedoch an bestimmte Bedingungen knüpfte. So sollten die 38 Aquarelle der Öffentlichkeit alle gleichzeitig und zudem kostenlos gezeigt werden. Da die Bilder sehr empfindlich sind, bestimmte Vaughan darüber hinaus, dass sie lediglich im »Monat Januar« gezeigt werden dürfen. Den Werken hat diese pflegliche Behandlung gutgetan. Überzeugen davon kann man sich bei der nächsten »Turner in January«-Ausstellung. Ganzjährig gibt es darüber hinaus aber auch den Botanischen Garten und die Scottish National Portrait Gallery zu besichtigen. Hochmodern hinter historischer Fassade präsentiert sich die Scottish National Gallery of Modern Art mit futuristischen Formen der Landschaftsgestaltung und zeitgenössischen skulpturalen Werke. Nicht immer ganz nachvollziehbare Kunst des 21. Jahrhunderts erlebt man im Inneren des neoklassizistischen Bauwerks. Besonders prachtvoll schließlich das National Museum of Scotland, das in verschiedenen, thematisch zugeordneten Galerien wie ein verspielter, facettenreicher viktorianischer Palast anmutet, schräg gegenüber vom Standbild des legendären, treuen Hundes Greyfriars Bobby. Der großen Zahl an Schriftstellern und Literaten verdankt Edinburgh als erster Stadt der Welt den Titel »UNESCO-Stadt der Literatur«, verliehen 2004. J. K. Rowling verfasste erst im Elephant Pub, schlussendlich in einem Zimmer des Balmoral Hotels einen großen Teil der sieben Werke um den Zauberlehrling Harry Potter und Ian Rankin, Schottlands wohl bekanntester Export in Sachen Kriminalliteratur, streunt auffällig unauffällig durch die Straßen der Stadt auf der Suche nach neuer Inspiration.

Die Whiskyolympiade

Ein bisschen lauter geht es in Edinburghs Pubs zu, in denen manchmal Cèilidhs stattfinden. Zu diesen Gelegenheiten werden Geschichten erzählt, Lieder gesungen und es wird viel musiziert. Das Wort bedeutet »Besuch«. Im Hochland und auf den Inseln besuchte man einander und verbrachte gesellige Abende, erzählte sich Geschichten und sang. Im großen Stil gefeiert, nennt es sich Royal National Mòd. Dieses größte jährliche Fest der schottisch-gälischen Kultur wird im Volksmund auch »Whiskyolympiade« genannt. In Edinburgh wurde es das letzte Mal 1986 gefeiert.

TOP ★ ERLEBNISSE

★ ROYAL BOTANIC GARDEN

Ähnlich wie der Edinburgher Zoo bieten die weitläufigen Anlagen des königlichen Botanischen Gartens, gegründet 1670, vielfältige Möglichkeiten zur Entspannung. Eine üppige Blüten- und Blumenfülle konkurriert mit dem beeindruckenden Palmenhaus von 1858, dem größten im Vereinigten Königreich, um die Gunst der Besucher. Sehr schottisch gibt sich der Queen Mum's Erinnerungsgarten.
www.rbge.org.uk/visit/royal-botanic-garden-edinburgh

★ BELTANE

In der Nacht auf den 1. Mai wird der Calton Hill zur heidnisch feurigen Kultstätte. Das Beltane-Festival markiert nach altem Brauch die beginnende Blütezeit des Jahres. Die magische Kraft der zahllosen Fackeln, die rüden Tanzdarbietungen sollen Dämonen und böse Geister vertreiben. Ende Oktober feiert man auf ähnliche Weise beim Samhuinn das Ende der Wärme.
www.beltane.org

Im Frühjahr entfaltet sich die Farbenpracht der Princes Street Gardens vor beeindruckender Kulisse (unten). Letzte Dehnübungen der Pinguine bevor sie zu ihrer berühmten täglichen Parade durch den Hauptstadtzoo aufmarschieren (rechte Seite oben). Der Palast von Holyroodhouse ist Sitz des britischen Königshauses in Schottland und stets einen Besuch wert (rechte Seite unten).

2 EDINBURGH IN GRÜN

Aussichten und Einsichten

Der Princes Street Garden zwischen Old Town und New Town ist üblicherweise die erste große Grünfläche, die Hauptstadtbesucher bewusst wahrnehmen, wenn sie mit der 2014 neu aktivierten Straßenbahn im Zentrum eintreffen. Doch die Stadt besitzt darüber hinaus eine ganze Reihe hübscher und öffentlich zugänglicher Parkanlagen und Grünflächen.

Bunte Blumenfelder, blühende Obstbäume, Parkbänke, National Galleries und Royal Scottish Academy sowie das kathedralenartige Scott Monument, das größte Denkmal für einen Schriftsteller, prägen die riesige Grünanlage des Princes Street Garden unterhalb von Edinburgh Castle. Sie entstand um 1820 nach Trockenlegung des Kratersees Nor Loch und sind per Gesetz gegen Bebauung geschützt. In und an der beschaulichen Senke südlich der Einkaufsmeile Princes Street und zwischen den Stadtteilen stehen zwei Kirchen, ein ikonischer Musikpavillon, Brunnen, eine Blumenuhr und Statuen berühmter Schotten. Der Ross Fountain gilt als populärer Treffpunkt für Jung und Alt, der Garten selbst als beschaulicher Platz für eine gepflegte Mittagspause.

Das Ehrenmal für Sir Walter Scott, der gemeinsam mit seinem Hund Maida in weißem Marmor im Zentrum des Schieferturmes sitzt, umgeben von 64 Figuren aus Scotts Werken, stammt von 1844 und verfügt über begehbare Aussichtsplattformen. Das Erklimmen der obersten jedoch stellt eine echte Herausforderung dar, da die Treppe nach oben hin immer enger wird und gegenseitige Rücksichtnahme beim Auf- oder Abstieg auf den 287 Stufen zwingend erforderlich macht, durchaus aber auch die internationale Kommunikation fördert. Im Winter

mutieren Teile zum Edinburgher Winterwunderland mit Weihnachtsmarkt, Eislaufstadion und Riesenrad, dem »Edinburgh Eye«.

Tradition verpflichtet

Das Balmoral Hotel an der Princes Street beherrscht als eines der symbolträchtigsten Gebäude Edinburghs das Antlitz des Parks. Weithin sichtbar ragt der markante Uhrenturm mit den großen Zifferblättern in den Himmel. Grundsätzlich geht diese Uhr, untypisch britisch, drei Minuten vor (nur nicht an Silvester). Das hat einen sehr pragmatischen Grund: Der betriebsame Bahnhof Waverley Station – der einzige Bahnhof der Welt, der nach einem Buch benannt wurde – grenzt unmittelbar an das renommierte Hotel an, einstmals gab es sogar einen direkten Zugang. Und damit mit dem Zug reisende Hotelgäste ihren Anschluss keinesfalls verpassen, bediente man sich dieses kleinen, aber effektiven Kniffs. Die edle Whisky Bar im Haus »Scotch at the Balmoral« kredenzt mehr als 400 unterschiedliche landeseigene, teils sehr seltene Whiskysorten. Wer seinen Dram mit einem Tropfen Wasser verfeinern möchte, bekommt dieses aus der jeweiligen Herkunftsregion des Whiskys.

Putzige Bären und Pinguinparade

Im Edinburgh Zoo stehen natürlich die Tiere im Vordergrund. Die Anlage beim Corstophine Hill House westlich des Zentrums ist noch etwas größer als der Botanische Garten und nahm ihren Anfang im Jahr 1913. Ungekrönte Stars sind seit 2011 die beiden Pandabären Yang Guang und Tian Tian, eine Leihgabe aus China, die möglichst für Nachwuchs sorgen sollten, was jedoch nicht gelang. Noch bis Ende 2023 sind die beiden knuffigen Bären in ihrem Gehege zu sehen und auch weltweit über eine Webcam zu beobachten. Letzteres hat sich als sehr entspannende Beschäftigung erwiesen. Schon seit über 100 Jahren gibt es Pinguine im Tierpark. Sie sind traditionell die Lieblinge der Edinburgher, allein schon wegen ihrer putzigen mittäglichen Parade durch den Tierpark. 1955 ließ ein Wärter versehentlich ein Tor am Schwimmbecken offen, und die Tiere watschelten zur hellen Begeisterung der Besucher in langer Formation hinter ihm her – die Tradition war nicht mehr aufzuhalten. Der Zoo war der erste weltweit, der Pinguinen eine Heimat außerhalb ihres natürlichen Lebensraums sowie deren Zucht ermöglichte.

TOP ★ ERLEBNISSE

★ HOLYROODHOUSE

Die offizielle Residenz des britischen Königs entstand auf den Grundmauern einer vor knapp 900 Jahren gegründeten Abtei. Jakob IV. baute sie zu einem schottischen Versailles aus, in dem Maria Stuart 1565 ihre (zweite) Hochzeit hielt. Ihr Gemahl Lord Darnley tötete neun Monate später im königlichen Schlafgemach Marias mutmaßlichen Geliebten David Rizzio. Zu erfahren ist dies bei einer Führung. www.rct.uk/visit/palace-of-holyroodhouse

★ THE SCOTCH WHISKY EXPERIENCE

Nahe an der Esplanade vor Edinburgh Castle, am Anfang der Royal Mile wird auf mehreren Etagen virtuell und mit modernsten visuellen Mitteln dem schottischen Nationalgetränk gehuldigt. Es eignet sich vor allem für jene, die noch wenig Erfahrung und Kenntnis in der Whiskyherstellung besitzen. Glanzpunkte der Führung sind die Fahrt im Whiskyfass und die Verkostung eines Single Malts inmitten der größten Whiskysammlung der Welt. www.scotchwhiskyexperience.co.uk

STATIONEN EINER KÖNIGIN

Die Tragik der Maria Stuart

Kaum jemand kennt sich genau bei schottischen Monarchen aus. Aber fast jedes deutsche Schulkind hat schon von Maria Stuart gehört: Unter diesem Titel erschien im Jahr 1800 Schillers Trauerspiel über *Mary, Queen of Scots*. Es verfälschte zwar leicht die historischen Tatsachen, traf jedoch mit der Schilderung vom tragischen Leben der einzigen Königin Schottlands voll ins Schwarze.

Wer mit dem Auto auf der M6 nach Schottland fährt, kann gleich nach der (unsichtbaren) englisch-schottischen Grenze auf die A75 in Richtung Dumfries abbiegen, um wenig später zu einem kleinen Ort am Solway Firth zu gelangen: Dundrennan war 1568 ihr letzter Ort in Schottland, bevor *Mary, Queen of Scots*, – bei uns dank Schiller besser bekannt als Maria Stuart – am nächsten Morgen in einem kleinen Fischerboot nach England übersetzte. Sie sollte nie wieder in ihre Heimat zurückkehren. Am 8. Februar 1587 wurde sie auf Geheiß ihrer Cousine zweiten Grades, Königin Elizabeth I., nach 19 Jahren Gefangenschaft im Schloss Fotheringhay geköpft. Getroffen haben die beiden Königinnen sich nie – außer in Schillers Drama. Der Traum von einem unabhängigen Schottland war mit dem Tod Marias ausgeträumt. Und das obwohl ihr Sohn, James VI von Schottland, 1603 nach dem Tod von Königin Elizabeth als James I. auch zum englischen König gekrönt wurde. Elizabeth I. wiederum war nie Königin der Schotten. Deswegen durfte sich auch die Queen in Schottland nicht als Elizabeth II. bezeichnen.

Die katholische Königin

Am 8. Dezember 1542 wurde Mary im Linlithgow Palace, 30 Kilometer westlich von Edinburgh, geboren. Ihr Vater, König James V., starb kurz danach, und seine Tochter wurde im Alter von sechs Tagen zur Monarchin Schottlands. Aus Angst vor dem englischen König Heinrich VIII. floh ihre Mutter wenig später auf die Burg von Stirling. Hier wurde die neun Monate alte Mary am 9. September 1543 auch gekrönt, bevor sie 1558 mit

Bis zum heutigen Tag dient der Palast von Holyroodhouse in Edinburgh als offizielle Residenz des britischen Königs.

Linlithgow Castle, der Geburtsort der legendären Schottenkönigin Mary *Queen of Scots*, beeindruckt auch als Ruine.

dem Dauphin, dem späteren König François II, verheiratet wurde und nach Frankreich ging.
Der nun aber starb bereits zwei Jahre später, und Mary kehrte zurück in ihre Heimat. Die 19-Jährige hatte nie vergessen, dass sie Königin der Schotten war. Doch als sie in Leith, dem Hafen von Edinburgh, an Land ging, gab es ein Problem: Mary war überzeugte Katholikin. Ihr Land jedoch hatte sich inzwischen der Reformation verschrieben. Und genau dieser Konflikt war im Grunde der Anfang vom Ende Marys. Sie versuchte zwar, von Holyrood Palace aus die Herzen ihrer protestantischen Untertanen zu gewinnen und Religionsfreiheit zu etablieren, aber katholische Gottesdienste blieben untersagt. Außerdem hatte sie zwei ausgesprochen mächtige Gegner: in Schottland der Reformator John Knox und in England ihre Cousine, die erste Elizabeth. Genau die nun aber bestand darauf zu entscheiden, wen Mary heiraten sollte und schickte deren Cousin Lord Darnley nach Schottland.

Sex and crime

Der Plan von Elizabeth ging auf: Am 29. Juli 1565 heiratete Mary ihren Lord in der Privatkapelle von Holyrood. Aber die Ehe endete tragisch: Aus Eifersucht ließ Darnley im März 1566 Marys Privatsekretär, David Riccio, vor ihren Augen ermorden und behauptete, dieser sei der Geliebte der Königin.
Nach der Geburt ihres Sohnes James sann Mary auf Rache, vor allem, weil sie schon den nächsten Ehemann, den Earl of Bothwell, im Auge hatte. Zunächst aber musste Darnley verschwinden.
Und siehe da: Am 9. Februar 1567 gab es eine Explosion in seiner Unterkunft, und er selbst wurde tot in einem nahen Obstgarten gefunden.
Nichts stand nun einer Hochzeit mit dem Earl of Bothwell mehr im Wege. Der schottische Adel aber war entsetzt und reagierte prompt: Mary wurde festgenommen und im Loch Leven Castle als Gefangene gehalten. Man warf ihr nicht nur vor, den Mord an Darnley geplant zu haben, sondern auch (was viel schlimmer wog), Schottland wieder katholisch machen zu wollen. Sie musste zurücktreten, konnte zwar mithilfe ihrer Unterstützer fliehen, hatte aber von da an keine Zukunft mehr bei den Schotten. Sie beschloss, nach England zu fahren und Cousine Elizabeth um Hilfe zu bitten. Verkleidet als einfache Frau vom Land machte sie sich von Dundrennan Abbey aus per Boot auf den Weg. In England aber warteten schon ihre Häscher. Das tragische Ende ist bekannt.
INFO: www.royal.uk/mary-queen-scots-r1542-1567

Das Einhorn als schottisches Wappentier findet sich vielfach auf Stirling Castle.

Noch stets umhüllt den Besucher die Aura aristokratischen Flairs an Bord der Royal Yacht Britannia.

3 EHRWÜRDIGES LEITH

Im Hafen der Hauptstadt

Leith, bis 1920 eigenständig, stellte noch zur Mitte des 20. Jahrhunderts den geschäftigen Überseehafen der Hauptstadt, besitzt ein stilvolles, von georgianischer Architektur geprägtes Zentrum und mit der Royal Yacht Britannia eine der wichtigsten Attraktionen der Stadt.

Als markantes, maritimes Transportmittel für die erlauchten Herrschaften der Königsfamilie und für britische Staatsoberhäupter befuhr die Royal Yacht Britannia die Weltmeere. König Charles, damals noch Thronfolger, und seine frisch vermählte Gattin, Lady Diana Spencer, begaben sich 1981 mit der HMY Britannia auf Hochzeitsreise. Ende 1997 wurde das elegante, in den Werften am River Clyde gebaute Schiff außer Dienst gestellt. Nun liegt es im umgebauten historischen Hafen von Leith vor den Toren Edinburghs permanent vor Anker. Es gewährt dem Besucher einen lustwandelnden Einblick in aristokratische Gemächer, in eine erstaunliche Privatsphäre und die jüngere royale Historie. Das Schiff verfügt auch über einen Restaurantbereich und landet in schöner Regelmäßigkeit weit oben auf der Beliebtheitsskale schottischer Sehenswürdigkeiten.

Schottische Noblesse

Mit dem ehemaligen Feuerschiff MV Fingal gesellte sich 2018 eine weitere Attraktion in das Hafenareal von Leith. Im Jahr 1963 lief es in Glasgow als letztes Schiff der Blythswood Shipbuilding Company vom Stapel. Der schwimmende Leuchtturm war unterwegs für das Northern Lighthouse Board und für über 30 Jahre in Oban stationiert, bevor er für sechs Jahre nach Stromness auf Orkney übersiedelte und im Jahr 2000 außer Dienst gestellt wurde. Zum Luxushotel mit 23 Zimmern im Art-déco-Stil umgebaut, verströmt es nun klassisches, extravagantes Kreuzfahrt-Flair.
INFO: www.royalyachtbritannia.co.uk

4 VERTRÄUMTES DEAN VILLAGE

Das Dorf in der Stadt

Wesentlich weniger Zulauf als die Royal Mile, dafür aber eine für eine Großstadt sehr beschauliche Romantik, ja geradezu dörflichen Charme bietet das Dean Village, das man von der New Town am Fluss Leith entlang auf einem entspannten Spaziergang im Grünen erreicht. Seit den 1970er-Jahren gilt es als attraktive, ruhige Wohngegend in der Hauptstadt.

Einen märchenhaften Ausflug in das beschauliche, recht gut versteckte Edinburgh bietet der Wanderweg entlang dem Water of Leith, der von Stockbridge aus bachaufwärts ins idyllische Dean Village führt. Die Wanderer umgibt eine wunderbare Ruhe, die sie vergessen lässt, dass sie sich mitten in einer Großstadt bewegen. Vogelgezwitscher und das stete Plätschern des Baches schaffen eine Atmosphäre, die sich seit Jahrhunderten nicht verändert zu haben scheint. Nach Passieren des kleinen griechischen Tempels über der St.-Bernard's-Quelle erreicht man bald das historische Dörfchen mit seinen denkmalgeschützten, mehrgeschossigen rötlichbraunen und ebenfalls georgianischen Bürgerhäusern.

Die Siedlung in Tallage entstand um insgesamt zehn Getreidemühlen herum, die früher die Kornkammer für Edinburgh darstellten. Viele alte Mühlsteine am Weg weisen auf die frühere Nutzung hin. Der Well Court von 1886 bildet das größte Bauwerk des Gebäudeensembles. Damals im Besitz des Verlegers der traditionsreichen Tageszeitung »The Scotsman«, verfügt er über einen eindrucksvollen Uhrenturm und entstand als aus heutiger Sicht perfektes Beispiel für industrielle Mietshausarchitektur: Hier waren die Beschäftigten der Mühlen untergebracht. Die markante eiserne Fußgängerbrücke über den Fluss ist ein Werk von Thomas Telford.

INFO: www.introducingedinburgh.com/dean-village

Nach einem Entwurf Thomas Telfords entstand die Fußgängerbrücke, die über den River Leith in das beschauliche Dean Village führt.

5 HART UMKÄMPFT – EAST UND WEST LOTHIAN

Vom heiligen Andreas zur legendären Mary

Wo der Firth of Forth östlich von Edinburgh in die Nordsee mündet, leben im Küstenort North Berwick gut 6000 Menschen. Die Gründung des Hafenstädtchens geht auf das 12. Jahrhundert zurück. Von hier gelangten die Pilger mit einer Fähre nach St Andrews, um dort vor den Reliquien des Apostels Andreas zu beten. Im 19. Jahrhundert stieg North Berwick dank seiner zwei sehr schönen Sandstrände zu einem beliebten Ferienort auf.

Die malerisch am Firth of Forth gelegene Ruine des Tantallon Castle blickt auf den mächtigen Bass Rock (unten). Von Linlithgow Castle bietet sich ein zauberhafter Ausblick weit in die Landschaft West Lothians (rechte Seite oben). St Abbs bietet lauschiges Dorfidyll an den Gestaden der Nordsee (rechte Seite unten).

Heute kommen die meisten Besucher jedoch nach North Berwick, um mit dem Boot um eine Insel zu fahren, die sie nicht betreten dürfen. Der Bass Rock steht nämlich unter Naturschutz, weil er jedoch eine der größten Basstölpel-Kolonien der Welt beherbergt. Die Stadt selbst überragt der 187 Meter hohe North Berwick Law. Der eindrucksvolle Bogen auf der Spitze des Vulkankegels besteht aus den Kiefernknochen eines Wals, die sich allerdings bei genauerem Hinsehen als Kopien aus Glasfaser entpuppen. Bereits im Jahr 1709 wurde hier oben ein solcher Bogen errichtet, der letzte Bogen aus echten Knochen stand hier ab 1933. An diesem hatte der Zahn der Zeit allerdings so stark genagt, dass er 2005 entfernt und 2008 durch die jetzige Reproduktion ersetzt wurde – die Spende eines anonymen Freundes der Stadt, wie auf einer Tafel zu lesen ist.

John Balliols Niederlage

Etwas weiter südlich liegt Dunbar. Der Hafen ist winzig, über ihm stehen die Reste von Dunbar Castle. Die Pikten, die Angeln, die Engländer, sie alle wollten die Kontrolle über diese strategisch sehr wichtige Burg erhalten. 1296 schlug das englische

CAFE

Linlithgow Palace ist als Geburtsstätte von Mary Stuart ein bedeutendes Monument (oben). Am Old Cromwell Harbour in Dunbar steht die Ruine der einst mächtigsten Burg Schottlands (unten). Die prunkvolle Eleganz des Hopetoun House kann heute jeder mieten, der es sich leisten kann (rechte Seite oben). Der Bass Rock beherbergt eine der größten Basstölpel-Kolonien der Welt (rechte Seite unten).

Heer unter Edward I die Schotten bei Dunbar. Edward war zornig, weil die Schotten einen Verteidigungs- und Nichtangriffspakt mit den Franzosen gegen die Engländer geschlossen hatten. Und das genau zu dem Zeitpunkt, als Edward I in Frankreich Krieg führte. Nach der Schlacht von Dunbar ergab sich John Balliol, König der Schotten. Zusammen mit 2000 schottischen Großgrundbesitzern erwies er dem König aus London unterwürfig die Ehre.

Viele bekannte Orte entlang der schottischen Küste sind verhältnismäßig jung und erst im 19. Jahrhundert als Fischereihäfen entstanden. Die meisten haben aber schon lange nichts mehr mit der Fischerei zu tun. Übrig geblieben sind idyllische Häuschen, vielleicht ein Leuchtturm, Naturschutzgebiete und romantische Küstenpfade. St Abb's hat all das zu bieten. Das Dorf wurde 1832 von Fischern gegründet, hieß zunächst Northfield und dann Coldingham Shore. Schließlich einigte man sich auf St Abb's. Die namensgebende heilige Aebbe war eine Tochter aus dem königlichen Haus von Northumbria, die hier vor 1300 Jahren eine religiöse Stätte gegründet hatte.

Ob schon damals die Seevögel mit lautem Krächzen ihre Stunden der Besinnung störten? Von Mai bis Juni verwandelt sich das Fischerdorf in eine »bird city«. Zehntausende von Seevögeln, deren Namen nur eingefleischten Ornithologen bekannt sind, kreischen über den Köpfen der Besucherinnen und Besucher und bestimmen die Lärmkulisse. Im Herbst kann man hier auch sehr seltene Seevögel beobachten, die auf ihrem Weg in wärmere Gefilde Station machen. Das Vogelschutzgebiet befindet sich am St Abb's Head, den mit 91,5 Metern höchsten Klippen an der schottischen Ostküste. Der Leuchtturm wurde 1862 erbaut.

Ein Schloss in Hopetoun

Westlich von Edinburgh verengt sich der Firth of Forth. Hier liegt Hopetoun. Der Name entspricht nicht der schottischen Schreibweise für »Stadt der Hoffnung«, sondern geht auf den Earl of Hopetoun zurück. Dies ist der alte Adelstitel des Oberhauptes der Familie Hope, der sich zusätzlich seit 1902 auch Marquess of Linlithgow nennt. Hopetoun House ist die offizielle Residenz derer von Linlithgow. Das Haus wurde 1699–1701 von Sir William Bruce errichtet sowie zwischen 1721 und 1748 von dem berühmten William Adams und dessen Söhnen Adam und Robert zu einem Schloss ausgebaut, vergrößert und verschönert.

Die jetzigen Bewohner sind dem Beispiel des britischen Adels gefolgt und lassen das

normale Volk während der Sommermonate Schloss und Garten bestaunen und genießen. Besucher können durch die herrlichen Gartenanlagen spazierengehen und sich im Tea Room im ehemaligen Marstall verwöhnen lassen, oder Räume und Service für Empfänge und Hochzeiten mit allem schottischen Drum und Dran mieten.

Geschichtsträchtiges Linlithgow

Wie anders stellt sich doch die nicht unweit gelegene Schlossruine von Linlithgow dar. Schon der Klang des Namens inspiriert, und Erinnerungen an die Schulzeit tauchen auf, als man das Gedicht »Archibald Douglas« von Theodor Fontane auswendig lernen musste: *»Ich hab es getragen sieben Jahr …«* und dann irgendwann die Strophe:

»Zu Ross, wir reiten nach Linlithgow,
Und du reitest an meiner Seit',
Da wollen wir fischen und jagen froh
Als wie in alter Zeit.«

Für Schotten hat der Palace of Linlithgow eine tiefe Bedeutung. Noch heute stehen sie ehrfurchtsvoll vor den eindrucksvollen, hohen Mauern, die übrig geblieben sind von der Geburtsstätte der tragischen Mary, *Queen of Scots*. 1542 wurde sie hier geboren. Unruhige Zeiten waren dies damals, sodass sie schon bald nach Frankreich in Sicherheit gebracht werden musste. 1561 kehrte Mary zurück. Im vollen Bewusstsein, Königin der Schotten zu sein, ging sie in Edinburghs Hafen Leith an Land. Aber Schottland war in der Zwischenzeit nicht ruhiger geworden – ganz im Gegenteil. Es war gespalten zwischen Katholiken, die alle Hoffnung in die junge Königin setzten, und engstirnigen Protestanten.

Wir kennen Marys Geschichte. Auf Geheiß ihrer (Groß-)Cousine, Elizabeth I, Königin von England, wurde sie auf dem Schafott im Schlosshof von Fotheringhay Castle in der englischen Grafschaft Northamptonshire hingerichtet. Der Geist von Marys Mutter soll übrigens noch hin und wieder in der Palastruine von Linlithgow erscheinen.

Lange Zeit war das Schloss die wichtigste Residenz schottischer Königinnen und Könige. Erst nach der Union of the Crowns im Jahr 1603 wurde London der bevorzugte Stammsitz. Der Palast verfiel im Verlauf der Jahrzehnte, bis die verbliebenen Gebäude von den Soldaten des Duke of Cumberland 1746 abgefackelt wurden. Nachdem der jüngste Sohn des Hannoveraners Georg II. auf dem Schlachtfeld von Culloden den letzten Aufstand der Schotten niedergeschlagen hatte, nannten ihn seine Gegner, die Gälisch sprechenden Highlander, nur noch den »Schlächter« Cumberland.

TOP ★ ERLEBNISSE

★ BASS ROCK UND DAS SCOTTISH SEABIRD CENTRE

In North Berwick führen braune Wegweiser zum Parkplatz des Scottish Seabird Centre im Hafen. Von hier aus hat man einen herrlichen Blick über den Firth of Forth bis hin zum Bass Rock. In der Hochsaison halten sich unter anderem bis zu 150 000 Basstölpel auf dem Bass Rock auf. Man kann sich kaum vorstellen, dass dort jahrhundertelang Menschen in einer Burg gelebt haben. Das Seabird Centre bietet zwischen Ostern und Oktober auch Bootsausflüge um den Felsen an.
www.seabird.org

★ SCHLOSS ROXBURGHE

Luxuriöses Herrenhaus mit renommiertem Golfplatz bei Kelso am Ufer des Tweed. Tolle Zimmer und das hervorragende kulinarische Angebot haben jedoch ihren Preis.
www.schlosshotel-oxburghe.com

★ THE TOWNHOUSE

Innovative regionale Küche lautet das Credo in Restaurant und Brasserie des familiengeführten Town House Hotels am Marktplatz von Melrose nahe der historischen Abteiruine.
www.thetownhousemelrose.co.uk

Schottland bedeutet für die meisten Besucher Natur pur – umso fremder mögen auf manchen die wenigen Häuser direkt über den wilden Klippen des St Abb's Head wirken.

6 STOFF FÜR TRAGÖDIEN – FIRTH OF FORTH

Brücken über den Firth

Die Schotten haben einen klaren Blick in Bezug auf ihre Vergangenheit. Der Blick in die Zukunft klappt indes nicht immer. Als 1964 die Forth Road Bridge über den Firth of Forth eröffnet wurde, ging man davon aus, dass sie die nächsten 120 Jahre ihren Dienst leisten würde.

Für 30 000 Fahrzeuge pro Tag in jede Richtung hatte man die Brücke konzipiert, doch der Verkehr nahm unerwartet schnell zu. Schon bald sprach man von 40 000 Fahrzeugen täglich. Es dauerte nicht lange, da waren es bereits 60 000 in jede Richtung. Und es ließ sich nicht leugnen: Die Brücke, die im April 2001 unter Denkmalschutz gestellt wurde, war viel früher als erwartet schon wieder obsolet und kämpfte zudem mit erheblicher Korrosion und strukturellen Schwächen. So entschied man sich 2010 für den Bau einer weiteren Straßenbrücke, über die die verkehrsreiche Autobahn M90 führen sollte. Die »Queensferry Crossing« – den Namen bekam die imposante Schrägseilbrücke nach einer Abstimmung in der Bevölkerung – komplettiert seit 2017 das Brückentrio über den Firth of Forth. Queen Elizabeth II übergab sie am 4. September feierlich dem Verkehr, nachdem sie auf den Tag genau 53 Jahre zuvor schon die Forth Road Bridge eingeweiht hatte. Diese war zu dem Zeitpunkt die größte Straßenbrücke in Europa, und der mittlere Pfeiler der Queensferry Crossing ist der höchste seiner Art in Großbritannien.

Mit Volldampf in die Katastrophe

Am 28. Dezember 1879 stürzte nach gerade einmal 16 Monaten Betrieb die Firth-of-Tay-Railbridge ein und riss den Schnellzug von Edinburgh nach Dundee mit sich. Dabei verloren 75 Menschen ihr Leben. Schon einen Monat später ließ Theodor Fontane in seiner Ballade »Die Brück' am Tay« die Hexen sagen:

Moderner Zeitvertreib im Schatten einer altehrwürdigen Konstruktion: Blick über die Queensferry Marina zur Eisenbahnbrücke über den Firth of Forth aus dem 19. Jahrhundert (unten). Seit 2017 quert ein Dreigestirn imposanter Brückenkonstruktionen den Firth of Forth (rechte Seite oben). Urige Gemütlichkeit im Schatten des UNESCO-Welterbes: der Hawes Inn (rechte Seite unten).

»Wann treffen wir drei wieder zusamm'? -
Um die siebente Stund', am Brückendamm. -
Am Mittelpfeiler. - Ich lösch die Flamm'. -
Ich mit - Ich komme vom Norden her. -
Und ich vom Süden. - Und ich vom Meer. -
Hei, das gibt ein Ringelreih'n, - und die Brücke
muss in den Grund hinein. - Und der Zug, der in
die Brücke tritt - um die siebente Stund'? -
Ei, der muss mit. - Muss mit. - Tand, Tand -
Ist das Gebild' von Menschenhand.«

Fontane griff der anschließenden Untersuchung vor, derzufolge Konstruktionsfehler, Ignoranz, Schlamperei und mangelhafte Wartung zum Einsturz der Brücke geführt hatten. Dieses fatale Ereignis veranlasste die 1873 gegründete Forth Bridge Company zu einer grundsätzlichen Neuplanung ihres Projektes einer Eisenbahnbrücke über den Forth. Schon lange verfolgte man den Plan, die Fähre zwischen North und South Queensferry durch eine befestigte Querung zu ersetzen, dachte zu Beginn des 19. Jahrhunderts gar an einen Tunnel.

Meilenstein der Industriegeschichte

Die Forth Bridge ist ein lebendiges und nach wie vor aktives und regelmäßig genutztes Beispiel für die hohe schottische Ingenieurskunst des 19. Jahrhunderts. Sie war zu ihrer Eröffnung am 4. März 1890 durch den Prince of Wales, dem späteren König Edward VII, die erste große Brückenkonstruktion aus Stahl, die größte freitragende Brücke Großbritanniens, die zweitgrößte ihrer Art in der Welt und ist heute das größte denkmalgeschützte Bauwerk Schottlands. Das einzigartige Design mit den drei großen Stahlbögen ist ein wahrer optischer Blickfang, deutlich erkennbares schottisches Wahrzeichen.

Bei einer Länge von etwas über zwei Kilometern und einer Pfeilerhöhe von 110 Metern liegen die Bahngleise auf knapp 50 Metern Höhe über dem Meeresspiegel. Ihr Bau dauerte gut dreieinhalb Jahre. Sie wurde und wird gerühmt und gehasst für ihre funktionale Schönheit, für ihre Stabilität und Zuverlässigkeit, die auch den Reisenden im 21. Jahrhundert dient. 15 Jahre dauerte es, die jeweiligen Stahlträger vom Flugrost zu befreien und mit Rostschutzfarbe zu versehen. War man auf der einen Seite fertig, musste auf der anderen aufs Neue begonnen werden. Gerüste behinderten stets die Sicht auf die Brücke, was durch die jüngst aufgebrachte, widerstandsfähigere Farbe vorerst nicht mehr passieren wird. Das ist auch gut so, denn die Brücke ist seit 2015 UNESCO-Weltkulturerbe.

TOP ★ ERLEBNISSE

★ LOONY DOOK

Am Neujahrstag stürzen sich Wagemutige beim Loony Dook in die eiskalten Fluten des Forth zum erfrischenden Jahresanfang. Sie pilgern dafür, mehr oder weniger skurril kostümiert, in den Morgenstunden an das Forthufer in South Queensferry unterhalb der ikonischen Eisenbahnbrücke. Eine der liebenswerten schottischen Verrücktheiten, denen man zuweilen im Land begegnet.
www.facebook.com/loonydook/

★ DIE BAHN VON OBEN

Mit der Forth Bridge Experience kündigt sich eine neue Attraktion an der eindrucksvollen Eisenbahnbrücke an. Geplant ist ein Wanderweg, der von einem kleinen Besucherzentrum bei der Bahnstation Dalmeny auf die Brücke und bis zu einer Aussichtsplattform auf dem südlichen Ausleger führt.
www.forthbridgeexperience.com

★ THE HAWES INN

Das historische Hotel Hawes Inn mit den Treppengiebeln liegt unmittelbar am Fuß der Forth Rail Bridge in South Queensferry. Der Schriftsteller Robert L. Stevenson hat hier an den »Abenteuern des David Balfour« geschrieben.
www.innkeeperslodge.com/hotel/the-hawes-inn-south-queensferry-edinburgh

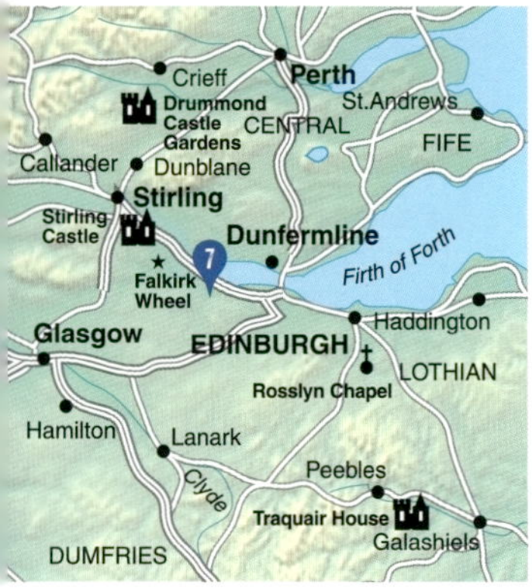

7 TECHNISCH MEISTERHAFT – DAS FALKIRK WHEEL

Auf der Millennium-Verbindung

Wer sich in die Geschichte Schottlands vertieft, vergisst leicht, dass es hier mehr als Dudelsack und Kilt, zottelige Rinder und Schafe und eindrucksvolle Burgruinen gibt. Schottland hat auch große Wissenschaftler und Ingenieure hervorgebracht.

Das modernste Schiffshebewerk der britischen Inseln verbindet den Union Canal und den Forth of Clyde Canal für die langsam tuckernden Ausflugsboote (unten). Die riesigen Kelpies des Künstlers Andy Scott am Freizeitpark Helix bei Falkirk haben sich längst Kultstatus erarbeitet (rechte Seite oben). Schottisch-exzentrisch: der Pineapple des Earls von Dunmore (rechte Seite unten).

Zu diesen Geistesgrößen des Landes gehören auch phänomenale Brücken- und Kanalbauer. Es ist deshalb nicht weiter verwunderlich, dass eines der modernsten und ohne Zweifel eindrucksvollsten Schiffshebewerke der Welt in Schottland zu finden ist. Nun sind Schiffshebewerke zwar für die Wenigsten von Nutzen, dennoch empfinden wir sie in der Regel als zutiefst beeindruckend. Dies gilt für die Bauten am belgischen Canal du Centre und am Oder-Havel-Kanal in Niederfinow ebenso wie für den englischen Anderton Boat Lift. All diese Hebewerke sind noch in Betrieb.

Technische Avantgarde für Touristen

Das Falkirk Wheel, das die Flüsse Clyde und Forth verbindet, ist vergleichsweise neu und weltweit einmalig. 2002 wurde das futuristische Werk von Elizabeth II anlässlich ihres goldenen Thronjubiläums als eines der signifikantesten Bauwerke der modernen Industriearchitektur des 21. Jahrhunderts eingeweiht. Das imposante Schiffshebewerk beim Dörfchen Tamfourhill in Stirlingshire stellte so etwas wie eine Revolution im Bau künstlicher Wasserstraßen dar. Mittels einer einzigartigen Technik aus zwei rotierenden Gondeln, eine Art drehbare Schiffsbadewannen, können Boote bis zu einem Maximalgewicht von 200 Tonnen auf- und abwärts bewegt werden.

Obwohl es bereits gut 200 Jahre zuvor Ideen für eine derartige Konstruktion gab, konkretisierten sich die Planungen an diesem Standort erst 1994 als Teil eines Millennium-

Projektes, welches die Reaktivierung der Verbindung des »Forth and Clyde Canals« mit dem »Union Canal«, damit einer durchgängigen Wasserstraße zwischen Edinburgh und Glasgow, vorsah. Der maritime Verkehrsweg existierte schon etwa bis 1930, jedoch war das Befahren der Schleusentreppe mit insgesamt elf Schleusen mühsam, zeitaufwendig und letztlich unwirtschaftlich, was seine Einstellung zur Folge hatte. Immerhin galt es, einen Höhenunterschied von 24 Metern zu überwinden. Irgendwie sympathisch ist die Tatsache, dass das technische Wunderwerk, das 17 Millionen Pfund gekostet hat, hauptsächlich dazu dient, die pittoresken Narrow Boats in die Höhe zu hieven oder abzusenken. Auch wenn die meisten Narrow Boats neueren Datums sind, sind sie dennoch Nachbauten jener schmalen Boote, die seit Mitte des 18. Jahrhunderts Kohle und andere Güter transportierten.

Kinderspiel

Insbesondere die Anfahrt von Süden, vom Union Canal her ist ein unvergessliches Erlebnis. Zunächst passiert man einen Tunnel, um gleich darauf auf ein Aquädukt zu gelangen, das zielsicher auf die Bootsgondel hinausführt. Bei der technischen Umsetzung des rotierenden Schiffshebewerks half den Ingenieuren übrigens das dänische Kinderspielzeug LEGO. Durch Modellversuche mit den populären Kunststoffsteinen bekamen sie das Problem in den Griff, dass die Gondeln immer in der Waagerechten verbleiben. Darüber hinaus benötigt das Hebewerk für eine Rotation nicht mehr 1,5 Kilowatt Energie, das entspricht gerade einmal dem Energieverbrauch von acht gleichzeitig betätigten Wasserkochern! Am Fuße des Falkirk Wheel wurde ein großes Besucherzentrum eingerichtet, mit Laden und Cafeteria und guten räumlichen Möglichkeiten für Gesellschaften und Konferenzen mit bis zu 200 Teilnehmern.

Mythos Pferd

Ende 2013 begann Andy Scott damit, die Abbilder der stämmigen Clydesdale-Pferde »Duke« und »Baron« zu verschweißen. Drei Monate danach standen die als Pferde getarnten mystischen Wassergeister in ihrer vollen Pracht im Helix-Freizeitpark von Falkirk am letzten Schleusenbecken des Forth and Clyde Canals, bevor er in den River Carron übergeht. Jedes der silbern glänzenden und sehr naturgetreu wirkenden, stählernen Ungetüme, die schon längst weit über Schottlands Grenzen hinaus Kultstatus erlangt haben, bringt bei einer Höhe von gut 30 Metern 300 Tonnen auf die Waage.

TOP ★ ERLEBNISSE

★ THE PINEAPPLE

Südfrüchte sind in Schottland ein Thema für den Supermarkt. Eine überdimensionale Ananas jedoch findet sich im Park von Dunmore House bei Airth. Sie ziert als voluminös krönender Dachabschluss ein flaches, 1761 aus Sandstein errichtetes Sommerhaus, das als Ferienunterkunft gemietet werden kann, und entsprang einer Laune des 4. Earls von Dunmore. www.nts.org.uk/visit/places/the-pineapple

★ HOPETOUN – »OUTLANDER«-DOMIZIL

Zwischen 1699 und 1767 erfolgte der Bau des viktorianischen Herrenhauses Hopetoun am Südufer des Forth nach den Plänen renommierter, schottischer Architekten. Die sehenswerte repräsentative Villa und die umliegenden Ländereien dienen auch als Filmkulisse der »Outlander«-Saga. www.hopetoun.co.uk

★ DER HUMMERTOPF

Das reichhaltig mit maritimen Objekten dekorierte kleine Lokal The Lobster Pot an der Blackness Bay hat seine Karte namensgerecht ausgerichtet und serviert Hummer höchst variantenreich, gern auch in Verbindung mit Steaks. www.lobster-pot.co.uk

8 ABBEYS CYCLE ROUTE

Radeln durch die Geschichte

Die etwa 90 Kilometer lange Rundfahrt mit dem Fahrrad, ausgeschildert mit einer »4«, führt durch das reizvolle weite Tal von Tweed und Teviot zu vier Klosterruinen. Es geht dabei größtenteils über ruhige Nebenstraßen mit moderaten Steigungen und Abfahrten, und die Tour sollte auf zwei Tage ausgedehnt werden, um den Reiz der Ruinen eingehender auf sich einwirken zu lassen.

Prinzipiell kann die Tour überall an der »4« begonnen werden, als Startpunkt sei hier die Kelso Abbey – das älteste, einst größte und wohlhabendste Kloster der Region – gewählt. Gegründet wurde das Kloster 1128, wie alle anderen auch auf Geheiß König Davids, und die Krönung Königs James' III. im Jahr 1460 unterstrich seine herausragende Bedeutung. Doch es erging ihm wie den anderen Klöstern: Im steten Konflikt mit den südlichen Nachbarn wurde es mehrfach zerstört und nach der Reformation von 1560 letztlich aufgegeben. Die nahe der Ortsmitte Kelsos erhaltenen Reste der Abteikirche, der Westturm und das Querschiff, bilden ein stolzes Ruinenensemble. Wir folgen dem Teviot Water über Roxburghe, biegen im Wäldchen links ab Richtung Orniston, passieren die

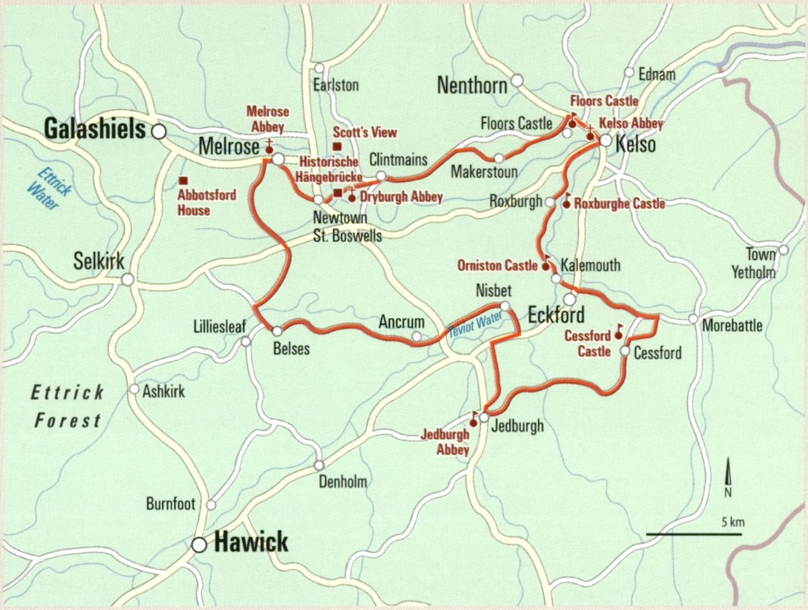

Der malerische River Tweed fließt durch die wunderschöne Landschaft der Borders.

Reste der Burg, überqueren den Fluss, folgen in Kalemouth der B6401 und zweigen vor Morebattle rechts ab. Am hübschen Cessford Castle vorbei geht es auf Jedburgh zu.

Obwohl es schon lange kein Dach mehr hat, ist das Augustinerkloster von Jedburgh bestens erhalten, ein Musterbeispiel romanischer Sakralbaukunst. Aufmerksam wacht es über dem einstigen Zentrum Roxburgheshires, das im Mittelalter durch »Jeddart Justice« in Verruf geriet, weil man Angeklagte und Verdächtige gern ohne ordentliche Verhandlung hängte. Das Kloster geht auf das Jahr 1138 zurück, und König David widmete es 1147 der Jungfrau Maria. Das Besucherzentrum zeigt historische Objekte wie den »Jedburgh Comb« und einen Sarg aus

Kunstvolle Details an der Abtei von Jedburgh

dem 8. Jahrhundert. Am Ostufer des Jed Water radeln wir zurück an den Teviot, queren ihn bei Nisbet und folgen der B6400, bis sie hinter Belses auf die B6359 trifft. Hier geht es rechts bis Melrose.

Zurück am Tweed

König Arthur ruht, der Sage nach, am Fuße der Eildon Hills, um dem Land notfalls zu Hilfe zu eilen. Im Schatten der Berge liegt Melrose Abbey, erstes schottisches Zisterzienserkloster, gegründet 1136 und mehrfach zerstört, so auch 1322 durch König Edward II. Beim Neubau half Robert the Bruce, ihm lag das Kloster aus rosarotem Sandstein besonders am Herzen, das man vermutlich in einem Bleibeutel unter den Bodenfliesen fand. Nach 1544 endete die Ära von Melrose Abbey. Viele Steinmetzarbeiten sind gut erhalten, wie etwa ein Dudelsack spielendes Schwein. Über die alte Hauptstraße gelangen wir durch wellige Landschaft hinter Newton St. Boswells nach Dryburgh, passieren die historische Hängebrücke von 1872 über den Tweed und erreichen die Vierte im Bunde: die Dryburgh Abbey. Sie verströmt aufgrund ihrer Lage eine geradezu mystische Atmosphäre. Um 1150 gegründet, gilt sie als eine der schönsten Abteiruinen. Sir Walter Scott und Feldmarschall Haig sind auf dem alten Friedhof beigesetzt, unmittelbar neben den imposanten Ruinenmauern. Die Abteikirche ist ein schönes Beispiel gotischer Architektur. Dryburgh erreichte nie den Ruhm der anderen Abteien und blieb stets ein ruhiger, beschaulicher Ort. Über Clintmains und Makerstoun kehren wir vorbei an Floors Castle zurück nach Kelso.

Friedhof und Ruine der Abtei von Dryburgh

TOP ★ ERLEBNISSE

★ MARY, *QUEEN OF SCOTS*

In Jedburgh befindet sich in einem typischen Wohnturm aus dem 16. Jahrhundert ein Besucherzentrum mit Ausstellungen zum tragischen Leben der Maria Stuart, die im Jahr 1566 hier verweilte. Zu sehen sind Bilder und Objekte sowie Schriftstücke, darunter ihr letzter Brief vor der Hinrichtung. www.liveborders.org.uk/museums

★ GREAT TAPESTRY

Im Jahr 2012 begann das Projekt »Great Tapestry of Scotland«. Sorgsam gefertigte Wandteppiche illustrieren die schottische Geschichte seit ihren Anfängen. Das Ergebnis ist in eigens für die nun über 160 Werke geschaffenen Räumen in Galashiels zu sehen. www.greattapestryofscotland.com

★ STOBO CASTLE

Zu ausgewogener Gesundheit gehört gutes Essen. Nach dieser Philosophie legt man im Stobo Castle neben vielfältigen Wellnessangeboten Wert auf qualitativ ausgesuchte Menüs im plüschigen Ambiente des Restaurants. www.stobocastle.co.uk

★ SCHLOSS ROXBURGHE

Luxuriöses Herrenhaus mit renommiertem Golfplatz bei Kelso am Ufer des Tweed. Tolle Zimmer und das hervorragende kulinarische Angebot haben jedoch ihren Preis. www.schlosshotel-roxburghe.com

★ SCOTTS VIEW

Ein Aussichtspunkt ganz nach Gusto des populären Literaten Sir Walter Scott liegt an der B6356 nördlich von Dryburgh und bietet ein Panorama über eine Schleife des Tweed und Old Melrose auf die Eildon Hills. Scott soll hier so häufig gehalten haben, dass seine Kutschpferde ganz ohne Kommando hier stoppten. www.scotlandstartshere.com/point-of-interest/scotts-view

Toureninfo: 90 Kilomter www.scotlandstartshere.com/tours/4-abbeys/

Bücher so weit das Auge reicht: die Bibliothek des Sir Walter Scott in Abbotsford

9 ABBOTSFORD AM RIVER TWEED

Scotts Reich

Sir Walter Scott gilt als einer der bedeutendsten Schriftsteller Schottlands. Zu seinem bekanntesten, in viele Sprachen übersetzten Werken gehören »Waverley«, »Ivanhoe«, »The Lady of the Lake« und »Rob Roy«. 1811 kaufte der in Edinburgh geborene Literat die Farm Clartyhole am Ufer des Tweed bei Melrose in den schottischen Borders, wo er bis zu seinem Tod 1832 residierte.

Scott benannte sein Anwesen Abbotsford und richtete das Haus mit großem Aufwand neu ein, zudem erwarb er zusätzliche Ländereien in der Umgebung. So entstand im Lauf der Jahre ein kleines Schloss mit weitläufigem Landschaftspark, der bis an das Flussufer heranreicht. Scott schuf damit ein eindrucksvolles Schmuckstück schottischer Kulturgeschichte, indem er Türen aus dem Edinburgher Tolbooth einbaute, geschnitzte Eichenvertäfelungen aus der Old Kirk von Dunfermline, den Eingang dem Portal von Linlithgow Palace nachempfand oder den Boden der Halle mit schwarzem und weißem Marmor von den Hebriden versah. In der Bibliothek stehen mehr als 20 000 Bücher aus Scotts Sammlung, darüber wölbt sich eine ebenfalls kunstvoll geschnitzte Zedernholzdecke nach dem Vorbild aus Rosslyn Chapel. Schon fünf Monate nach Scotts Ableben wurde Abbotsford für die Öffentlichkeit zugänglich gemacht und war damit eine der ersten touristischen Attraktionen im Land, lange bevor Queen Victoria einen Boom auslöste. Nach einer umfangreichen Renovierung befindet sich Abbotsford heute noch immer in einem authentischen Zustand. Queen Elizabeth II. höchstpersönlich übernahm die feierliche Wiedereröffnung am 3. Juli 2014. Im neuen, frei zugänglichen Besucherzentrum gibt es ein stilvolles Restaurant, einen Souvenir-Shop und eine Ausstellung zum Leben und Werk Sir Walter Scotts.
INFO: www.scottsabbotsford.co.uk

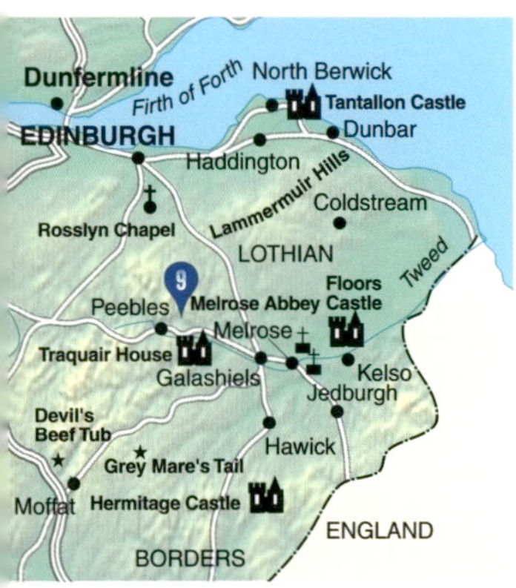

10 SCHLOSS IM GRÜNEN – TRAQUAIR HOUSE

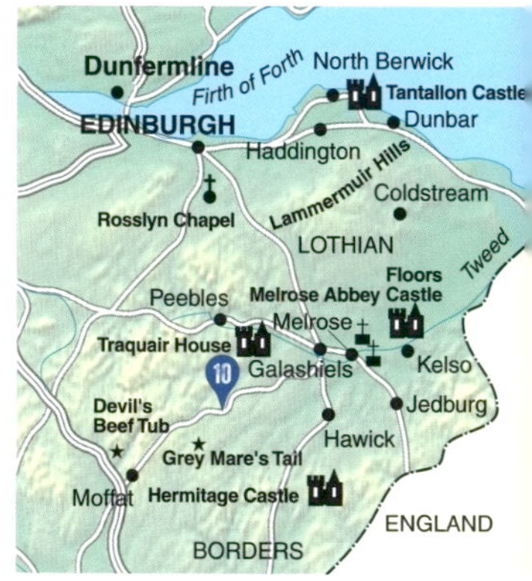

Zuhause der Stuarts

Ein Juwel unter den kleineren schottischen Schlössern und einer der vielen Wallfahrtsorte für Reisende auf den Spuren von Mary Stuart ist das nicht weit von den Ufern des Tweed gelegene Traquair House. Die Landschaft hat keinerlei Ähnlichkeit mit den wilden Highlands, hier dominieren sanfte Hügel und grüne Weiden.

Und mittendrin steht das hübsche weiße Herrenhaus, das in seinen Ursprüngen auf den Beginn des 12. Jahrhunderts zurückgeht und als das älteste durchgehend bewohnte Schloss Schottlands gilt. Errichtet als Jagdschloss für den schottischen Hochadel gelangte es 1491 als Schenkung des Earl von Buchan an seinen Sohn James Stewart, dem ersten Laird von Traquair. Die Herren von Traquair waren im Zentrum des politischen Geschehens, gewichtige Zelle der Stuart-Dynastie und standhafte Jakobiten-Bastion. Vom Besuch von *Mary, Queen of Scots,* auf Traquair im Jahr 1566, gemeinsam mit Ehemann und Sohn, befinden sich noch die Wiege, ihr Bett und eine ganze Reihe weiterer Memorabilia im Ausstellungsbereich. Daneben können auch ihre 1822 verfassten Memoiren in Augenschein genommen werden.

Traquair heute

Die bis dato letzten baulichen Veränderungen erfuhr die aristokratische Villa um 1695 mit den eleganten Seitenflügeln. Der heutige, 1965 wieder aufgenommene Braubetrieb in einem Flügel begann bereits um 1700, wurde bald schon eingestellt, jedoch nie abgebaut. Im Shop gleich neben der hauseigenen Kapelle können Biere erworben werden. Eine kleine Herausforderung bilden das Heckenlabyrinth im Park von Traquair und das eiserne Tor an der Bärenpforte. Es bleibt verschlossen, bis ein Mitglied der Stuart-Familie wieder den Thron besteigt. So rostet es weiter vor sich hin, nachdem es 1745 Bonnie Prince Charlie als Letzter durchschritten hat. Vier Zimmer in Traquair stehen für B&B-Übernachtungen zur Verfügung.
INFO: www.traquair.co.uk

Das Labyrinth im Park von Traquair House hat schon manch einem eifrigen Besucher Kopfzerbrechen bereitet.

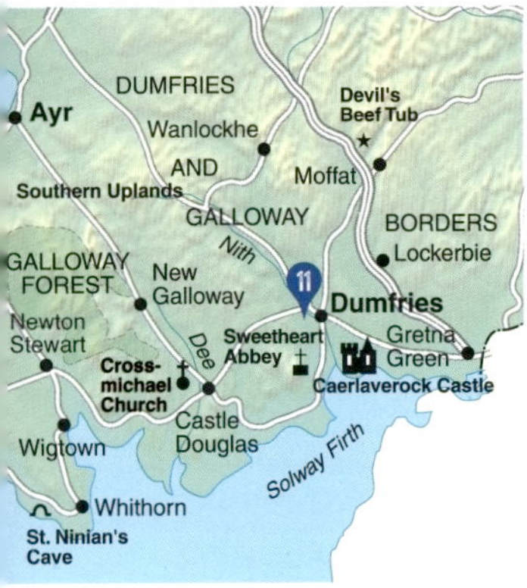

11 POESIE UND FREIHEITSKAMPF – DUMFRIES

Auf den Spuren von Robert Burns und Robert the Bruce

Kein britischer Dichter ist so populär in seinem Heimatland wie Robert Burns. Der von seinen Landsleuten liebevoll Robbie Burns genannte Poet hat mit *Auld Lang Syne* den berührenden Text für ein Lied verfasst, das in allen englischsprachigen Ländern der Welt traditionell beim Abschiednehmen gesungen wird – und zwar keinesfalls ausschließlich an Silvester.

Robert Burns ist Schottlands Nationalbarde, der Dichter der schottischen Seele, der Poet der einfachen Leute. Welch bedeutende Rolle er für die Schotten spielt, zeigt die spontane Reaktion eines Fans. Nach einer Lesung von Burns-Gedichten sprang dieser auf und rief triumphierend in den Saal: *»Whaur's your Wullie Shakespeare noo?«* – »Wie will euer Shakespeare da mithalten?«

Die anhaltende Popularität von Robert Burns ist ohne Zweifel seinen sentimentalen schottischen Gedichten und Liedern zuzuschreiben. Eines seiner bekanntesten ist das Abschiedslied eines Highlanders, der seine Heimat verlassen musste.

»Mein Herz ist in den Highlands, mein Herz ist nicht hier.
Mein Norden, mein Hochland. Lebt wohl, ich muss ziehen!
Du Wiege von allem, was stark und was kühn!
Doch wo ich auch wandre und wo ich auch bin,
Nach den Hügeln des Hochlands steht allzeit mein Sinn!«

Ein schottischer Smash-Hit

Weltbekannt aber ist natürlich auch das Abschiedslied *Auld Lang Syne*. Es wird vor allem an Silvester beim traditionellen schottischen Hogmanay gesungen, wenn man sich vom alten Jahr verabschiedet. Es erklingt aber auch immer dann, wenn Freunde sich

Die Devorgilla Bridge führt in Dumfries über den Nith (unten). Alle Leuchttürme werden von Edinburgh aus gesteuert – auch der Leuchtturm am Southerness Point (rechte Seite oben). Vor der St Michael's Church in Dumfries steht ein Denkmal für den Nationaldichter Robert Burns (rechte Seite unten).

trennen. Robert Burns schrieb im Dialekt der Lowland-Schotten, dem Scots. Das bedeutet, dass er von jedem einfachen Schotten verstanden, von den Engländern aber nicht wirklich vereinnahmt werden kann. Burns, der aus einfachen Verhältnissen kam, schrieb für einfache Leute und verfasste einige der schönsten Liebeslieder der schottischen Sprache:

»Mein Lieb' ist eine rote Ros',
Die frisch am Stocke blüht,
Eine rote, rote Ros'! mein Lieb'
Ist wie ein süßes Lied!«

Aber Burns war auch ein politischer Dichter. Er bekannte sich unverhohlen zu seiner schottischen Identität und schrieb zum Beispiel Lieder, in denen er Bonnie Prince Charlie, den Thronanwärter der Stuarts, verherrlichte. Burns starb 1796 in Dumfries.

Robert, der unerbittliche Freiheitskämpfer

Einer der größten Freiheitskämpfer Schottlands, der spätere König Robert I, war nur kurz mit Dumfries verbunden. Als Earl of Carrick zählte er zu den größten Großgrundbesitzern Schottlands. Bereits 1297 kämpfte er an der Seite des legendären Wallace gegen die Engländer. Allerdings ergab er sich noch im selben Jahr und schwor König Edward die Treue. Heute interpretiert man dies als eine Finte, um Zeit zu gewinnen.

Ab 1299 regierte Robert das Land gemeinsam mit drei anderen Regenten. Aber nach der grauenhaften Hinrichtung von Wallace im Jahr 1305 wurde ihm klar, dass sich Schottland vom englischen Joch befreien musste. In Dumfries wollte Robert einen seiner Mit-Regenten, John Comyn, für seine Sache gewinnen. Es kam zu einer Auseinandersetzung in der Franziskanerkirche, in deren Verlauf Robert Comyn erstach. Da er aber nicht genau wusste, ob Comyn wirklich tot war, schickte er seinen Vertrauten, Roger de Kirkpatrick, zurück in die Kirche. Der erstach Comyn mit den berühmten Worten: *»I mak sicar! I mak sicar!«* – »Ich stelle sicher« wurde in der Folge der Wappenspruch der Kirkpatricks.

Am 25. März 1306 wurde Robert the Bruce in Scone als Robert I zum König gekrönt. Am 17. März 1328 kam es zur Unterzeichnung des Vertrags von Edinburgh. London akzeptierte Schottlands Unabhängigkeit. Doch damit war das Ende der Geschichte nicht erreicht, wie sich danach erwies. Aber am 24. Juni 1964 schließlich enthüllte die britische Königin Elizabeth II auf dem Schlachtfeld von Bannockburn ein Standbild. Es zeigt Robert the Bruce, stolz und Ehrfurcht gebietend hoch zu Ross.

TOP ★ ERLEBNIS

★ SOUTHERNESS POINT

Das kleine Dorf Southerness ist dem Southerness Point am Solway Firth vorgelagert und präsentiert eine bemerkenswerte Mischung aus Alt und Neu. Hier führen alte kleine Fischerhäuser und neue Wohnwagen-Ferienanlagen ein friedliches Nebeneinander. Einen ähnlich gemischten Eindruck bietet die Aussicht über den Firth. Bei schönem Wetter reicht der Blick bis zum wunderschönen Lake District in England. Zu sehen ist aber auch ein Windpark im Firth. Der Leuchtturm von Southerness wurde 1749 als zweiter Leuchtturm Schottlands gebaut. Nicht so elegant wie die meisten anderen Leuchttürme Schottlands, besticht er durch seine kantige Wuchtigkeit: Der 17 Meter hohe, fast quadratische Turm ist zwar seit 1939 nicht mehr in Betrieb, stellt aber nach wie vor ein eindrucksvolles Monument dar.

WEITERE INFORMATIONEN
Dumfries Museum: Rotchell Road, Dumfries, DG2 7SW, Tel. +44 (0)1387 253 374, www.dgculture.co.uk/venue/dumfries-museum

Steinkreise sind beeindruckende Zeugnisse früherer Kulturen und Religionen. Der Torehouse Stone Circle ist der südlichste Schottlands (oben). Die pastellfarbenen Fischerhäuser der Isle of Whithorn bilden einen fröhlichen Kontrast zum oft grauen Wetter (rechte Seite unten). Bücher in Hülle und Fülle in »The Book Shop« von Wigtown (rechte Seite oben).

12 WÄLLE UND MAUERN – AN DER SOLWAY COAST

Vom Southerness Point zur Isle of Whithorn

Der Solway Firth ist einer der größten Meeresarme an der Westküste Schottlands. Blickt man von ihm gen Süden, dann schaut man auf England. Mary, *Queen of Scots*, überquerte diesen Fjord, als sie nach England flüchtete. Auf einer Fahrt entlang der Nordseite des Solway Firth entdeckt man ein neues Gesicht der schottischen Lowlands. Die Küste zählt zu den schönsten im Vereinigten Königreich.

Eine ältere Grenze zwischen Schottland und England verlief weiter südlich als die heutige Trennlinie. Die Römer hatten sie willkürlich mit dem einzigen Ziel festgelegt, die schottischen »Barbaren« von ihrer britannischen Provinz fernzuhalten. Heute ist der Hadrian's Wall ein Pflichtausflugsziel für zigtausende britische Kinder.

Über 110 Kilometer lang, verläuft der antike Schutzwall von Wallsend-on-Tyne an der Nordseeküste in einer Schlangenlinie zum Solway Firth. Nur wenig ist von der Anlage verblieben, die nach ihrem Bauherrn, dem ömischen Kaiser Hadrian, benannt ist. Hadrian besuchte auf zwei großen Reisen fast alle Provinzen des damaligen Römischen Reichs und ließ sich dabei zu einer erstaunlichen Bautätigkeit inspirieren. Viele seiner Bauwerke dienten allein der Glorie Roms, der Hadrian's Wall in Britannien wurde allerdings im Jahr 122 n. Chr. als reiner Zweckbau in Auftrag gegeben. Nach dem Abzug der Römer betrachtete man diesen Schutzwall in England lange Zeit als eine Demarkationslinie zwischen der Zivilisation schlechthin und der kaledonischen Barbarei, die für die ungebildeten Wilden des Nordens unüberwindbar war.

Nördlich vom Solway Firth bildet der Verwaltungsbezirk Dumfries and Galloway (Gälisch: *Dùn Phris agus an Gall-Ghaidhealaibh*) den südwestlichsten Teil Schottlands. Landschaftlich nicht ganz so malerisch wie die Borders, ist die Region lieblich, ohne den Besucher zu sehr zu fordern. Hier erstrecken sich weite Flächen von Weide- und Ackerland, getrennt von kilometerlangen Feldmauern aus Trockenstein. Auf einer lohnenden Fahrt entlang der Nordseite des Solway Firth erlebt man ein anderes Gesicht der schottischen Lowlands. Der Tourismus hat die Gegend noch nicht richtig erreicht, obwohl es hier einige schöne kleine Städtchen zu entdecken gibt. Die Bevölkerung lebt hauptsächlich von der Fischerei und der Landwirtschaft.

Malerische Küstenstrecke

Die hiesige Küste zählt zu den schönsten im gesamten Vereinigten Königreich und lässt sich zum größten Teil nur zu Fuß erkunden. Ein möglicher guter Ausgangspunkt ist Southerness, auch wenn das kleine Fischerdorf vielleicht nicht jedermanns Sache ist. Die Ortschaft wartet mit mehreren Golfplätzen und riesigen Wohnmobilanlagen auf. Aber der alte Ortskern mit seinen winzigen Fischerhäuschen ist sehr malerisch. Kaum hat man das Dorf verlassen, umgeben einen nur noch Wiesen und Trockenmauern, die die Weideflächen für Schafe vom Ackerland abgrenzen. Auf der Strecke zur Isle of Whithorn sieht man, wie sich die Mauern Kilometer um Kilometer bis hoch in die Hügel hinaufziehen. Man kann sich kaum vorstellen, wie lange es gedauert haben muss, diese Mauern Stein um Stein aufzubauen! Wunderschön ist auch eine Fahrt auf der A75 entlang der Wigtown Bay. Hinter den Wiesen neben der Straße liegt das Wasser zum Greifen nah.

Beim Apostel im Süden

Die Isle of Whithorn – nicht zu verwechseln mit dem etwas weiter landeinwärts gelegenen Ort Whithorn – gehört zu den südlichsten Punkten Schottlands. Genau genommen ist sie jedoch keine Insel mehr, sondern inzwischen durch einen schmalen Steg mit dem Festland verbunden. Auf der Isle of Whithorn steht die Ruine einer Kapelle des heiligen Ninian. Der frühchristliche Missionar brachte im 4. und 5. Jahrhundert das Christentum zu den Pikten, den ursprünglichen Bewohnern Schottlands. Ninian wird deshalb auch der »Apostel der Südpikten« genannt.

TOP ★ ERLEBNISSE

★ BESONDERE SEITEN

1997 begann für Wigtown an der Mündung des River Bladnoch in die Wigtown Bay ein neues Zeitalter. Der Ort konnte seinen georgianischen Charakter, dominiert vom roten Sandsteinbau des Rathauses am zentralen Platz bewahren und erfand sich damals neu als erste Bücherstadt Schottlands, nachdem die zuvorige Schließung der Molkerei und der Bladnoch Whiskydestillerie, die inzwischen die Produktion wieder aufnehmen konnte, den wirtschaftlichen Niedergang einleiteten. Ein gutes Dutzend antiquarische, teils auf bestimmte Sujets konzentrierte Buchhandlungen verteilt sich nun im Ortskern. Darunter »The Book Shop«, der mit Abstand größte Gebrauchtbuchladen des Landes. In den Regalen, auf Tischen und Sitzgelegenheiten stapelt sich eine unfassbare Menge an Büchern und Druckwerken, die eine dezidierte Suche nach bestimmten Publikationen schlicht unmöglich erscheinen lassen. Alljährlich im September richtet Wigtown ein populäres Buchfestival aus.
www.wigtownbookfestival.com

★ EINMAL IM LEBEN

Mit »The Open Book« besitzt Wigtown eine einzigartige AirBnB-Unterkunft. Die Buchung hier ist mit dem Betreiben der kleinen Buchhandlung verbunden.
www.wigtown-booktown.co.uk/the-open-book/

13 GROßE KUNST – KIRKCUDBRIGHT

In der Stadt der Künstler

Das Flair des Hafenstädtchens Kirkcudbright an der Mündung des Rivers Dee in den Solway Firth zieht noch heute Künstler und Kunstschaffende in seinen Bann. Selbstbewusst präsentiert man sich als »Artist Town« und trägt im Stadtwappen eine Malerpalette. Ein besonderes Licht zog Ende des 19. Jahrhunderts die Kreativen aus Glasgow in den schottischen Süden.

Mitglieder der Bewegung »Glasgow Boys«, Vertreter des schottischen Impressionismus und beginnenden Jugendstils, gründeten die Künstlerkolonie Kirkcudbright, deren Geist noch heute durch die beschaulichen Gassen des Ortes wabert und im Broughton House, einst Wohnstätte von Edward Hornel, und dem zugehörigen traumhaften Garten kulminiert. Das stattliche, in Pastellorange getünchte Gebäude an der High Street befindet sich im Besitz des National Trust for Scotland, der das Andenken des Künstlers bewahrt. Zwei bedeutende Namen der schottischen Kunstszene sind untrennbar mit Kirkcudbright verbunden: Edward Atkinson Hornel, gebürtiger Australier, der ab 1901 sein Domizil im Broughton House aufschlug, und Jesse Marion King, eine der talentiertesten Elevinnen der renommierten Kunstschule Glasgow School of Art. Ihr Haus »Greengate« ist heute ein B&B, das von zwei lokalen Künstlern, Colin und Pauline Saul, im Sinne Jesse M. Kings geführt wird. Das Attribut als »Stadt der Künstler« findet seit 2003 alljährlich mit dem viertägigen Arts & Crafts Trail ab dem ersten Montag im August einen gelungenen, organisierten Ausdruck.

Kloster und Castle

Ein etwa zweistündiger Spaziergang führt auf dem Dee Walk vom Ufer des Flusses Dee, an dem einige ausrangierte Boote wie drapiert als Staffage für künstlerische Tätigkeiten dienen könnten, an den kleinen Hafen, der zu

Auf Dundrennan Abbey, unweit von Kirkcudbright, verbrachte Mary *Queen of Scots* ihre letzte Nacht in Schottland (unten). Kleine Kunstwerke: die bunten Badehäuschen am Hafen mit ihren feinen Wetterfahnen (rechte Seite oben). Kleine Künstler (oder doch Kitsch?) finden sich in den Gärten und vor den Häusern Kirkcudbrights (rechte Seite unten).

Beginn des 13. Jahrhunderts geschäftigen Handel mit Irland trieb. Durch den recht starken Tidenhub liegen die hier vertäuten Schiffe, Boote und Yachten teils über mehrere Stunden hilflos auf morastigem Grund. Am Parkplatz bei der Touristeninformation begegnet man diversen Kunstwerken und Skulpturen, darunter drei winzigen, quietschbunten Badehäuschen mit filigranen Wetterfahnen am Giebel. Dahinter lugt zwischen hohen alten Bäumen Greyfriars Kirk hervor. Die hübsche Kirche in der kleinen Parkanlage Moat Brae mit der Furcht einflößenden Kanone gehörte einst zu einem im 15. Jahrhundert gegründeten Franziskanerkloster. Dieses wurde um 1580 aufgegeben, als Sir Thomas MacLellan mit dem Bau seiner Stadtresidenz begann und die klösterliche Bausubstanz dafür nutzte. Nun liegt sie als MacLellan's Castle ebenfalls in – stattlichen und begehbaren – Ruinen. Bemerkenswert in den herrschaftlichen Räumlichkeiten ist das geheime Guckloch »Laird's Lug« neben der Feuerstelle, welches dem hohen Herrn ermöglichte, die Gespräche seiner Gäste in der Great Hall unerkannt zu belauschen.

Künstler und Galerien

An der Castle Bank zwischen Kirche und Burgruine befinden sich alte Lagerhäuser und die ehemalige Hafenkneipe »Ship Inn«, die nun die Harbour Cottage Gallery beheimatet. Im leichten Bogen geht der Weg in die High Street über, an deren Ende schon das Tolbooth Art Centre zu sehen ist. Vorbei an Broughton House und Greengate erreicht man das 1625 errichtete Gebäude mit dem markanten Turm, das als eine Kombination aus Rathaus, Gericht und Gefängnis fungierte und nun die Geschichte der Kunst und der Künstler Kirkcudbrights dokumentiert. Die Straße knickt im rechten Winkel nach links ab, und es geht vorbei an typischer ein- und zweigeschossiger Kleinstadtarchitektur des 19. Jahrhunderts, oft in heimeligen Pastelltönen bemalt. Darin befinden sich einige kleine Antiquitätenläden und Galerien. An der Kreuzung mit der St Mary Street geht es wieder links zum Stewartry Museum, das in spätviktorianischer Zeit als Ausstellungsort errichtet wurde. Es umfasst in seinem erstaunlich geräumigen Inneren facettenreiche Sammlungen aus der Region, die Leben, Handwerk und Traditionen illustrieren. Hinter dem stets gut frequentierten Kirkcudbright Bowling Green befindet sich die Town Hall aus rotem Sandstein. Sie beherbergt umfangreiche Ausstellungs- und Galeriebereiche für lokale Künstler und ein nettes kleines Café.

TOP ★ ERLEBNISSE

★ ST MARY'S ISLE WALK

Die Halbinsel St Mary's Isle südwestlich von Kirkcudbright eignet sich für eine entspannte, knapp sieben Kilometer lange Wanderung durch die Bildsujets der Künstlerkolonie. Der nicht überall optimal beschilderte Rundweg (Path 151) beginnt und endet in der Stadtmitte und begeistert mit landschaftlicher Vielfalt an der Mündung des Dee, Begegnungen mit Eichhörnchen und Rotwild inklusive.
www.kirkcudbrightarttours.co.uk

★ SCHOKOLADE FÜR ALLE

Besonders für Familien mit Kindern eignet sich der Besuch der Cocoabean Company am Old Mill Burn in Twynholm nördlich von Kirkcudbright. Die Herstellung von Schokolade ist nur ein kleiner Teil des Angebotes. Zudem gibt es innovative Chocolatier-Workshops für Groß und Klein, ein Café sowie große Spielareale drinnen und draußen.
www.thecocoabeancompany.com

★ KUNST IM GARTEN

Verschwenderisch üppig grünt und blüht es im Garten von Broughton House, den der »Glasgow Boy« E.A. Hornel gemeinsam mit seiner Schwester im edwardianischen Stil anlegte.
www.nts.org.uk/visit/places/broughton-house

Stolz und schön: der Leuchtturm am Mull of Galloway, dem südlichsten Punkt Schottlands (oben). Eine schier endlose Single Track Road führt in den tiefsten schottischen Süden zum Mull of Galloway (rechte Seite oben). Für Radler stellt der Ausflug an Schottlands Südpol durchaus eine sportliche Herausforderung dar. Am Ziel warten eine tolle Aussicht und ein kleines Café mit ebensolcher (rechte Seite unten).

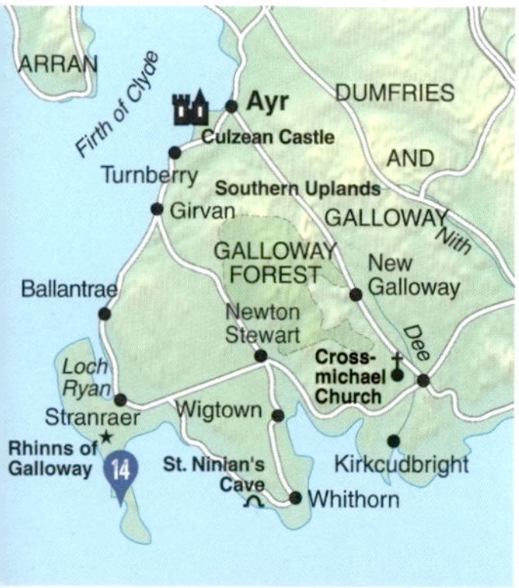

14 BEZAUBERND – DIE HALBINSEL RHINNS OF GALLOWAY

Der Hammer im Südwesten

Der südwestliche Zipfel Schottlands ist einer der bestbewahrten touristischen Geheimtipps überhaupt. Reisende lassen die charakterstarke und reizvolle Landschaft völlig zu Unrecht oft links liegen. Dabei ist die Halbinsel Rhinns of Galloway eine schlicht entspannte Urlaubsregion voller bezaubernder und überraschender Kleinodien.

Drei Leuchttürme bilden die markanten Eckpfeiler der gut 50 Kilometer langen Halbinsel, die sich hammerförmig und schützend vor der weiten Luce Bay und dem schmalen Loch Ryan in die Irische See drängt: Corsewall Point stellt die nördliche Flanke, erbaut 1815, automatisiert 1994 und heute stilvolles Viersternehotel. Die Westküste der Rhinns überblickt das Killantringan Lighthouse nördlich von Portpatrick, das erst 1900 seinen Betrieb aufnahm und 1988 automatisiert wurde. 2007 endete sein Dienst für die Schifffahrt. Das Wohnhaus der Leuchtturmwärter ist nun ein Ferienhaus. Als prominenteste Landmarke gilt das Leuchtfeuer am Mull of Galloway am ultimativen südlichen Ende Schottlands, das der National Trust for Scotland ebenfalls als Unterkunft anbietet. Ein kleines Museum berichtet von der bewegten Geschichte der 1830 nach Plänen von Robert Stevenson errichteten Landmarke.

Irisches Panorama

Die Silhouette der Isle of Man begrenzt den Horizont im Süden ebenso wie die Küste Nordirlands im Westen. Durch die exponierte Lage zum Meer präsentieren sich die Gestade rau und schroff, auf der den atlantischen Winden abgewandten Seite mit weiten Sandbuchten dafür fast anmutig. Die grüne, sehr fruchtbare und leicht hügelige Landschaft wird vornehmlich als Ackerland und zur Vieh-

Das verlassene, geisterhafte Dunskey Castle ragt vor der Kulisse der Irischen See über die sanften Höhen der Rhinns of Galloway hinaus (oben). Die Logan Botanic Gardens warten mit mancherlei überraschender botanischer Rarität auf (unten). Die Hafenpromenade Portpatricks säumt eine reichhaltige Auswahl unterschiedlicher Pubs und Cafés (rechte Seite oben). Die Ruine des Klosters von Glenluce (rechte Seite unten).

wirtschaft genutzt. Mildes Klima begünstigt das Wachstum exotischer Blumen- und Pflanzenarten, die den Küstendörfern eine mediterrane Prägung verleihen. In den Dunskey Gardens am Ortsrand von Portpatrick und in den sehenswerten Logan Botanical Gardens findet sich eine für diese Breiten ungewöhnliche Flora. An der Pforte zur Rhinns of Galloway liegt mit Stranraer die größte Siedlung der Halbinsel. Der Ort, der bereits seit 1595 Handels- und Marktrechte hatte, erlebte seinen Aufschwung um 1870 durch den Fährverkehr nach Irland. Moderne Fährschiffe legen nun in Cairnryan am jenseitigen Ufer des Loch Ryan ab. Das Zentrum Stranraers beherrscht das älteste Gebäude, Castle St. John aus dem 15. Jahrhundert. Vier Stockwerke hoch überragt das typische Turmhaus die umstehenden Bauten. Davor steht stolz ein eiserner Brunnen, 1897 zu Ehren des goldenen Thronjubiläums von Königin Victoria aufgestellt.

Die ersten Fähren

Pittoreskes Zentrum an der Westküste, in der Mitte zwischen Mull of Galloway und Corsewall Point, selbst mit einem kleinen Leuchtturm (heute Töpferei) am Hafen, ist Portpatrick, das der heilige Patrick der Legende nach als Ausgangspunkt für seine Irlandreise nutzte. Die Nähe zur Nachbarinsel prädestinierte den Hafen für erste planmäßige Fährdienste, die bereits 1616 nach Donaghdee, County Down, führten. Der befestigte Hafen entstand 150 Jahre später, Nord- und Südpier kamen 1821 hinzu. Strenge Winde und die Meeresgeologie vor Portpatrick führten immer wieder zu Havarien und gefährdeten den Schiffsverkehr erheblich. So zog der Fährbetrieb ins geschütztere Stranraer um. Frachtschiffe kamen aber weiterhin, und 1862 bekam der Ort sogar eine Eisenbahnanbindung. An der Schwelle zum 20. Jahrhundert mutierte das wirtschaftlich angeschlagene Portpatrick dann zum hübschen, familienfreundlichen Seebad. Glanzstück ist das elegante Portpatrick Hotel von 1906 im typischen Baronialstil oberhalb der Bucht mit schönstem Panorama. Hier beginnt der Southern Upland Way, der längste Wanderweg Schottlands mit über knapp 340 Kilometer bis nach Cockburnspath an die Küste Berwickshires. Ein kleiner Golfplatz liegt direkt am Hafen, dessen verträumtes Ambiente gern als stilvoller Zielpunkt für Rallyes historischer Fahrzeuge dient, wie Anfang Juli, wenn mehrere Dutzend klassischer Lastkraftwagen einfallen.

Entlang der früheren Bahntrasse und der Klippenkante führt ein schmaler Pfad südwärts bis zur Ruine des mittelalterlichen Dunskey

Castle. Die wechselvolle Geschichte des Hauses endete abrupt um 1684, als der Laird seine Heimstatt aufgab. In den düsteren, windumtosten Mauern soll ein haariger Geist sein Unwesen treiben. Noch weiter südlich – der Weg schlängelt zwischen Klippen und Criagoch Moor – öffnet sich die versteckte Bucht der Spittal Bay zum Meer hin. In dieser Beschaulichkeit trafen Dwight D. Eisenhower und Winston Churchill im Zweiten Weltkrieg zu geheimen Unterredungen zusammen. Die Badewanne des Präsidenten steht noch immer in einem Badezimmer der eleganten Knockinaam Lodge, heute luxuriöse Hotelunterkunft mit privatem Strand und ausgezeichnetem Restaurant.

Der Süden im Süden

Thomas Telford konstruierte in den 1830er-Jahren den steinernen Leuchtturm am Pier von Port Logan, das gemäß den Vorstellungen der Planer Portpatrick als Umschlagplatz für Frachtschiffe Konkurrenz machen sollte. Dies misslang – glücklicherweise, denn so konnte das Örtchen sein verschlafen-heimeliges Ambiente bewahren. Geschützt durch einen niedrigen Damm hinter einem breiten Sandstrand duckt sich die charakteristische Reihe weißer Fischerhäuser mit bunten Blendläden, Türen und Fenstern. Port Logan war zwischen 2001 und 2003 Schauplatz der BBC-Serie »Two Thousand Acres of Sky«. Am anderen Ende der Port Nessock Bay finden Besucher einen ungewöhnlichen, kreisrunden Fischteich zwischen den Felsen, den Andrew McDouall, der Laird of Logan, 1788 anlegte, um immer frischen Fisch für die Tafel seines Hofes im nahen Logan House verfügbar zu haben. Die jetzigen Bewohner des Tidal Fish Pond, des ältesten und einzigen natürlichen Aquariums des Landes, sind handzahm und freuen sich über Futtergaben.

Drummore an der Luce Bay verführt mit dem Beinamen »südlichstes Dorf Schottlands«. Folgerichtig prangt über dem Schaufenster des Supermarktes »Schottlands südlichster Shop«, noch kreativer ist die Royal Mail, die »Schottlands erste und letzte Poststation« anpreist. Die Anlage der Dorfstraßen war Mitte des 19. Jahrhunderts auf die Ankunft der Eisenbahn ausgerichtet, doch die Portpatrick & Wigtownshire Joint Railway schaffte es aus finanziellen Gründen nicht bis in den Süden der Rhinns of Galloway. Auf dem Friedhof des benachbarten Weilers Kirkmaiden befindet sich ein Leuchtturm aus dem 18. Jahrhundert, vielleicht der kleinste Schottlands. Kaum einen Meter hoch markiert er die Grabstätte des Sohnes des Hauptleuchtturmwärters des Mull of Galloway Lighthouse.

TOP ★ ERLEBNISSE

★ ENGELSGLEICH

Glenluce Abbey ist unter den Klosterruinen in Schottlands Süden eher unbedeutend. Gegründet 1192 am Water of Luce als Schwesterabtei des Zisterzienserklosters Dundrennan Abbey, verfiel es bereits zu Beginn des 17. Jahrhunderts. Lediglich der quadratische Kapitelsaal im Zentrum der Anlage blieb völlig intakt. Eine einzelne Säule trägt die hohe Gewölbedecke. Wer es wagt, sollte die Türe schließen und seine Stimme zu einem Lied erheben. Selbst unmusikalische Zeitgenossen erleben dann eine akustische Sensation.
www.historicenvironment.scot/visit-a-place/places/glenluce-abbey/

★ LUFTFAHRT-KLEINOD

Das Stoneykirk Aviation Museum liegt etwas versteckt in den Hügeln westlich von Sandhead und präsentiert eine kleine, aber feine Sammlung über die britische Luftfahrtgeschichte in der Zeit des kalten Krieges mit begehbaren Cockpits, umfangreicher Bilderkollektion und kenntnisreichen Guides.
www.2av8.co.uk

Wie hier am Loch Ken trennen überall in Schottland Trockensteinmauern Weide- und Ackerland.

15 HISTORISCHE SEENLANDSCHAFT – AM LOCH KEN

Glaubenskonflikte mit großer Wirkung

Crossmichael liegt am lang gestreckten Loch Ken. Der Weg zur Ortschaft ist gesäumt von Schafweiden. Am Horizont zeichnen sich allerdings schon Anhöhen ab, die erahnen lassen, was auf die zukommt, die sich weiter nach Norden wagen.

Crossmichael am Ostufer des Sees ist eines der vielen kleinen Dörfer in Dumfries and Galloway, wenn auch nicht unbedingt eine Touristenattraktion. Es ist einfach ein funktionierendes größeres Dorf in attraktiver Lage, dessen Main Street hübsche weiß getünchte Häuschen säumen. Zu seinen Attraktionen gehören ein netter Pub und eine eindrucksvolle Kirche, die 1751 erbaut wurde. Die Glocke in dem schmalen, runden Turm verweist jedoch auf das Jahr 1611 und eben darauf, dass hier schon früher eine Kirche stand, die dem heiligen Michael geweiht war. Angeblich befand sich in der Nähe auch ein römisches Fort. Weit nach Schottland hinein sind die Römer allerdings nicht gekommen, wenn sich auch in der Umgebung weitere 16 Forts finden. Darüber hinaus gibt es hier wesentlich ältere Erdhügelburgen, Steinkreise und Steinhügel, die auf Gälisch cairns genannt werden. Auf dem Friedhof der Parish Church liegen Covenanter begraben. Sie sind Opfer der sogenannten »Killing Times« der 1680er-Jahre. Damals bekriegten sich die schottischen Covenanter mit den Regierungstruppen von Charles II, weil sie am Presbyterianismus und somit an der Church of Scotland festhalten wollten. Sie kämpften gegen die Wiedereinführung des Katholizismus in Schottland und zugleich gegen die anglikanische Kirche. Die Auseinandersetzungen bildeten den Auftakt für die Glorious Revolution, die mit der Abschaffung des königlichen Absolutismus in England und der Thronbesteigung des protestantischen Holländers William III von Oranien endete.

INFO: www.crossmichael.org

16 REGIMENTER UND REGENTEN – COLDSTREAM

Im schottischen Hochzeitsparadies

Für die Engländer, die immer wieder vom Süden kommend auf schottisches Gebiet vordrangen, um das Land für sich zu erobern, beginnt Schottland in den noch heute so genannten Borders, dem Grenzland.

Weit im Osten der Borders markiert der Tweed bei dem Städtchen Coldstream seit 1018 die Grenze zu England. Im Jahr 2018 werden es genau 1000 Jahre sein, eine unvorstellbar lange Zeit! Eine großartige Brücke mit sieben Bögen aus den 1760er-Jahren überspannt hier den Fluss. In dem Zollhaus auf der schottischen Seite wurden früher Eheschließungen mit einem Minimum an Formalitäten vollzogen. Heute erinnert nur noch eine Tafel an diese Zeiten. Dass sich Gretna Green und nicht Coldstream einen Ruf als »Hochzeitsparadies« erwerben konnte, entpuppte sich als Segen für den Ort. Coldstream war das Garnisonstädtchen, über das der englische König Edward I 1296 nach Schottland eindrang. Im Spätherbst 1996 – genau 700 Jahre nachdem Edward I den Ort überfallen hatte – kehrte der historische »Schicksalsstein« der Schotten, der Stone of Scone, über Coldstream in seine Heimat zurück. Auf diesem rötlich grauen, 76 Zentimeter langen Sandstein waren einst Schottlands Könige gekrönt worden. Das geschah stets in Scone (sprich: Skuhn) Abbey in der Nähe von Perth, die jahrhundertelang als Krönungsstätte der schottischen Krone diente. 1296 befahl Edward I, dass der Stein gestohlen und als Kriegsbeute nach London in die Westminster Abbey gebracht werden sollte. Dort lag er bis zum 14. November 1996 unter dem englischen Krönungsthron. So lange hatten die Engländer sich geweigert, den Stein zurückzugeben. Jetzt allerdings hat man ihn in der Burg von Edinburgh untergebracht. Der Stein in Scone Abbey ist eine Kopie.

INFO: www.scotlandstartshere.com/event/coldstream-civic-week/

Über diese Brücke bei Coldstream wurde der schottische Schicksalsstein 1996 in Begleitung von Soldaten offiziell wieder nach Schottland zurückgebracht.

GLASGOW UND DIE PROVINZ ARGYLL

Berauschendes Schottland

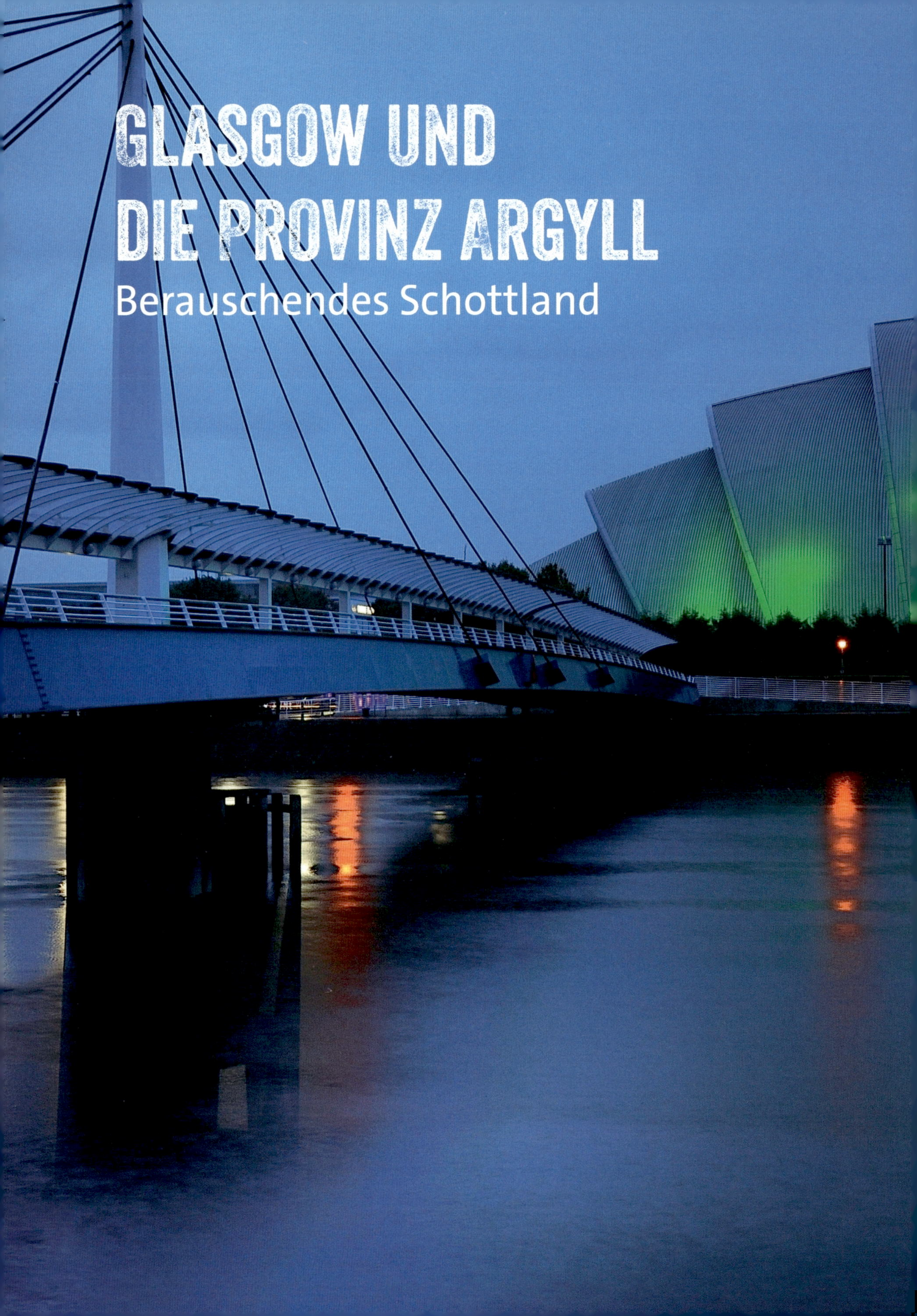

Das Clyde Auditorium wurde als Symbol des neuen Glasgow auf einem aufgefüllten Dock gebaut (links). Seit 1881 wird der Single Malt der Brennerei Bruichladdich (sprich: Bruck-lad-die) auf der Whiskyinsel Islay hergestellt (oben). Frisches Quellwasser ist für die Whiskyherstellung entscheidend (unten).

Das Glasgow Science Centre wurde 2001 von der Queen am Südufer des Clyde eröffnet und hat sich seither zu einer der beliebtesten Besucher-Attraktionen in Schottland entwickelt. War das Gebiet früher vernachlässigt und heruntergekommen, ist es heute ein Beispiel für zukunftsorientierte Städteplanung (oben). Glasgows St Mungo's Cathedral heißt nach dem Schutzpatron der Stadt (rechte Seite).

17 EUROPÄISCHE KULTURHAUPTSTADT – GLASGOW

Eine Metropole mit vielen Gesichtern

Im Jahr 1990 wurde zur Überraschung wohl der meisten Kontinentaleuropäer, aber auch vieler Briten, ausgerechnet Glasgow zur europäischen Kulturhauptstadt ernannt. Besser bekannt war die Stadt am Clyde bis dahin für ihre Armut, für ihre Slums und abgewrackten Werften, für ihre hohen Plattenbauten und die niedrigste Lebenserwartung aller britischen Städte. Doch Glasgow hat weitaus mehr zu bieten.

Zu jener Zeit bahnte sich auch Glasgows große kulturelle Zukunft an: 1990 war die Stadt nämlich bekannt für die Scottish Opera, für das Scottish National Orchestra, für die beeindruckende Sammlung der Glasgow Art Gallery and Museum sowie für die Hunterian Art Gallery der University of Glasgow. Letztere beherbergt eine der wichtigsten Sammlungen des Malers James McNeill Whistler und des Jugendstilkünstlers und -designers Charles Rennie Mackintosh. Und nicht zuletzt kannte die Welt auch damals schon die Burrell Collection, denn das aus gutem Grund mehrfach preisgekrönte Museum trägt bereits seit 1983 zum Image der Stadt bei. Die bunt zusammengewürfelte Sammlung des Reeders Sir William Burrell hatte nach jahrzehntelangem Hin und Her ihr Heim in einem herrlichen modernen Bau gefunden, der nur wenige Kilometer vom Zentrum entfernt mitten in einem idyllischen Park steht. Auf den Rasenflächen zu beiden Seiten der Einfahrt tummeln sich zottelige Highland-Rinder, frei nach dem Motto: Außen Idylle pur, innen Kultur!

Die Glasgow School of Art, Schottlands einzige unabhängige Kunsthochschule, war bis 2014 in einem der schönsten von Charles Rennie Macintosh entworfenen Gebäuden untergebracht, das zwischen 1897 und 1909 gebaut worden war. Am 23. Mai 2014 aber brach ein verheerendes Feuer aus, das wichtige Teile des Treppenhauses und der Ateliers zerstörte. Die Hochschule musste daraufhin

Das moderne Riverside Museum ist Indiz für den Umbruch der Stadt und die Umwidmung alter Hafenareale in Lebens- und Kulturräume des 21. Jahrhunderts (oben). Die bescheidenere Ashton Lane ist ein In-Viertel mit Pubs, Restaurants, Bars und einem Kino (unten). Die ikonischen Klostergänge der Universität zu Glasgow (rechte Seite oben). Die Gallery of Modern Art residiert in einer eleganten Stadtvilla (rechte Seite unten).

bedauerlicherweise umziehen. Kurz vor der Wiedereröffnung im Sommer 2018 zerstörte eine weitere Feuersbrunst das mühsam restaurierte Gebäude nochmals nachhaltig. Glasgow (auf Gälisch: Glaschu) ist heute die größte Metropole Schottlands und die drittgrößte des Vereinigten Königreichs. Schon im frühen 18. Jahrhundert bezeichnete Daniel Defoe Glasgow als »die sauberste, schönste und bestgebaute Stadt in Großbritannien – abgesehen von London«. Wer bereit ist, seine Augen zu öffnen und wirklich hinzuschauen, der erkennt noch immer, dass diese Aussage zumindest damals gestimmt haben muss. Große, breite Straßen und prächtige Bauten zeugen noch heute vom einstigen Reichtum der Stadt am Clyde, damals das Zentrum des Schiffbaus des riesigen britischen Empire. Angeblich stammte jedes vierte Schiff, das zu jener Zeit die Weltmeere befuhr, aus einer der zahlreichen Werften, die einst das Bild von Glasgows *Riverside* prägten. Glasgow war zudem der größte Hafen des Vereinigten Königreichs. Hier legten früher Schiffe aus aller Welt an, brachten Rohstoffe und luden Erzeugnisse der schottischen Schwerindustrie. Denn schottische Industrieprodukte besaßen Weltruf.

Jung, modern und unabhängigkeitsliebend

Beim Unabhängigkeitsreferendum im September 2014 war Glasgow eine von zwei schottischen Städten, in denen die Befürworter der Trennung von Großbritannien gewannen. Der Grund: Glasgow ist eine sehr junge Stadt, und vor allem bei jugendlichen Wählern scheint die nationale Identität stark ausgeprägt zu sein.

Glasgow ist aber auch eine moderne Stadt mit hervorragenden Restaurants, die sich einen Namen mit regionalen Produkten gemacht haben. In Glasgow findet man auch zahlreiche Bars, in denen man zum Beispiel aus Hunderten Whiskysorten wählen kann. Wem das nicht zusagt, der besucht eines jener vielen Szene-Cafés, die ihren eigenen Kaffee rösten, oder einen der vielen Pubs, in denen gälische *Cèilidhs* geboten werden, und feiert in einem der Klubs, in denen Top-DJs die aktuellen Playlists auflegen. Die Buchanan Street ist die längste Haupteinkaufsstraße des Vereinigten Königreichs außerhalb von London. Angesichts der vielen teuren Geschäfte entlang der Shoppingmeile müsste es in Glasgow inzwischen genügend wohlhabende Einwohner geben. In den Armutsvierteln beträgt die statistische Lebenserwartung allerdings immer noch lediglich 53 Jahre. Glasgow ist neben London und Tyne and Wear die einzige britische Stadt, die mit

einem U-Bahnnetz aufwarten kann. Die Untergrundbahn wurde 1896 eingeführt – nur die Metros in London und Budapest sind älter – und wird seit 1977 umfassend modernisiert. Es besteht aus einer einzigen, insgesamt 10,4 Kilometer langen Ringstrecke.
Die Glaswegians sind gottesfürchtige Menschen. Nur so lässt sich erklären, dass Glasgows Hauptfriedhof auf einem Hügel über der Stadt angelegt wurde. Die Necropolis wurde 1833 eröffnet und war von Anfang an eine Sensation. Rund 50 000 Menschen liegen in dieser Stadt der Toten begraben, und etwa 3500 Grabmale locken neidvolle Besucher an. Der prächtige Friedhof verleitete den bekannten glaswegian Komiker und Schauspieler Billy Connolly zu folgendem Kommentar: »Glasgow ist ein bisschen wie Nashville, Tennessee. Es schert sich wenig um die Lebenden, aber kümmert sich richtig gut um seine Toten.«

»Glaubenskriege« auf dem Spielfeld

Die Glaswegians besitzen aber auch ein ausgeprägtes Geschichtsbewusstsein. Als ihre Stadt 1990 zur Kulturhauptstadt ernannt wurde, mahnten an vielen Hausmauern in der ganzen Stadt Schriftzüge: »Remember 1690«. Dies bezog sich auf die Dreihundertjahrfeier zur Schlacht am Boyne, in der der katholische König James II am 11. Juni 1690 von dem protestantischen Monarchen William II besiegt wurde. Dieses Ereignis wird bis heute jedes Jahr im Juni nicht nur in Nordirland, sondern eben auch in Glasgow gefeiert. Damit demonstriert die Stadt, was sie vom Katholizismus hält. Glasgows irische Katholiken halten sich zu diesem Anlass immer bedeckt.
Deutlich tritt die Rivalität der beiden Glaubensrichtungen allerdings auf dem Fußballplatz zutage: Wenn Celtic Glasgow im Ibrox-Stadion gegen die Rangers antritt, geht es oft hart her. Celtic hat traditionell mehr katholische Fans, während die Rangers-Anhänger überwiegend protestantisch sind.
Beide Seiten verbindet jedoch die gemeinsame Abneigung gegenüber den Engländern. Das belegt nicht nur der Ausgang des Unabhängigkeitsreferendums in Glasgow, sondern auch die wachsende Zahl der Gälisch sprechenden Bewohner in der Stadt. 2006 wurde die erste gälisch-sprachige weiterführende Schule eröffnet. Heute spricht ein Prozent der Einwohner Gälisch. Von den insgesamt 26 größten Städten Schottlands weist nur Inverness, die inoffizielle Hauptstadt der Highlands, einen höheren Anteil an Menschen auf, die noch diese keltische Sprache sprechen.

TOP ★ ERLEBNIS

★ GLASGOW GALLERY OF MODERN ART

Kaum zu glauben, dass diese wichtige Galerie für Moderne Kunst in Glasgow erst 1996 eröffnet wurde. Das klassizistische Gebäude, in dem sie untergebracht ist, wurde 1778 als *town house* für einen steinreichen Glasgower Tabakkönig erbaut. Später zogen nacheinander die Royal Bank of Scotland, die Königliche Börse und die Distriktbibliothek ein. Schließlich wurde das Haus das Zuhause der zeitgenössischen Kunstsammlung, die unter anderem Werke von David Hockney und Andy Warhol ihr Eigen nennt. Nach der Tate Modern in London ist die Glasgow Gallery of Modern Art die am besten besuchte Kunstgalerie des Vereinigten Königreichs. Vor dem Museum steht ein Reiterdenkmal des Duke of Wellington – der merkwürdigerweise ein geringeltes Verkehrshütchen auf dem Kopf trägt. Das Hütchen wurde zunächst immer wieder von der Stadt entfernt, doch stets wurde schon in der folgenden Nacht dem ehrwürdigen Reiter wieder ein neues aufgesetzt. Nach einer Weile gab die Stadt auf. Heute symbolisiert das Hütchen den etwas wenig ausgeprägten Respekt, den die Glaswegians Autoritäten entgegenbringen.

WEITERE INFORMATIONEN
Glasgow Gallery of Modern Art: Royal Exchange Square, G1 3AH, Tel. +44 (0)141 287 3050, www.glasgowlife.org.uk/museums/venues/gallery-of-modern-art-goma

18 SCHOTTISCHER JUGENDSTIL

Meister seines Faches

Glasgow als El Dorado des Jugendstils zu beschreiben, wäre angesichts einer unübersichtlichen städtebaulichen Vielfalt übertrieben. Gleichwohl ist es die Heimatstadt des berühmtesten schottischen Architekten überhaupt. Charles Rennie Mackintosh begründete mit seinen Ideen nicht nur den Jugendstil Schottlands, sondern inspirierte Designer und Architekten weltweit.

Der Salon des Hill House in Helensburgh (unten). Das Portrait Mackintoshs prangt überdimensional am Clydeufer und gehört zu den zahlreichen sehenswerten Murals der Stadt (rechte Seite oben). Die Glasgow Central Station (rechte Seite unten).

Mackintosh besuchte abends die Kunsthochschule, während er tagsüber als Assistent in einem Architekturbüro arbeitete. Der Direktor der Hochschule erkannte das gestalterische Talent seines Schützlings, den Stipendien zu Studien nach Frankreich und Italien führten, was seinen Horizont nachhaltig erweiterte. 1897 gewann Mackintosh den Wettbewerb zum Neubau der School of Art. Das imposante Gebäude in der Renfrew Street – dort, wo Glasgow an das kalifornische San Francisco erinnert – wurde 1909 fertiggestellt und ist ein Meilenstein auf dem Weg der Architektur in die Moderne. Die auf den ersten Blick nüchtern wirkende Fassade entwickelt im Detail einen erstaunlichen Facettenreichtum, von den schmeichelnd-verspielten Formen des Zauns über die Lampen und meterhohen Fenster bis zu den Wetterfahnen auf dem Dach. Im Inneren setzt sich dies auf beeindruckende Weise fort. Ein Feuer im Mai 2014 fügte dem erst kurz zuvor zum britischen Bauwerk von herausragender Bedeutung gekürten Gebäude erheblichen Schaden zu. Die aufwendige und kostenintensive Restaurierung stand kurz vor der Vollendung, als im Sommer 2018 ein noch verheerenderer Brand es

bis auf die Außenmauern zerstörte. Ob und wann es wieder hergestellt sein wird, ist leider noch völlig offen.

Liebe zur Kunst

1901 nahm Mackintosh, der Architektur als vollendete, als ganzheitliche Form der Kunst bis ins kleinste Detail ansah, an einem Wettbewerb des deutschen Design- und Baukunstmagazins »Innendekoration« teil. In der Ausschreibung ging es um einen Wohnsitz für einen Kunstliebhaber, der in seiner Art und Anmutung unverfälschte und moderne Architektur vermitteln sollte. Raumgrößen, Lage des Treppenhauses, bestimmte äußere Bedingungen, sogar die maximale Höhe der Baukosten waren genau vorgegeben. Explizit wies man darauf hin, dass bei der Planung die Beteiligung eines Gestaltungskünstlers gestattet und sogar wünschenswert wäre. Voraussetzungen also, die perfekt auf das junge Künstlerehepaar Charles Rennie Mackintosh und Margaret MacDonald Mackintosh, einer Malerin und Designerin, zugeschnitten waren. Den Entwurf reichte Mackintosh zu spät ein, bekam aber trotzdem einen Sonderpreis. Die Vollendung seines eindrucksvollen Konzeptes hatte er nicht erleben dürfen, denn das House for an Art Lover wurde erst 1996 nach siebenjähriger Bauzeit im Bellahouston Park von Glasgow eröffnet. Doch das zauberhafte Gebäude atmet in seiner ganzen stilistisch-prachtvollen Einfachheit den Geist des genialen Architekten.

Unter der Haube

Das Hill House in Helensburgh illustriert vollendet die Gestaltungswelt Mackintoshs und seiner Frau. Zwischen 1902 und 1904 als Wohnhaus für den Verleger Walter Blackie erbaut, bilden das Äußere und das Innere des Gebäudes ein alle Sinne anregendes Gesamtkunstwerk, eine Melange aus Anklängen verschiedener Stilrichtungen, die zu ihrer Zeit ein komplett neues Genre kreierte. Bis auf den Punkt durchdacht sind der Korridor mit der Pendeluhr und den geschickt eingesetzten Lichtnuancen sowie die Gesellschaftsräume, Esszimmer und Wohnzimmer im Erdgeschoss. Die privaten Räume in der ersten Etage wirken ebenso sachlich wie gemütlich. Jede Einlegearbeit in den Schrankfronten, jeder Schnörkel des Schminktischs ist bedacht platziert. Dieser Perfektionismus, der mit einer gewissen Pedanterie einherging, geriet so weit, dass Mackintosh der Frau des Hauses die Farbe und Form der Schnittblumen vorgab. Das Hill House wird vom National Trust for Scotland verwaltet und besitzt ein mietbares Apartment. Wohl bis 2035 befindet es sich zur ausgiebigen Restaurierung unter einer schützenden Haube.

TOP ★ ERLEBNISSE

★ HUNTERIAN ART GALLERY

Das Museum der Stadt Glasgow vis-à-vis der Universität im West End beherbergt den Nachbau der Wohnung von Charles und Margaret Macintosh, die von dem Künstlerehepaar zwischen 1906 und 1914 bewohnt wurde.
www.gla.ac.uk/hunterian

★ KELVINGROVE ART GALLERY & MUSEUM

Das 1901 als »Palast der Schönen Künste« im Rahmen der Glasgow International Exhibition facettenreiche Gebäude im Westen Glasgows gehört zu den populärsten, zudem kostenfreien Sehenswürdigkeiten Schottlands. In den diversen Galerien sind u. a. ausgestopfte Tiere sowie eine Spitfire von 1944, 50 schwebende weiße Köpfe oder Dalís »Christus des Heiligen Johannes vom Kreuz« ausgestellt.
www.glasgowlife.org.uk/museums/venues/kelvingrove-art-gallery-and-museum

★ GLASGOW CENTRAL TOURS

Der historische Bahnhof, der größte Schottlands, nahm seinen Betrieb 1879 auf und wurde in den Anfangsjahren gleich mehrfach erweitert. Unter dem riesigen gläsernen Dach mit den filigranen viktorianischen Eisenträgern weht ein unnachahmlicher Duft der großen, weiten Welt. Seine Geschichte und seine baumeisterlichen Eigenarten sind Inhalt kurzweiliger Rundgänge.
www.glasgowcentraltours.co.uk

19 TEE IM WEIDENHAIN – DIE WILLOW TEA ROOMS

Charles Rennie Mackintosh in Glasgow

Noch um 1820 war Glasgows Sauchiehall eine ruhige Seitenstraße mit feinen Villen. Heute befinden sich hier die Glasgow Royal Concert Hall und das Einkaufszentrum Buchanan Galleries. Bereits 1903 wurde ein wunderschöner Teesalon eröffnet.

Der Straßenname Sauchiehall bedeutet »Weidenhain«, im Englischen *willow grove*. Nach dieser Straße wurde auch der neue Teesalon »Willow Tea Rooms« benannt. Entworfen hatte ihn der große schottische Architekt und Designer Charles Rennie Mackintosh. Der Teesalon war insofern etwas ganz Besonderes, als dass Mackintosh absolute Freiheit in Bezug auf die Gestaltung der Räume zugebilligt wurde. Selbst die Kleider der Kellnerinnen wurden von ihm entworfen. Die Willow Tea Rooms entwickelten sich schnell zu einem Riesenerfolg in Glasgow. Ja, die feinen Damen der Stadt waren sogar bereit, einen Penny mehr für eine Tasse Tee zu zahlen, nur um im Room de Luxe sitzen zu können. Nach dem Ersten Weltkrieg ging es leider bergab mit dem Teesalon, 1928 wurde er sogar Teil eines Warenhauses. In den 1980er-Jahren aber kam man auf die Idee, die Räume liebevoll und stilecht zu restaurieren, sodass sie bald wieder im alten Glanz erstrahlten.

Die Willow Tea Rooms sind ein Jugendstiljuwel, wie auch Glasgow im Allgemeinen als die Jugendstilstadt Großbritanniens gesehen wird – immerhin wurde Mackintosh ja auch hier geboren. Bis heute zählt er zu den wichtigsten Vertretern seines Metiers, ob man ihn nun als Architekt, Innenarchitekt, Kunsthandwerker, Designer, Grafiker oder Maler bewertet. Mackintosh war einer der entscheidenden Wegbereiter des Art Nouveau und der sogenannten Glasgow School. International bekannt wurde er durch seine Teilnahme an der 8. Wiener Secession. Der Room de Luxe ist heute Hauptattraktion.

INFO: www.mackintoshatthewillow.com

Für den britischen Jugendstil – hier Art Nouveau genannt – spielte Glasgow eine herausragende Rolle. Designfans besuchen die Willow Tea Rooms deshalb nicht nur wegen des Tees.

Die Kultband Capercaillie mit der Frontfrau Karen Matheson und die begnadete Sängerin Julie Fowlis auf der Bühne der Royal Concert Hall.

20 BESTE UNTERHALTUNG – CELTIC CONNECTIONS

Folk vom Feinsten

Die Royal Concert Hall Glasgow am Übergang der Buchanan Street in die Sauchiehall Street feierte ihre Eröffnung im Oktober des Europäischen Kulturhauptstadtjahres 1990 im Beisein von HRH Prinzessin Anne und ist bis heute einer der größten Veranstaltungsorte im Vereinigten Königreich. Das Konzerthaus war lange Basis des Royal Scottish National Orchestra und ist wichtigster Standort des Folk-Festivals »Celtic Connections«.

Als am 9.Januar 1994 die Band Wolfstone die Bühne der Royal Concert Hall betrat und dort gemeinsam mit den Formationen Four Men and A Dog sowie Dhais das enthusiastische Publikum zu wahren Begeisterungsstürmen hinriss, ahnte noch niemand, dass das Eröffnungskonzert des allerersten »Celtic Connections«-Festivals zu einer festen und alsbald zur wichtigsten Veranstaltung in der keltisch-gälischen Musikszene werden würde. Die Royal Concert Hall reservierte zwei Wochen im Januar, zunächst begrenzt auf drei Jahre, für die Präsentation von Folkkonzerten und moderner keltischer Kunst, für die Ausrichtung von Ceilidhs und für eine Modenschau. Während Letztere nur ein einziges Mal stattfand, stießen die Konzerte und das Rahmenprogramm auf ein riesiges, durchweg positives Echo. Ein derartiges Forum hatte in der florierenden keltischen Musikszene gefehlt und sorgte ganz nebenbei für buntes Leben in der eher tristen Winterzeit. Dass die keltische Musik nicht nur auf die abgelegenen Regionen des gälischen Sprachraums Schottlands und Irlands beschränkt ist, beweisen die Auftritte internationaler Bands aus Frankreich, Spanien oder Kanada. Auf den Bühnen sind faszinierende Auftritte, mittlerweile über drei Wochen und im gesamten Stadtgebiet, garantiert. Oftmals sind sie als hochwertige, unterhaltsame Sessions unterschiedlichster Akteure gestaltet, die gemeinsam ihrer Freude an der Musik Ausdruck verleihen.

INFO: www.celticconnections.com

Der Bahnhof in Wemyss Bay ist ein Prunkstück viktorianischer Eisenbahnkultur (oben). Immer wieder faszinierend ist der Blick von der teils unwirtlichen Küste des Festlandes auf die Inseln, wie hier über den Sound of Bute zur Insel Arran (rechte Seite unten). Stiller Ort mit Kultcharakter (rechte Seite oben).

21 EINZUG DER MODERNE – AM FIRTH OF CLYDE

Stolze Industriedenkmäler

Der Firth of Clyde ist der größte und tiefste Meeresarm der Britischen Inseln. Früher durchquerten die Schiffe, die auf den Werften am Clyde gebaut wurden, dieses Gewässer. Heute tummeln sich hier die Touristenfähren, die zu den vielen Inseln und Halbinseln unterwegs sind: nach Bute, Arran und dem Mull of Kintyre oder zur Wemyss Bay, dem Geburtsort der weltbekannten Cunard Line.

Kann ein einsamer Mann, der im 19. Jahrhundert in einer Hütte lebt, einem Ort seinen Namen verleihen? Sicherlich, wenn er wie einst John Wemyss der weit und breit einzige Bewohner des Gebiets ist. Andererseits könnte der Name der Bucht natürlich auch dem Gälischen entstammen und sich von dem Wort *uaimh* ableiten, das schlicht »Höhle« bedeutet.

Die Herkunft ihres Namens mag ungeklärt sein, sicher ist hingegen, dass in der Bucht von Wemyss am Firth of Clyde der Großgrundbesitzer Robert Wallace einst eine Schiffsanlegestelle einrichtete. Sein Nachfolger baute die Anlegestelle für Dampfschiffe aus, doch wurde diese Pier 1856 von einem Orkan weggerissen. Nachdem die Anlegestelle wieder errichtet und anschließend erneut von einem Sturm zerstört wurde, beschloss man irgendwann, sie durch einen richtigen Bahnhof an Land zu ersetzen. Heute legen an der Pier nur mehr die Fähren an, die zur Insel Bute übersetzen.

Der Anschluss an das Bahnnetz brachte Wohlstand und neue Ideen an die Wemyss Bay. So gründete zum Beispiel der in Wemyss ansässige Sir George Burns zusammen mit Samuel Cunard die Schiffslinie British and North American Royal Steam Packet Company – sie sollte später unter dem etwas einfacheren Namen Cunard Line weltberühmt werden.

Wemyss' kunstvoller Bahnhof

Die großen Villen aus der Blütezeit des Ortes sind inzwischen leider verschwunden. Heute kommen Besucher hauptsächlich hierher, um den wunderschönen Bahnhof zu bestaunen. Er wurde 1903 von James Miller für die Caledonian Railway entworfen und fasziniert vor allem durch die großzügige Verwendung von Gusseisen und Glas. Die Züge stellten eine wichtige Verbindung zwischen Glasgow und Wemyss her. Von hier übernahmen dann Dampfschiffe die Strecken nach Rothesay auf der Insel Bute, nach Largs an der Küste südlich von Wemyss sowie Millport auf der Isle of Cumbrae. Die Kombination von Schiff und Bahn halbierte die Reisezeit, die ein Dampfschiff für die Strecke von Glasgow benötigte.

Erstaunliche Insel Bute

Die Strecke Wemyss Bay nach Rothesay auf Bute stellt noch heute eine wichtige Verbindung dar. Bute ist eine jener erstaunlichen schottischen Inseln, die mit einer ausgesprochen vielseitigen Topografie überraschen. Hier treffen die Highlands und die Lowlands im wörtlichen Sinn zusammen, da die geologische Verwerfung der Highlands genau durch die Mitte der Insel führt. Rothesay ist die einzige Stadt auf Bute. In ihrem Zentrum steht Rothesay Castle aus dem 13. Jahrhundert, eine der interessantesten schottischen Burgen. Der Rundbau ist eindeutig einem früheren Fort aus Holzpalisaden nachempfunden. Die von einem Graben umgebene Burg sollte die Wikinger abhalten, was aber wohl nicht immer funktionierte, denn sie wurde mehrfach eingenommen. Während der Schottischen Freiheitskriege wechselte die Burg häufig Besatzer und Besitzer, bis sie 1371 zur königlichen Residenz aufstieg. Südöstlich von Rothesay wurde der neogotische Koloss Mount Stuart House 1878 für den dritten Marquess of Bute errichtet. Bei einer Besichtigung kann man sich davon überzeugen, dass die Ausstattung des imposanten Hauses schon immer ihrer Zeit voraus war. So war Mount Stuart House beispielsweise das erste Privathaus in Schottland, in dem elektrisches Licht leuchtete. Zudem wurde es bereits 1878 an das noch im Aufbau befindliche Telefonnetz angeschlossen. Es besaß darüber hinaus schon sehr früh eine Zentralheizung, wobei die einzelnen Räume mit einem komplizierten Rohrsystem verbunden waren. Und nicht zuletzt konnte das Mount Stuart House stolz das erste beheizte Schwimmbecken in einem Haus vorweisen.

TOP ★ ERLEBNIS

★ VIKTORIANISCHES TOILETTENHÄUSCHEN AUF DER ISLE OF BUTE

In den 1960er-Jahren gab es noch einen *Good Loo Guide* für London. Niemand konnte damals ahnen, dass diese Häuschen oder Katakomben (denn oft befanden sie sich unter der Erde) im Lauf der Jahre fast komplett verschwinden und durch automatisierte Betonklötze ersetzt würden, die an Hässlichkeit kaum zu übertreffen sind und sich auch noch selbst reinigen. Manche dieser alten Toiletten wurden allerdings von fantasievollen Menschen gerettet und beispielsweise zu Büros, Bars, Kiosken und dergleichen umfunktioniert. In Rothesay auf der Insel Bute können Sie sich gleich am Fährhafen davon überzeugen, wie viel Liebe und Sorgfalt in viktorianischer Zeit auf den Bau von *public conveniences* verwendet wurden. Lassen Sie sich von dem schlichten Äußeren der Klos nicht täuschen und gehen Sie hinein ... in die Herrentoilette. Bestaunen Sie den Mosaikfußboden, die wuchtigen Marmorwaschbecken, die gewaltigen Urinale, die blank polierten Kupferrohre. Die Damentoilette kann da leider nicht mithalten. Und bitte nicht vergessen: Diese *public conveniences* sind kein Museum, sondern in täglichem Gebrauch.

WEITERE INFORMATIONEN
www.visitbute.com/victorian-toilets/

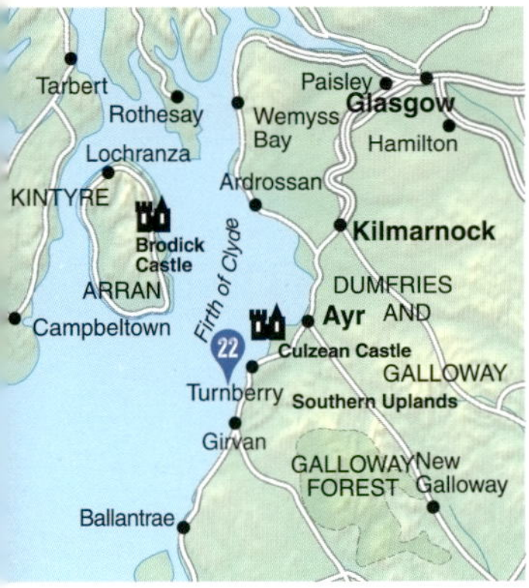

Über das Clubhaus und die renommierten Golfplätze reicht der Blick bis zum Turnberry Leuchtturm und über den Firth of Clyde hinüber nach Arran und Kintyre.

22 GOLF AM MEER – TURNBERRY

Mekka des Golfsports

Als einzige Region in Schottland vereint Ayrshire mit Royal Troon, Prestwick und Turnberry gleich drei herausragende Golfplätze, auf denen schon die hochkarätigen Open Championships ausgetragen wurden. Turnberry genießt dabei mit Abstand wohl das größte internationale Renommee und befindet sich derzeit im Besitz der Familie des ehemaligen amerikanischen Präsidenten Donald Trump.

Symbolträchtig steht Turnberry Lighthouse an der Küste des Firth of Clyde als Bestandteil des The-Ailsa-Kurses, einer von drei Anlagen, mit Kintyre am Horizont und vor der Kulisse der ikonischen Felseninsel Ailsa Craig. Die Insel, als »Paddy's Milestone« bekannt, liegt auf halbem Wege zwischen Glasgow und Irland und ist vulkanischen Ursprungs, gut 340 Meter hoch und ähnelt schon in ihrer Form einem Curlingstein. Der Granit für Curlingsteine wird fast ausschließlich hier abgebaut. Als weltbestes »Halfway House«, eine Erfrischungsstation nach der Hälfte einer Golfrunde, propagiert die Trump-Familie das kleine Lokal »King of Scots« im Leuchtturm. Ein Besuch der sanitären Anlagen ist ein Muss, denn hier haben die Eigentümer ihrer Vorliebe für Gold und Geschmeide extensiv gefrönt. In der Nähe sind die Überreste des Turnberry Castle erkennbar. Marjorie, Countess of Carrick, soll im 13. Jahrhundert den Ritter Robert de Brus gefangen genommen haben, bis er der Heirat mit ihr zustimmte. Ihr erster Sohn, Robert the Bruce, verbrachte seine Jugendjahre hier. Schon zur vorletzten Jahrhundertwende übten sich die Schotten im grünen Sport, der heute in der Golf Academy gar virtuell erlernt werden kann. Erst 1906 kam der repräsentative Hotelbau hinzu. Das Gebäude, ursprünglich als Bahnhofshotel der Glasgow & South Western Railway angelegt, war für seine Zeit hochmodern ausgestattet. Das Haus konnte trotz diverser Umbauten und Erweiterungen seinen Charme der »Goldenen Zwanziger« des vorigen Jahrhunderts bewahren, den die Gäste noch heute in einem der besten Hotels des Landes genießen.

INFO: www.turnberry.co.uk

23 GLANZ AN DER KÜSTE – CULZEAN CASTLE

Romantik am Firth of Clyde

Das ovale Treppenhaus im Herzen von Culzean Castle gehört zu den herausragenden architektonischen Arbeiten des Robert Adam.

Dramatischer kann die Lage für einen herrschaftlichen Landsitz kaum sein: Hoch über der schroffen Küste Ayrshires thront Culzean Castle als architektonisches Glanzlicht eines weitläufigen Landschaftsparks majestätisch an der Klippenkante. Der frühere Stammsitz des Kennedy-Clans, dessen Geschichte bis zum Schottenkönig Robert the Bruce zurückreicht, befindet sich seit 1945 im Besitz des National Trust for Scotland.

Der Architekt Robert Adam nahm sich des Wohnturms aus dem 12. Jahrhundert an und schuf zwischen 1777 und 1792 für den 10. Earl von Cassillis, David Kennedy, ein elegantes, schlossartiges Herrenhaus, in welches er Teile des alten Gebäudebestandes integrierte. Weder Adam, der auch den Viadukt und die Farm im Park entwarf, noch der Earl erlebten die Fertigstellung des Gebäudes. Das zentrale, ovale Treppenhaus in Culzean Castle gilt als Meisterwerk des begnadeten Baukünstlers. Im Eingangsbereich, der 1877 neu entstand, staunen Besucher über die – nach jener auf Windsor Castle – zweitgrößte historische Waffensammlung der Welt. Eine Ausstellung gibt Einblick in das aristokratische Leben im 18. Jahrhundert. Atemberaubend ist schon der runde Salon mit den großen Fenstern hinaus zum Clyde. Das obere Geschoss baute der National Trust zur Wohnung für General Dwight D. Eisenhower aus, der hier lebenslang residieren durfte. Viermal, auch während seiner Amtszeit, nahm der passionierte Golfer dies in Anspruch. Das Apartment kann als stilvolle Eisenhower-Suite gemietet werden. Auch das Werk des schottischen Ingenieurs William Murdoch, Pionier in Sachen städtischer Gasversorgung, wird gezeigt. In den Katakomben Culzeans wurde bis Mitte des 20. Jahrhunderts Stadtgas produziert. 1969 öffnete der riesige Landschaftspark als erster Country Park Schottlands seine Pforten für die Öffentlichkeit. Speziell Familien genießen hier kurzweilige Stunden. Es gibt formelle Gärten, einen blütenreichen Wintergarten, einen riesigen Schwanenteich und »The Pagoda«, vor 200 Jahren in Benutzung als Affenhaus.

INFO: www.nts.org.uk/visit/places/culzean

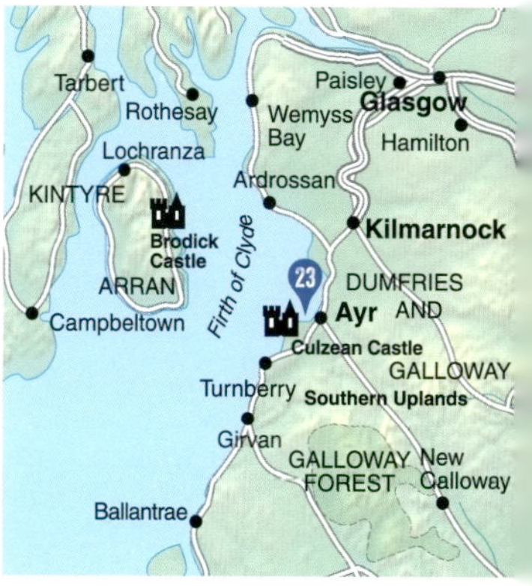

Eines der mächtigen Mühlräder zur effektiven Energieversorgung in New Lanark (oben). Noch immer können die großen historischen Maschinen in Betrieb gehen (rechte Seite unten). Authentisch ausgestattete Arbeiterwohnung in New Lanark (rechte Seite oben).

24 LANARK UND DIE INDUSTRIE

Zeichen setzen für die Gesellschaft

Die Nähe zu dem geschäftigen Hafenbetrieb Glasgows sorgte am idyllischen Oberlauf des Flusses Clyde zum Ende des 18. Jahrhunderts für einen überraschenden wirtschaftlichen Aufschwung. Der basierte jedoch nicht auf den herkömmlichen ausbeuterischen Bedingungen, sondern auf einer bahnbrechenden Philosophie, die das Selbstverständnis schottischer Arbeiter bis heute nachhaltig prägt.

Im Turm der St.-Nicholas-Kirche von 1778 im Marktflecken Lanark am Ostufer des Clyde südöstlich von Glasgow hängt die Glocke aus der alten St Kentigern's Church. Sie stammt aus dem 12. Jahrhundert und ist damit nicht nur die älteste noch aktive in Großbritannien, sondern gar in Europa. Über dem Hauptportal der Kirche prangt stolz eine Statue des Volkshelden William Wallace, der hier gelebt haben und sogar verheiratet gewesen sein soll. Um 1140 begann auch die Tradition des Lanimer Days, der auf den offiziell angeordneten regelmäßigen Kontrollgängen entlang der Stadtgrenze basiert. Der »Royal Burgh« Lanark war als eine der ältesten Städte Schottlands mit königlichen Rechten ausgestattet. 1892 nahm man diese Gepflogenheit wieder auf, zunächst in Form einer Prozession, später in einer Art lebhaften Straßenkarnevals, der donnerstags zwischen dem 6. und 12. Juni zelebriert wird. Seit 1893 wird alljährlich eine Lanimer-Queen gekürt.

In der Wiege des britischen Sozialismus

New Lanark, UNESCO-Weltkulturerbe seit 2001, liegt am südlichen Ortsrand. In der einst größten Industrieanlage Schottlands trieb ab 1785 das Wasser des Clyde mehrere Wassermühlen zur Textilfabrikation einer Baumwollspinnerei an, die schnell zur bedeutendsten des Landes wurde. Der mit vielen Stromschnellen gespickte Flussabschnitt diente auch William Turner als Motiv für einige seiner Gemälde. In den Folgejahren

entstand durch den Unternehmer, Visionär und Philanthropen Robert Owen, der die damals allgemein vorherrschenden menschenunwürdigen Arbeits- und Lebensbedingungen anprangerte, ein nahezu perfekt konzipiertes Sozialsystem mit Wohnungen, Schulen und allen notwendigen Einrichtungen für die Belegschaften, was sich letztlich positiv auf deren Produktivität auswirkte. Er schaffte die Kinderarbeit ab und verkürzte die Arbeitszeiten. Bis zu ihrer Schließung 1968 war die Fabrik unverändert in Betrieb und beherbergt heute Wohnungen, ein umfangreiches Industriemuseum, Hotels und Galerien. Noch immer wird hochwertige Wolle hergestellt, und es leben auch Owens Ideen weiter, widergespiegelt unter anderem durch den größten Dachgarten Schottlands, denn die Natur spielte in seinen sozialen Vorstellungen eine gewichtige Rolle.

Moffat – Kuren im Süden

Schwefelhaltige Quellen rückten Mitte des 17. Jahrhunderts das kleine Dorf Moffat im Nordosten der Region in den Fokus der Öffentlichkeit, denn die Heilkräfte des durchaus gewöhnungsbedürftigen Wassers waren legendär. Moffat wurde zum Heilbad, dessen Blüte um 1920 endete. Bis dahin herrschte eine rege Bautätigkeit, durch die große Nachfrage wurde gar ein Badehaus eingerichtet, das heutige Rathaus. Hotels entstanden, repräsentative Wohnhäuser um die Hauptstraße in der Ortsmitte herum, welche die breiteste in ganz Schottland ist und vor Kurortzeiten zudem Schauplatz eines bedeutenden Schafmarktes war. Daran erinnert das Standbild eines muskulösen Schafbocks »The Moffat Ram«. Mit nur sechs Metern Breite war hingegen das Star Hotel das schmalste Gästehaus des Landes.

Als Ausgangspunkt vieler Wanderrouten in die weitläufige, von Wäldern durchzogene und gefällige Hügellandschaft genießt Moffat einen außerordentlichen Ruf. Im Sommer starten von hier die traditionellen Rallyes historischer Fahrzeuge, die in Großbritannien eine große Anhängerschaft besitzen. Und hier begann auch 1759 die Geschichte der sagenhaften »Gesänge des Ossian«, eines angeblich von Prinz Ossian, Sohn des schottischen Königs Fingal, verfassten gälischen Epos, das aber tatsächlich aus der Feder des Schriftstellers James Macpherson, einem der bedeutenden Vertreter der englischen Romantik, stammt. Diese Texte, obschon zunächst als Fälschung kritisiert, sind derart gehaltvoll und inspirierend, dass sie selbst Sir Walter Scott und Felix Mendelssohn-Bartholdy in ihren Werken beeinflussten.

TOP ★ ERLEBNISSE

★ NEW LANARK MILL HOTEL

In einem der Gebäude der ehemaligen Baumwollspinnerei aus dem 18. Jahrhundert wurden 38 stilvolle Zimmer und acht Selbstversorger-Cottages eingerichtet, die das Ambiente der sozial ausgerichteten Philosophie seiner Erbauer widerspiegeln.
www.newlanarkhotel.co.uk

★ SOUTHERN UPLAND WAY

Über gut 280 Kilometer verbindet der Southern Upland Way die südschottischen Küsten zwischen Portpatrick und Cockburnspath. In Beattock etwas außerhalb von Moffat endet der sechste und beginnt der siebte Abschnitt dieses Fernwanderweges. Beide führen durch eine zauberhafte, sanft hügelige Landschaft mit tollen Aussichten.
www.dgtrails.org/southern-upland-way

★ LEADHILLS AND WANLOCKHEAD RAILWAY

Gezogen von kleinen Dampf- oder Dieselloks verkehrt die Eisenbahn auf der Trasse der ehemaligen Bergbauverbindung zwischen den hoch gelegenen Orten Leadhills und Glengonnar/Wanlockhead. Die 1902 eröffnete Strecke wurde 1938 stillgelegt, 1986 für den touristischen Passagierbetrieb reaktiviert und seither liebevoll im historischen Bahnambiente gepflegt.
https://de-de.facebook.com/LeadhillsRailway/

25 MIT INBRUNST BESUNGEN – LOCH LOMOND

An der Grenze zum rauen Norden

Der nördlich von Glasgow gelegene Loch Lomond ist Schottlands größter See und ein beeindruckendes Tor zu den Highlands. Wie eine Schwertspitze ragt das berühmte Gewässer von den Lowlands in die Highlands hinein und markiert den faszinierenden, abrupten Übergang von der freundlichen Landschaft des Südens in die unwirtlichen Gefilde des Nordens.

Loch Lomond ist flächenmäßig der größte See des Vereinigten Königreichs und Tor zu den Highlands (unten). Der Arklet-Wasserfall bei Inversnaid ist einer von vielen in der Gegend (rechte Seite oben). Die Butter Bridge (rechte Seite unten).

Das beliebteste Lied über den beeindruckenden See heißt »The Bonnie Banks o' Loch Lomond«:

»By yon bonnie banks an' by yon bonnie braes
Whaur the sun shines bright on Loch Lomond
Whaur me an' my true love will ne'er meet again
On the bonnie, bonnie banks o' Loch Lomon'.«

Den Refrain kann jeder mitsingen:

»Oh, ye'll tak' the high road, and Ah'll tak' the low road,
And Ah'll be in Scotlan' afore ye;
Fir me an' my true love will ne'er meet again
On the bonnie, bonnie banks o' Loch Lomon'.«

Das Lied des Abschieds und der Toten

Man merkt, dass dies kein fröhliches Lied ist. Ihm fehlt die Leichtigkeit von Auld Lang Syne. Gesungen wird es am Ende eines geselligen Abends, an dem viel gelacht, getrunken und vielleicht auch getanzt wurde. Es ist ein Abschiedslied und muss deshalb eben traurig sein, ganz egal, wie lustig der Abend auch war. Über die Bedeutung des Textes gibt es die verschiedensten Meinungen. Einer Interpretation zufolge ist es das Lied eines Soldaten, der in einer Schlacht umkommt und dessen Seele von Feen über die *low road*, die Straße der Toten, in die Highlands zurückgebracht wird.

Eine andere Interpretation passt auch gut zur Mentalität der Highlander. Danach handelt der Song von einem Jakobiten, der nach dem Aufstand von 1745 gefangen genommen wird. Die hannoverschen Briten dachten sich häufig ziemlich grausame Spiele für ihre Gefangenen aus. Zum Beispiel suchten sie sich entweder Brüder oder gute Freunde aus und erklärten ihnen, dass einer von ihnen hingerichtet, der andere am Leben gelassen würde. Sie sollten aber selbst entscheiden, wen von beiden welches Schicksal ereilen sollte. Der Überlebende erklärt also dem Freund oder Bruder, dass sie beide nach Schottland zurückkehren werden. Der eine wird auf der *low road* zurückgeführt, auf der Straße, die von den Soldaten des grausamen Duke of Cumberland kontrolliert wird. Der Überlebende aber muss über die Hügel auf der anderen Seite steigen, was natürlich länger dauert. Aber er würde eben in die Highlands zurückkehren. Doch unabhängig davon, welche Erklärung zutreffen mag – in der ganzen Welt wird das Lied mit großer Leidenschaft gesungen. Dem Bundesliga-Fußballverein 1. FC Köln gefiel die Melodie sogar so gut, dass er sie für sein Clublied »Mer stonn zu dir F. C. Kölle« benutzte.

Von der Küste zu den Trossachs

In dieser Region ist die Küste wild und zerklüftet, und die Hügel und Bergkämme, die Lochs, Täler und Buchten verlaufen parallel zum Atlantik sowohl von Norden als auch von Süden nach Westen – ein geologischer Streich der Natur. Dies ist das Gebiet, in dem sich zwischen dem Ende des 2. und dem frühen 3. Jahrhundert die ersten Siedler aus Irland niederließen.

Am sogenannten Highland-Boundary-Graben nordöstlich vom Loch Lomond verändert sich am kleineren Loch Achray die Landschaft auf ähnliche Weise dramatisch. Wer sich dem Dorf Aberfoyle von Süden nähert, reist durch freundliche Acker- und Weidelandschaft. Auf der anderen Seite des Ortes ragen hingegen die steilen, bewaldeten Hänge der Menteith Hills mit dem charaktervollen Gipfel des Ben Venue auf. Dies sind die Trossachs, ein bewaldeter Glen im Bezirk Stirling – ein wunderschönes Gebiet mit zahlreichen Lochs und von kräftigen Farnen gesäumten engen Straßen, die immer wieder den Blick freigeben auf einen See und auf mächtige bewaldete Berge. Von der Schroffheit der Cairngorms ist hier nichts zu erahnen.

TOP ★ ERLEBNISSE

★ DORF AM SEE

Pittoresk liegt die alte Bergarbeitersiedlung Luss am Westufer des Loch Lomond. Besonders Glaswegians besuchen am Wochenende den hübschen Weiler, der übersetzt »Kraut« bedeutet, mit seinen verträumten Gassen hinunter zum Ufer, die schon oft als Filmkulisse dienten. www.seelochlomond.co.uk/discover/luss

★ BUTTER BRIDGE

Hin und wieder sieht man noch eine der alten steinernen Buckelbrücken, die bis vor wenigen Jahrzehnten kleinere Flüsse überspannten. Eine sehr gut erhaltene Steinbrücke ist die Butter Bridge über das Flüsschen Allt Kinglas. Wer von Süden auf der A83 vom Loch Lomond kommt, fährt erst am Beinn Ime vorbei durch das wunderschöne bewaldete Tal Glen Kinglas. Die nächste Wegmarke ist die *Rest and be thankful* genannte Raststelle. Kurz danach überquert man den Allt Kinglas, ohne es zu merken. Wenn die Straße scharf nach links abbiegt, sieht man auch schon auf der linken Seite einen kleinen Parkplatz mit Blick auf die Butter Bridge.

★ MAID OF THE LOCH

Der historische Raddampfer liegt zurzeit an einer Slipanlage in Balloch mit einem herrlichen alten Windenhaus von 1902 und wird allmählich wieder hergerichtet. www.maidoftheloch.org

Schottland sollte man auf jeden Fall zu Fuß entdecken – ganz gemütlich geht dies im Gebiet des Ben Lawers. Nur festes Schuhwerk ist angesagt (oben). Überall strömen große und kleine Flüsse mit malerischen Stromschnellen. Besonders schön sind die Dorchart Falls (rechte Seite unten). Die Pfauen des Parks von Scone Palace genießen stets die Aufmerksamkeit der Besucher (rechte Seite oben).

26 URALTES SIEDLUNGSGEBIET – AM LOCH TAY

Im Land der Bens und Munros

Ein Blick auf die Landkarte zeigt, dass die meisten schottischen Lochs schmal und lang gestreckt sind. Oft gibt es dort keine oder nur eine kleine Straße an einem Ufer. Loch Tay ist deshalb für Besucher besonders attraktiv, weil man ihn bequem mit dem Auto umrunden kann. Auf der Fahrt rund um den 24 Kilometer langen, bis zu 2,5 Kilometer breiten See genießt man ständig wechselnde Ausblicke.

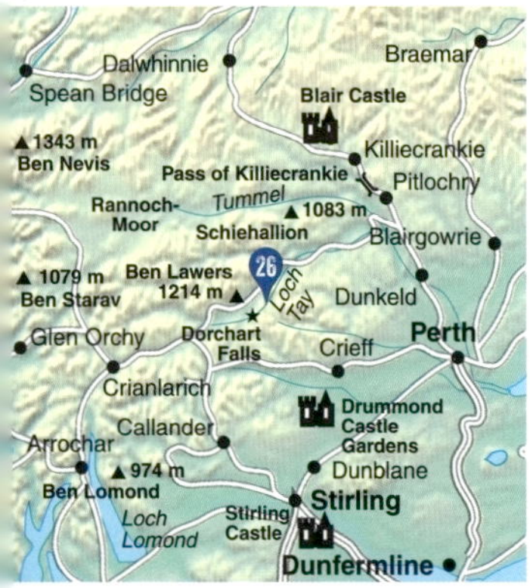

Loch Tay und Ben Lawers – der idyllische See und der mächtige Berg, der sich an dessen Nordufer auftürmt, eignen sich hervorragend dazu, ein paar nützliche und wissenswerte Hintergrundinformationen anzubringen. Denn so vieles in Schottland täuscht ein bisschen oder verrät auf den ersten Blick beileibe nicht alles, was dahintersteckt.

Das Wort Ben stammt von dem gälischen Wort Beinn ab und bedeutet sowohl Berg als auch Hügel oder Gipfel. Da der große Kaledonische Forst aufgrund von Klimaveränderungen in Nordeuropa sowie der Rodungen für Viehzucht und Schiffsbau längst verschwunden ist, sind die meisten schottischen Berge kahl. Deshalb wirken sie so wuchtig, oft sogar majestätisch, aber manchmal auch gefährlich.

Berg oder Hügel?

Der Ben Lawers ist mit 1214 Meter der zehnthöchste Berg der Britischen Inseln. Er ist der höchste Berg in einem Massiv, zu dem sieben Munros gehören. Ein Munro ist ein Berg mit einer Mindesthöhe von 3000 Fuß (914,4 Meter). Die Bezeichnung leitet sich von Sir Hugh Munro ab, der 1891 die Berge der so definierten Kategorie in einer Liste zusammenstellte. Insgesamt gibt es in Schottland 282 Munros. Der gälische Name des Ben Lawers, *Beinn Labhair*, bedeutet »Hügel des lauten Flusses«.

Im Jahr 1995 kam ein Film mit dem langen Titel *Der Engländer, der auf einen Hügel stieg und von einem Berg herunterkam* in die Kinos. Er erzählt die Geschichte von einem fiktiven Berg in Wales, der von einem englischen Landvermesser bestiegen wurde und sich als niedriger als gedacht erwies. Da die Erhebung keine 914 Meter hoch ist, handelte es sich demnach also nicht um einen Berg, sondern eben doch nur um einen Hügel. Die Dorfbevölkerung war natürlich wütend, dass ein Engländer es wagte, ihren Berg zum Hügel zu erklären. Was tun? Ganz einfach: Man musste nur versuchen, ein paar Tage lang in mühevoller Kleinarbeit Erde auf den Hügel zu schaffen, um schließlich doch die notwendige Höhe zu erzielen. Ähnliches ereignete sich tatsächlich auf dem Ben Lawers. 1878 verbrachten 20 Männer einen ganzen Tag auf seinem Gipfel und bemühten sich, zusätzlich einen großen Steinhügel aufzutürmen, um die Gipfelhöhe auf 4000 Fuß (1219,2 Meter) aufzustocken. Das Vermessungsamt zeigte sich von dem Bemühen jedoch nicht beeindruckt ...

Verwaiste Siedlungen am und im Wasser

»Loch« ist das gälische Wort für See, dient aber oft auch als Bezeichnung für einen Meeresarm, einen Fjord, eine Bucht oder Meerenge. Der Loch Tay (auf Gälisch: Loch Tatha) ist ein ruhiger, bis zu 150 Meter tiefer See, der zwischen runden Munros eingebettet in einer überaus malerischen Landschaft liegt. Doch der liebliche Anblick täuscht ein wenig darüber hinweg, dass das 23,42 Kilometer lange und bis zu zwei Kilometer breite Gewässer hinsichtlich seiner Oberfläche der sechstgrößte See Schottlands ist. Gespeist wird der sehenswerte Loch vom Fluss Dochart, der sich am westlichen Ende des Gewässers bei Killin über die Falls of Dochart in den See stürzt.

Die Ufer des Loch Tay sind verwaist, doch führt heute an der Südseite die National Cycle Route 7 vorbei. Sie ist Teil des National Cycle Network und verbindet Sunderland mit Inverness. Früher standen an dem Gewässer zahlreiche Bauernhöfe, deren Bewohner im 19. Jahrhundert als Opfer der Highland *Clearances* ihre Heimat verlassen mussten. Im Loch Tay wurden zudem Überreste von Crannógs gefunden. Diese künstlichen Inseln wurden während der Eisenzeit im Wasser angelegt und manchmal mit runden Gebäuden bebaut. Archäologen haben errechnet, dass Crannógs von der Jungsteinzeit bis ins Mittelalter gebaut und benutzt wurden. Ein solcher eindrucksvoller Rundbau wurde südlich von Kenmore im dortigen Crannog Centre nachgebaut.

TOP ★ ERLEBNISSE

★ BALLATHIE HOUSE HOTEL

Die meisten Schottlandbesucher, die nicht mit dem eigenen Wohnwagen oder Wohnmobil kommen, verbringen ihre Nächte in einem der zahlreichen Bed & Breakfasts oder Landhotels. Die meisten dieser Unterkünfte sind sehr gut, wenn auch gelegentlich ein bisschen einfach. Es geht aber auch luxuriös, falls die Reisekasse dies hergibt. Das Ballathie House Hotel sieht von Weitem wie ein kleines Schloss aus. Man fährt durch wunderschöne Parklandschaft, obwohl die Felder rechts und links landwirtschaftlich genutzt werden. Eine der Auffahrten ist von Rhododendronsträuchern gesäumt. Und auch innen bietet das Hotel alles, was man von einem sogenannten Country House Hotel erwartet: Luxus pur, dazu ein erstklassiges Restaurant und den Blick auf den River Tay. Vom Ballathie House Hotel aus bieten sich Tagesausflüge nach Scone Palace und Glamis Castle an. www.ballathiehousehotel.com

★ SCONE PALACE

Kaum ein Ort in Schottland ist derart bedeutungsschwanger wie Scone Palace. Ab dem 9. Jahrhundert ließen sich die schottischen Könige auf dem Schicksalsstein »Stone of Scone« krönen. Heute bezaubert der weitläufige Park mit seinen Pfauen, beeindruckt das aristokratische Ambiente im Inneren des Schlosses. www.scone-palace.co.uk

Die grüne Landschaft um den Süßwassersee Loch Tay ist typisch für die Provinz Argyll und lockt jährlich viele Besucher an.

27 RUNDE UM ARRAN

Kleine Welt im Firth of Clyde

Der Minigolfplatz an der Hauptstraße von Brodick mit Blick über die Brodick Bay bringt den Ruf Arrans als »Schottland im Kleinformat« auf den Punkt. Miniatur-Findlinge und ebensolche Steinkreise sind im kurzen Grün zwischen den Betonbahnen ebenso zu finden wie ein exaktes Abbild der ikonischen Eisenbahnbrücke über den Firth of Forth.

In Brodick, dem entspannten Hauptort der Insel im Firth of Clyde, südlichstes Eiland der Inneren Hebriden, legen die Fähren aus Adrossan vom Festland an. Auf der gegenüberliegenden Seite der Bucht fällt sogleich unterhalb des alles überragenden Goat Fell, des Ziegenbergs mit einer Höhe von 874 Metern, das sich an den Hang schmiedende Brodick Castle auf. Die Burg im Besitz des National Trust for Scotland stammt aus dem frühen 13. Jahrhundert, das Hauptgebäude in seiner heutigen Erscheinung aus dem 16. Jahrhundert.

Bei der 92 Kilometer langen Inselumrundung auf der Küstenstraße A841 erkennt man deutlich den topografischen Charakter Arrans, vergleichbar mit jenem des gesamten Landes. Im Süden eher flach mit ausgedehnten Moorlandschaften, reckt sich der Norden zusehends himmelwärts.

Das Goat Fell als höchster Gipfel lässt sich übrigens ohne jegliche Kletterübungen, gleichwohl recht schweißtreibend erwandern, was gerade bei gutem Wetter lohnt und atemberaubende Aussichten verspricht.

Die Küste entlang

Von Brodick in Richtung Süden erreichen wir in Lamlash die Küste. Direkt gegenüber erhebt sich die kleine Holy Isle über den Horizont. Ein Ende des 20. Jahrhunderts dort eingerichtetes buddhistisches Kloster setzt die Legende fort, die einst ein in einer Höhle lebender Mönch um 600 begann. In der Lamlash-Bucht versammelte der norwegische König Haakon seine in der Schlacht von Largs 1263 geschlagene Flotte, und im Ersten Weltkrieg diente sie als Marinebasis. Am zuweilen schmalen Straßenverlauf liegen zwischen vereinzelten Weilern immer wieder Überreste längst verfallener Burgbefestigungen.

Der Gipfel des Goat Fell erhebt sich über der Bucht von Brodick und Brodick Castle.

Das Hotel im Dorf Lagg, ehemaliges Coaching Inn von 1791, ist das älteste Gasthaus auf Arran und beherbergt den Geist des Gutsherrn, der seine Seele an den Teufel verkaufte. Von hier kann man zu Fuß der romantischen Lovers Lane am Ufer des Torrylinn Water bis zum Sandstrand folgen. In Blackwaterfoot, nun an der Westküste Arrans, zweigt die B880 als Querverbindung zurück nach Brodick ab. Diese Straße erbaute der schottische Ingenieur Thomas Telford 1817.

Auf Arran faszinieren prähistorische Kultstätten wie der 4000 Jahre alte Steinkreis von Auchagallon oberhalb der Machrie Bay.

Historie und Geschichten

Weiter an der Küste entlang machen wir eine Pause beim Kings Cave, einer mächtigen Sandsteinhöhle am Meer, die viele mystische Episoden erzählen könnte. Nicht weit davon, und ebenso verschwiegen, ragen die Standing Stones von Machrie Moor auf. Die Monolithen aus der Bronzezeit prägen das Bild der üppigen Heidelandschaft, zudem zehn Steinkreise und diverse Grabkammern. Die Szenerie zur Rechten beginnt nun, dem Hochland zu ähneln, und kurz vor Lochranza, Fährhafen nach Kintyre, passieren wir das architektonische Unikum Catacol. Die »12 Apostel« bestehen aus einer Reihe weißer Häuser hinter schmalen Gärten. Kleinbauern, um 1850 umgesiedelt auf Geheiß des Duke of Hamilton, sollten von hier Fischerei betreiben. Der Plan misslang, und die »Crofter« verließen Arran. Die Hausgiebel unterscheiden sich in Details voneinander. In Lochranza wird seit 1995 wieder Whisky gebrannt. Die typischen Pagodendächer der Destillerie kontrastieren mit den scharfkantigen Mauerresten der Burgruine aus dem 16. Jahrhundert im Hafen.

Die »12 Apostel« von Catacol

TOP ★ ERLEBNISSE

★ LUSTWANDELN IM PARK

Schon 1710 wurde der ummauerte Garten von Brodick Castle im Stil französischer Gartenkunst angelegt, später kam der Woodland Garden nach englischem Vorbild dazu, Natur und Architektur in Einklang bringend. Eine Wanderung durch die wunderbar gepflegte Anlage gibt Einblick in Marotten und Vorlieben des ansässigen Adels. So finden sich ein hölzerner Sommerpavillon im bayerischen Stil, ein verspielter viktorianischer Rosengarten, ein künstlicher Wasserfall am Badeteich und ein »Ice-House« genannter Freiluftkühlschrank.
www.nts.org.uk/visit/places/brodick-castle

★ SCHOTTISCH SINNLICH

Aus »Arran Aromatics«, gegründet 1989, wurde 2009 »Arran – Sense of Scotland«, das populäre Konzept der schönen Düfte blieb jedoch bestehen. Inspiriert von der Natur befinden sich Parfüms, Seifen und andere Kosmetikartikel im Angebotsportfolio, das in der Manufaktur unweit von Brodick Castle zu erkunden ist. Eine Geruchsalternative stellt der Arran's Cheese Shop gleich nebenan dar.
www.arran.com

★ AUCHRANNIE RESORT

Wellness, Sauna und Swimmingpools sind die Highlights der weitläufigen traditionellen Hotelanlage in Brodick auf Arran, zu der auch 30 Lodges sowie drei beliebte Restaurants gehören. Zauberhaft das Frühstück unter dem Glasdach des Wintergartens.
www.auchrannie.co.uk

Die Whiskyinsel Islay ist auch ein Naturparadies, über das der Leuchtturm von Port Charlotte wacht (oben). In Tarberts schönem Hafen liegen nur noch wenige Fischerboote (rechte Seite oben). Linda McCartney im eigens für sie eingerichteten Memorial Garden hinter dem Lokalhistorischen Museum in Campbeltown (rechte Seite unten).

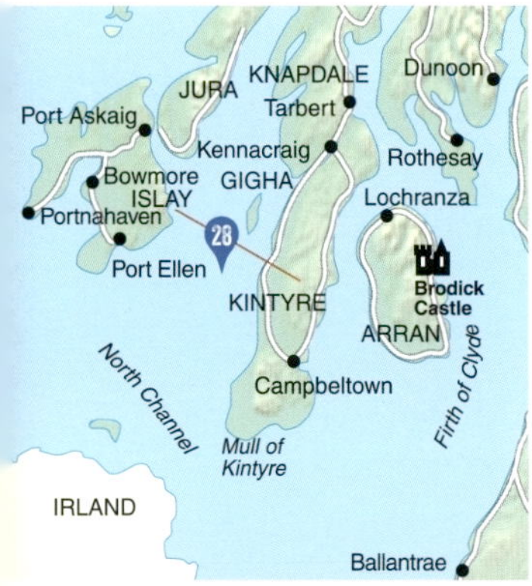

28 WHISKY UND MEER – KINTYRE UND ISLAY

Vom Firth of Clyde auf die Inneren Hebriden

Arran liegt im Firth of Clyde eingebettet zwischen dem schottischen Festland und der lang gestreckten Halbinsel Kintyre, die sie vor den Stürmen des Atlantiks schützt. Der Mull of Kintyre ist die kahle Spitze im äußersten Südwesten der Halbinsel – bezeichnenderweise leitet sich das Wort *mull* vom Gälischen *maoll* ab, das mit »Glatze« übersetzt werden kann.

Die Legende berichtet, dass im 1607 gegründeten Campbeltown einmal 34 Whiskydestillerien aktiv waren und dafür sorgten, dass die Stadt eine eigene Whiskyregion bekam. Darüber hinaus gab es florierende Fischerei. Doch die glorreichen Zeiten sind lange vorbei und man beginnt nun, getragen vom boomenden Whiskymarkt, Traditionen wiederzubeleben. Drei Brennereien, Springbank, Glen Scotia und Glengyle, nahmen nach teils langen Unterbrechungen ihre Produktion wieder auf.

Stadt am Golfstrom

Palmen an der Hafenpromenade weisen auf günstiges Klima hin, bedingt durch den Golfstrom. Dies wusste auch Linda McCartney (1941–1998), Fotografin, Musikerin und erste Ehefrau von Sir Paul, zu schätzen. Das prominente Paar genoss die Ruhe Kintyres, widmete sich auf der High Park Farm ungestört der Erziehung ihrer Kinder, war beliebt und gern gesehen. Nach ihrem frühen Tod errichtete man hinter dem lokalhistorischen Campbeltown Museum zu Lindas Ehren einen kleinen »Memorial Garden« mit bronzener Statue in der Mitte. Er grenzt an den Hinterausgang des ältesten Kinos Schottlands. »The Wee Picture House« in eleganter Jugendstilarchitektur aus dem Jahr 1913 entging dem Verfall und erstrahlt seit Ende 2017 wieder im alten Glanz.

Vom Mull of Kintyre aus hat man an klaren Tagen einen guten Blick auf Nordirland. Seit

TT25
TT28

Selbstverständlich beeindrucken auf der Insel auch malerische Burgruinen wie Newton Castle am Loch Ranza (oben). Malerisch, beinahe verwunschen schlängelt sich die B842 bei Crossaig am Kilbrannan Sound entlang der Ostküste Kintyres (unten). Kunstgalerien säumen die Hafenpromenade des Städtchens Tarbert am Eingang zur Kintyre Halbinsel (rechte Seite oben). Golf ist und bleibt der Volkssport Nr. 1 in Schottland (rechte Seite unten).

1788 wird die Inselspitze von einem malerischen Leuchtturm bewacht. Da dieser inzwischen von Edinburgh aus gesteuert wird, werden die Cottages der früheren Leuchtturmwärter heute als Ferienhäuser vermietet.

Im Süden

Besonders schön ist die 13 Kilometer lange Strecke auf einer einspurigen Straße (nicht für Wohnwagen geeignet) vom südlichsten Dorf Southend zum Mull of Kintyre. Die Fahrt führt durch baumloses Weideland, hin und wieder taucht ein kleines weißes Bauernhaus auf. *»Mull of Kintyre, oh mist rolling in from the sea«*, lautet der Refrain von Paul McCartneys Hymne auf den Mull of Kintyre und die Nebelschwaden, die von der See hereinziehen. Bestechend an der Aufnahme von McCartneys Gruppe Wings ist die beeindruckende musikalische Begleitung durch eine Dudelsackkapelle. Dank dieses Songs spielte sich das Instrument in die Ohren von Millionen Fans, die sonst nie auf den Geschmack gekommen wären. Der Dudelsack gehört zur Kultur der Schotten, obwohl sein Name im Deutschen etwas albern klingt. Denn der Musiker dudelt auf dem Dudelsack keinesfalls vor sich hin, sondern spielt auf einer Pfeife. Deswegen ist der weniger gebräuchliche Name »Sackpfeife« eigentlich weitaus zutreffender. Nicht ohne Grund heißt das Instrument ja auf Englisch auch *bagpipe*. Allerdings ist das Wort »Dudel« auch gar nicht abfällig gemeint, sondern leitet sich wohl von dem türkischen Wort *duduk*, »Flöte«, ab.

Krieger und Mönche

Die wuchtige Burg von Skipness im Nordosten von Kintyre ist ein beeindruckendes Zeugnis der ständigen Kämpfe, die die Schotten nicht nur gegen England, sondern vor allem auch untereinander führten. Im frühen 13. Jahrhundert für den Clan MacSween errichtet, wurde die Burg bis in das 16. Jahrhundert ständig erweitert, ausgebaut und verstärkt und schließlich im 17. Jahrhundert aufgegeben. Seitdem sieht man dort im Grunde genommen nur Touristen sowie in manchen Nächten den Geist der Green Lady of Skipness durch die Ruinen wandeln.
Nicht minder beeindruckend als die Burgruinen sind die Überreste der St Brendan's Chapel. Die Kapelle mit dem hochinteressanten mittelalterlichen Friedhof wurde wahrscheinlich im 13. Jahrhundert erbaut und diente bis in das 18. Jahrhundert als Gotteshaus. Der heilige Brendan war ein irischer Mönch, über den zahlreiche Legenden im Umlauf sind. Fest steht nur, dass er zwischen 565 und 573 mit zwölf Gefährten in einem *curragh* unterwegs war. Der *curragh* ist eine irische Boots-

form mit Holzwanten, über die Ochsenhäute gespannt sind. Mit einem solchen Boot soll der Heilige von Irland aus gen Westen gesegelt sein. Warum er dann der Sage nach auf einer schottischen Insel »an Land« ging, die in Wirklichkeit gar keine Insel, sondern nur ein riesiger Fisch war, bleibt ein Mysterium. Umstritten ist aber auch die Theorie mancher Historiker, wonach die Gruppe gar nicht in Schottland, sondern in Amerika ankam.

Das hübsche Hafenstädtchen Tarbert nördlich von Skipness zählt ungefähr 1500 Einwohner. Um 1098 ließ Norwegens König Magnus Barfuß hier seine Langschiffe über die schmale Landzunge schleppen und bestätigte mit diesem symbolischen Akt, dass die Western Isles der norwegischen Krone gehörten. Tarbert hatte schon immer strategische Bedeutung besessen und wurde aus diesem Grund gleich von drei Burgen geschützt. Die Burg Tarbert Castle am East Loch existiert noch heute als eindrucksvolle Ruine.

Whiskymekka Islay

Gegenüber von Kintyre liegt Islay – die fünftgrößte schottische Insel und zudem die südlichste Insel der Inneren Hebriden. Nur eine schmale Wasserstraße trennt sie von der Insel Jura, deren drei *paps* von quasi jeder Stelle auf Islay zu sehen sind. *Pap* heißt im Übrigen »Brust«, und so sehen die Berge auch aus. Im frühen Mittelalter gehörte Islay zum gälischen Königreich Dál Riata und wurde später ein Teil des »Königreichs der Inseln«.

Islay lockt mit seiner Landschaft, der attraktiven Hauptstadt Bowmore, dem pittoresken Hafen Port Ellen – und mit hervorragendem Whisky. Für Whiskyfreunde aus aller Welt steht die wunderschöne »Königin der Hebriden« ganz oben auf der Rangliste. Was fällt Ihnen zu Islay ein? – Jeder Whiskyliebhaber wird auf diese Frage prompt antworten: Single Malt Whisky. Und auch die Besonderheit des Single Malt von Islay wird er sofort wissen: der außergewöhnlich torfige Geschmack.

So wie im restlichen Schottland zahlreiche Städtchen und Dörfer, die viel älter erscheinen, erst im 19. Jahrhundert als industrielle Ansiedlungen entstanden, zog auch auf Islay die Whiskyproduktion die Gründung von Siedlungen nach sich. Zu diesen relativ jungen Ortschaften gehört beispielsweise Bunnahabhain im Nordosten der Insel. Das Dorf wurde 1881 für die Arbeiter der neuen Whiskybrennerei gebaut. Auch das etwas ältere, bereits 1828 gegründete Port Charlotte verdankt seine Entstehung dem Whisky, der in diesem Fall in der Lochindaal Destillerie gebrannt wurde.

TOP ★ ERLEBNISSE

★ MACHRIE HOTEL & GOLF LINKS

Nahe der Machrie Bay auf Islay liegt dieses tolle Hotel unmittelbar an Golfplatz und nahe eines endlos langen Sandstrandes. Es verfügt über große, modern eingerichtete Zimmer und gleich mehrere, vorzügliche Restaurants. www.campbellgrayhotels.com/machrie-islay-scotland

★ MACDONALDS GEBURTSSTÄTTE

Lange Zeit war man sich der Bedeutung Finlaggans nördlich des Weges nach Port Askaig nicht bewusst, gelten doch zwei der drei Inseln im See als Gründungsplatz des Clan Donald, der Lords of the Isles. Zwischen einem Meer aus Wildblumen zeugen Reste von 28 Gebäuden von der historischen Wiege gälischer Kultur. www.finlaggan.org

★ DER GROSSE STRAND

Trotz seiner 12 Kilometer Länge besitzt der von den Inselbewohnern liebevoll »Big Strand« genannte, pittoreske Küstenabschnitt zwischen der Laggan Farm im Norden und Kintra im Süden nur wenige Zugangsmöglichkeiten. Doch die Anfahrt lohnt genauso wie ein entspannter Aufenthalt zwischen Brandung und Dünen. Speziell in den Abendstunden schweift der unverstellte Blick gen Westen über den Atlantik. www.islayinfo.com/the-big-strand.html

29 KONTRASTREICH – GIGHA UND JURA

Einsam und großartig

Vor Tayinloan an der Westküste Kintyres liegt das in wenigen Minuten mit der Fähre erreichbare Eiland Gigha. Lang und schmal von Nord nach Süd ausgerichtet, verzückt die südlichste der Hebrideninseln, begünstigt vom Golfstrom, mit bezaubernden Stränden und einer prachtvollen Gartenanlage, während auf Jura die Dominanz des Rotwildes unübersehbar ist.

Rhododendren in allen erdenklichen Farben und prächtigen Blütenständen prägen die etwa 20 Hektar großen Achamore Gardens südlich des Örtchens Ardminish im Inselzentrum. Im Jahr 1944 ließ der damalige Inseleigentümer Sir James Horlick rund um das nun in Privatbesitz befindliche Achamore House von 1884 einen waldähnlichen Park anlegen, der nicht nur Blumenfreunde entzückt. Die Insel, und damit auch der Garten, gehören seit 2002 der Gemeinde Gigha. Im Norden grenzt an die Achamore Gardens eine kleine, mit groben Feldsteinen umfriedete Begräbnisstätte, darin steht die Ruine der Kilchattans Chapel. Die Kapelle aus dem 13. Jahrhundert mit einem filigranen Lanzettfenster im Ostgiebel ist St. Catan gewidmet, einem irischen Missionar im Gefolge von St Columban aus dem 6. Jahrhundert. Entlang der einzigen größeren Straße auf Gigha, die vom Leim Pier im Süden bis zum Palm Tree Beach führt, reihen sich inmitten der von Landwirtschaft dominierten Inselszenerie diverse Standing Stones, wie der »Zahn des Riesen«, während die schönsten Strände vor allem im Norden und an der Ostküste zu finden sind. Twin Beaches sticht besonders heraus, gleich von zwei Seiten kräuselt sich die Gischt des Meeres hier über den feinen Sand. In der Nähe dieses Tom-

Malerisch versinkt die Sonne über Loch Tarbert und der erhabenen Einsamkeit Juras (unten). Die mystische Ruine von Kilchattans Chapel liegt unmittelbar neben den üppigen Achamore Gardens auf Gigha (rechte Seite oben). Das Jura Hotel in Craighouse (rechte Seite unten).

bolos und unweit des etwas unwirtlichen nördlichen Endes von Gigha findet sich mit dem Palm Tree Beach ein vermeintlicher Geheimtipp: ein wunderhübscher Strand, ruhig und abgeschieden, allerdings ohne die Palmen, wie sein Name vermuten lässt. Statt des Autos machen auf Gigha im Übrigen Schusters Rappen oder ein Drahtesel weit mehr Sinn.

Geburtsort des Großen Bruders

Nordöstlich der Whiskyinsel Islay liegt Jura, mit rund 367 Quadratkilometern nur etwa halb so groß wie ihre Nachbarin und wesentlich dünner besiedelt. Wer nach Jura reist, muss eigentlich den Weg über Islay in Kauf nehmen, da es nur von dort eine kleine Fähre von Port Askaig nach Feolin gibt. Alternativ, aber nicht für Fahrzeuge, gibt es oben im Norden eine weitere Verbindung von Tayvallich auf der Knapdale-Halibinsel nach Craighouse, dem Hauptort von Jura. Das Speedboat benötigt keine Stunde für die Überfahrt und bietet zwölf Personen Platz. Die einzige Straße auf dem dünn besiedelten Jura zieht sich über gut 40 Kilometer längs der dem Festland zugewandten Küste des Sound of Jura vom Fähranleger Feolin bis zum Ardlussa Estate, einem Herrenhaus von 1850. Hier macht seit 2018 die feine, kreative Herstellung von Lussa Gin Furore. Kurz danach endet der befestigte Weg. Noch weitere elf Kilometer durchs Gelände mit fantastischen Aussichten, und Barnhill ist erreicht. Das Haus diente im Jahr 1947 dem Schriftsteller George Orwell als Rückzugsort zum Verfassen seines futuristischen Romans »1984«. Orwell empfand die Wildnis Juras als »un-get-at-able«. Man muss jedoch nicht bis Barnhill pilgern, um den eigentümlichen Charakter Juras zu entdecken. Unter den drei markanten Bergspitzen der Paps of Jura, die in ihrer Silhouette weiblichen Brüsten ähneln und mit 733 bzw. 785 Metern Höhe quasi von überall auf Islay und der Kintyre-Halbinsel zu sehen sind, tummelt sich eine Unmenge an Hirschen. Wie andernorts Schafe können sie schon einmal den geringen Verkehr durch bockiges Ausharren auf der Fahrbahn zum Erliegen bringen. Der Magie der Paps erliegen in erster Linie Wanderer, die sich von der bizarren Kargheit dieser Berge inspirieren lassen. In Craighouse befindet sich auch die einzige Whisky-Brennerei, die Jura Distillery, deren Flaschen das Anch-Kreuz ziert, ein weitverbreiteter Glücksbringer auf den westlichen Inseln. Vis-à-vis der 1810 gegründeten Brennerei erinnern Palmen an den Golfstrom und günstiges Klima.

TOP ★ ERLEBNISSE

★ JURA HOTEL

Das einzige Hotel auf Jura im Hauptort Craighouse und wie alles im Dörfchen gegenüber der Jura Distillery verfügt über ein populäres Restaurant mit rustikalem, traditionellem Charme und verschiedenen Bars. Eine Spezialität des Hauses sind die Frühstücksburger, die eine schottisch opulente Morgenmahlzeit gebührend krönen.
www.jurahotel.co.uk

★ MEERESSTRUDEL

Der Corryvreckan Whirlpool, drittgrößter seiner Art auf der Welt, zwischen der Nordspitze Juras und dem Eiland Scarba hätte dem maritim unerfahrenen Orwell und seinen Sohn bei einem Bootsausflug fast das Leben gekostet. Im 21. Jahrhundert haben die Touren noch immer einen durchaus abenteuerlichen Charakter.
www.juraboattours.co.uk

★ WEE ISLE DAIRY

Die glücklichen Kühe der Tarbert Farm auf Gigha geben gerne ihre Milch für sahnig-cremige Eiskompositionen, die als kulinarisches Gedicht gelten. www.facebook.com/WeeIsleDairy

Das mächtige Stirling Castle bietet von allen Seiten einen imposanten Anblick. Einst eine der bedeutendsten Burgen Schottlands, ist es heute eine der berühmtesten Attraktionen des Landes (oben). Queen's Inner Hall beherbergt die imposanten Wandteppiche rund um den Mythos des Einhorns (rechte Seite unten). Hermann's Restaurant im Herzen Stirlings (rechte Seite oben).

30 KÖNIGLICHE RESIDENZ – STIRLING CASTLE

Der Geburtsort des silbernen Sterling

Seit 900 Jahren thront über der Stadt Stirling Schottlands größte und historisch bedeutendste Burg. Im Lauf der Zeit wurde Stirling Castle zum Synonym für die Jahrhunderte andauernden kriegerischen Auseinandersetzungen mit England.

Ein klein wenig fühlt sich Stirling an wie Edinburgh, nicht so groß, nicht so überlaufen und nicht so hochtrabend, doch mit ähnlichem Altstadtambiente, mit engen Gassen und heimeligen Plätzen, gesäumt von ansprechenden, alten Gebäuden, und mit rundem Kopfsteinpflaster, das aufwärts führt zum alles überragenden Stirling Castle. Die eindrucksvolle Felsenburg gehört zu den bedeutendsten Festungen des Landes. Ganz gleich wer hier seine Residenz hatte, immer war es der Herrscher über Schottland. Gerade aufgrund der besonderen strategischen Lage an der Schnittstelle zwischen Lowlands und Highlands, zudem hoch auf einem vulkanischen Felsen, blieb Stirling lange Zeit Hauptstadt des Landes und royales Machtzentrum. Die Könige der Stuart-Dynastie liebten die imposante Burg, deren Silhouette noch heute schon aus größerer Entfernung von jeder Himmelsrichtung weithin sichtbar ist.

Mary's Place

Stirling Castle erlangte besondere Berühmtheit durch die Krönungszeremonie der gerade einmal neun Monate alten Mary, *Queen of Scots*, im Jahr 1543. Die Burganlage ist weitläufig und man sollte sich bei einem Besuch Zeit nehmen. Neben dem königlichen Palast James V. von 1540, auffällig die Fassade im Stil der französischen Renaissance, und der bedeutenden »Great Hall« sind die Schlosskapelle, ein großer Küchentrakt sowie die Schlossgewölbe zu besichtigen. In der Queen's Inner Hall befinden sich sieben einzigartige Wandteppiche, welche die verzweifelte Geschichte und den Mythos um das

schottische Wappentier, das Einhorn, illustrieren. Auf dem letzten Teppich sieht man das Tier symbolträchtig gefangen und eingezäunt. Handgewebt nach Originaltechniken, mit den Farben und Materialien aus dem frühen 15. Jahrhundert wurden diese zeit- und arbeitsaufwendig in den Tapestry Studios auf dem Burggelände nachgearbeitet.

Geld und Sport

Im 12. Jahrhundert war Stirling Castle die Residenz des schottischen Königs Alexander I. Dieser ließ aus dem Silber, das in den Ochill Hills in der Nähe von Alva gewonnen wurde, Münzen prägen, die »Sterlings« hießen. Allgemein geht man davon aus, dass diese »Sterlings« Pate für das Pound Sterling standen, wie die britische Währung auch heute noch heißt. In der Stirling Heads Gallery finden sich viele Originale der beeindruckenden Deckenschnitzereien aus der King's Inner Hall. Die abgebildeten Personen stammen aus dem königlichen Umfeld, aus der Bibel, der griechischen und römischen Geschichte. Des Weiteren zeigt das Regimental Museum die 200-jährige Historie der Argyll & Sutherland Highlanders. Auf Stirling Castle entdeckte man übrigens bei Restaurierungsarbeiten einen Lederball, etwa von 1540. In der Zeit Maria Stuarts kickten die Höflinge also bereits munter auf den Burgwiesen. Vom Hof des Königs James VI. existieren Kaufbelege aus 1497 für »fut ballis«. Schon damals gab es Regeln, Fouls und Tätlichkeiten.

Der repräsentative, dreigeschossige Adelssitz Argyll's Lodging am Castle Wynd an der Auffahrt zum Stirling Castle befindet sich unter der Verwaltung von Historic Environment Scotland. Das Innere des prächtigen rosafarbenen Gebäudes spiegelt die Zeit um 1680 in all ihren, teilweise überbordenden Facetten, die Welt der Schönen und Reichen wider, der Besuch ist im Ticketpreis für Stirling Castle enthalten. Zu Füßen des Schlossberges befindet sich die sogenannte Lower Town, das Geschäftszentrum der Stadt. Unabhängige Geschäfte, Cafés und Restaurants sowie einige schöne Einkaufspassagen machen Stirling zu einer beliebten und sehr attraktiven Einkaufsstadt. Und im Schatten der großen Burg erbauten die Mächtigen von Stirling im 15. Jahrhundert eine Kirche, so groß wie eine Kathedrale. Die junge Königin Mary, *Queen of Scots*, ließ ihren Sohn James VI. hier zum König krönen. Architektonische Glanzlichter der Kirche »Church of the Holy Rude« sind die mittelalterliche Eichenbalkendecke und die Bleiglasfenster.

TOP ★ ERLEBNISSE

★ STIRLING GHOSTWALK

Bei derart viel großartiger Geschichte, die die Stadt zu bieten hat, dürfen natürlich die mystischen, aber sehr unterhaltsamen Geistertouren nicht fehlen. Schaurig-schönes weiß der düster-elegant gekleidete wie furchteinflößende Happy Hangman zu berichten, von Ladies in verschiedenfarbigen Gewändern, von verrückten Klosterbrüdern und Edelmännern, von Hexen, Dämonen und unruhigen Grabstätten.
www.stirlingghostwalk.com

★ HERMANN'S

Geführt vom Tiroler Chefkoch und Eigentümer Hermann Aschaber gilt das feine Restaurant nahe Stirling Castle als bestes Lokal der Stadt mit einer spannenden Mischung aus schottischer und alpiner Cuisine. Neben dem Wiener Schnitzel mit schottischer Attitüde lohnt der Blick in die kleine, aber erlesene Weinkarte.
www.hermanns.co.uk

★ BLAIR DRUMMOND SAFARIPARK

Eine ordentliche Portion Exotik erwartet die Besucher des Tier- und Freizeitparks vor den Toren Stirlings schon seit 1970. Löwen und Tiger, Elefanten und Giraffen sind genauso zu bestaunen wie lebensgroße, animierte Dinosaurier.
www.blairdrummond.com

UNABHÄNGIGKEIT – JA ODER NEIN?

Das ewige Streben nach Freiheit

Mit dem Act of Union, dem Gesetz der Vereinigung vom 1. Mai 1707, besiegelte Schottland seinen endgültigen Zusammenschluss mit dem Inselnachbarn England. Wirtschaftlich so gut wie zahlungsunfähig sah man nur darin eine Rettung, nahm die Aufgabe der Souveränität in Kauf und die Auflösung des eigenen Parlaments, das sich erst wieder durch den Scotland Act von 1998 im Mai 1999 konstituierte.
Game over? Großbritannien blieb nach dem Abstimmungsergebnis vom 18. September 2014, das mit 45 Prozent der Stimmen für den Austritt Schottlands gegen 55 Prozent für den Verbleib im Staatenverbund endete, rein äußerlich das traditionsverhaftete Vereinigte Königreich. Durch kurzfristige, panikartige Zugeständnisse Westminsters an das in historischer Tradition nach Freiheit strebende Schottland geriet die britische Politik in arge Bedrängnis. Im Zuge der Gleichbehandlung aller Mitgliedsländer müsste es ein ähnlich bewertetes Parlament wie das schottische in Wales, England und auch in Nordirland geben. Diese selbstverständliche Konsequenz hatte man bei der Überlegung, wie man den trotz wirtschaftlicher und gesellschaftlicher Angstmacherei noch unentschlossenen Schotten ein »No« schmackhaft machen könnte, außer Acht gelassen.

Robert Burns Denkmal auf dem George Square in Glasgow

Lange Wege, große Ziele

First Minister Alex Salmond, treibende Kraft im Vorfeld der Kampagne zur Unabhängigkeit, räumte den Platz für seine Stellvertreterin Nicola Sturgeon. Ihm war es gelungen, Schottland zu sensibilisieren, es friedlich und fokussiert zu mobilisieren, wie die Wahlbeteiligung von gut 86 Prozent deutlich zeigte. Das Referendum war und ist ein Ausdruck praktischer Demokratie. Diejenigen, die auf eine unabhängige Zukunft gesetzt hatten, waren zunächst enttäuscht und frustriert, gleichwohl erzeugte diese Niederlage eine Trotzreaktion, frei nach der Devise: Jetzt erst recht. Und Nicola Sturgeon setzte diesen Weg entschlossen fort – zunächst bis zum Brexit-Referendum. Denn die EU spielte eine gewichtige Rolle. Schottland wollte in der europäischen Gemeinschaft verbleiben, musste sich aber zwangsweise davon trennen, als der mit reichlich Fehlinformationen und Unwahrheiten von diversen fragwürdigen Protagonisten lautstark

Kontrovers wurden und werden die Diskussionen geführt.

Die schottische Jugend sehnt sich nach dem Ende der Abhängigkeiten.

Der Kilt bezeugt die Clan-Herkunft.

propagierte Austritt durch die Abstimmung vom 23. Juni 2016 beschlossene Sache wurde. Es wäre nur recht und billig gewesen, wenn die Schotten unter diesen Umständen ein Vetorecht auf diese Entscheidung gehabt hätten. Das hatten sie jedoch nicht, die Wogen kochten erneut hoch, im Inneren brodelte es also nach wie vor, vielleicht mehr denn je.

Die Hoffnung bleibt

Nicola Sturgeon stellte, durchaus berechtigt, aufgrund der plötzlich geänderten Voraussetzungen durch den Brexit die Forderung auf ein neuerliches Referendum über die schottische Unabhängigkeit. Dieses ist laut Gesetz jedoch nur mit der Zustimmung aus Westminister möglich und wurde erwartungsgemäß von den diversen zwischenzeitlich aktiven und zurückgetretenen britischen Premiers und Parlamenten abgeschmettert. Nach einem Urteil des Obersten Gerichtes vom Herbst 2022 darf eine neuerliche Abstimmung über ein Verlassen Schottlands aus dem Verbund des Königreiches nicht stattfinden. Doch Schottland wäre nicht Schottland, wenn man nicht trotzdem Problemlösungen, bis dato noch unentdeckte Möglichkeiten ausloten würde – es bleibt das Prinzip Hoffnung. Die Stimmung im Land ist gespalten und schwankt in beständiger Regelmäßigkeit zwischen Zweifel und Zuversicht. Ob eine Unabhängigkeit wirklich eine Option sein kann, gehört zwischen Hadrianswall und Hermaness mittlerweile zum Tagesgespräch wie die unvermeidliche Debatte übers Wetter. Angesichts der nicht nur durch den Brexit verursachten, überwiegend hausgemachten Probleme, mit denen sich der Staat Großbritannien auseinandersetzt, schlägt das Stimmungspendel nun wieder mehr zu Gunsten eines unabhängigen Schottlands aus, zumindest gefühlt für die Menschen, die mehr oder weniger entsetzt das Londoner Parlamentschaos hilf- und vor allen Dingen machtlos mitansehen müssen.

INFO: www.parliament.scot

Der Volksheld »Braveheart« stellt sich auf der Royal Mail jeglichen Fotowünschen.

31 DIE SCHLACHT AM BANNOCKBURN

Bravehearts Vermächtnis

Das zweite, weithin sichtbare Wahrzeichen Stirlings ist das National Wallace Monument, das an den legendären Freiheitskämpfer William Wallace erinnert, der als von Mel Gibson verkörperter »Braveheart« auch Hollywood-Geschichte schrieb. Der Standort auf dem Berg Abbey Craig war nicht zufällig gewählt, denn das Monument überblickt den Ort seines größten Erfolges.

Schauplatz seiner ruhmreichen Schlacht am 11. September 1297 war die Stirling Bridge. Die kleine Brücke, einst einzig sicherer Übergang über den Forth, wird immer noch von Fußgängern und Radlern benutzt. Im Inneren des Wallace Monuments vermittelt eine Ausstellung die heroische Geschichte des William Wallace und sein Ansehen im Land über die Jahrhunderte. De Waffensaal erzählt vom Verlauf der Schlacht und vom Leben des Nationalhelden, während im Heldensaal seine Einflüsse und Inspirationen auf die nachfolgenden Generationen aufgeführt werden. Im Zentrum der Präsentation steht hier Wallace' Schwert, das vermutlich originale, glänzende Symbol von Mut und unerschütterlichem Siegeswillen. Büsten weiterer schottischer Nationalhelden von Robert the Bruce bis Robert Burns zieren die Wände und erzählen über die jeweils individuelle Rolle in der Geschichte Schottlands.

Zentrales Thema in der königlichen Kammer ist der Bau des Monuments. Es wurde 1869 fertiggestellt und noch im gleichen Jahr als bedeutender Kulturschatz der Region der Öffentlichkeit zugänglich gemacht. Eine Wendeltreppe mit insgesamt 246 Stufen führt in die jeweiligen Bereiche der Ausstellungen und auch auf die Krone, die windumtoste oberste Plattform des 67 Meter hohen Monuments, die eine tolle Aussicht auf die

Ausstellungen zur schottischen Geschichte finden sich auf den verschiedenen Etagen des Wallace Monuments (unten). Individuelle virtuelle Schlachtplanungen ermöglicht das Battle of Bannockburn Visitor Centre (rechte Seite oben). Delikate Haggis-Pralinen gehören zu den besonders geschätzten kulinarischen Kreationen des Küchenchefs von Cromlix House (rechte Seite unten).

Stadt, Stirling Castle, die Trossachs und das Tal des River Forth bietet. Auch fünf Schlachtfelder liegen im Blickfeld, die im schottischen Kampf für die Unabhängigkeit eine bedeutende Rolle spielten: Logie im Jahr 845, Stirling Bridge 1297, Bannockburn 1314, Sauchieburn 1488 und Sherrifmuir 1715.

Helden der Geschichte

Eine große, majestätische Statue von Robert the Bruce richtet sich nach Südosten auf den etwaigen Standort, an dem der schottische König im Marschland zwischen den Flussläufen des Bannock und des Forth seine siegreiche Standarte platzierte. Das beeindruckende Reiterstandbild des Königs und Feldherrn entstand zum 650. Jubiläum des Ereignisses und wurde von der britischen Monarchin Queen Elizabeth II eingeweiht. In einem großen, durchbrochenen Rondell ist zudem ein Gedenkstein aufgestellt.

Trotz numerischer Unterlegenheit war es den Schotten mithilfe Roberts taktischem Geschick und der natürlichen, örtlichen Gegebenheiten gelungen, innerhalb von lediglich zwei Tagen im Juni 1314 die übermächtigen englischen Truppen zu besiegen und in die Flucht zu schlagen. Durch diesen bedeutungsvollen Sieg war das bis dato besetzte Schottland endlich wieder unabhängig.

Pünktlich zum 700. Jahrestag dieses Ereignisses in 2014, dem Jahr des letzten schottischen Unabhängigkeitsreferendums, öffnete das Battle of Bannockburn Visitor Centre seine Pforten als erstes gemeinsames Projekt von Historic Scotland und dem National Trust for Scotland. Mittels modernster Motion-Capture-Techniken wurden wirklichkeitsnahe Filme produziert, die die Besucher mitten ins Geschehen versetzen. In den sogenannten Character Stations, die sie ins Jahr 1314 bringen, finden sie sich beispielsweise im »Prepare for the Battle«-Raum unter den Kriegern, die sich gerade auf die Schlacht vorbereiten. In einem anderen Raum kann man auf einem virtuellen Spielfeld mit den Mitteln, die auch den damaligen Akteuren zur Verfügung standen, seine eigenen Strategien und taktischen Ideen für einen siegreichen Feldzug umsetzen, während diese zeitgleich optisch an den umliegenden Wänden dargestellt werden. Als Stirling Castle im Jahr 1314 von Roberts Bruder Edward Bruce belagert wurde, marschierte das englische Heer zur Befreiung auf. Nach der Schlacht bei Bannockburn mussten die Männer des englischen Königs Edward II die Flucht ergreifen. In dem Lied »Flower of Scotland« wird der Sieg der Schotten gefeiert: *»O flower of Scotland – When will we see your like again – That fought and died for – Your wee bit hill and glen – And stood against him – Proud Edward's army – And sent him homeward – Tae think again.«*

TOP ★ ERLEBNISSE

★ OLD TOWN JAIL

Um ein Gefängnis macht man im Urlaub eher einen Bogen, doch das Old Town Jail am Rande des Zentrums ist einen Besuch wert. Schauspieler übernehmen die kurzweiligen Führungen, schlüpfen dabei in verschiedene Rollen, wechseln sogar den Dialekt, während sie über das entbehrungsreiche Dasein der Insassen des düsteren Gebäudes von 1847 berichten und auch die Besucher miteinbeziehen.
www.oldtownjail.co.uk

★ CROMLIX HOUSE

Das Hotel in einer herrschaftlichen viktorianischen Villa befindet sich im Besitz der Familie des schottischen Tennisstars Andy Murray. 15 luxuriös ausgestattete Zimmer und ein herausragendes Restaurant machen den Aufenthalt zu einem besonders stilvollen Erlebnis. Selbstverständlich gibt es in den Außenanlagen auch einen Tennisplatz.
www.cromlix.com

★ STIRLING SMITH ART GALLERY

Das Museum aus viktorianischer Zeit ist dem Künstler Thomas Stuart Smith gewidmet und beschäftigt sich mit der facettenreichen Lokalgeschichte. Zu sehen ist u. a. der älteste Fußball der Welt.
www.smithartgalleryand museum.co.uk

DER WESTEN

Nah am Wasser gebaut

In den südlichen Highlands liegt das nahezu unberührte Sumpfgebiet von Rannoch Moor (links). Das markante Black Rock Cottage im Glen Coe, dem geschichtsträchtigen »Tal der Tränen« (oben). Die kleine, der Insel Mull vorgelagerte Insel Iona ist ein bedeutendes geistliches Zentrum (unten).

Das zauberhafte Inveraray Castle ist seit 1760 der erlauchte Sitz des Dukes und der Duchess von Argyll (oben). Die Vital Spark, das TV-affine Schiff des exzentrischen Seebären Para Handy ruht oft am Anleger des beschaulichen kleinen Hafens von Inveraray am Loch Fyne (rechte Seite unten). Ein sehenswertes Gefängnis in bester Lage am Seeufer: Inveraray Jail (rechte Seite oben).

32 AUS EINEM GUSS – INVERARAY

Bezaubernd am Loch Fyne

Schon der Blick auf die Landkarte macht deutlich, dass die Westküste Schottlands im Gegensatz zu ihrem östlichen Pendant ein außerordentlich raues Terrain ist. Durchzogen von unzähligen fjordähnlichen Einschnitten und den vorgelagerten Inseln zeigt Schottland hier nicht nur seine wildromantische Seite, sondern auch sein Hafen- und Seefahrer-Flair.

Den südlichen Teil dieser Küstenregion nimmt der Verwaltungsbezirk Argyll and Bute mit seiner beschaulichen Hauptstadt Lochgilphead ein. Der mächtige Fjord Loch Fyne ragt mit einer Länge von 65 Kilometern bis weit in das Landesinnere hinein und birgt edelste Schätze unter der glitzernden Oberfläche. Aufgrund seiner nährstoffreichen Kombination aus Süßwasser von den umliegenden Hügeln sowie dem salzigen Meerwasser ist der Loch Fyne voller Plankton, was bei der Austernzucht von elementarer Wichtigkeit und vor allem verantwortlich für den guten Geschmack ist. Die kostbaren Meeresfrüchte gedeihen prächtig und gelten nicht nur im britischen Königshaus als begehrte Delikatesse. In der Loch Fyne Oyster Bar lässt sich das leicht nachprüfen.

Am nördlichen Ufer des gewaltigen Meeresarmes liegt die idyllische Kleinstadt Inveraray, die zu Recht ein beliebtes Ausflugsziel ist. Folgt man der Hafenstraße in südlicher Richtung, führt die A83, eine der wichtigsten Verbindungswege im Westen, stets parallel, aber an etlichen Stellen auch direkt entlang des Loch Fyne bis nach Tarbert. Der Hafenort verbindet den nördlichen Teil mit der Halbinsel Kintyre und hat aufgrund seiner Lage zwischen zwei Gewässern sowohl Zugang zu den Inneren Hebriden als auch nach Bute. Daher war die Stadt mit drei umliegenden Festungen im Mittelalter strategisch wichtig. Bis auf die Ruine des Tarbert Castle, von dem Robert the Bruce einst die Umgebung und ungebetene Besucher ins Visier nahm, ist keine der Befestigungen erhalten. Im Lauf der

Zeit wandelte sich Tarbert zu einem Zentrum der Heringsfischerei und gilt heute als Tor nach Kintyre.

Eleganz und Kunst in Inveraray Castle

Von einem der schönsten Schlösser Schottlands nach Inveraray, zu einem der ungewöhnlichsten Orte des Landes am nördlichen Zipfel des Loch Fyne, ist es nur ein ausgesprochen kurzes Stück. Für den Bau seines Schlosses Inveraray Castle ließ der dritte Duke von Argyll ab 1760 das vorhandene Städtchen gleichen Namens abreißen, um es in unmittelbarer Nähe nach Plänen renommierter Architekten neu anzulegen. Die Arbeiten am neuen Schloss zogen sich fast über ein halbes Jahrhundert hin und waren gegen 1790 abgeschlossen. Heute präsentiert sich das elegante Haus des Dukes und der Duchess of Argyll mit einer ebenso umfangreichen wie Furcht einflößenden Waffensammlung im Eingangsbereich. Die weiteren Räume, die man auf einem Rundgang besichtigen kann, spiegeln eine faszinierende Grandesse und stilvolle Opulenz wider. Insbesondere der Tapestry Drawing Room ist ein wahres Kleinod mit originalen Beauvais-Wandteppichen. In dem formal gehaltenen Castle Garden blühen in üppiger Farbenpracht Narzissen, Rhododendren und Azaleen. Berühmte Persönlichkeiten, allen voran Queen Victoria und der Forscher David Livingstone, verewigten sich auf Besuchen durch das Pflanzen eines Baumes.

Stadt nach Plan

Der gewichtige Klang des weltweit zweitschwersten Ringes aus zehn Kirchenglocken im Duke's Tower ist weithin zu vernehmen. Nach Bewältigung von 176 Stufen bietet der Turm, in gemessenem Abstand zur Kirche All Saints, aus 38 Metern Höhe herrliche Aussichten über Loch Fyne und die Stadt, deren klar gegliedertes, geometrisches Layout mit den hübschen, gleichartigen weißen Häuserreihen und den schwarzen Schieferdächern links und rechts der Main Street gut erkennbar ist. In ihrer Mitte steht das 1802 vollendete Gotteshaus, das, getrennt durch eine Mauer, sowohl den gälischen wie den englischsprachigen Bewohner dient. Neil Munro, Autor der Para-Handy-Geschichten, wurde 1863 in der Gasse Crombies Land direkt am Seeufer geboren. Das urige Schiff Vital Spark, heimlicher Star der schottischen TV-Serie um den exzentrischen Seemann Para Handy und seine Crew, ist häufig auf maritimen Veranstaltungen im Land zu sehen und liegt am Pier des kleinen Hafens, der 1759 eine immense Fischfangflotte beheimatete.

TOP ★ ERLEBNISSE

★ INVERARAY JAIL

Das interaktive Gefängnismuseum in Sichtweite der Kirche und direkt am Wasser vermittelt einen authentischen Eindruck des entbehrungsreichen Lebens hinter Gittern vor 200 Jahren. Eine – virtuelle – Unterhaltung mit den Wärtern ist ebenso möglich wie der versteckte Blick in eine Gerichtsverhandlung.
www.inverarayjail.co.uk

★ GUT ESSEN UND TRINKEN

Das Restaurant des traditionsreichen Hotels The George aus der Gründerzeit Inverarays kredenzt in urigem Ambiente schmackhafte Gerichte aus qualitativ hochwertigen Produkten der Region und besitzt eine vorzügliche, gut sortierte Whiskybar und neben Pub, Cocktail Bar und Wintergarten auch einen Biergarten.
www.thegeorgehotel.co.uk

★ LOCH FYNE ALES

In die Phalanx junger schottischer Bierkultur reiht sich die Fyne Ales Brewery in Cairndow ein, just dort, wo der River Fyne in den Meeresarm mündet. Die populäre Farmhaus-Brauerei offeriert unterschiedlichste Biere, die alle im lokalen Ausschank verkostet werden können, und gibt auf kurzweiligen Führungen Einblick in den Herstellungsprozess.
www.fyneales.com

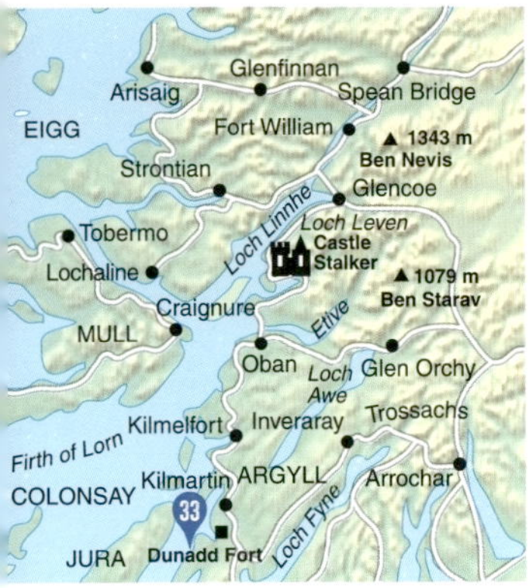

33 WASSERSTRAßE MIT STIL – DER CRINAN CANAL

Die schönste Abkürzung Großbritanniens

Als in der zweiten Hälfte des 18. Jahrhunderts der Bedarf nach geeigneten Verkehrswegen immer größer wurde, begann man mit dem Bau von Kanälen. Sie sollten den Gütertransport vom gefahrvollen Seeweg ins sichere Landesinnere verlegen. Insbesondere die Umfahrung der Kintyre-Halbinsel, um die wirtschaftlich wichtigen Regionen am Firth of Clyde und der Stadt Glasgow zu erreichen, galt als sehr riskant.

Freizeitskipper machen sich während des Sommers die schönste Abkürzung des Landes für ihre Bootstouren zu Nutze (unten). Die Arbeiterhäuser von Cairnbaan am höchsten Punkt der Kanalstrecke (rechte Seite oben). Noch immer rankt sich manch Geschichte um die Fußabdrücke am Dunadd Fort, bleiben ihre Ursprünge unerklärt (rechte Seite unten).

So feierte man 1801 nach sieben Jahren Bauzeit die Einweihung des Crinan Canal, mit zwei Jahren Verzug und einigen improvisierten Passagen. Bauliche und technische Schwächen musste Thomas Telford 1816 nachträglich korrigieren. Der Kanal verband und verbindet bis heute auf der Höhe von Knapdale im Norden der Kintyre-Halbinsel Loch Gilp und Loch Fyne mit Loch Crinan am Sound of Jura und schuf damit die gewünschte sichere Wasserstraße zum Atlantik. Queen Victoria brachte 1847, wie oft in Schottland, durch ihren Besuch den Tourismus an den mit 14,5 Kilometern Länge relativ kurzen Kanal mit 15 Schleusen – obwohl ihr das Auf und Ab des Schleusens nicht wirklich gefallen haben soll. Kleine Passagierdampfer, von Pferden an Treidelpfaden gezogen, verkehrten auf der »Royal Route«, und Frachtschiffe sorgten in der Anfangszeit für reichlich Betrieb. 1866 stach der eigens auf die Ausmaße der Schleusen des Kanals zugeschnittene Dampfer S/S Linnet in See. Bis 1929 versah das schlanke Schiff mit dem hohen Schornstein, längst Markenzeichen des Kanals, seinen Dienst. Ein Jahr später baute man die beiden Seeschleusen in Ardrishaig und in Crinan aus.
Im 21. Jahrhundert erhalten nahezu ausschließlich die Freizeitskipper und einige,

wenige verbliebene Fischer den Betrieb auf dem Kanal. Für Landratten ist ein Ausflug entlang des Treidelpfades am Kanal ein entspannter Trip ohne große Höhenunterschiede, geeignet für die ganze Familie und eine Reise durch reizende schottische Landschaft und bedeutende Industriegeschichte.

Am Wasser unterwegs

Ein kleiner Leuchtturm auf dem weit in Loch Gilp hineinragenden Wellenbrecher markiert die Einfahrt zum einst geschäftigen Hafen von Ardrishaig. Die Zeiten der Frachtschiffe und Passagierdampfer sind lange vorbei, doch der historische Charme am »Steamer Terminal« blieb erhalten. Statt hektischer Abfertigung von Kreuzfahrtpassagieren kann man im beliebten Café Köstlichkeiten aus der Region verkosten. Eine mittels Signalanlage gesicherte Drehbrücke über dem ersten Schleusenbecken, das den Zugang zum eigentlichen Kanal bildet, regelt in Sichtweite der Ardrishaig Parish Church den Verkehrsfluss auf der A83. Ein gotischer Turm prägt die Fassade des Gotteshauses von 1860, deren Kirchenfenster im Art-nouveau-Stil edwardianischer Zeit gehalten sind. Die Kanaltrasse verläuft parallel zur Küste nach Norden in Richtung Lochgilphead. An der Oakfield Bridge steht noch das Haus des Schleusenwärters, der früher die hier angelieferte Kohle in die nahe Umgebung verkaufte. Westlich am Ort vorbei schwingt die Wasserstraße nun ebenfalls gen Westen. Cairnbaan bedeutet so viel wie »Weißer Berg« und verweist auf die bronzezeitliche Vergangenheit des Gebietes. Steine mit Ringen und tellerförmigen Mulden gaben den Archäologen manch Rätsel auf. Das Cairnbaan Hotel entstand um 1800 als Unterkunft für Kanalreisende, hat seine beste Zeit aber wohl hinter sich. Vier Schleusen nacheinander markieren hier den höchsten Punkt des Kanals, der bei knapp 20 Metern über dem Meeresspiegel liegt. Hier wie auf dem folgenden Abschnitt bis Dunardry lassen sich die Manöver während des Schleusens trefflich beobachten. Die Dunardry Bridge, einzige fahrbare Brücke von 1900, benötigt dringende Reparaturen und bleibt absehbar außer Betrieb. Bei Bellanoch zweigt die B8025 ab und führt durch das mit Wollgras übersäte Moine Moors zu den historischen Stätten von Kilmartin. In Crinan schließlich, am Ausgang zum Atlantik, liegt im Oval des Schleusenbeckens am letzten Wehr ein altes Frachtschiff vom Clyde vor Anker, der schwarze Kohlehaufen am Ufer daneben ist eine Reminiszenz an die ökonomische Vergangenheit. Ein Café offeriert kleine Mahlzeiten im früheren Heim des Schleusenwärters.

TOP ★ ERLEBNISSE

★ ERZÄHLUNGEN IM EI

Die illustre Geschichte des Crinan Canal präsentiert hinter seiner knallroten Fassade höchst anschaulich und informativ das im Sommer 2019 in einem alten Lagerhaus am Hafen von Ardrishaig eingerichtete, architektonisch bemerkenswerte »Egg Shed«. In einem riesigen Ei kann man den Geschichten und Erinnerungen der Menschen aus der Region lauschen. www.scottishcanals.co.uk/eggshed

★ KUNSTSINNIGE UNTERKUNFT

Das Crinan Hotel am Ausgang zum Atlantik, mit zauberhaftem Ausblick auf Kanal und Küste, gehört zu den besten Häusern der Region. Neben ausgezeichneter Kulinarik in Seafood Bar und General's Pub findet sich im Loft des Hauses auch ein Galeriebereich mit Werken der Künstlerin Frances Macdonald, die auch das Hotel führt. www.crinanhotel.com

★ DUNADD FORT

Über dem Moine Mhor reckt sich die Felsformation des Dunadd Fort am Ende des Kilmartin Glen gen Himmel. Pikten und Skoten krönten hier vor 2000 Jahren die ersten Könige ihres Reiches Dalriada. Über die genaue Herkunft der deutlich erkennbaren beiden Fußabdrücke am Felsplateau ist sich die Wissenschaft noch immer uneins. www.historicenvironment.scot/visit-a-place/places/kilmartin-glen-dunadd-fort

Der Golfstrom streichelt die Küste der Isle of Mull. Die See lädt beim Fischerdorf Fionnphort nicht nur zum Fischen ein (oben). Besonders schön ist das Meer entlang der Westküste, wenn sich der blaue Himmel wie hier bei Oban in ihm spiegelt (rechte Seite oben). Tobermory, die Hauptstadt der Isle of Mull, begrüßt mit einer bunten Häuserreihe am Hafen (rechte Seite unten).

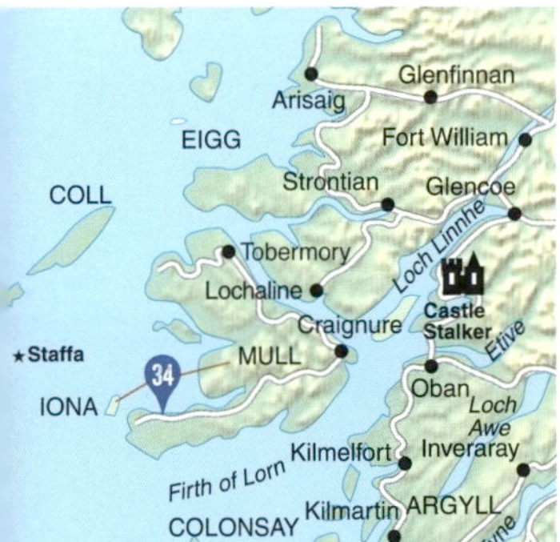

34 UNGLEICHE PILGERSTÄTTEN – IONA UND MULL

Von Oban auf die Inneren Hebriden

Der wichtigste Hafen in diesem Teil Schottlands ist Oban, denn von dem »Tor zu den Inseln« setzen die Fähren nach Islay und Kintyre, nach Mull, Tiree und Coll, nach Barra und South Uist über. Wie eh und je sind die Piers auf den Inseln auch heute fest in den Händen der Reederei CalMac, die neben dem normalen Fährdienst auch Ausflugsfahrten organisiert.

Die CalMac ist eine Institution, um die kein Besucher der schottischen Inseln herumkommt. Seit 1851 gibt es die Fährschiffe, die später als David-MacBrayne-Linie bekannt werden sollten und zu Anfang des 20. Jahrhunderts von dem Historiker John Stuart Blackie in diesem Reim verewigt wurden.

»The earth belongs unto the Lord
And all that it contains
But for the Piers of the Western Isles
For they are David MacBrayne's.«

Damals war MacBrayne eine private Reederei, die Frachtgut und Personen zwischen dem Festland und den Hebriden transportierte. Inzwischen hat sich einiges verändert. 1973 kam es zu einer Fusion mit der Caledonian Steam Packet Company, und das Unternehmen wurde verstaatlicht. Inzwischen firmieren die Schiffe unter Caledonian MacBrayne. Aber der Reim ist trotzdem nicht überholt. An den Schiffen der CalMac kommt man noch immer nicht vorbei.

So gibt es zum Beispiel zwei- bis dreitägige Mini Cruises von Oban zu den Inseln Colonsay, Mull, Iona, Tiree und Coll. Man schläft und isst an Bord. Für Besucher, die tagsüber ihr Auto nicht missen möchten, um die Inseln zu erforschen, werden Special Cruises unter anderem nach Lewis, Harris, North and Sout Uist, Benbecula und Skye angeboten. Insgesamt laufen die CalMac Fähren 22 der wichtigsten Inseln der schottischen Westküste an. Die kürzesten Routen dauern 5 Minuten.

Obans »verrückter« Aussichtsturm

Oban ist also ein guter Ausgangspunkt, um die Inseln zu erobern. Die Stadt verdankt ihre Existenz der Whiskybrennerei, die 1794

OB 5
OB 14
TT 105

Einsame, tief eingeschnittene Buchten sorgen auf Mull stets für ein großartiges Landschaftserlebnis (oben). Auf den wenigen schmalen Straßen rund um Mull begegnet man immer wieder vierbeinigen Freunden (unten). Typisch für die Insel sind aber auch weite Sumpfgebiete und grüne Berge (rechte Seite oben). Glengorm Castle im Norden Mulls (rechte Seite unten).

hier angesiedelt wurde, um Arbeitsplätze zu schaffen. 1880 kam dann auch die Eisenbahn nach Oban und brachte nicht nur mehr Touristen, sondern auch Industrie mit sich. In diesen ersten Jahren des Wachstums wurde mit dem McCaig's Tower auch Obans Wahrzeichen errichtet. Der Tower ist jedoch kein richtiger Turm, sondern eine architektonische Folly – eine »Verrückheit«, also ein Gebäude, das vortäuscht, etwas zu sein, was es gar nicht ist. Obans Folly gleicht entfernt einem steinernen Gasometer, hat einen Umfang von 200 Metern und besitzt 95 Bögen, die sich auf zwei Etagen verteilen. Auf einer Anhöhe errichtet, beherrscht der mächtige Turm das Stadtbild. Der Erbauer des McCaig's Tower war ein Bankier, der seiner Familie ein dauerhaftes Denkmal setzen wollte. Das ist ihm gelungen, denn der Stein des Bauwerks ist bester Bonawe-Granit. Und so viel sei gesagt: Von dort oben hat man eine herrliche Aussicht, die unter anderem bis zur Insel Mull reicht.

Im Zentrum des schottischen Christentums

Mull ist nach Skye die größte Insel der Inneren Hebriden. Von Oban setzt die Fähre in 45 Minuten zum Hafen von Fionnphort auf Mull über, von dort erreicht man mit dem Schiff in nur zehn Minuten die Insel Iona, auf der der Heilige Columba 563 mit zwölf Gefolgsleuten an Land ging. Der Ire hatte sich aufgemacht, die schottischen Pikten zum Christentum zu bekehren und gilt deshalb als Begründer der schottischen Kirche. Nur wenige wissen, dass er vor seiner Ankunft auf Iona einige Jahre auf den miteinander verbundenen Inseln Colonsay und Oronsay verbracht hatte. Dort liegt der eigentliche Ausgangspunkt der schottischen Christianisierung. Hier gibt es keine Souvenirläden, dafür aber die Ruine eines Klosters aus dem 14. Jahrhundert. Statistiken zufolge leben auf beiden Inseln 132 Personen und über 170 verschiedene Vogelarten.

Doch auch wenn Schottlands Christentum nicht ganz direkt auf Iona seinen Anfang nahm, so ist die Insel dennoch Schottlands wichtigste religiöse Stätte. Von dort breitete sich der Einfluss des Christentums bis auf das europäische Festland aus. Die winzige Insel war einst so bedeutend, dass dort insgesamt 60 Könige bestattet wurden – 48 schottische, vier irische und acht norwegische Herrscher. Auch Duncan und Macbeth liegen auf dem geschichtsträchtigen Friedhof der Kapelle von St Oran begraben.

Heute ist Iona ein ruhiger Ort, der zum Nachdenken einlädt. Christen aus aller Welt kommen hierher, um über die Bedeutung des

Lebens im Allgemeinen und ihres Glaubens im Speziellen zu reflektieren.

Whisky, Bauern und ein Theater

Nicht jeden Besucher zieht es nach Iona. Viele Reisende fahren lieber auf die Insel Mull, wo sie erst einmal die Single Malt Whiskybrennerei in Tobermory aufsuchen. Auf Mull kann man jedoch viel mehr unternehmen, als im Pub das begehrte »Lebenswasser« *uisge beatha* zu trinken, wenngleich das sicherlich sehr reizvoll ist.

Lohnend ist aber auch ein Besuch des Museums The Old Byre außerhalb von Dervaig, das in einem ehemaligen Kuhstall auf eindrucksvolle Weise das harte Leben der Lehnbauern vor Augen führt. Diese *crofters* wurden im 18. Jahrhundert im Zuge der *Clearances* vertrieben. Damals sank die Zahl der Bewohner auf Mull von 10 000 auf weniger als 3000 Personen. Bei der Volkszählung 2011 wurden noch 2800 Menschen erfasst. The Old Byre ist eine gelungene Privatinitiative, die schon mehrmals mit Preisen ausgezeichnet wurde und die Arbeit vieler Bewohner von Mull mit einschließt. 15 Jahre lang beschäftigte sich Gentian Richardson mit dem Museum. Sie wollte anhand von Schaubildern das Leben und den Alltag auf Mull zur Zeit der *Clearances* demonstrieren. So kann man hier zum Beispiel traditionelle Häuser besichtigen, wie sie einst typisch für die Hebriden waren: ein *black house* von 1840 sowie ein *white house* aus dem späten 19. Jahrhundert. Videos und über Lautsprecher eingespielte Geräusche und Stimmen von Inselbewohnern lassen die Vergangenheit sehr lebendig erscheinen. Attraktiv ist auch die gemütliche Teestube, in der Tee, Kuchen und kleine traditionelle Mahlzeiten angeboten werden, beispielsweise eine Crofters Soup.

Als weitere besondere Attraktion lockt jetzt schon seit etlichen Jahrzehnten das Mull Little Theatre Besucher an. Die Idee für dieses »kleinste professionelle Theater der Welt«, so sagt es jedenfalls das *Guinnessbuch der Rekorde*, stammt von dem Ehepaar Barrie und Marianne Hesketh, das 1963 einen alten Kuhstall in ein sehr professionelles Kammertheater verwandelte. Die letzte Aufführung im Kuhstall fand 2006 statt. Inzwischen hat man das Wort »little« fallen gelassen und ist in ein größeres Gebäude in der Nähe von Tobermory umgezogen. Das neue Theater wird vom Scottish Arts Council finanziert und geht auf Tournee. Seit 2013 arbeitet man mit der »Multi-Arts-Organisation« An Tobar zusammen.

TOP ★ ERLEBNISSE

★ AM BIRLINN

In der großartigen Abgeschiedenheit Mulls zwischen Dervaig und Calgary liegt das in moderner, lichtdurchfluteter Holzarchitektur errichtete Restaurant, das seine hochgelobten kulinarischen Akzente auf frische Meereserzeugnisse legt. www.ambirlinn.com

★ WANDERUNG ZU DEN NONNEN

In Carsaig beginnt eine anspruchsvolle, nur bei gutem Wetter zu empfehlende Wanderung zu den eindrucksvollen Felsentoren der Carsaig Arches. Es geht immer an der Küste entlang, vorbei an Nun's Cave, einer mystischen Grotte, in der die Klosterfrauen von Iona zu Zeiten der Reformation Zuflucht suchten. www.isle-of-mull.net/attractions/walking-mull/carsaig-arches

★ MYSTIK DER VERGANGENHEIT

Ein Ausflug von Glengorm Castle aus führt entlang der betörenden Küste im Norden Mullszu den geheimnisvollen drei Standing Stones inmitten wogender Landschaft. Ob die Menhire das Zentrum eines einstigen Steinkreises sind, ist nicht bekannt. www.isle-of-mull.net/attractions/history/standing-stones/glengorm-standing-stones

WEITERE INFORMATIONEN
www.oban.org.uk,
www.visitmullandiona.co.uk

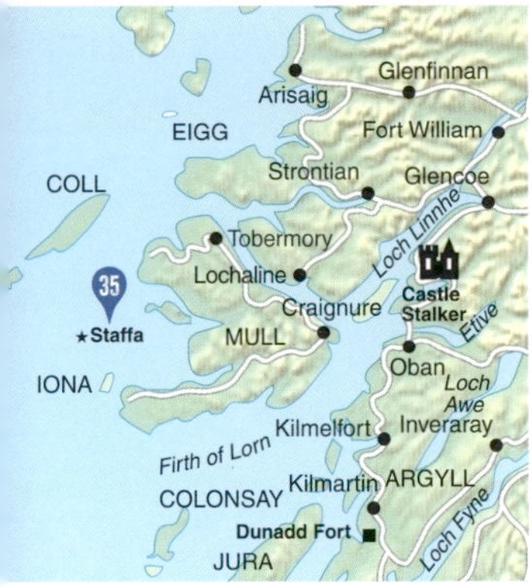

35 DAS NATURWUNDER STAFFA

Eine Laune der Schöpfung

Das nur noch von Scharen munterer Seevögel bewohnte Eiland Staffa im Sound of Mull erfreut sich seit über 300 Jahren eines regen Fremdenverkehrs, der allerdings nur bei einigermaßen moderaten Wetterverhältnissen, bei günstigen Winden und mit kleinen Booten stattfinden kann.

Während der Saison verkehren von Fionnphort aus Ausflugsschiffe auf Halbtages- oder Tagestouren nach Staffa. Die ungewöhnliche geologische Beschaffenheit der an seiner höchsten Stelle 42 Meter aus dem Meer ragenden Basaltinsel sorgt für ihre große Attraktivität. Tiefschwarz an den Seiten und bedeckt mit einem flauschigen Gras- und Blütenteppich besteht Staffa aus unzähligen Basaltsäulen, die während des Tertiärs aus langsam erkaltender Lava meist sechseckige, weniger fünfeckige Säulenformationen bildeten, die teilweise in sich noch einmal verdreht, aber in einer faszinierenden Präzision von den Kräften der Natur gestaltet sind. Erosion durch Meer und Wind schuf über die Zeit Höhlen und Einschnitte, von denen Fingal's Cave die größte und bekannteste ist. Schon vor mehr als 3800 Jahren lebten Menschen auf Staffa, wie jüngste archäologische Forschungen ergaben. Fingal, schottischer Name des irischen Volkshelden Fionn MacCool, soll der Legende nach im 3. Jahrhundert hier gelebt haben. Die Höhle war ein geeigneter Unterschlupf beim Kampf gegen frühe Hebriden-Invasionen der Wikinger. Ob Fingal wirklich dort war, darüber gibt uns die Basaltarchitektur keine Auskunft, gleich-

Mit kleinen Booten ist es möglich Fingal's Cave zu erkunden und die unvergleichliche Geräuschkulisse vom Wasser aus zu genießen (unten). Der eckige Basalt ragt auch in kleinen, skurril geformten Inselchen unmittelbar vor Staffa aus dem Meer heraus (rechte Seite oben). Große Historie umgibt die Iona Abbey (rechte Seite unten).

wohl erhielt die gut 80 Meter tiefe und etwa 20 Meter hohe Kaverne mit der Anmutung des gigantischen Innenraums einer gotischen Kathedrale seinen Namen auf Geheiß des Schriftstellers James Macpherson. Mit dem Kanu kann man ein gutes Stück hineinfahren, mit Taschenlampe und gutem Schuhwerk einen sehr schmalen Pfad am Höhlenrand erkunden.

Tourismusprominenz

Der Botaniker Sir Joseph Banks, berühmt durch Reisen an der Seite James Cooks, erfuhr 1772 eher versehentlich – ungünstiges Wetter trieb ihn mit Schiff und Mannschaft während einer Islandexpedition ins Loch na Keal – von der Existenz der Höhle. Zurück in London schwärmte er von diesem besonderen Ort und löste damit einen Besucherstrom aus, der noch heute anhält. In einem Maße, dass es selbst damals schon für den einen oder anderen zu voll war. So echauffierte sich William Wordsworth 1833 über die Anwesenheit viel zu vieler, Staffas Magie störender Leute. Felix Mendelssohn Bartholdy hatte vier Jahre zuvor mehr Glück. Sein Besuch in Fingal's Cave im August 1829 inspirierte ihn zur Komposition der »Hebriden«-Ouvertüre. Er war tief beeindruckt von der mystischen Geräuschkulisse, die das in die Höhle eindringende Meerwasser, die sanft ausrollenden Wellen erzeugten. In der gälischen Sprache heißt Fingal's Cave nicht von ungefähr »Ab Uamh Binh«, »Grotte der Melodien«. Wem es gelingt, während eines Aufenthaltes auf Staffa die Höhle für sich allein zu haben, dem wird ein unvergessliches Erlebnis zuteil, wenn er Mendelssohns Ouvertüre dort abspielt und anschließend dem Meer lauscht.

Zu den weiteren Berühmtheiten, die Staffa ihre Aufwartung machten, gehörten allen voran Queen Victoria und Prince Albert, Sir Walter Scott, Robert Louis Stevenson, Dr. David Livingstone, William Turner, Theodor Fontane und Jules Verne. Sie alle nutzten wohl den kleinen improvisierten Anleger, an dem heute noch die kleinen Boote anlegen, nachdem sie ihre einstündige Seefahrt absolviert, dabei Seehundbänke passiert und vielleicht sogar Delfine gesehen haben. Der Weg zur Höhle, auf dem alle Inselbesucher unmittelbar nach ihrer Ankunft pilgern, führt über ausgewaschenes eckiges Gestein, das sich wie grobes Kopfsteinpflaster gibt und bei Nässe entsprechend rutschig ist. Falls noch Zeit bleibt, lohnt auch ein Blick auf die Kolonie der knuffigen Papageientaucher an den nördlichen Klippen Staffas.

TOP ★ ERLEBNISSE

★ IONA ABBEY

1203 entstand die Benediktinerabtei Iona Abbey just dort, wo sich vermutlich der heilige Columba einst niederließ. Das heutige Antlitz der Klosteranlage entspricht in etwa dem nach umfassender Restaurierung während des 16. Jahrhunderts. Kreuzgang und Kirche mit dem Altar aus Iona-Marmor sowie das St John's Cross, das erste keltische Kreuz aus dem Jahr 750 im Heritage Centre, sind auch für weniger religiöse Geister sehenswert.
www.historicenvironment.scotland/visit-a-place/places/iona-abbey-and-nunnery

★ CHARMANTE UNTERKUNFT

Nur einen Wimpernschlag von der berühmten Abbey Iona entfernt liegt inmitten seiner zauberhaften Gartenanlagen wunderbarer Aussicht am Rande von Baile Mòr, des einzigen Inselortes, das reizende kleine St Columba Hotel.
www.stcolumba-hotel.co.uk

★ THE CREEL – SEAFOOD BAR

Unmittelbar beim Fähranleger nach Iona krönt ein »Fish Supper« an der kleinen blauen Bude in Fionnphort jeden Staffa-Ausflug. Frischer können Muscheln, Hummer und Scampi kaum kredenzt werden, Gratiszugabe zum Frischluftverzehr ist der herrliche Ausblick auf Iona und die Küste.
www.facebook.com/The-Creel-Seafood-Bar-767808459971629

Langsam erobert sich die Natur den einsamen, winzigen Hafen von Carsaig wieder zurück.

36 MEHR ALS NUR FILMKULISSE – CARSAIG

Das Versteck der Nonnen

Der kleine Hafen von Carsaig spielte eine gewichtige Rolle im schottischen Filmklassiker »I know where I'm going« von 1945, ebenso wie der gewaltige Meeresstrudel Corryvreckan vor der Insel Jura, das Western Isles Hotel über Tobermory, Moy Castle am Loch Buie und die rote Telefonzelle am Wasserfall kurz vor der Hafenmole von Carsaig an der Südküste Mulls.

Eine recht anspruchsvolle Wandertour, nur bei trockenem Wetter zu empfehlen, hat am verschlafenen Anlegeplatz, dem Carsaig Pier, ihren Anfang. Es geht immer dem Küstenverlauf in westliche Richtung und zunächst durch die erstaunlich fruchtbare Bucht Carsaig Bay, teils unmittelbar am Wasser, stets direkt am Klippenrand. Der ausgewiesene Pfad kann unwegsam sein, daher empfiehlt es sich bei zweifelhafter, erosionsbedingt schwieriger Bodenbeschaffenheit direkt am Wasser entlangzugehen. Zunächst kommt Nun's Cave in den Blick. Die Klosterfrauen von Iona sollen in der unwirtlichen Grotte unter hellem Felsgestein in der unruhigen Zeit während der Reformation hier eine halbwegs erträgliche Zuflucht gefunden haben. Neben religiös inspirierten Felszeichnungen aus dem 6. Jahrhundert finden sich zwischenzeitlich leider auch unschöne, weder bedeutsame noch bemerkenswerte Graffiti aus dem 21. Jahrhundert.
Danach gebärdet sich die Wegführung etwas weniger dramatisch, man passiert einen Wasserfall und hat sodann ein schönes Küstenpanorama vor sich mit den Inseln Islay und Jura in der Ferne. Hinter den Malcolm's Point benannten Mauerresten folgt eine felsigere Passage, und nach einem moderaten Kletteranstieg eröffnet sich die Aussicht auf das erste natürliche Felsentor der Carsaig Arches. Weiter geht es über grobes Gestein zu einem tiefen, mit Meerwasser gefüllten Küsteneinschnitt, Lieblingsplatz zahlreicher Seevögel. Etwas Klettererfahrung ist angebracht für das letzte Stück vor dem zweiten beeindruckenden Felsentor aus grobem Basaltgestein.
INFO: www.outaboutscotland.com/carsaig-arches-walk

37 IM SCHATTEN MULLS – DIE INSEL ULVA

Schafe in Gefahr?

Der Name Ulva verheißt nichts Gutes für die allgegenwärtigen Schafe auf der Insel im Loch Na Keal, denn Ulva steht im nordischen Sprachraum für den Wolf. Doch der vermeintlich räuberische Vierbeiner gehört längst nicht mehr zur Population des verträumten Inselchens.

Auf der schon zur Jungsteinzeit besiedelten Insel lebt heute kaum ein Dutzend Menschen noch permanent. Botaniker schätzen die großen Vorkommen unterschiedlichster Pflanzenarten, Urlauber die entspannende Ruhe und Abgeschiedenheit. Ulva ist Mull im Kleinformat. Einige Hausruinen zeugen von der Ära vor 200 Jahren, als Seetang wichtiges Wirtschaftsgut war. Relikte aus der Wikingerzeit sind die verfallenen Mauern von Glackindaline Castle auf dem winzigen Nachbareiland Dun Ban, das bei Ebbe zu erreichen ist. Am winzigen Fähranleger hinüber nach Ulva tauscht man den fahrbaren Untersatz mit den Wanderschuhen und ruft die kleine Fähre herüber. Das geschieht mittels roten und weißen Täfelchen an der Seite des hölzernen Fährterminals. Flugs setzt sich das rustikale Wassertaxi in Bewegung und bringt die Passagiere, die sogleich einen Plausch mit dem Kapitän und Steuermann in Personalunion halten können, hinüber. Gleich neben dem einzigen Insel-Gasthaus The Boathouse am Anleger befindet sich das winzige Museum mit dem Tangdach, Sheila's Cottage. Es informiert über die Inselhistorie und ihren prominentesten Bewohner: Lachlan Macquarie, den Begründer des modernen Australien, wurde 1761 auf Ulva geboren. Bei der Wanderung faszinieren die fast beängstigende Ruhe, die zauberhaften Ausblicke und die vielfältige Flora. Ulva House, einst Landsitz des Inselherrn, soll zu einem Hostel umgebaut werden. Die kleine Kirche stammt von 1828, der Architekt war kein Geringerer als Thomas Telford.

INFO: www.ulva.scot

Das »Boathouse« direkt am kleinen Fähranleger ist der zentrale Anlaufpunkt für Besucher des beschaulichen Eilands Ulva.

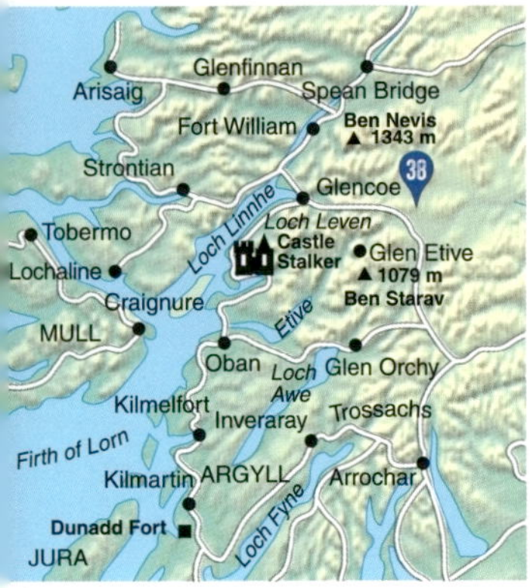

38 EINSAME SCHÖNHEIT – IM GLEN COE

Faszinierendes Tal der Tränen

Es ist immer schwierig, die Unterschiede der schottischen Landschaften zu beschreiben und zu bewerten. Aber ohne Zweifel stimmt die Aussage, dass das weit über Schottland hinaus berühmte Glen Coe zu den eindrucksvollsten und schönsten Glens der schottischen Highlands gehört. Im schottischen Bewusstsein ist es auch dank seiner historischen Bedeutung tief verankert.

Mit zuweilen dramatischen Lichtstimmungen wartet das etwas abgelegene Glen Etive auf, das direkt an Glen Coe anschließt (unten). Die für die schottische Landschaft typischen wilden Rododendronbüsche wachsen im Glen Coe besonders üppig; im Mai und Juni ist die prächtigste Blütezeit (rechte Seite oben). Die Feuchtlandschaften der Highlands warten mit interessanten Sumpfpflanzen von schlichter Schönheit auf (rechte Seite unten).

Glen Coe ist ein lang gezogenes, tiefes Tal, das auf keinen Fall so breit ist wie ein Strath. Seine Berühmtheit verdankt es nicht nur seiner atemberaubenden Schönheit, sondern auch seiner Geschichte, die, wie immer und überall in diesem Teil der Welt, eine große Rolle im Bewusstsein der Bürgerinnen und Bürger spielt. Es wird oft behauptet, dass Glen Coe »Tal der Tränen« bedeutet. Aber das ist wohl eher eine romantische Interpretation. Auf Gälisch heißt es Gleann Comhan, und Comhan ist wahrscheinlich der Name einer Person. Dennoch ist auch die Bezeichnung »Tal der Tränen« sicherlich sehr zutreffend. Sie bezieht sich auf ein Ereignis, das bereits über 300 Jahre zurückliegt.

Ein grausamer Verrat

Anfang Februar 1692 baten 130 Regierungssoldaten um Quartier bei den MacDonalds im Glen Coe. Zehn Tage lang waren die Soldaten Gäste des Clans. Dann erhielten sie den Befehl, am Morgen des 13. Februar früh um 5 Uhr alle Clanmitglieder umzubringen, die über 70 Jahre alt waren. Die meisten Opfer wurden im Schlaf überwältigt. Manche konnten zwar noch ins Rannoch Moor flüchten, erfroren dort aber im Schnee. Nur wenige Mitglieder des Clans überlebten, 38 sollen ums Leben gekommen sein. Hinter diesem heimtückischen Attentat steckten wohl maßgeblich die Campbells. Es war ein gewaltiger Verstoß gegen das Gesetz

Perfekt getarnt, wenn der Herbst sein farbenfrohes Kleid anlegt: ein Hirsch im Glen Etive (oben). Den Fuchs trifft man in den Lowlands und den Highlands an (unten). Dank seiner Lage im hohen Norden präsentiert Schottland phänomenale Sonnenuntergänge (rechte Seite oben). Ein absolutes kulinarisches Kleinod ist das Lochleven Seafood Café (rechte Seite unten).

der gälischen Gastfreundschaft, das nicht zulässt, einer Person Böses anzutun, bei der man zu Gast ist. Vielleicht konnte man aus diesem Grund noch vor ein paar Jahren an einem Gasthof dort ein Schild finden mit der Aufschrift: »Hausierer und Campbells nicht erwünscht«.

Anfang des 18. Jahrhunderts gelang es den MacDonalds of Glencoe, ihre Häuser wieder herzurichten und ein neues Leben aufzubauen. Ihr kämpferischer Geist war nicht gebrochen. 1715 schickten sie 100 Mann zur Schlacht von Sherrifmuir, und 1746 beteiligte sich der 14. Chieftain of Glencoe mit 150 Mann an der Schlacht von Culloden. Wie für so viele Clans, sollte sie auch für die MacDonalds of Glencoe die letzte große Schlacht werden. Die wenigen Mitglieder des Clans, die das Massaker überlebten, flüchteten wie Hunderte von anderen Clansmen und -women in die Berge und Hochmoore. Aber die englischen Rotröcke des Herzogs von Cumberland waren erbarmungslos. Die Männer des »Schlächters« verfolgten die Highlander bis in die entferntesten Täler, verbrannten ihre Häuser, vertrieben ihr Vieh und brachten viele von ihnen um. Als der 17. Chief, Ewen MacDonald, 1837 starb, hatte die Rolle eines Clanoberhauptes der MacDonalds kaum noch eine Bedeutung. Seit 1935 gehört der größte Teil des Tals und seiner Berge dem National Trust of Scotland. In dem winzigen Dorf Glencoe am Loch Leven, einem Seitenarm der Meeresbucht Loch Linnhe, erinnert ein Denkmal an das Massaker. Es wurde 1883 von Ellen Burns MacDonald of Glencoe gestiftet. In Schottland wird nichts vergessen.

Inspirierend – trotz des Wetters

Der Schriftsteller Charles Dickens hatte das Gefühl, dass im Glen Coe Dämonen und Hexen zu Hause seien. Königin Victoria meinte nach einem Picknick im Tal verzückt: »Welch' Aussicht. Man sollte sich Zeit nehmen.« Das trifft ganz sicher noch heute zu. Sie sollten sich die Zeit nehmen, das Tal gründlich zu erkunden. Aber denken Sie an Gummistiefel. Außer Sie möchten nur einen kurzen Blick vom Auto aus werfen. Diese bequeme Variante ist ganz einfach, anhalten jedoch nur noch an den ausgewiesenen Parkplätzen möglich, schließlich führt schon seit 1785 eine Straße durch das heute menschenleere, früher jedoch dicht bevölkerte Tal. Welchen Eindruck Glen Coe auf Reisende macht, hängt natürlich nicht zuletzt vom Wetter ab. Ehrlicherweise muss man zugeben, dass die Sonne in Schottland nicht ständig scheint. Man muss aber nicht unbedingt der Beschreibung des Schriftstellers Theodor Fontane zustimmen. Der berühmte deutsche

Schottland-Reisende aus dem 19. Jahrhundert bemerkte über das Wetter in den Highlands lakonisch: »Manchmal regnet es, und manchmal regnet es immer.«

Im wilden Rannoch Moor

Darüber hinaus entfalten bestimmte Gegenden erst bei strömendem Regen ihre größte Faszination. Dies gilt zum Beispiel für das wilde Rannoch Moor, in das manche Mitglieder des MacDonalds-Clans vor den mörderischen Regierungssoldaten flüchten konnten. Noch eindrucksvoller ist die Atmosphäre der Region, wenn zusätzlich die berüchtigten Highland-Winde über die Heide hinwegfegen.

Das Rannoch-Moor ist eine 130 Quadratkilometer große, saftige, feuchte Moorlandschaft von fast unbeschreiblicher, wilder Schönheit. Das Rannoch ist nicht das größte, aber ohne Zweifel das großartigste Hochmoor in Schottland. Quer durch die unberührte Region führt eine Eisenbahnlinie. Unterwegs kann es schon mal passieren, dass der Lokführer anhalten muss, weil gerade ein Rudel Hirsche die Gleise überquert. Wer es richtig altmodisch liebt, bucht eine Fahrt mit traditionellen Waggons. 2009 wurde die Linie vom britischen Magazin *Wanderlust* zur schönsten Bahnstrecke der Welt erkoren. Aber auch Filmregisseure lieben die hiesige Szenerie: Zuletzt wurde der Glenfinnan-Viadukt durch die Harry-Potter-Filme weltberühmt – er bildet die atemberaubende lange Brücke, über die der magische »Hogwarts-Express« dampft.

Wandern im Glen Etive

Sanft und eher zurückhaltend wirkt dagegen das Glen Etive, das vom Glen Coe zum Loch Etive führt. Durch das Tal strömt ein Fluss, der in den Bergen um das Rannoch-Moor entspringt und bei Kajakfahrern besonders beliebt ist. Am Schluss muss man leider umkehren und die 18 Kilometer zurückfahren, denn wie so viele Straßen in Schottland, ist auch diese hier eine Sackgasse. Wer Glen Etive richtig erleben möchte, sollte jedoch sowieso sein Auto stehen lassen und wandern, beispielsweise auf den Beinn Fhionnlaidh oder auf den Sgor na h-Ulaigh. Von dort reicht der sensationelle Ausblick über die Berge bis hin zum Meer. Im Übrigen muss man sich auch keine Sorge um die richtige Aussprache der Namen dieser Gipfel machen – auch die meisten Schotten kennen sich nicht aus. Am Nordende des Tals erheben sich zum Beispiel die beiden »Hirten von Etive«. Der eine heißt Buachaille Etive Mòr und der andere Buachaille Etive Beag. Das braucht man aber nicht zu wissen.

TOP ★ ERLEBNIS

★ LOCH LEVEN

Viele schottische Lochs sind nur von einer Seite mit dem Auto erreichbar. Loch Leven aber lädt zu einer Fahrt rund um den ganzen See ein. Die größeren Orte sind Ballachulish am westlichen Ende des Südufers und Kinlochleven im Osten, wo der River Leven in den See strömt. In diesem Dorf leben weniger als 1000 Einwohner. Noch bis Juni 2000 wurde in dem ehemaligen Aluminiumwerk produziert. Es wurde 1907 gebaut und beschäftigte bis zu 800 Arbeiter. Die Fabrik ist heute ein Freizeitzentrum. Ganz anders zeigt sich die Nordseite des Loch: Mischwälder, grüne Wiesen und Weiden, gelegentlich fällt der Blick auf den See und ein einsames Haus. Hier findet man Ruhe zum Ausspannen mit Blick auf das gegenüberliegende Ufer und die Berge. Kein Baum, kein Strauch, kein Busch ist zu sehen. Kurz darauf erreicht man das exzellente Lochleven Seafood Café. Bei North Ballachulish geht es dann wieder über die Mündung in den Loch Linnhe. www.lochlevenseafoodcafe.co.uk

WEITERE INFORMATION
www.discoverglencoe.scot

Der Fluss Coe windet sich in genussvollen Schwüngen durch das breite Tal dem Loch Leven entgegen.

EIN PARADIES FÜR TIERFREUNDE

Die Vielfalt schottischer Fauna

Überall in Schottland weiden Schafe, zottelige Hochlandrinder, niedliche Shetlandponys oder imposante Clydesdale-Pferde. Aber vor allem Wildtiere finden in dem gemäßigten Klima ideale Bedingungen. Das gilt natürlich auch für Vogelarten, die auf dem europäischen Kontinent längst ausgestorben sind. Für die Tierwelt ist es hier einfach einmalig.
Jede noch so kleine Tour liefert den Beweis: Es gibt in Schottland eindeutig mehr Schafe als Menschen. Das gilt aber vielerorts auch für den Rotwild-Bestand. Den besten Beweis dafür liefert die südliche Hebriden-Insel Jura: Hier soll es nach jüngsten Schätzungen gut 7000 Hirsche und Rehe geben – die Zahl der Bewohner beläuft sich auf etwa 200. Vor allem während der Brunftzeit im Herbst ist das nicht zu überhören.

Robben allerorten – zur Freude aller Besucher

Kampf der Eichhörnchen

Wer kleinere Tiere bevorzugt, wird natürlich ebenfalls nicht enttäuscht. Man muss nur Ausschau halten. Dann kann man Rehe, Hirsche, Berghasen und Hermeline entdecken oder natürlich auch die liebenswerten roten Eichhörnchen, die *red squirrels*: Anders als in England, wo Eichhörnchen als Plage gelten, gehören sie in Schottland zu den geschützten Arten. Sie waren im Lauf der letzten Jahrzehnte von den aus den USA eingeschleppten *grey squirrels* fast völlig verdrängt worden, bis der schottische Naturschutzbund eingriff. Inzwischen leben in ganz Schottland wieder rund 120 000 Exemplare, die man an fest etablierten *feeding stations* wunderbar beobachten kann. Der Red Squirrel Trail im Dalbeattie Forest von Dumfries and Galloway ist ein solcher Anlaufpunkt, aber auch der Highland Wildlife Park in Kingussie oder Loch Garten im Naturschutzgebiet Abernethy Forest.

Shetlandponys haben oft eine besonders dichte Mähne.

Ein Paradies für Vögel

Genau hier kommen auch Vogelfreunde voll auf ihre Kosten: Neben Moorhühnern *(grouse)*, Auerhähnen *(capercaillies)*, Bussarden *(bussards)* oder Steinadlern *(golden eagles)* hat man sich der Aufzucht des majestätischen Fischadlers *(osprey)* verschrieben. Er war eigentlich in Schottland ausgestorben, wurde aber in den

Insbesondere die schwarzgesichtigen Schafe erweisen sich als charakterstarke Spezies.

Ein Puffin und seine Beute

1950er-Jahren wieder angesiedelt, und der Bestand ist inzwischen auf mehr als 200 Brutpaare angewachsen. In Loch Garten lassen sie sich gut in den Kronen hoher Nadelbäume beobachten, allerdings nur zwischen März und September. Die übrigen Monate verbringen die Fischadler in Westafrika.

Dass Schottland ein Paradies für Ornithologen ist, liegt nicht nur am günstigen Klima, sondern auch an den zwei großen Vogelfluglinien, die hier verlaufen. Sie sorgen – zumindest zeitweise – für einen gewaltigen Anstieg der sonst rund 250 heimischen Vogelarten. Dazu gehören natürlich auch die niedlichen Papageientaucher *(puffins)*: Gute Beobachtungsstellen für ihre Fans sind von Ende März bis Anfang September u. a. die Isle of May nördlich von Edinburgh oder die Isle of Mull. Um die mit über 150 000 Vögeln weltgrößte Kolonie der ohrenbetäubend krächzenden Basstölpel *(gannets)* zu erleben, kann man etwa beim Scottish Seabird Centre einen Bootsausflug zu den steilen Klippen des Bass Rock im Firth of Forth buchen.

Aber Seevögel gibt es natürlich überall an der fast 10 000 Kilometer langen schottischen Küstenlinie. Auch die unzähligen Seen, Flüsse und Sümpfe bieten Wassertieren perfekte Lebensbedingungen. Delfine, Riesenhaie *(basking sharks)*, Orkas oder Buckelwale sind gern gesehene Gäste an schottischen Küsten. Auf organisierten Bootstouren (beispielsweise von Oban oder Uist auf Skye aus), aber auch in so manchem Hafenbecken kann man sie oft stundenlang beobachten. Das gilt auch für Robben *(common seals)*. Wer putzige Seehundbabys aus der Nähe erleben möchte, der sollte zwischen Ende September und Ende November die Isle of May besuchen. Aber auch der Moray Firth nahe Inverness ist dafür eine Reise wert.

In Flüssen und Seen wimmelt es dagegen das ganze Jahr über von Lachsen oder Forellen: Angel-Lizenzen sind eine wichtige Einnahmequelle für den Staatssäckel – ebenso natürlich die auch bei Ausländern beliebten Jagdscheine. Junge Wildlachse beobachtet man am besten im Frühling oder Sommer. Im Spätsommer aber sind die faszinierenden Sprünge der Lachse bei ihren Wanderungen (z. B. an den Rogie Falls) nicht zu übertreffen.

Ebenso zottelig wie widerstandsfähig und meist freundlich: die typischen Hochlandrinder

Das Tal Glen Orchy war lange das Gebiet der MacGregors, bis der Clan 1603 für etliche Generationen verboten wurde (oben). Das malerische Kilchurn Castle am Loch Awe war einst fünf Stockwerke hoch. 1760 zerstörte ein Blitzschlag die Burg (rechte Seite unten). Lachsangeln gehört zu den beliebten Freizeitbeschäftigungen von Schotten wie Urlaubern gleichermaßen (rechte Seite oben).

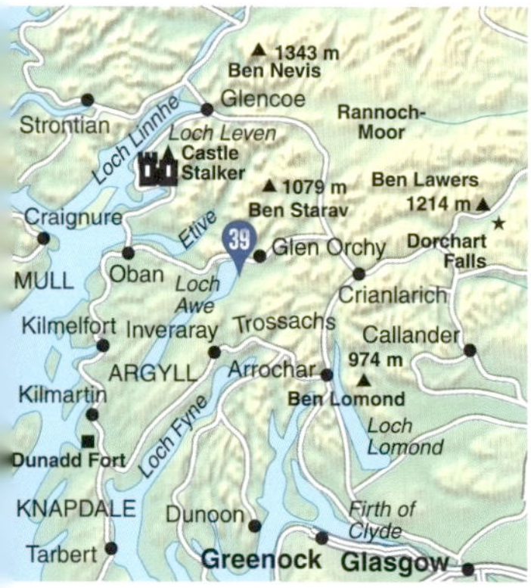

39 IM TAL DES KÖNIGS-CLANS – GLEN ORCHY

Auf den Spuren von Rob Roy

Eine der schönsten Straßen durch die Highlands führt von der Bridge of Orchy am Fluss Orchy entlang durch Glen Orchy bis hin zum Loch Awe. Nichts deutet darauf hin, dass sich in dem menschenleeren Tal einmal das Zentrum des Clans Gregor befand. Der international wohl bekannteste MacGregor war Rob Roy, dessen Leben zahlreiche Künstler inspirierte.

Sir Walter Scott verfasste einen Roman, der nach dem berühmten MacGregor heißt (in dem dieser aber nicht die Hauptrolle spielt), Hector Berlioz schrieb die Ouvertüre Rob Roy, und natürlich lieferte seine abenteuerliche Geschichte den Stoff für mehrere Filme. 1995 wurde sie zum Beispiel mit Liam Neeson in der Hauptrolle wieder einmal verfilmt.
Rob Roy war eigentlich ein Viehhändler, der jedoch auf den lukrativeren Rinderdiebstahl in den Highlands umstieg und von seinen Nachbarn Schutzgeld erpresste. Häufig wird seine Person als der schottische Robin Hood dargestellt, doch entspricht dies nicht den Tatsachen. Rob Roy wurde wegen Betruges angeklagt und inhaftiert, aber 1727 begnadigt. Er starb 1734.

Die verbotenen MacGregors

Rob Roy konnte den Nachnamen MacGregor nicht benutzen, sondern war gezwungen, den Namen seiner Mutter anzunehmen: Campbell. Denn die MacGregors hatten sich schon viele Jahre vor Rob Roy mit den Machthabern angelegt. Sie waren ein stolzer Clan und führten ihre Abstammung auf Kenneth MacAlpin zurück, Schottlands ersten König. Der Wappenspruch der MacGregors lautete »S rioghal mo dhream« (Königlich von Geblüt), und selbstbewusst blicken sie auf eine bewegte Geschichte zurück.

Unvergesslich für jeden MacGregor ist zum Beispiel das Jahr 1603, in dem es zu einer entscheidenden Auseinandersetzung mit dem Clan Colquhoun kam. Dabei konnten die MacGregors zwar über 200 Gegner töten, wurden dafür aber gnadenlos bestraft. James VI ließ nach der Schlacht einen Erlass veröffentlichen, wonach das Tragen des Namens MacGregor für alle Zeiten verboten wurde. Wer sich weigerte, seinen Namen abzulegen, dem drohte die Todesstrafe. Die MacGregors wurden gejagt wie wilde Tiere, heißt es in den Chroniken. Erst 1775 wurde der Name wieder offiziell zugelassen. Sofort meldeten sich 826 Angehörige des Clans und hießen fortan wieder MacGregor. Das Clanabzeichen ist der Zweig einer Bergkiefer.

Am Loch Awe

Der Orchy mündet in den Loch Awe, einen 41 Kilometer langen und ungefähr einen Kilometer breiten See. An dessen nordwestlichem Ufer steht die Ruine von Kilchurn Castle. Es wurde 1420 für Colin Campbell gebaut, dessen Clan in diesem Gebiet ansässig war. Die eindrucksvolle Burg wurde über die kommenden Jahrhunderte immer wieder umgebaut und vergrößert. Ungewöhnlicherweise wurde sie, bis auf eine kurze Belagerung im Jahr 1685, nie das Objekt von kriegerischen Auseinandersetzungen. Das Ende des Bauwerks wurde durch nichts Dramatischeres eingeläutet als einen Blitzschlag und den daraus resultierenden Brand. Das war 1779. Attraktive Ruinen befinden sich auf einigen Inseln, die mitten im See liegen. Umrahmt von einem dichten Blätterwald stehen auf der Insel Innis Chonnell zum Beispiel die wuchtigen Überreste von Ardchonnel Castle aus dem 13. Jahrhundert.

Auf der Connel Bridge

Ein wenig erinnert diese Brücke an die weltbekannte Forth Bridge, denn auch sie ist eine sogenannte Gerberträgerbrücke. Dieser Brückentypus heißt nach dem deutschen Ingenieur Heinrich Gottfried Gerber (1832–1912). Die Connel Bridge wurde 1903 als Eisenbahnbrücke eröffnet, doch seit der Stilllegung der Bahnlinie im Jahr 1966 dient sie als einspurige Straßenbrücke. Der Verkehr wird in abwechselnder Richtung freigegeben. Beifahrer haben einen wunderbaren Blick auf Loch Etive und die Meeresbucht Loch Linnhe. Hier befindet sich das westliche Ende des Great Glen Fault, der Schottland an dieser Stelle in zwei Teile schneidet. Am östlichen Ende liegt die Stadt Inverness.

TOP ★ ERLEBNIS

★ LACHSANGELN AM RIVER ORCHY

Der River Orchy ist eines der schönsten und beliebtesten Angelgebiete Schottlands. Dabei konzentrieren sich die Sportangler hauptsächlich auf Lachse und Forellen. Der Fluss entsteht am Loch Tulla. Der Orchy fließt die ersten vier Kilometer südlich durch ein kahles Tal und sumpfiges Gebiet. Nach der Mündung des Kinglass in den Orchy, wendet sich der Fluss südwestlich durch das Glen Orchy. Hier wird es interessant. Auf den nächsten zwölf Kilometern häufen sich Wasserfälle, Schluchten und Strudel. Danach wird die Landschaft flacher. Hier bilden sich über die nächsten elf Kilometer herrliche Kieselkolken. Am Ende trifft der Fluss auf den Süßwasser-See Loch Awe. Den dortigen hydroelektrischen Damm müssen die Lachse mithilfe eines Fisch-Lifts überwinden. Die Saison dauert von Mitte Februar bis Ende Oktober. Das Bridge of Orchy Hotel hat seinen eigenen Flussabschnitt für Angler. www.bridgeoforchy.co.uk

WEITERE INFORMATIONEN
www.discoverglencoe.scot/listing/drive-glen-orchy, www.castlestalker.com

Rund zehn Kilometer lang ist Loch Creran, der bei warmem Sommerwetter auch zum Baden verlockt. Eine besonders schöne Aussicht auf den See und das Bergpanorama hat man von dem alten Ort Creagan Inn.

40 BURGEN UND BRÜCKEN – AM LOCH LINNHE

Fotogene Zeugnisse der Vergangenheit

Nicht alle alten Burgen Schottlands sind bloß fotogene Ruinen. Manche werden noch immer bewohnt, sind vielleicht weiterhin Stammsitz eines Clans oder erstrahlen nach liebevoller Restaurierung in neuem Glanz. Pittoresk sind sie aber auf jeden Fall immer und faszinierend natürlich auch. Dafür sorgt allein schon ihre strategische Lage – meist unübersehbar auf einsamen Inseln oder steilen Klippen.

Castle Stalker ist noch immer bewohnt und ein beliebtes Fotomotiv (unten). Die kleine Insel Seil am Firth of Lorne ist seit 1792 mit dem schottischen Festland durch die »Brücke über den Atlantik« verbunden (rechte Seite oben). »The Lismore« versieht zuverlässig die Fährdienste zur Insel (rechte Seite unten).

Schottland ist ein Land der Burgen und Schlösser, aber auch ein Land der Burgen- und Schlossruinen. Manche, wie beispielsweise das Urquhart am Ufer des Loch Ness, sind im Lauf der Jahre zu Ikonen geworden. Viel fotografierte Symbole für ein Land, das einerseits ein Naturparadies ist und Besucher aus aller Welt anlockt, andererseits mit einer bedrückenden Geschichte fertigwerden muss.

Ein romantischer Wetteinsatz

Zu diesen ikonischen Symbolen gehört auch Castle Stalker, eine vierstöckige Burg auf einer winzigen Insel im Loch Laich am Rand des Loch Linnhe, zweieinhalb Kilometer nordöstlich vom Port Appin. Die Burg ist Jahrhunderte alt und sieht von Weitem aus wie eine Ruine. Doch dieser erste Eindruck täuscht. Zusammen mit dem kleinen Eiland, auf dem die Burg steht, bildet sie einen faszinierenden Anblick, an dem man sich nicht sattsehen kann – Romantik pur.
Die jetzige Burg wurde um 1440 von den Stewarts gebaut. Sie waren in der damaligen Zeit die Lords of Lorn. Zu deren Verwandten gehörte auch James IV von Schottland. Er soll die Burg besucht und um 1620 in einer feucht-fröhlichen Wette veranlasst haben, dass die Burg an die Campbells ging. Der Besitz wechselte danach wohl häufiger. Die Campbells gaben die Festung 1840 auf,

nachdem der Dachstuhl eingestürzt war. 1908 wurde es von einem gewissen Charles Stewart of Anchara gekauft, der Renovierungsarbeiten einleitete. 1965 erwarb D. R. Stewart Allward die Burg und ließ sie in den nächsten zehn Jahren vollständig renovieren. Castle Stalker befindet sich noch heute in Privatbesitz, kann aber zu bestimmten Zeiten besichtigt werden. Offiziell gelten Burg und Insel als »bewohnt, ohne regelmäßig Anwesende«.

Ein Schloss am salzigen Teich

Loch Linnhe ist eine breite Meeresbucht, ein Fjord, der in Richtung Nordosten immer enger wird. Er beginnt bei der Isle of Mull und endet als schmaler Kanal bei Fort William. Bei einer Fahrt auf dem Loch umgeben uns nur dicke runde Berge. Am östlichen Ende heißt Loch Linnhe der »schwarze Teich«, am westlichen Ende, wo der See in den Firth of Lorne mündet, der »salzige Teich«. Schließlich befindet man sich nah am Meer. Hier kreuzen die Fährschiffe von Oban nach Coll, nach Castlebay oder Craigmore den Weg und ziehen vorbei an Duart Castle, dem Sitz des Clans Maclean. Hin und wieder springt ein Delfin aus dem Wasser, klatscht zurück in die Wellen und verschwindet wieder. Ab und zu passiert man eine Insel oder einen Leuchtturm. Doch ansonsten sieht man nur wuchtige Gipfel. Keine Almhütten, keine Skilifte, nur baumlose runde Berge, die oft bis an die Ufer reichen oder in weiter Ferne drohend aufragen.

Eine Brücke über den Atlantik

In dieser überwältigend schönen Landschaft stolpert man hin und wieder über ein unerwartetes Kleinod, zum Beispiel eine steinerne Buckelbrücke aus dem Jahr 1792. Rechts und links erstrecken sich Wiesen, und unter der Brücke strömt ein kleiner Fluss. Doch auch dieser Anblick täuscht. Unter dieser Brücke befindet sich nämlich schon der Atlantik, denn die Clachan Bridge verbindet das schottische Festland mit der Isle of Seil, ungefähr 13 Kilometer südwestlich von Oban. So heißt diese malerische Steinbrücke dann leicht übertrieben »The Bridge over the Atlantic«. Kein Geringerer als der große Ingenieur Thomas Telford hat sie entworfen. Noch heute fahren Autos über sie vom Festland zur Insel und umgekehrt. Der Clachan Sound ist sehr schmal, und doch verirren sich hierher hin und wieder sogar Wale. Schon 1835 soll hier ein 24 Meter langer Wal stecken geblieben sein. Und zwei Jahre später waren es dann angeblich sogar 192 Grindwale.

TOP ★ ERLEBNIS

★ MIT DEM BOOT ZUR ISLE OF LISMORE

Rund 160 Menschen leben auf der mitten im Loch Linnhe gelegenen Isle of Lismore – übersetzt bedeutet Lismore »Großer Garten«. Die rund 16 Kilometer lange und zwei Kilometer breite Insel ist ein noch kaum entdecktes Kleinod, da es für die meisten Touristen zu umständlich scheint, mit der Fähre überzusetzen. Infolgedessen trifft man hier tatsächlich auf nur wenige Besucher. Trotzdem gibt es auf der Isle of Lismore ein B&B und eine Vielzahl von Fremdenzimmern für Selbstversorger, von denen das »The Bunkhouse« im Zentrum der Insel gelegen ist. Zu sehen sind darüber hinaus eine hübsche kleine Kirche, die Ruinen der alten Crofts und ein paar neuere Häuser mit gepflegten Gärten. Ebenfalls zentral gelegen ist das Lismore Gaelic Heritage Centre mit einem alten Croft und dem netten Isle of Lismore Café. An der südwestlichen Spitze Lismores schließlich grüßt der ikonische Leuchtturm von 1833.
Eine Personenfähre setzt täglich (außer sonntags) jede volle Stunde von Port Appin zur Nordostspitze der Insel über, die Fahrt dauert zehn Minuten. Die Überfahrt mit der Autofähre von Oban nach Achnacroish dauert eine Stunde. Auf beiden Fähren können Fahrräder kostenlos mitgenommen werden.
www.isleoflismore.com

WEITERE INFORMATION
www.forestryandland.gov.scot/visit/loch-linnhe

Ben Nevis ist der höchste Berg der britischen Inseln und meist im Nebel versteckt (oben). Die erste von acht Schleusen am Caledonian Canal (rechte Seite unten). Einsames Cottage im Glen Roy-Tal (rechte Seite oben).

41 TOR ZU DEN HIGHLANDS – FORT WILLIAM

Ein mächtig kleiner höchster Berg

Wer die Alpen, die Pyrenäen oder gar den Himalaya kennt, wundert sich oft über die Höhen von schottischen Bergen. Sie sind überraschend niedrig und passen gar nicht so recht zu dem wuchtigen Bild, das sie dem Betrachter vermitteln. Das gilt auch für den mächtigen Ben Nevis, der sich über Loch Linnhe und dem Caledonian Canal erhebt. Mit 1344 Metern ist er der höchste Berg des Vereinigten Königreichs.

Fort William ist für viele Schottlandbesucher ein idealer Ausgangspunkt, um die Highlands zu erkunden. Südlich liegt das Glen Coe, im Norden Aonach Mòr, und im Westen führt die »Road to the Isles« nach Glenfinnan, das von großer symbolischer Bedeutung im Kampf um die schottische Unabhängigkeit ist.

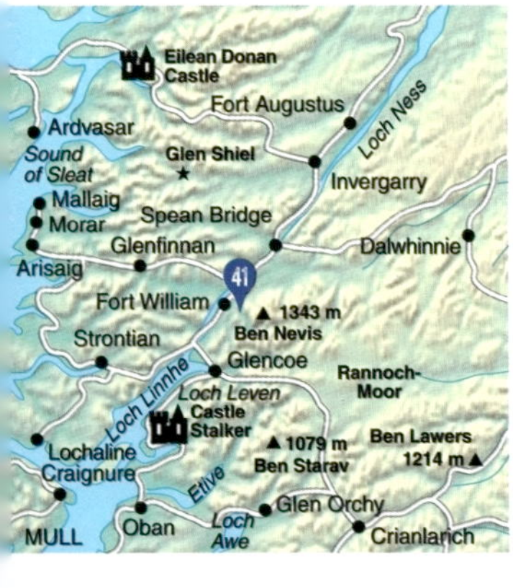

Die Wilhelms-Garnison

Fort William ist nach Inverness (am anderen östlichen Ende des Caledonian Canals) die größte Stadt der Highlands und heißt auf Gälisch schlicht »Die Garnison«. Im Englischen Bürgerkrieg wurde hier ein Fort gebaut, das während des Aufstands der Jakobiten noch verstärkt wurde. Die englische Bezeichnung Fort William geht auf die Reformation und somit auf Wilhelm von Oranien zurück. Die Siedlung in unmittelbarer Nähe wurde nach Wilhelms Frau »Maryburgh« genannt. Später hieß der Ort Gordonsburgh, dann Duncansburgh und dann wieder Fort William, diesmal aber nach einem anderen Prinzen – nach dem hannoverschen Prinzen Wilhelm August, Duke of Cumberland, auch bekannt unter dem Namen »Der Schlächter«. Kein Wunder, dass auch heute immer mal wieder gemunkelt wird, den Ort nochmals umzubenennen. Aber nach wem?

Der neblige Ben Nevis

Hoch über Fort William thront der Ben Nevis, majestätisch, geradezu wuchtig steht der Koloss über dem Tal. Das Bemerkenswerteste am höchsten Berg der Britischen Inseln ist jedoch vor allem die Tatsache, dass er mit ganzen 1344 Metern über dem Meeresspiegel nicht besonders hoch ist. Kaum der Rede wert, möchte man sagen. Darüber hinaus besitzt der runde Berg nicht einmal eine eindrucksvolle Bergspitze, denn der Ben Nevis ist ein in sich zusammengefallener ehemaliger Vulkan. Sein gälischer Name setzt sich aus den Wörtern *beinn* (Berg) und *nebheis* (schlecht, schlimm) zusammen. Romantischer ist die Ableitung *nèamh-bhathais* (Kopf in den Wolken). Die Bezeichnung »Berg mit dem Kopf in den Wolken« trifft auf jeden Fall zu: Im Winter ist der Gipfel fast immer, im Sommer während der Hälfte der Zeit von Wolken verhüllt.

Der Mountain Track, der die Wanderer am Ben Nevis auf den Gipfel führt, hieß früher Tourist Route oder auch Pony Track. Der mit Steinen befestigte Weg war ursprünglich für die Packpferde angelegt worden, die 1883 das Baumaterial für die Wetterwarte auf den Gipfel brachten. Heute sind nur noch ein paar Mauerreste des ehemaligen Gebäudes zu sehen. Darüber hinaus steht hier noch ein cairn, die kleine Steinpyramide ist das höchste Kriegerdenkmal in Britannien. Bei Aufräumarbeiten im Jahr 2006 wurde hier oben unter dem Geröll ein Klavier gefunden. Nachforschungen ergaben, dass Umzugsmänner es 20 Jahre zuvor hoch geschleppt hatten, um sich für das *Guinnessbuch der Rekorde* zu qualifizieren.

Wanderer und Bergsteiger werden bei klarem Wetter mit einer herrlichen Aussicht auf die vielen baumlosen Nachbarberge belohnt, über Fort William und den Caledonian Canal.

Einsames Ardnamurchan

Historisch gibt Fort William nicht sehr viel her, lediglich das West Highland Museum erzählt die Geschichte der Jakobiten und beschäftigt sich mit der Region. Im Ort befindet sich die Ben Nevis Distillery, die ebenfalls besucht werden kann. Sehenswert ist Neptun's Staircase, eine achtstufige Schleusenanlage mit einem Hub von 20 Metern am Caledonian Canal.

Westlich von Fort William liegt einsam und abgeschieden die Halbinsel Ardnamurchan, deren Ort Corrachadh Mòr den westlichsten Punkt des britischen Festlandes darstellt. Besonderheit dieses Landstriches sind die »singing sands« in der Kentra Bay, bei deren Betreten weinerliche Melodien zu hören sein sollen. Die Ruine der sechseckigen Felsenburg Mingary Castle aus dem 13. Jahrhundert ist ebenso eine Besichtigung wert sowie die noch recht stattlichen Überreste des fünfeckigen Castle Tioram auf einer Gezeiteninsel an der Mündung des River Shiel in Loch Moidart.

TOP ★ ERLEBNIS

★ GLEN ROY UND DAS PHÄNOMEN DER PARALLEL ROADS

Dieses Tal verläuft in nördlicher Richtung vom Glen Spean. Dort, wo der gleichnamige Fluss in den Fluss Spean mündet, befindet sich in dem Dorf Roybridge ein kleiner Bahnhof der West Highland Railway. Schaut man auf die Hänge des Tales, dann erkennt man drei parallele Linien, die wie Straßen aussehen. In Wirklichkeit sind es aber drei schmale Terrassen, die die Uferlinien eines Sees anzeigen, den es an dieser Stelle vor rund 13 000 Jahren gab. Gletschereis versperrte damals den Wasserabfluss durch das Glen Spean. Der See stieg zunächst auf 260 Meter, später auf 325 Meter und schließlich auf 350 Meter hoch. Als dann das Eis schmolz, verschwand der See. Übrig blieben am Ende die heute sichtbaren schmalen Terrassen, die sogenannten Parallelstraßen. Früher dachten die Bewohner der umliegenden Täler, dass dieses Phänomen ein Werk von Feen sei. Noch im 18. Jahrhundert war man davon überzeugt, dass es sich um alte, von Menschen angelegte Jagdschneisen handelte.

WEITERE INFORMATIONEN

Wandern im Glen Roy:
www.alltrails.com/trail/scotland/highlands/glenroy-road
www.visitfortwilliam.co.uk

42 VON FORT WILLIAM NACH MALLAIG

Der Hogwarts-Express auf Charlies Weg

Die ab 1899 gebaute Linie der West Highland Railway gilt als eine der schönsten Eisenbahnstrecken im ganzen Königreich. Sie war Teil der Verbindung zwischen Glasgow und Fort William und findet ihre Fortsetzung auf der »Road to the Isles« – eigentlich Railroad – in einer weiteren historischen Linie, den legendären Jacobite Steam Train nach Mallaig, den wir nun besteigen.

Zugbegleiter alter Schule

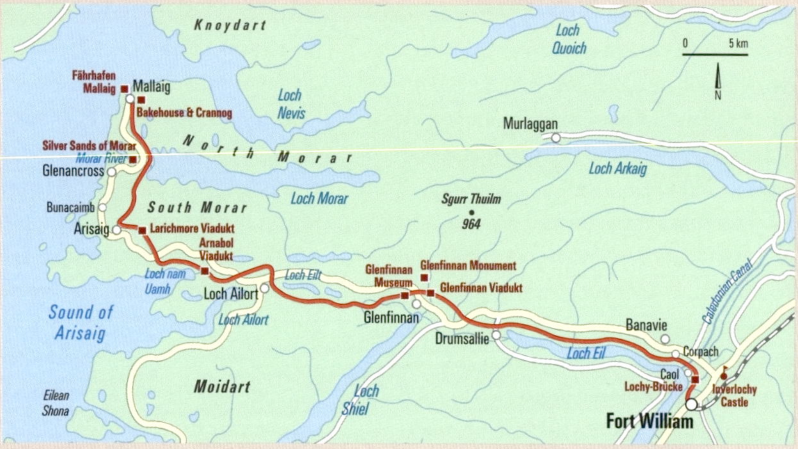

Nicht jeden Tag zieht ein Dampfross den »Steam Train« von der unscheinbaren Bahnstation Fort Williams auf die Route in Richtung Isle of Skye, meist sind schnöde, weniger spektakuläre Dieselloks im Einsatz, doch das schadet dem eindrucksvollen Landschaftserlebnis in keinster Weise. Auch den roten Personenwaggons fehlt meist der erwartete Harry-Potter-Charme, zumindest dann, wenn man nicht die 1. Klasse im Harry-Potter-Waggon bucht, und Bertie Botts Beans werden nicht gereicht. Auch keine Schokofrösche. Stattdessen gibt es in der 1. Klasse aber Tee und Shortbread. Ein Fensterplatz auf der in Fahrtrichtung linken Seite empfiehlt sich, denn von dort ist der Ausblick am schönsten. Nach einem markerschütternden Pfiff geht die zweistündige Bahnfahrt los, im Bogen über den Fluss Lochy. Nach der ersten Station in Banavie überquert der Zug den Caledonian Canal und die dortige Schleusentreppe. Westwärts folgt zunächst die Station Corpach gegenüber dem letzten Schleusenbecken, bevor der Kanal in den Loch Eil übergeht. Er begleitet den Blick auch über die folgenden beiden Haltepunkte hinaus und reflektiert detailgetreu die karge Hügellandschaft.

Schnaufend verlässt der Zug die Station Morar in Richtung Glenfinnan.

Die Harry-Potter-Gedächtniskurve

Danach beginnt der spannendste Teil der Fahrt, denn wir steuern auf den Glenfinnan-Viadukt zu. Seit 1898 zieht er auf 21 Pfeilern eine elegante Kurve durch die Landschaft. Die atemberaubende Brücke ist prominent in drei Harry-Potter-Filmen zu sehen und erlangte Weltruhm, während die Gedenksäule am filmerprobten Loch Shiel mit der Figur

Beeindruckend besonders aus der Distanz: der Glenfinnan Viadukt

des »Unbekannten Highlanders« uns den Rücken zudreht. Sie erinnert an den letzten Kampf der Jakobiten und ihres Thronanwärters Bonnie Prince Charlie. Am Bahnhof Glenfinnan ist kurz Gelegenheit, das kleine Eisenbahnmuseum zu besuchen, und an Loch Eilt verlässt der Schienenstrang den Straßenverlauf der A830, um auf der Westseite des Sees zu bleiben. Bald darauf kommt die Küste mit Loch Ailort, dazwischen liegt noch der Arnapol-Viadukt, und Loch nam Uamh in Sicht. Hier schiffte sich der gescheiterte König Charlie am 19. September 1746 ein, um für immer die Britischen Inseln zu verlassen.

Nach dem Larichmore-Viadukt ist mit Arisaig der westlichste Bahnhof des Landes erreicht. Die Station Morar folgt der Querung des kürzesten Flusses des Landes, des Morar River, und liegt nah an den zauberhaften Stränden »White Sands of Morar«, die in den Filmen »Local Hero« und »Outlander« ihre Auftritte hatten. Die Endstation der Bahnreise ist der Fischerort Mallaig. Ein zweistündiger Aufenthalt gibt Zeit für einen Spaziergang zum Hafen, wo die Fähren nach Skye ablegen, oder um das Rangieren der Lokomotive zu beobachten, die für den Rückweg wieder nach vorne muss. Ein Platz nun auf der rechten Seite wäre zu empfehlen.

Das Monument des unbekannten Highlanders am Ufer des Loch Shiel

TOP ERLEBNISSE

★ SMALL ISLES

Von Mallaig aus erreicht man die kleinen, bewohnten Inseln der Inneren Hebriden, Eigg, die allerkleinste Muck, Rum, die Größte der Kleinen, und Canna, die jede für sich ihren ganz eigenen Charme besitzen und mit dem Rad oder per pedes erkundet werden sollten. www.calmac.co.uk/article/2983/Small-Isles-Mallaig---Eigg---Muck---Rum---Canna

★ DODRADO FÜR ABENTEURER

Die Knoydart-Halbinsel, der vielleicht abgelegenste Teil des schottischen Festlandes, besitzt keine feste Straßenverbindung und ist ein Paradies für Wanderer und Outdoorfreaks. Erreichbar nur mit den Western Isle Cruises von Mallaig aus. www.visitknoydart.co.uk

★ THE BAKEHOUSE & CRANNOG

Die hochgelobte Bäckerei mit angegliederter Pizzeria liegt in der Nähe von Mallaigs Yachthafen und überblickt die Küste bis hin zum Loch Nevis. www.facebook.com/oldquaybakehouse

★ GLENFINNAN VISITOR CENTRE

Informatives Besucherzentrum an historischer Stätte mit kleinem Museumsbereich und einem ungewöhnlich sortierten Shop. Guter Startpunkt für einen Fußmarsch zum Fotostopp, um den Dampfzug auf dem Viadukt (gegen 11 Uhr) zu fotografieren. www.nts.org.uk/visit/places/glenfinnan-monument

★ GLENNFINNAN TRAIL

Für jeden geeignete nette kleine Wanderung ins Tal des River Finnan mit herrlichen Aussichten auf den Viadukt und Loch Shiel. www.glenfinnanstationmuseum.co.uk

Der Sonnenuntergang am Loch Alsh setzt den Himmel in Flammen (oben). Die Ruine des malerischen Eilean Donan Castle an den Lochs Duich, Long und Alsh wurde im frühen 20. Jahrhundert nach alten Plänen restauriert (rechte Seite).

43 WO DIE SPANIER UNTERGINGEN – GLEN SHIEL

Wälder, Seen und Wanderparadiese

Schottland bietet »Natur pur«, atemberaubende Landschaften mit Dutzenden Tälern, Hunderten kahlen Hügeln und Bergen, ungezählten Rinnsalen, Bächen und Flüssen sowie Tausenden Seen und Tümpeln. Unterwegs bietet sich hinter jeder Biegung ein neuer, überwältigender Anblick. Vor allem Wanderer sind oft überrascht, welch schöne Ecken sie unterwegs immer wieder entdecken.

Manchmal wird man der Erinnerungen an vergangene Schlachten überdrüssig. Sie tauchen in Schottland schließlich ständig auf, selbstverständlich auch im Glen Shiel. Hier fand 1719 die letzte Schlacht auf britischem Boden gegen ausländische Soldaten statt.
In diesem Fall waren es Spanier. Es handelte sich bei ihnen um genau 270 spanische Soldaten unter der Führung von Lord Keith, dem 10. Earl Marishal. Sie waren Teil der sogenannten zweiten Armada. Die Spanier sollten sich den Jakobitern anschließen und deren Kampfesstimmung und Siegesmut stärken. Die Hauptinvasion mit der rund 6000 Mann starken zweiten Armada war im Südwesten Englands geplant. Diese erlitt allerdings das gleiche Schicksal wie 100 Jahre zuvor die erste Armada.
Die schottisch-spanische Streitmacht von rund 1000 Mann beschloss trotzdem, nicht aufzugeben. Zwei Tage lang wurde sie in der Festung Eilean Donan Castle von englischen Marineschiffen beschossen. Die darauffolgende Schlacht entschieden die Regierungstruppen nach nur drei Stunden für sich. Aber sie haben ihren Platz in der schottischen Geschichte erobert und können sogar auf einen Berg verweisen, der nach ihnen benannt wurde: der *Sgùrr nan Spàinteach* oder »Gipfel der Spanier«.

Am Stausee Loch Cluanie beginnen zahlreiche Wanderungen (oben). Der Fischadler war in Schottland ausgestorben und wurde in den 1950er-Jahren wieder angesiedelt (unten). Glen Shiel, 1719 Schauplatz heftiger Kämpfe zwischen schottischen Jakobiten, Engländern und Spanier, überagt das ruhige Wasser des Loch Loyne (rechte Seite oben). Wild und ursprünglich ist die Landschaft am Glen Shiel (rechte Seite unten).

Die Burg von Eilean Donan hat die Auseinandersetzung dagegen nicht überstanden. Die Regierungstruppen benutzten das dort gespeicherte Waffenarsenal, darunter 300 Fass Schießpulver, um die Burg so gründlich wie möglich zu sprengen.

Die Burg der MacRaes

Ein ganz anderes Schicksal dagegen erlebte die äußerst malerische Burgruine am Loch Duich, die heute ein überaus beliebtes Fotomotiv darstellt. Sie wurde um 1220 als Schutz gegen Überfälle der Wikinger gebaut, diente später als Stammsitz der MacRaes und wurde 1719 zerstört. 1912 kaufte ein Mitglied des Clans der MacRae, ein Mister MacRae-Gilstrap, die Ruine und machte sich sofort daran, sie zu restaurieren. Zwischen 1920 und 1932 entstand aus den Ruinen jenes Gebäude, das wir heute kennen. Nach MacRae-Gilstraps Tod 1937 stand die Burg lange leer, bis sie 1955 zu einem Museum umfunktioniert wurde. Das war sicher im Interesse ihres ursprünglichen Restaurators. Die Burg gehört heute einer Stiftung des Clan MacRae.

Beim Eilean Donan Castle trifft Loch Duich auf Loch Alsh, bekannt als der »tosende See«. Vom Kyle of Loch Alsh setzte früher eine Fähre zur Insel Skye über, heute fährt man über eine Brücke. Von Ardelve in Sichtweite der Burg Eilean Donan bis zur Meerenge Kyle of Loch Alsh sind es zwölf Kilometer. Hier sollte man sich Zeit nehmen, um das Gebiet zu erkunden – dies lohnt genauso wie eine anschließende Fahrt auf der Old Military Road vom Loch Duich zum Loch Cluanie. Die Straße verband früher Fort Augustus mit Gleneig und ist heute besser bekannt als A86.

Im schönen Glen Shiel

Glen Shiel ist ein wunderschönes Tal, das eigentlich sämtliche Klischees über schottische Glens erfüllt. Es ist zum Teil sogar bewaldet, wobei auch hier die Aufforstung reine Nutzwälder geschaffen hat. Die Fichten stehen wie die Zinnsoldaten in Reih und Glied, um so kostensparend wie möglich und im großen Stil gefällt werden zu können. Glen Shiel gehört inzwischen aber der schottischen Forstverwaltung. Diese spielt mittlerweile mit dem Gedanken, in diesem Teil des Landes wieder alte Mischwälder hochzuziehen. Dann sollte dieses ohnehin schöne Tal noch schöner werden.

Auf halber Strecke zwischen den beiden Lochs steht am südwestlichen Hang des Sgúrr na Ciste Duibhe ein großer Felsbrocken, der »Prince Charlie's Stone« genannt wird. Hier hatte sich Charles Edward Stuart – besser bekannt als Bonnie Prince Charlie –

im Sommer 1746 vor den englischen Soldaten versteckt, nachdem er Skye verlassen hatte. Nach der katastrophalen Schlacht von Culloden hatte man ein Kopfgeld von 30000 Pfund auf ihn ausgesetzt. Im Glen Shiel wurde der Prinz von den »Sieben Männern von Glenmoriston« versteckt, die in einer Höhle namens Corriedhoga in der Nähe vom Loch Cluanie lebten. Eine ganze Woche im Juli 1746 war er ihr »Gast«. Die sieben Männer hatten geschworen: »Ihre Rücken sollten zu Gott gewandt sein, ihre Gesichter zum Teufel. Alle Flüche der Bibel sollten auf sie und ihre Nachfahren niederprasseln, wenn sie nicht geschlossen dem Prinzen in der größten Stunde seiner Not beistehen würden.«

Waters, Lochs und Lakes

Man möchte meinen, dass ein Land wie Schottland, das über so viele Seen verfügt, keine Stauseen braucht. Aber das stimmt nicht. Auch die gibt es – und das trotz der insgesamt gut 31460 Süßwasser-»Lochs«. Hierzu zählen allerdings auch die Lochans, wie die kleinen Tümpel und Miniaturseen genannt werden. Ein richtiger Lake ist der Süßwassersee Lake of Menteith. Einige Lochs werden von den Schotten auch Water genannt. Da wären Roer Water auf den Shetland-Inseln und Heldale Water auf Orkney. Und um die Verwirrung komplett zu machen: Einige Flüsse werden ebenfalls Water genannt. Rekorde brechen dagegen nur wenige Lochs. So wartet der 71 Quadratkilometer große Loch Lomond mit der größten Fläche auf, ist der 41 Kilometer lange Loch Awe am längsten, Loch Morar mit 310 Metern der tiefste und Loch Ness der See mit der größten Durchschnittstiefe von 132 Metern. Nicht zu vergessen die Lochs, die eigentlich keine mehr sind, weil sie entweder entwässert oder zugeschüttet wurden, wie zum Beispiel Nor Loch in Edinburgh. Der Name vieler Lochs fängt mit einem A an, jedoch keiner mit einem Z – die letzten Lochs im Alphabet sind Loch of Yarrows und Yetholm Loch.

Neben all diesen Gewässern besitzt Schottland künstlich angelegte Seen. Dazu gehört nördlich vom Loch Garry und Loch Loyne der Stausee Loch Cluanie in Kintail bei Fort Augustus. Er wurde in den 1950er-Jahren als Teil eines hydroelektrischen Projektes angelegt. Die 40 Meter hohe Staumauer stört nicht in diesem wildromantischen Gebiet mit den vielen baumlosen Bergen, die dicht an dicht hinunter ins Tal drängen. Die Region erfreut sich großer Beliebtheit bei Wanderern, doch ist das Wetter unbeständig. Im Jahr 2007 regnete es hier so viel, dass das Wasser über die Staumauer schwappte und man sich Sorgen um die Menschen entlang dem River Moriston machte.

TOP ★ ERLEBNISSE

★ GLEN SHIEL RIDGEWALKING

Grat-Wanderungen sind sehr populär in Schottland, besonders in den Bergen des Glen Shiel. Nirgendwo in den schottischen Highlands kann man so viele Gipfel an einem Tag besteigen wie auf der Südseite des Tals. Das liegt daran, dass die Höhenunterschiede zwischen Tal und Gipfel relativ gering sind. Die Aussicht ist sensationell, beispielsweise während der Wanderung auf die Five Sisters of Kintail. Der Legende zufolge lebten hier ursprünglich sieben Schwestern. Zwei dieser Töchter eines Bauern heirateten zwei Brüder, die zu Besuch waren und versprachen, dass ihre fünf Brüder kommen würden, um die anderen Schwestern zu heiraten. Diese kamen jedoch nie. Die Schwestern baten einen Zauberer, sie in Bergkuppen zu verwandeln, um ihre Schönheit während des Wartens zu bewahren. Auch heute noch sind die Five Sisters ein besonderer Anreiz für Wanderer.

★ KINTAIL LODGE HOTEL

Zwischen den Mündungsarmen der Flüsse Shiel und Croe in Loch Duich liegt mit der Kintail Lodge ein uriges kleines Hotel mit tollen Ausblicken über den See und Restaurant mit typischer Pub-Atmosphäre.

WEITERE INFORMATIONEN
www.walkhighlands.co.uk
www.jacobitetrail.co.uk/glen-shiel
www.kintaillodgehotel.co.uk

NORTH WEST HIGHLANDS UND ÄUßERE HEBRIDEN

Hoch und weit hinaus

Auf der wilden Insel Harris überraschen nicht nur bei Seilbost herrliche Sandstrände die Besucher (links). St Clement's ist die bedeutendste vorreformatorische Kirche auf Harris (oben). Schafe und imposante Widder gehören zur Landschaft der Äußeren Hebriden (unten).

Wild und ungestüm präsentiert sich die Szenerie am populären Wandergebiet Quiraing auf der Trotternish Halbinsel (oben). 800 Jahre lang war Dunvegan Castle eine der Hochburgen der Chiefs des Clan MacLeod. Der heutige, 30. Chief heißt Hugh Macleod of Macleod (rechte Seite oben). Auch auf Skye gibt es weite Gebiete, auf denen man nur vereinzelte Häuser sieht (rechte Seite unten).

44 SCOTLAND IN A NUTSHELL – SKYE

Auf der Insel der großen Berge

An der Westküste liegen einige Inseln, die auf kleinem Raum die gesamte Topografie Schottlands auf sich vereinen. Dazu gehört auch die Insel Skye. Hier können Besucher gut eine Weile an einem Ort unterkommen und von dort aus jeden Tag einen anderen Ausflug planen, gibt es doch unendlich viel zu sehen, zu erleben und kennenzulernen. Auch den Schotten selbst kommt man auf diese Weise schnell näher.

Der Zauber der Insel Skye liegt in ihrer atemberaubenden Landschaft und den Relikten ihrer jahrtausendealten Kulturgeschichte. Skye heißt auf Gälisch *Eilan A'Cheo fo sgail nam beannmor*, die »Insel des Nebels im Schatten der großen Berge«. Und tatsächlich sind die Black Cullins, die am Gipfel des Sgurr Alasdair 995 Meter in die Wolken aufragen, häufig nebelverhangen. Die Berge haben etwas Mystisches an sich und sind besonders eindrucksvoll, wenn düstere Wolken vorüberziehen, der Sturm von den Höhen herunterpeitscht und die Oberfläche des Loch Coruisk aufwirbelt, an dessen Ufer riesige Granitblöcke wie zufällig dahingeworfen liegen.

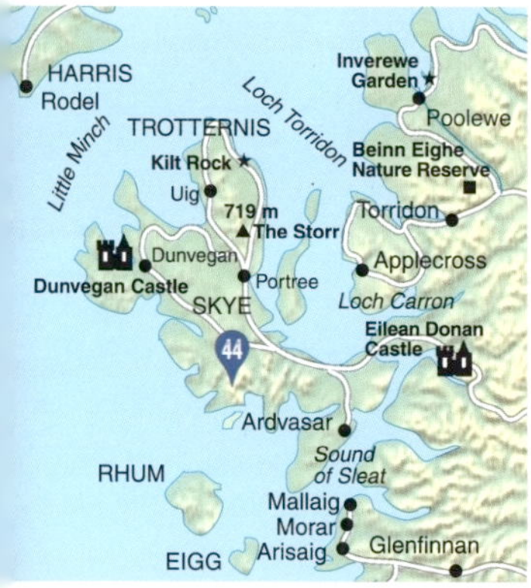

Eindrucksvoll sind aber auch die Felsformationen des Quiraing in der Nähe von Staffin, hoch oben im Norden der Insel. Weit schweift hier der Blick über ausgedehnte Wiesen, auf denen hin und wieder zottelige Highland Cattle grasen. Ungefähr 13 Kilometer nördlich von Portree stehen auf der Halbinsel Trotternish die 27 Meter hohen Storr Rocks, die von dem 30 Meter hohen, gigantischen Basaltmonolithen Old Man of Storr überragt werden. Für den Wanderer bieten die Formationen einen wunderschönen Anblick, für den Bergsteiger eine Herausforderung. Erst 1955 konnte dieses Überbleibsel vulkanischer Aktivitäten bezwungen werden.

Die Insel Skye bietet zahlreiche lohnende Ziele für Tagesausflüge, unter anderem in den Black und Red Cuillin Hills.

Besiedelt seit der Jungsteinzeit

Rund 10 000 Menschen leben auf Skye, davon fast 2500 in der größten Stadt der Insel, in Portree. Insgesamt blickt Skye auf eine lange, wechselvolle Kulturgeschichte zurück. Vor über 5000 Jahren erreichten als erste Siedler neolithische Bauern aus dem Mittelmeerraum die Insel. Rund 1000 Jahre später kamen höher gewachsene Nomaden mit »runderen Köpfen« vom Rhein und den Niederlanden. Vor 3000 Jahren etablierten sich die ersten keltischen Siedler. Relikte dieser Kultur sind noch heute zu bewundern.

Die erste Invasion auf Skye erfolgte im 6. Jahrhundert und war friedlicher Natur. Damals ließ sich der heilige Columban auf Iona vor der Insel Mull nieder und begann, die Bevölkerung der umliegenden Inseln zum Christentum zu bekehren. Angeblich liegt hierin der Grund für die tiefe Religiosität der gälischen Bevölkerung von Skye.

Unruhig wurde es auf der Insel erst mit Ankunft der Wikinger im 8. Jahrhundert. Unter dem Regime von Somerled, dem ersten keltischen »Lord der Inseln«, und dessen Nachfahren bewahrte Skye seine Unabhängigkeit von den schottischen Königen. Diese Unabhängigkeit endete mit dem Einmarsch des Earl of Ross, der im Namen Alexanders II von Schottland Kirchen niederbrennen sowie Frauen und Kinder ermorden ließ. Um der Inselbevölkerung zu helfen, versammelte der norwegische König Hakon Hakonsson bei Largs eine Flotte von 100 Schiffen. Ein wilder Oktobersturm sollte seiner Rettungsaktion, bei der auch machtpolitische Hintergedanken eine Rolle spielten, ein Ende setzen. Dies war zugleich das Ende der norwegischen Herrschaft über die Inseln. 1266 wurden die Western Isles der schottischen Krone zugesprochen. Skye wanderte in den Besitz des mörderischen Earl of Ross.

Unter der Herrschaft der »Lords of the Isles« kam es bis zum 15. Jahrhundert zu ständigen Auseinandersetzungen und Schlachten. Der Titel wanderte hin und her und wurde immer wieder von einem anderen Teil der Familie

Ross beansprucht, bis er schließlich 1649 der Krone zugesprochen wurde. Der heutige Lord of the Isles ist der britische Thronfolger Prinz William.

Teure und treue Verbindungen

Einst wurden Rinder beim Kyle of Lochalsh von Skye aufs Festland getrieben, jahrtausendelang erreichten die Inselbewohner das Festland per Boot, und seit 1995 verbindet eine Brücke Skye mit dem schottischen Festland. Architektonisch ist das Bauwerk uninteressant, dennoch ist es für die Inselbewohner von großer Bedeutung. Lange Zeit wurde es »Seufzerbrücke« genannt, denn die Bürger von Skye hatten die Verbindung nicht gewollt. Jahrhundertelang waren sie mit eigenen Booten oder später auch mit den Fährschiffen zum Festland und zurück gefahren und hatten daran nichts auszusetzen. Aber man ignorierte ihre Einwände.
Letztendlich wurde die Brücke gebaut, und es kam, wie es kommen musste: Kaum war die feste Verbindung zwischen dem Kyle of Lochalsh auf dem Festland und Kyleakin auf der Insel vollendet, stellte Schottlands berühmt-berüchtigter Fährenbetreiber, Caledonian-MacBrayne, den Fährdienst ein. Stattdessen wurde für die Brücke eine teure Maut erhoben. Es hagelte nicht nur Proteste, es kam zu handfesten Demonstrationen und einer langen Kampagne gegen den Brückenzoll. 130 Aktivisten wurden verurteilt, weil sie sich weigerten, die Maut zu zahlen, die sich zum Schluss für die Hin- und Rückfahrt mit einem Pkw auf £11,50 belief. Schließlich kam am 21. Dezember 2004 um 7.30 Uhr morgens das Ende der Maut: Schottlands neues Parlament hatte ihre Abschaffung durchgesetzt.
Eine Fähre der besonderen Art setzt vom Festland bei Glenelg zum Hafen von Kylerhea auf Skye über. Sie ist die einzige Autofähre der Welt mit einer Drehscheibe, die noch von Hand gedreht wird. Die »MV Glenachulish« wurde 1969 gebaut, gehört den Einwohnern von Glenelg und wird auch von diesen betrieben. Die jetzige Route befährt sie seit 1982. Genau fünf Minuten dauert die Fahrt auf der kürzesten Seeverbindung nach Skye. Natürlich betreibt auch CalMac noch eine Fährlinie, die allerdings von Mallaig und Armadale aus operiert.

Ein Schloss und schwarze Häuser

Schottland fasziniert nicht nur Besucher aus dem Ausland, auch Engländer haben oft das Gefühl, in eine andere Welt einzutauchen. Dies gilt vor allem, wenn sie die Highlands und die Western Islands besuchen. Einer der berühmtesten Schottland-Reisenden war der Gelehrte Dr. Samuel Johnson, der mit seinem

Der Neist-Point-Leuchtturm auf der Halbinsel Duirinish ist besonders malerisch (oben). Kilmuir an der Westküste von Trotternish ist noch heute eine gälische Hochburg (unten).

»Gottesfinger« wird die markante Felsnadel an der steil abfallenden Klippenküste Trotternishs genannt (unten). Grund für die Einsamkeit mancher Region ist die Schafzucht, für die die Menschen vertrieben wurden (rechte Seite oben). Die Felsformationen am Old Man of Storr (rechte Seite unten).

Biografen James Boswell den hohen Norden besuchte. 1773 kamen sie auch nach Skye. Johnson hatte viel zu bemäkeln, aber auch einiges zu loben oder zu bestaunen. Unter anderem notierte er: »Ich war nie in einem Haus auf den Inseln, wo ich nicht Bücher in mehr als einer Sprache fand ... Literatur wird in den höheren Schichten der Hebridenbewohner nicht verachtet.«

Die beiden Reisenden aus London waren selbstverständlich auch Gäste auf Dunvegan Castle. Seit dem 13. Jahrhundert ist das Schloss der Sitz des Clans der MacLeods, und höchstwahrscheinlich gibt es in ganz Großbritannien kein anderes Haus, das so lange von derselben Familie bewohnt wird. Immerhin ist der heutige Chief der MacLeods das 30. Familienoberhaupt. Seit 1933 werden aber nicht nur spezielle Gäste wie Johnson und Boswell in das Schloss gelassen, sondern ganzjährig auch gewöhnliche Touristen. Die Besucher dürfen unter anderem die Fairy Flag bestaunen. Diese Fahne soll magische Kräfte besitzen, die sicherstellen, dass der Clan jede seiner Schlachten gewinnt. Dunvegan Castle ist aber mehr als eine Trutzburg mit jahrhundertealten Ausstellungsobjekten. Dank des Golfstroms gibt es hier schon seit dem 18. Jahrhundert auch herrliche Gartenanlagen, unter anderem mit Rhododendronbüschen in allen erdenklichen Farben.

Welch ein Gegensatz sind dazu die sieben rekonstruierten *black houses* im Skye Museum of Island Life in Kilmuir auf der Halbinsel Trotternish! Die Häuser sind besonders beeindruckend, wenn man bedenkt, dass so manches *black house* noch in den 1970er-Jahren bewohnt war. Die »Schwarzen Häuser« hatten keine Fenster und nur eine Tür, ihren Namen verdanken sie jedoch ihrer zentralen Feuerstelle. Da es keinen Schornstein gab, zog der Rauch durch das Schilfrohrdach ab. Zum einen blieb die Wärme so lange wie möglich im Haus erhalten, zum anderen wurden die im Giebel gelagerten Nahrungsmittel durch den Rauch der Torffeuer konserviert. Die Wände der *black houses* bestanden aus doppelwandigen Trockensteinmauern, wobei eine Innenwand Tiere und Menschen trennte. Ab den 1880er-Jahren wurden langsam sogenannte *white houses* mit Schornstein und Fenstern eingeführt – nicht zur allgemeinen Begeisterung. Die Bewohner der neuen Häuser beklagten sich darüber, dass die Wärme nun nach draußen drang.

Die Heldentat der Flora MacDonald

Auf dem Friedhof Kilmuir liegt unter einem großen keltischen Kreuz eine der berühmtesten Frauen der schottischen Geschichte begraben. Als der »Bonnie Prince« Charles

Edward Stuart nach der Niederlage in der Schlacht bei Culloden durch die Highlands auf die Hebriden flüchtete, traf er auf der Insel Benbecula die junge Flora MacDonald. Die einfache junge Frau konnte den Thronanwärter überzeugen, Frauenkleidung anzuziehen, um seinen Häschern zu entkommen. In einem geblümten Kleid als irische Magd Betty Burke verkleidet, gelang es Charles, zusammen mit Flora in einem Boot nach Skye überzusetzen. Vor der Nordwestküste wurden sie von englischen Soldaten beschossen, ruderten aber mutig weiter zur Halbinsel Trotternish.

Bei Kingsburgh fand der Prinz im Haus der MacDonalds vorübergehend Unterschlupf. Von dort brachte Flora ihn nach Monkstadt, wo sich der Sitz der MacDonalds befand. Lady Margaret, die Frau des Chief, der sich ebenfalls nicht für die Sache der Stuarts eingesetzt hatte, verhalf dem Prinzen zu einem weiteren Versteck. Selbstverständlich war Flora MacDonalds Rolle bei der Flucht des Thronanwärters nicht zu verheimlichen. Als der Prinz schon längst auf dem Weg nach Frankreich war, wurde Flora festgenommen, nach London gebracht, verurteilt und eingekerkert. Nach einem Jahr wurde sie jedoch begnadigt.

Im Land der gälischen Sprache

Kilmuir ist darüber hinaus der einzige schottische Ort jenseits der Western Isles, in dem die Hälfte der Bevölkerung Gälisch spricht. »Schuld« daran ist der schottische Adelige Iain Noble, der 1935 in Berlin als Sohn eines britischen Diplomaten und einer norwegischen Mutter geboren wurde. Sir Iain Andrew Noble, 3. Baronet of Ardkinglas and Eilean Iarmain, war Geschäftsmann und Großgrundbesitzer, vor allem aber der wohl bekannteste Aktivist des Gaelic Revival, der Bewegung zur Erhaltung der gälischen Sprache. 1973 setzte er sich für die Einführung zweisprachiger Straßenschilder ein – tatsächlich handelte es sich damals nur um drei Schilder, die er errichten lassen wollte. Dieses Ansinnen schmetterte die Gemeindeverwaltung jedoch vehement ab. »Heute vielleicht in der Viewfield Road, morgen vielleicht auf ganz Skye«, gab sie ihm Bescheid. Dass sich Noble am Ende durchsetzte, weiß natürlich jedermann. Heute gibt es überall in Schottland zweisprachige Straßenschilder. Doch damit nicht genug: Ebenfalls im Jahr 1973 war Iain Noble in Sleat auch maßgeblich an der Gründung des Sabhal Mòr Ostaig beteiligt, dem einzigen gälischsprachigen College Schottlands.

TOP ★ ERLEBNIS

★ WANDERUNG ZUM OLD MAN OF STORR

Das Bergmassiv The Storr bietet schon von Weitem einen beeindruckenden Anblick. Der Weg dahin ist aber lang: Rund acht Kilometer führt er durch beständig ansteigendes Gebiet, das The Sactuary, »das Heiligtum«, genannt wird. Hier befinden sich The Old Man of Storr und der Needle Rock. Den »alten Mann« kann man schon von Weitem erkennen: eine fast 50 Meter hohe Felsnadel, in deren Nähe noch andere ähnliche Formationen aufragen. Eine dieser Nadeln wurde als die »Frau des Old Man« bezeichnet. Die alte Dame fiel allerdings schon vor vielen Jahren in sich zusammen. Nach alter Überlieferung suchten der Mann und seine Frau nach einer entlaufenen Kuh. Sie trafen dabei auf ein paar Riesen und rannten vor Schreck davon. Als sie zurückblickten, um zu sehen, ob die Riesen ihnen folgen, erstarrten sie zu Stein. Die meisten Tagesausflügler geben sich vom Sanctuary aus mit einem Blick auf das Felsmassiv zufrieden. Es ist jedoch auch möglich, den Gipfel zu erklimmen – sogar ohne Bergsteigerausrüstung.

WEITERE INFORMATIONEN
www.isleofskye.com/skye-guide/top-ten-skye-walks/old-man-of-storr

Palmen und verschwenderisch bunte Gärten zaubern aus der Uferpromenade Plocktons ein kleines Stück Riviera.

45 EINFACH NUR ZAUBERHAFT – PLOCKTON

Ein Dorf am Meer

Das Postkartenidyll trügt. Eigentlich entstammt die Gründung Plocktons einem traurigen Kapitel der schottischen Geschichte. Zum Ende des 18. Jahrhunderts begannen die Großgrundbesitzer vielerorts im Hochland eine Art Flurbereinigung, die »Highland Clearances«, und vertrieben die Kleinbauern von ihren gepachteten Flächen, um Schafzucht im großen Stil betreiben zu können.

Die »Crofter« der Region emigrierten zunächst vom kleinen Hafen Plocktons in die Welt hinaus, wurden aber später in dem zu weiten Teilen neu errichteten Fischerdorf (die Kirche etwa wurde nach Plänen von Thomas Telford gebaut) angesiedelt und zwangsweise zu Fischern umgeschult. Eine recht lukrative Heringsfischerei konnte die in der Mitte des 19. Jahrhunderts im Dorf herrschende Armut zumindest vorübergehend lindern. Palmen säumen nun die Uferpromenade und schaffen eine karibische, fast laszive Aura, die eines traditionellen mediterranen Seebades würdig wäre. Die schweren Zeiten scheinen im selbsternannten »Juwel des Hochlands« hinter frisch getünchten Hausfassaden, zwischen üppig geschmückten Blumenbeeten und einer entspannten Ruhe vergessen.

Das Mikroklima der Bucht von Loch Carron machte aus Plockton eine begehrte Fremdenverkehrsdestination, deren einziges Manko die Zufahrtsstraßen sind. Gewunden und einspurig führen sie in diese verträumte Ecke des Hochlands, die sich ideal für eine, auch längere Auszeit eignet. Kunsthandwerker, B&Bs und Gastronomie, die den Fang der wenigen noch aktiven Fischer zu delikaten Menüs aufbereitet, bilden nun das ökonomische Rückgrat des 450-Seelen-Ortes. Mit Andy Will, einem pensionierten Marineoffizier, besitzt Plockton zudem seit 2007 einen rührigen Bierbrauer, der in seinem Gartenhaus eine erstaunliche Vielfalt an unterschiedlichen Gerstensäften in kleinen Auflagen herstellt und den Ort in die Craftbeer-Szene katapultierte.
INFO: www.visitplockton.com

46 KLEINOD AM LOCH TORRIDON – LOWER DIABAIG

Keineswegs am Ende

Allein die Anfahrt zu dem verträumten Weiler Lower Diabaig am Übergang des Loch Shieldaig in den Loch Torridon erfüllt alle Kriterien einer Traumstraße, obschon sie eine gut 13 Kilometer lange Sackgasse, eine fürs Hochland typische »Single Track Road« ist und scheinbar etwas verloren am winzigen Schiffsanleger des noch winzigeren Hafens endet.

Beginnend im Dörfchen Torridon schlängelt sich der Weg am Ufer des Upper Loch Torridon entlang und passiert in Fasag die etwas versteckte Freiluftkirche Am Ploc. Mitte des 19. Jahrhunderts aus groben Feldsteinen errichtet und einem improvisierten Amphitheater nicht unähnlich, diente die Stätte den Gläubigen in der Krisenzeit der Church of Scotland übergangsweise als Versammlungsort. Nach einer scharfen Rechtskurve schwenkt der Weg allmählich bergan und eröffnet zur Linken tolle Aussichten über den malerischen Meeresarm. Hinter den wenigen Häusern Inveralligins geht es nun schwungvoll auf Serpentinen steil in die Höhe, und der Blick erfasst die ganze kolossale Küstenszenerie. Die Straße führt jetzt landeinwärts durch das nahezu baumlose Hochland an den beiden Lochs von Upper Diabaig vorbei und dann allmählich wieder abwärts, stets mit bester Sicht auf beeindruckende Hochlandkulisse, bis hinunter ins Dorf und ans Wasser.
Der mühsame, aber attraktive Weg nach Lower Diabaig, dessen wenige Gebäude sich in die enge Bucht schmiegen und das mit seiner roten Telefonzelle ein wenig »Local Hero«-Gefühl verbreitet, lohnt allemal. Das Erlebnis unvergleichlicher Abgeschiedenheit und mystischer Ruhe krönt ein Besuch des kleinen Lokals Gille Brighde im ehemaligen Dorfschulhaus mit Blick über Loch Torridon. In der Gaststube werden allerfeinste kulinarische Genüsse geboten, eine vorherige Reservierung ist angeraten.
INFO: www.gille-brighde.com

Abenteuerlich und schwungvoll windet sich die Straße am Berg entlang, um im winzigen Weiler Lower Diabaig zu enden.

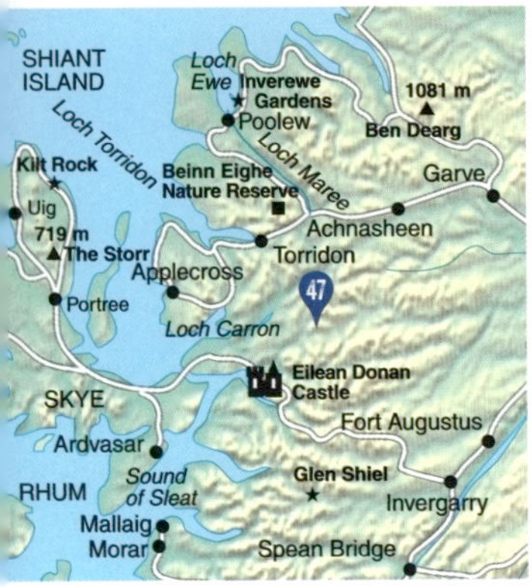

47 HERRLICHE PANORAMASTRECKE – DURCH TORRIDON

Nach Applecross und Loch Carron

Unterwegs durch Torridon bis Loch Carron genießt man großartige Ausblicke über den Sund in Richtung Raasay und Skye, auf das Meer mit seinen Walen und Delfinen und in der Ferne auf das dramatische Panorama des Torridon. Das einsame Bergmassiv hütet einige der ältesten Gesteinsformationen der Welt, deren Alter auf sagenhafte 500 Millionen Jahre geschätzt wird.

Die Halbinsel Applecross war bis vor wenigen Generationen sehr isoliert. Neben der extrem steilen Passstraße *Bealach na Bà* rauschen romantische Wasserfälle (unten). Zaghaft strecken die Grasnelken ihre Köpfe aus dem Torf am Loch Carron (linke Seite oben). Am Tresen im Applecross Inn (rechte Seite unten).

Torridon ist ein wunderschönes Gebiet nördlich der Cairngorms und der Highland Boundary Fault. Diese Verwerfung in den Highlands nutzte der große schottische Ingenieur Thomas Telford für den Bau des 97 Kilometer langen Caledonian Canal vom Loch Linnhe zum Beauly Firth. Der Name Torridon bezieht sich sowohl auf ein kleines Fischerdorf an der Westküste als auch auf ein weitläufiges Gebiet, das sich bis zum Atlantik erstreckt. Hierzu gehören das Glen Torridon, die Torridon Hills und natürlich die Meeresbucht Loch Torridon mit dem Loch Shieldaig. Im Süden dieses bei Besuchern besonders beliebten Teils von Schottland befindet sich Loch Carron.

Über den Vieh-Pass

Auf halber Strecke zwischen Loch Torridon und Loch Carron liegt Applecross. Auf der Halbinsel befinden sich mehrere winzige Dörfer, darunter Applecross, Toscaig, Cul-

dule, Camusterrach, Milltown, Sand, Lonbain und noch einige mehr. Bis in das frühe 20. Jahrhundert war Applecross nur per Boot zu erreichen, danach gelangte man über den nicht gerade autofreundlichen *Bealach na Bà* (»Vieh-Pass«) auf die Halbinsel. Heute führt eine fantastische Straße mit Blick auf die Insel Raasay an der Meeresenge entlang. Die unbedingt lohnende Fahrt führt hinauf bis zur Nordspitze und weiter zum südwestlich gelegenen Loch Torridon, unterwegs genießt man den Blick auf die Torridon Hills und insbesondere den *Liathach* mit dem *Spedean a Choire Lèith* und dem *Mullach an Rathain*.

Ein Gebiet mit Gemeinsinn

Auf der Halbinsel Applecross wurde 2010 die erste unbemannte Tankstelle im ganzen UK eingerichtet. Man konnte nur mit Kreditkarte tanken. Dies ging auf eine Initiative der Applecross Community Company zurück, die diese Tankstelle zwei Jahre vorher übernommen hatte, als sie geschlossen werden sollte. Überhaupt ist der Gemeinsinn der Bewohner dieser kleinen, sehr abgelegenen Halbinsel sehr stark ausgeprägt. Das Gebiet, das sogenannte Applecross Estate, gehörte seit der zweiten Hälfte des 16. Jahrhunderts dem Clan der MacKenzies. Mitte des 19. Jahrhunderts wurde es an den Duke of Leeds verkauft und nach verschiedenen weiteren Besitzern 1924 an die Familie Wills. Die vermachte Applecross schließlich dem Applecross Trust. Die Stiftung hat es sich zum Ziel gesetzt, den Charakter der Halbinsel in »verantwortungsvoller und fortschrittlicher Weise zu bewahren, während sie gleichzeitig der Bedeutung der außergewöhnlichen Natur-Schönheit und -wildnis der Gegend Rechnung trägt.« Erstaunlich an dieser Stiftung ist, dass keines ihrer sieben Mitglieder noch in Applecross lebt. Der Name hat übrigens nicht mit Äpfeln zu tun, sondern ist eine Verballhornung des piktischen Namens Aporcrosan (»Einmündung des Crossan«). 672 wurde der Ort von einem irischen Mönch gegründet.

Nichts für nervenschwache Fahrer

Die Straße von Applecross verläuft nicht nur gen Norden, sondern auch gen Osten Richtung Loch Carron. Auf dieser einspurigen Strecke sollte man immer darauf achten, die nächste Ausweichbucht anzusteuern, wenn man ein entgegenkommendes Fahrzeug sieht. Höflichkeit und Rücksichtnahme sind auch in Schottland sehr gefragt. Mit egoistischem *one-up-manship* stößt man nicht auf Gegenliebe.
So idyllisch das Gebiet auch sein mag, so mancher Reisende bedauert, dass die Straße leider nicht am Meer entlangführt. Stattdessen kommt man durch eine eher öde, wenig abwechslungsreiche Landschaft, wenn auch mit Weitblick über einen Pass. Kein Wunder, dass viele Touristen erleichtert aufatmen, wenn sie schließlich auf Meereshöhe am Loch Kishorn und dem Wester Ross Coastal Trail ankommen.

TOP ★ ERLEBNISSE

★ KISHORN SEAFOOD BAR

Die sensationelle Meeresfrüchteplatte und die genialen Desserts machen aus dem unscheinbaren, babyblauen Blockhaus im skandinavischen Stil einen Gourmettempel mit Aussicht hinüber zum Loch Kishorn. Ein hervorragender Platz zur Stärkung bevor man den Pass of the Cattle in Angriff nimmt.
www.kishornseafoodbar.co.uk

★ APPLECROSS INN

Das Kultlokal an einer der spektakulärsten Straßenabschnitte Schottlands bietet eine erstaunlich gute Küche und tolle Auswahl an Getränken. Aufgrund des geringen Platzangebotes sollte man unbedingt reservieren. Fish and Chips vom Foodmobil vor dem Haus sind ebenfalls sehr zu empfehlen.
www.applecrossinn.co.uk

★ TORRIDON YOUTH HOSTEL

Sehr gut ausgestattetes, kostengünstiges Hostel in spektakulärer Lage an der Mündung des River Torridon in Loch Torridon. Perfekter Startpunkt für Outdoor-Aktivitäten.
www.hostellingscotland.org.uk/hostels/torridon

Der Lauf des Allt a'Chumhaing führt in wilden Mäandern aus der Höhe des Pass of the Cattle hinab zum Loch Kishorn.

Der Strand von Luskentyre auf Harris landet regelmäßig in den Bestenlisten der schönsten Küstenabschnitte im Vereinigten Königreich (oben). Die St Clement's Church in Rodel auf South Harris wurde Mitte des 16. Jahrhunderts als Grabstätte erbaut (rechte Seite oben). Die am Rande Europas gelegene Doppelinsel Lewis und Harris gehört zu den letzten gälischen Hochburgen (rechte Seite unten).

48 DAS DOPPELTE LOTTCHEN – LEWIS AND HARRIS

In der Heimat des Tweeds

Palmen, Strandbars und Tänzerinnen in Baströcken gibt es auf den Äußeren Hebriden zwar nicht, dennoch gilt die Inselgruppe am Rande Europas als Inbegriff für Romantik und Abenteuer. Jenseits von Sonne, Sand und Südsee landen Lewis and Harris bei Internet-Umfragen touristischer Portale nach den schönsten Inseln der Welt stets in den ersten Reihen.

Na h-Eileanan Siar, die Western Isles, die Äußeren Hebriden – für viele Menschen bestimmt die über 200 Kilometer lange Inselkette ihr Bild von Schottland, selbst wenn sie noch nie dort gewesen sind. Der Archipel liegt vor der Nordwestküste Schottlands sozusagen am Rande Europas im Atlantischen Ozean und ist die äußerste Hochburg des Gàidhealtachd. Über 50 Prozent der Bevölkerung der Western Isles sprechen noch heute Hochland-Gälisch. Zu den Äußeren Hebriden gehören 15 Inseln, auf denen insgesamt rund 27 400 Menschen leben, sowie 50 größere unbewohnte Inseln. Plinius der Ältere hat uns die ersten Berichte über den Archipel hinterlassen. In seinem Werk *Naturalis Historia* erwähnt er 30 Inseln.

Orchideen und Steinkreise

Auf den Äußeren Hebriden wachsen kaum Bäume. Seen, Torflandschaften, Torffelder und satte Wiesen bestimmen das Bild, selbst Orchideen wachsen hier weit oben am Atlantik. Darüber hinaus findet man hier einige der schönsten Strände Schottlands. Sie grenzen an das fruchtbare Weideland in den *machairs* genannten Ebenen, die sich entlang der Küste ziehen.

Einige der Western Isles sind seit 6000 Jahren besiedelt, und ihre frühen Bewohner hinterließen prähistorische Bauten, die weitaus älter sind als die Berichte römischer und griechischer Autoren über die Äußeren Hebriden. Beeindruckende Zeugnisse aus diesen längst

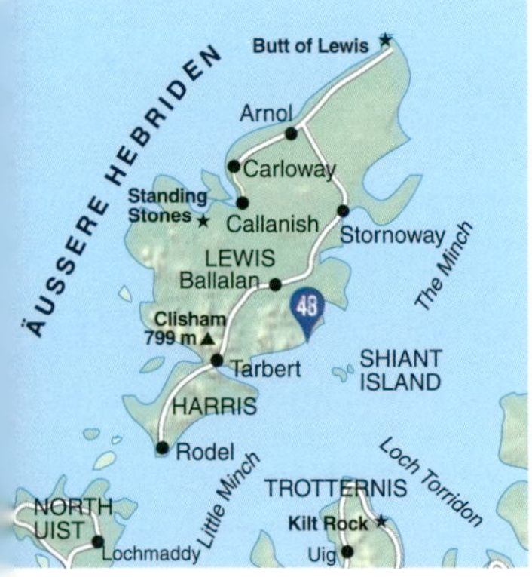

Der weltberühmte Harris Tweed wird noch heute in kleinen Webereien nach alten Verfahren hergestellt (unten). Wild tost der Atlantik an der Küste von Sgarasta Mhòr, South Harris (rechte Seite oben). Die Blackhouses von Arnol waren tatsächlich noch bis zur Mitte des 20. Jahrhunderts bewohnt (rechte Seite unten).

vergangenen Zeiten sind die Standing Stones of Calanais (Callanish) auf Lewis. Dieser wichtigste Steinkreis Schottlands besteht aus 13 Hauptmonolithen, die zwischen einem und fünf Meter hoch sind und einen Kreis mit einem Umfang von 13 Metern bilden. Um den Steinkreis am besten auf sich wirken zu lassen, sollte man ihn frühmorgens besuchen, wenn der Bodennebel sich gerade zu lichten beginnt. Wenn dann die Gedanken durch die dunstigen Schleier zurückstreifen zu den Menschen, die hier zwischen 2900 und 1500 vor unserer Zeitrechnung gelebt haben, wird dieses Monument, das den Göttern gewidmet war, wohl nur von dem weltbekannten Steinkreis von Stonehenge im englischen Wiltshire übertroffen.

Gälische Kultur und protestantischer Sabbat

Auf den Äußeren Hebriden kann man die Gegenwart völlig vergessen. 27677 Menschen wurden 2011 bei einer Volkszählung auf den zwölf Hauptinseln Lewis and Harris, Bernera, Scalpay, Brnaray, North Uist, Baleshare, Grimsay, Benbecula, South Uist, Eriskay, Barra und Vatersay erfasst. Die Inselbewohner sind in der Regel *Gàidheal* (Gälen), deren Vorfahren sich auf die Western Isles zurückzogen, als gälische Sprache und Brauchtum verboten wurden. Die Bewohner betrachten sich als Hüter ihrer Kultur. Diese lässt sich Fremden am besten durch die Musik vermitteln, die jedes Jahr bei vielen Veranstaltungen erklingt. Ein bekanntes dieser *fèisean* (Musikfeste) war das Isle of Barra Festival. Das 1981 ins Leben gerufene Fèis Bharraigh diente vor allem zur Erhaltung von gälischer Sprache, Literatur, Musik, Drama und Kultur auf den Inseln Barra und Vatersay und gab den Anstoß zu einer regelrechten Kulturbewegung. Inzwischen finden in ganz Schottland regelmäßig weitere *fèisean* statt.

Wer sich für den einstigen Alltag der Menschen auf den Inseln interessiert, sollte auf Lewis das Dorf Arnol an der Westküste besuchen. Einst standen dort über 40 *crofts* – winzige fensterlose Häuser der Bauern, die diese mit ihren Tieren teilten. Heute sind diese *black houses* Ruinen, teilweise aber repariert und locken im Freiluftmuseum Besucher an.

Eine ganz andere kulturelle Besonderheit ist der Sabbat, der auf den nördlichen, protestantisch geprägten Inseln sonntags gefeiert wird. Das öffentliche Leben kommt an diesen Tagen zum Erliegen, selbst die Fähren von und zu den Inseln stellen ihren Betrieb ein. Die meisten Bewohner gehören konservativen Freikirchen an, die unter anderem Musik im Gottesdienst ablehnen und für den

Kirchgang strikte Kleidungsregeln einhalten. Auf den südlichen Inseln leben überwiegend Katholiken. Derart rigide Regeln gibt es dort nicht.

Harris-Tweed aus Lewis

Tatsächlich sind Harris and Lewis nicht zwei Inseln. Vielmehr bezeichnet der Doppelname eine Insel, die durch einen Gebirgszug in zwei Regionen getrennt ist. Die Grenze zwischen Harris im Süden und Lewis im Norden verläuft nördlich der Meerenge von Tarbert.

Harris ist nicht nur eine der schönsten Regionen auf den Äußeren Hebriden, sondern auch die Heimat des weltbekannten Harris Tweed. Der feine Stoff mit der langen Tradition trat Ende des 19. Jahrhunderts seinen Siegeszug an, als Lady Dunmore, die Frau des Laird of the Islands, ihn bei der britischen Aristokratie einführte. Der Erfolg war durchschlagend. Heute besteht der modisch eher konservativ orientierte Gentleman in Frankreich oder den USA genauso auf Harris Tweed für seine Sportkleidung wie der Banker in Japan. Der Absatz scheint für alle Zeiten gesichert, und die Inselbewohner haben ihr Einkommen. Die meisten Webstühle stehen allerdings nicht auf Harris, sondern auf dem Inselteil Lewis. Beinahe 800 Weber soll es hier geben. Für diese Inselgruppe haben sich die Schafe dann langfristig doch als Segen erwiesen.

Lewis, das auf Gälisch *Eilean an Fhraoich*, »Insel des Heidekrauts« heißt, ist aber auch für seine zahllosen Seen sowie für seine Torfmoore bekannt, die den Inselbewohnern Brennmaterial liefern. Auf Lewis liegt zudem mit Stornoway die einzige Stadt der Western Isles. Mit ihren rund 9000 Einwohnern ist es nach Inverness und Fort William die größte Stadt der Highlands. Stornoway wurde im frühen 8. Jahrhundert von Wikingern gegründet. Mitte des 19. Jahrhunderts gingen die Stadt und damit auch die Insel von den MacKernzies of Seaforth in den Besitz von Sir James Matheson und dessen Nachfahren über. Matheson wiederum verkaufte das ganze Paket an den Ersten Viscount Leverholme. Als diesem durch seine hochtrabenden Pläne für Insel und Stadt der Bankrott drohte, schenkte er den Bürgern von Stornoway selbst ihre Stadt. 2007 wurde übrigens zum ersten Mal ein 64 Kilometer langer Meerestunnel nach Ullapool erwähnt. Der Gedanke hält sich nach wie vor hartnäckig in den Köpfen der Politiker, stellt jedoch einen finanziellen Kraftakt ohne Gleichen dar.

TOP ★ ERLEBNISSE

★ DAS ARNOL BLACKHOUSE

Es ist nicht leicht zu finden, das Blackhouse in Arnol. Von Stornoway fährt man auf der A857 Richtung Laxdale und Newmarket bis Barvas. Dort folgt man dem Schild A848 Gearraidh na H-Aibhne. Etwas später steht auf einem braunen Wegweiser »Taigh Tughaidh Arnoil« und klein darunter »Arnol Black House«. Hier biegt man ab und fährt fast bis ans Meer. Das Blackhouse Museum bietet einen eindrucksvollen Einblick in das Leben der gälischen Insel- und Highland-Bewohner bis ins 20. Jahrhundert. Im Gegensatz zu den *black houses* in Arnol ist das Museumshaus nicht verfallen, sondern sehr gut erhalten. Seine letzten Bewohner zogen erst in den 1960er-Jahren aus. Wie früher brennt auch heute noch das Feuer in der Mitte des Hauses 24 Stunden am Tag. Es hält das Haus warm und verhindert, dass das schilfgedeckte Dach verrottet.

★ FEINER SENF

Seit 2018 betreibt ein Paar aus Düsseldorf die erste Senfmanufaktur der Äußeren Hebriden und vertreibt seine exquisiten Produkte mittlerweile im ganzen Land.

WEITERE INFORMATIONEN
www.historicenvironment.scot/visit-a-place/places/the-blackhouse-arnol/
www.hebrideanmustard.com

SCHOTTLANDS CLANS UND IHRE TARTANS

Mode und Tradition eng verknüpft

Jeder hat sie schon gesehen: die bunten Schottenkaros, die Tartans. Die Muster der Stoffe entstehen beim Weben und gehören in Schottland seit Jahrhunderten zur Tradition. Jedes Clan-Mitglied ist stolz auf seinen Tartan, ob er nun zu den MacGregors gehört (Rot-Grün), den Campbells (Schwarz-Grün-Blau) oder einer der vielen anderen Familien.
Die karierten Stoffe Schottlands werden zu Wickelröcke *(kilts)*, Decken *(plaids)* oder Mützen *(bonnets)* verarbeitet. Und wie man weiß, trägt jeder schottische Mann, der auf sich hält, zu großen Ereignissen seinen Kilt. Dass aber die Tartan-Muster auch bei Modedesignern außerhalb Schottlands sehr beliebt sind und selbst Hosen, Jacken oder Armbänder der Punk-Bewegung erobert haben, das ist weniger bekannt. So wie die Punks haben jedoch auch die Schotten ihre Karos schon immer als ein Symbol von Widerstand und Protest betrachtet.

An ihren Karos sollt ihr sie erkennen

Als der Duke of Cumberland, der jüngste Sohn des Hannoveraner Königs George II, 1746 auf dem Schlachtfeld von Culloden die schottischen Highlander vernichtend schlug, schickte er seine Soldaten durch die Täler im Hochland, um seine neuen Gesetze zu verkünden. Unter anderem war von nun an das Tragen von Kilts verboten. Auch Gälisch zu sprechen, war lebensgefährlich. Der »Butcher Cumberland«, wie ihn seine Feinde zu nennen pflegten, wusste genau, wie wichtig Sprache und äußere Merkmale einer Kultur für das Zusammengehörigkeitsgefühl sind. Bis 1782 hatte das Gesetz Bestand, unter dem natürlich auch das jährliche Treffen der schottischen Clans verboten war. Schließlich hatte ja jeder Clan seinen eigenen Tartan in einem unverwechselbaren Farbmuster – ein unverzichtbares Attribut des schottischen Nationalbewusstseins.

Kilt wird Kult

Der Außenwelt durften die Clans das erst wieder im 19. Jahrhundert demonstrieren, als die Kultur der Highlander plötzlich bei der englischen Oberschicht in Mode kam. Hauptverantwortlich dafür war nicht zuletzt Königin Victoria, die mit ihrem Mann, Albert von Sachsen-Coburg und Gotha, das schottische Schloss Balmoral kaufte und sich auch nach seinem Tod häufig dort aufhielt. Die beiden sorgten dafür, dass Schottenkaros plötzlich das Gütesiegel »royal« erhielten. Prinz Albert persönlich entwarf 1853 den sogenannten Balmoral Tartan, auch als Royal Stewart Tartan bekannt. Es handelt sich dabei um einen überwiegend grauen Stoff mit roten und schwarzen Karos, nachempfunden dem Granitboden von Balmoral in Royal Deeside. Die Queen trug ihren Tartan als Rock, der König als Kilt. Wenn aber andere Mitglieder der königlichen Familie das Muster zur Schau stellen wollen (sei es als Mütze, Schal oder Krawatte),

Die schottischen Modetraditionen haben längst Einzug in die Haute Couture und auf die Laufstege der Welt gehalten.

Und was ist drunter? Die Frage wird immer wieder gestellt.

brauchen sie dafür die Erlaubnis des Monarchen. An jedem ersten Samstag im September ist dazu immer reichlich Gelegenheit. Dann nämlich findet das traditionelle Braemar Gathering mit dem ohrenbetäubenden Klang der Dudelsack-Kapellen und den archaisch anmutenden Highland Games statt.

Ein Dolch im Strumpf

Der traditionelle Kilt selbst ist wegen seines Gewichts der sieben bis acht Meter Wollstoff eine ziemlich schwere Sache und wird ansonsten selten getragen. Fachleute unterscheiden nicht nur die Muster der Tartans, sondern können sogar feststellen, ob der Stoff auf dem schottischen Festland oder auf der Hybriden-Insel Lewis gewebt wurde. Es wird auch viel darüber gestritten, wie alt die Tartans eigentlich sind. Fest steht jedoch, dass die Highland Society of London im April 1815 mit der Registrierung der Karostoffe begann.

Viel wichtiger als die jeweilige traditionelle Farbkombination ist aber die Ausrüstung der Kilts: Dazu gehört z. B., neben einer sehr eleganten Jacke, der *sgian-dubh* (sprich: skian-du), ein Dolch, den man sichtbar im Kniestrumpf trägt und nur herausnimmt, *to draw blood*, also wenn es wirklich ums Ganze geht. Viel Aufmerksamkeit wird außerdem dem *sporran* geschenkt, einer Art Geldbeutel aus Pelz, der reich verziert vorne über dem Kilt an einem Gürtel hängt. Der Volksmund will angeblich wissen, dass der sporran vor allem dazu dient, den Kilt vorne herunterzuhalten, da ein echter schottischer Mann ja angeblich nichts unter seinem Wickelrock trägt …

Tartan macht in der Mode natürlich auch vor Schuhen nicht halt.

49 LAND IM MEER – UIST

Auf den katholischen Inseln

Wie an einer Perlenschnur aufgezogen erstreckt sich vom Süden der Halbinsel South Harris eine wild zerklüftete Inselkette bis hin zur winzigen Berneray Isle. Die beiden größten Inseln, North und South Uist, sind nur spärlich bewohnt und scheinen fast vollständig aus Wasser zu bestehen. Bei Sturmfluten werden große Teile des Archipels vom Meer überschwemmt.

Zu den südlichen Inseln der Äußeren Hebriden führen oft Dämme über das meist flache Meer (unten). Das Struan Cottage an der Sollas Bay auf North Uist wurde erst 2002 entdeckt und renoviert (rechte Seite oben). Das Rotkehlchen genießt in Großbritannien insbesondere zur Weihnachtszeit einen ausgezeichneten Ruf (rechte Seite unten).

Einsam und leer wirken die Inseln, sie sind ein unberührtes Naturparadies, dessen Gesicht flache Torfwiesen prägen, in denen Hunderte kleine Lochs wie Farbtupfer leuchten. Wahrscheinlich hat noch niemand die zahllosen Tümpel und kleinen Seen gezählt. Die wichtigste Ortschaft auf North Uist, die man allerdings leicht übersieht, ist Loch Maddy im Nordosten der Insel. Das Fischerdorf besitzt eine Anlegestelle für die Fährschiffe nach Uig auf Skye, ein kleines Museum und ein Art Centre. Ansonsten sieht man auch hier Wasser, soweit das Auge reicht. Über einen Damm kommt man auf die Nachbarinsel Benbecula, die immerhin einen kleinen Flughafen aufzuweisen hat.

Alte Siedlungen auf South Uist

South Uist bietet Natur pur und ist wie sein nördlicher Gegenpart eine Hochburg der hier zumeist katholischen Gälen. Darüber hinaus gibt es auf der südlichen Insel mehr zu sehen als auf North Uist. Unter anderem wurde hier die berühmte Jakobitin Flora MacDonald geboren. Schottlands Heldin half im 18. Jahrhundert Bonnie Prince Charlie, nach der Schlacht von Culloden nach Frankreich zu fliehen.

South Uist ist aber auch ein altes Siedlungsgebiet, wovon zahlreiche frühgeschichtliche Funde zeugen. Bei Ausgrabungen auf dem Feld Cladh Hallan wurden zwischen 1988 und 2002 die einzigen prähistorischen Mumien im

Vereinigten Königreich entdeckt. Rundhäuser aus der Bronzezeit, die wohl zu einer Siedlung von sieben Gebäuden gehörten, deuten darauf hin, dass das Gebiet bereits vor über 3000 Jahren ständig bewohnt war. Andere Ausgrabungsstätten beweisen eine starke Wikingerpräsenz auf der Südinsel.

Den Männern aus dem Norden folgten die MacDonalds vom Clan Ranald. Als einem Chief des Clans Ranald der Bankrott drohte, verkaufte er South Uist 1837 an einen gewissen John Gordon aus Cluny. Dieser wiederum sorgte dafür, dass es mit dem Wohlstand der Insel rapide bergab ging. Wie andere Großgrundbesitzer im Land vertrieb auch er die Inselbewohner, um Platz für Schafe zu schaffen. Daraufhin kam es zu einer großen Auswanderungswelle. Die meisten Emigranten verschlug es nach Nova Scotia in Kanada – in ein Gebiet, wo noch heute viele Menschen Gälisch sprechen. South Uist selbst hat bis heute seine gälische Identität bewahrt, und auch traditionelle Gewerbe wie Torfstechen und Seetangsammeln werden weiter ausgeübt.

Pony-Insel Eriskay

Zwischen den Inseln South Uist und Barra liegt die kleine Insel Eriskay. Seit 2001 ist sie über einen Damm mit South Uist verbunden und per Fährschiff mit Ardmore auf Barra. Eriskay misst nur knapp vier Quadratkilometer und hat doch ein einmaliges Phänomen zu bieten: Auf der Insel lebt eine uralte Pferderasse, die weit über Schottland hinaus bekannt ist. Die Eriskay-Ponys sind 122 bis 137 Zentimeter groß und haben ein meist graues, dichtes, wasserabweisendes Fell – überlebenswichtig auf den Äußeren Hebriden. Inzwischen ist das Inselpony allerdings so selten, dass es auf der Roten Liste der gefährdeten Tierarten steht.

Eriskay ist aber auch eng mit einem deutschen Namen verbunden: Werner Kissling, seines Zeichens Fotograf und Anthropologe, geboren 1895 in Breslau, gestorben 1988 in Dumfries. Zu seinen Motiven gehörten die kleinbäuerlichen *crofters* von Eriskay und South Uist. Sein Meisterwerk war der 19 Minuten lange Film *Eriskay - A Poem of Remote Lives*, der am 30. April 1935 uraufgeführt wurde. Unter den Premierengästen befanden sich nicht nur der damalige Premierminister Ramsay MacDonald, sondern auch der Prince of Wales, der spätere König Edward VIII. Mit den Einnahmen aus dem Film wurde der Bau der ersten Straße auf Eriskay finanziert. Ein Teil dieser Straße in der Nähe von Acairseid heißt noch heute Rathad Kissling (Kissling Straße).

TOP ★ ERLEBNIS

★ BIRDWATCHING AUF NORTH UIST

Mit ihren schönen Sandstränden, Dünen, wilden Klippen und einsamen Sümpfen sind die Inseln North und South Uist Paradiese für Vogelliebhaber. Auf North Uist klärt ein Information Centre über die Bedeutung der traditionellen Landwirtschaft der schottischen *crofters* auf. Diese spielte zum Beispiel für das Überleben des auf dem europäischen Kontinent äußerst seltenen Wachtelkönigs eine große Rolle. Er ist bei uns auch unter dem ausdrucksvollen Namen Wiesenknarrer bekannt. Auch die Grauammer kann man auf North Uist antreffen – sie kommt normalerweise eher im Südosten und Südwesten Europas vor. Ausgerechnet die Vogelwelt hat davon profitiert, dass North Uist besonders hart von den *Highland Clearances* betroffen wurde. Vor den »Säuberungen« lebten fast 5000 Menschen auf der Insel, heute sind es knapp über 1000. Interessant in diesem Zusammenhang ist die Tatsache, dass die *Clearances* im mehrheitlich presbyterianischen North Uist später stattfanden als im mehrheitlich katholischem South Uist.

WEITERE INFORMATIONEN
Royal Society for the Protection of Birds (RSPB):
www.rspb.org.uk

Wohl einer der ungewöhnlichsten Flugplätze weltweit: der Strandflughafen von Barra auf der Traigh Mhór Beach (oben). Kisimul Castle liegt beschaulich in der Bucht vor der Inselhauptstadt Castlebay (rechte Seite unten). Das Isle of Barra Beach Hotel besitzt einen exzellenten Ausblick in den Sonnenuntergang und einen extrem kurzen Weg zum Strand (rechte Seite oben).

50 LANDEN AM STRAND – DIE INSEL BARRA

Auf Sand gebaut

Der Traum von Fliegen, für uns längst eine Selbstverständlichkeit, bekommt am Flughafen der südlichsten Insel der Äußeren Hebriden eine komplett neue Dimension. Die zweimotorigen Propellerflugzeuge starten und landen hier nämlich auf dem weiten weißen Sandstrand Traigh Mhòr. Das ist weltweit einzigartig. Die Gezeiten bestimmen den Flugplan der traditionsreichen schottischen Regionalfluggesellschaft Loganair.

Das Terminal des Barra Airport steht direkt am Dünenrand und besteht aus einem eineinhalbgeschossigen Haus mit einem kleinen Tower. Zoll oder Sicherheitsbeamte gibt es nicht, ein Mitarbeiter kontrolliert die Bordkarten und führt die Passagiere auf dem kurzen Dienstweg zum Flugzeug. Start wie Landung auf Sand sind relativ unspektakulär, aber etwas Besonderes, eben ein Linienflug von einer Sand- und Wasserpiste. Der Flughafen ist kein Ein-Mann-Betrieb, denn in der Cafeteria mit Blick hinaus auf den Atlantik – als Nächstes kommt Nordamerika – arbeitet noch eine Dame. Sie verteilt Heißgetränke und Snacks und beaufsichtigt die Schlüssel der Mietwagen. Der Schlüssel passt aber nur ins Zündschloss, verriegeln lassen sich die Autos nicht. Auf einer Insel kommt eben nichts weg. Die Koffer übrigens warten säuberlich aufgereiht auf einer Holzbank in einer überdachten Hütte neben dem Terminal.

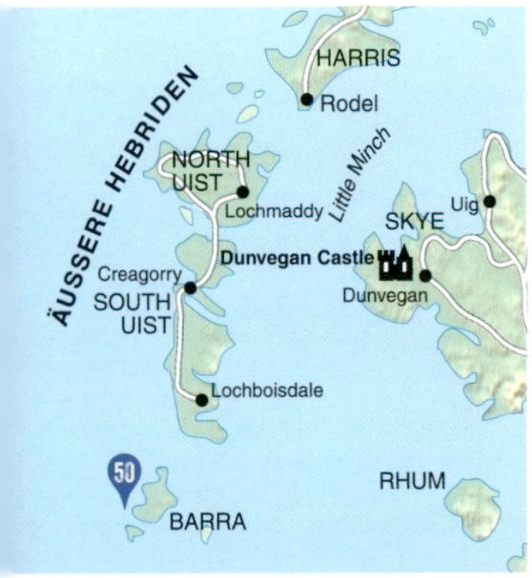

Mehr Strand

Barra selbst ist nicht wirklich groß und zu Fuß fast in einem Tag zu umrunden. Das funktioniert aber nur, wenn man die landschaftlichen Schönheiten geflissentlich ignoriert und auch dem 384 Meter hohen Heaval, dem höchsten Berg, ausweicht. Und das fällt schwer angesichts der einladenden fantastischen Sandstrände. Allerdings bleibt das Baden hartgesottenen Zeitgenossen vorbehalten, denn die Wassertemperatur steigt selbst im Sommer kaum über 15 Grad. Doch dem Konzert der Wellen zu lauschen, der Weite des Horizonts zu folgen, mit etwas Glück spielende Delfine zu entdecken, sorgt nachhaltig für Tiefenentspannung. Die Hektik des Alltags existiert nicht mehr, wenn man über den weichen Sand spaziert, den Wind genießt und gedankenversunken die Schönheit der Steine bewundert, die Zartheit der Muscheln, die Spuren im Sand, die Möwen und Wasservögel hinterlassen haben.

Vierbeinige Ordnungshüter

Die Menschen hier, die zahlenmäßig den Schafen weit unterlegen sind, erscheinen noch freundlicher als andernorts in Schottland, ruhiger, gelassener. Neid, Missgunst, das sind Fremdwörter im Garten der Hebriden. Stattdessen übt man sich in nachbarschaftlicher Freundschaft, Gemeinsamkeit und Hilfsbereitschaft. Klingt paradiesisch, nach einem Traumjob für Dorf- oder Landpolizisten. Ist es wohl auch, zu Gesicht bekommt man sie oder ihn nicht. Stattdessen üben sich die frei umherlaufenden Schafe in Bewachung und Personenschutz. Von angeborener Neugier getrieben verfolgen sie morgendliche Spaziergänger auf ihrer gemütlichen Runde, ohne dabei um besondere Tarnung bemüht zu sein, und das selbst in der Hauptstadt Castlebay ganz im Süden der Insel. Den Ort als Zentrum zu bezeichnen, wäre übertrieben, dennoch lebt hier der überwiegende Teil der knapp 1200 Insulaner, hier befinden sich die Läden sowie der wichtige Fährhafen für die Verbindung zum Festland und zu weiteren Inseln.

Die Burg im Wasser

Abgesehen von den inseleigenen Naturschönheiten ist Kisimul Castle die Hauptattraktion Barras. Die trutzige, quadratischen Festung aus dem frühen 15. Jahrhundert thront recht spektakulär mitten im Hafen Castlebays, die Überfahrt dauert nur wenige Minuten. Der belgische Cartoonist Hergé verewigte die Burg im Tim-und-Struppi-Abenteuer »Die schwarze Insel« von 1937. Der Protagonist und sein vierbeiniger Begleiter kommen zum Showdown der Geschichte auf die Burg. Hergé hat sie nie gesehen, aber nach Beschreibungen sehr authentisch zu skizzieren vermocht. Aus dem Gälischen übersetzt bedeutet Kisimul ein Platz, an dem Steuern zu entrichten sind – was eine wenigstens zeitweilige Funktion der Burg erklärt. Chief MacNeil, vorheriger Besitzer und Clan-Chef, verpachtete Kisimul für 1000 Jahre an Historic Environment Scotland zur Jahresmiete von einem Pfund und einer Flasche Whisky. Tim und Struppi verließen Barra ebenfalls mit dem Flugzeug, ob bei Ebbe oder Flut, lässt der Comic jedoch offen.

TOP ★ ERLEBNISSE

★ ISLE OF BARRA BEACH HOTEL

Das westlichste Hotel Großbritanniens liegt sehr schön am lang gestreckten Tangasdale Beach mit wundervollen Ausblicken über den Atlantik, und das nicht nur bei Sonnenuntergang. Neben Seevögeln genießen oft Hochlandrinder einen Ausflug an den Strand, und beim Frühstück können Delfine beobachtet werden. www.isleofbarrahotel.co.uk

★ VATERSAY

Südlicher geht's nicht mehr. Das skurril geformte Eiland Vatersay ist durch einen Damm mit Barra verbunden, besitzt viele weiße Sandstrände mit karibischem Flair und mit dem Vatersay Hall Café einen von der Gemeinde betriebenen Ort zum Einkehren, der neben hausgemachten Gerichten auch tolle Kuchen kredenzt. www.visitouterhebrides.co.uk/food-and-drink/vatersay-hall-cafe-p561801

★ BARRA SURF AND COASTAL ADVENTURES

Die Erkundung der Inseln vom Wasser aus mittels Kajak oder Paddle-Board, geführt bei einem Tagesausflug oder auf eigene Faust, gehört zu den spannenden Aktivitäten des Wassersportveranstalters in Castlebay. Die Küste bietet kristallklares, türkisfarbenes Wasser, faszinierende Klippenformationen und tolle Strände. www.barrasurfadventures.co.uk

51 AUF DEM CALEDONIAN CANAL

Bootstour von der Nordsee zum Atlantik

Der schottische Ingenieur Thomas Telford (1757–1834) nutzte beim Bau des Caledonian Canals die vorhandenen natürlichen Gegebenheiten. Nur ein Drittel der Strecke musste ausgegraben und befestigt werden, dennoch dauerte es fast 20 Jahre bis zur Eröffnung des Kanals 1822. Mit 96,5 Kilometern Länge ist der Caledonian Canal die längste künstliche Wasserstraße im Vereinigten Königreich.

Unterwegs überwinden 29 Schleusen einen Höhenunterschied von insgesamt gut 60 Metern. Der wirtschaftliche Nutzen des Kanals blieb überschaubar, zumal die Investitionskosten explodiert waren. Heute ist der Kanal bei Freizeitskippern beliebt, Kanutouren und Segeltörns auf dem Wasserweg gehören zu den Highlights eines Schottlandurlaubs. Der Startpunkt auf der Kanalstrecke am Ausgang zum Beauly Firth liegt bei der Drehbrücke Muirtown Bridge an der Telford Street A862. Von hier geht es in südwestlicher Richtung durch vier Schleusen der Muirtown Locks zur Caley Marina. Caley Cruisers vermietet komplett ausgestattete Boote unterschiedlicher Größe. In langem Bogen verläuft der Kanal durch den Süden von Inverness, passiert weitere Drehbrücken und erreicht hinter dem Botanischem Garten den Fluss Ness, der bis nach Dochgarrock Lock parallel verläuft. An der Schleuse befindet sich die Zentrale der Jacobite Cruises, die Kreuzfahrten über den Loch Ness anbieten. Bei den »River Ness Weirs« vereinen sich Kanal und Fluss, der über eine Stromschnelle östlich abzweigt. Hinter dem schmalen Loch Dochfour erreichen wir Loch Ness, an dem zur Linken das prächtige Schlosshotel Aldourie Castle grüßt. Etwa auf der Hälfte des »Monster-Sees« passieren wir das ehrwürdige Urquhart Castle, während im nahen Drumnadrochit gleich zwei Zentren die Wahrheit über Nessie kurzweilig zu vermitteln suchen. In Fort Augustus steuern wir auf eine Halbinsel zu. Rechts liegt die Mündung des River Oich, links hinter der Drehbrücke der A82 die Zufahrt zur Treppe mit fünf Schleusen aufwärts. Wir sind nun mitten im Ort, haben also gute Gelegenheit, die Beine zu vertreten.

Höhepunkte

Parallel zum Lauf des Oich gondeln wir gemütlich durch die nächsten beiden Schleusen bis zur Drehbrücke von Aberchalder. Rechts liegt die historische Kettenbrücke »Bridge of Oich«

Die historische Kettenbrücke Bridge of Oich genießt ihren malerischen Ruhestand.

Loch Ness macht einen großen Teil der Kanalstrecke aus, Monsterbeobachtung inklusive.

von 1854, die den parallel zum Kanal verlaufenden Fluss quert. Die hügelige Landschaft ringsum spiegelt sich malerisch im Wasser des Loch Oich wie auch die Ruine von Invergarry Castle, die wir auf der Hälfte des Sees passieren. Der Kanal hat hier seine größte Höhe erreicht, und bei den beiden Schleusen der Laggan Locks geht es schon wieder abwärts. Im »Eagle Barge Inn« am Anleger ist Gelegenheit, exzellent in einem schwimmenden Restaurant zu speisen. Der kleine Ceann Loch geht in den lang gestreckten Loch Lochy über, und in Gairlochy an dessen Südende folgen hinter der Drehbrücke die nächsten beiden Schleusen. Der Kanal folgt nun moderat dem unruhigen Verlauf des Flusses Lochy, überbrückt hinter Moy gleich mehrere Aquädukte über Bäche und Wege, bevor es bei Banavie zum großen Showdown kommt. Die aus acht Kammern bestehende Schleusentreppe Neptune's Staircase trägt uns gleich 20 Meter abwärts. Nun verbleibt nur noch ein kurzes Stück bis zum Übergang in Loch Linnhe.

INFO: www.scottishcanals.co.uk/canals/caledonian-canal

Hinter Neptunes Staircase geht der Kanal bei Banavie in Loch Linnhe über.

TOP ★ ERLEBNISSE

★ INVERLOCHY CASTLE

Wie ein richtiges Schloss präsentiert sich die viktorianische Villa mit Blick auf den Ben Nevis. Keine preisgünstige Unterkunft, aber ein wahrhaft aristokratisches Erlebnis. Die verschwenderische Eleganz genoss schon die legendäre Queen Victoria bei ihrem Besuch Mitte des 19. Jahrhunderts, von dem sie euphorisch berichtete. www.inverlochycastlehotel.com

★ THE WILDCAT

Das kleine vegane Café an der Middle Street in Fort William serviert kleine Gerichte aus vorwiegend lokalen Produkten aus ökologischem Anbau, backt eigenes Brot und vorzüglichen Kuchen. www.wildcatcafe.co.uk

★ INVER COILLE CAMPING

»Glamping« liegt voll im Trend: Zelte mit offenem Kamin, Küche und Duschkabine versprechen ungeahnten Camping-Luxus ganz nah an der Natur. Die beiden kugelförmigen Geodomes auf dem Platz oberhalb von Loch Ness bieten Platz für vier Personen. www.inver-coille.co.uk

★ LE BOAT

Auch kleine, als Hausboote ausgestattete Motoryachten können für eine Reise auf dem Caledonian Canal gemietet werden. Von der Basis in Laggan aus sind individuelle mehrtägige Reisen nach eigenem Gusto für bis zu sechs Personen möglich. www.leboat.de

★ GREAT GLEN WAY

Der drittlängste schottische Fernwanderweg folgt auf 117 Kilometer weitestgehend dem Verlauf des Caledonian Canal von Fort William bis Inverness und bietet wunderbare Ausblicke über Seen, Tal und Kanal. www.caledonian-discovery.co.uk/walking-the-great-glen-way

Der wunderschöne Loch Maree ist auch dank seiner einsamen Lage ein besonders attraktives Ziel (oben). Das Dorf Poolewe nestelt an der Mündung des Flusses Ewe in den gleichnamigen Meeresarm (rechte Seite oben). Die ehemaligen Arbeits- und Wohnräume der Leuchtturmwärter dienen heute als Ferienwohnungen (rechte Seite unten).

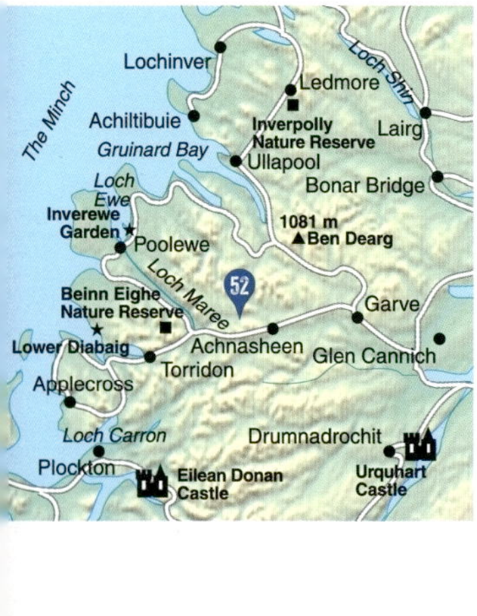

52 LEGENDÄR – LOCH MAREE UND LOCH EWE

Leuchttürme, Heilige, Strände und Ungeheuer

Schottland bietet für jeden etwas und lockt deshalb die unterschiedlichsten Besucher an: Segler und Wanderer, Whiskyliebhaber und Angler, Menschen, die sich für Parkanlagen und Gärten, für Burgen oder die Geschichte der Gälen interessieren. Die Liste könnte noch lange fortgesetzt werden. Unter anderem kommen hier auch Fans von Leuchttürmen auf ihre Kosten.

In einem Land mit einer so zerklüfteten Küste wie Schottland liegt es auf der Hand, dass es einer großen Anzahl von Leuchttürmen bedarf. Es ist auch wenig verwunderlich, dass diese Leuchttürme an wichtigen Punkten entlang der Klippen stehen. Kaum zu glauben, dass die Leuchttürme früher einmal die Schiffe mithilfe von Petroleumlichtern an den Felsklippen vorbei in die Häfen geleitet haben. Seit 1986 werden die Türme übrigens vom fernen Edinburgh aus gesteuert. Der Leuchtturmwärter gehört deshalb heute der Vergangenheit an. Das mag bedauerlich sein, bietet Besuchern jedoch unübersehbare Vorteile: An der ganzen schottischen Küste kann man inzwischen in den früheren Personalunterkünften der Leuchttürme Zimmer mieten.

Leuchtfeuer Rua Reidh

Einer der eindrucksvollsten Türme wurde 1912 am nordöstlichen Ufer von Wester Ross gebaut, wo Loch Ewe in The Minch mündet. Das Licht der Fresnel-Linse des Rua Reidh Lighthouse konnte man bis zu der Insel Skye und den Äußeren Hebriden sehen. Heute sind die Linse und das Nebelhorn, das bis 1980 alle 90 Sekunden ertönte, im nahe gelegenen Gairloch Heritage Museum ausgestellt. Mit der Inneneinrichtung des Leucht-

Das Eiland »Isle of Ewe« wird gern für romantische Hochzeitszeremonien genutzt (oben). Der Old Inn in Gairloch verfügt über eine sehr gute Küche und eine kleine Hausbrauerei (unten). Zu Füßen des Berggipfels Slioch erstreckt sich der langgezogene Loch Maree mit seinen kleinen Inselchen (rechte Seite oben). Der Eingang zum Wandergebiet am Beinn Eighe (rechte Seite unten).

turms ging man weniger pfleglich um: Sie wurde herausgerissen und zum Teil als Alteisen verschrottet. Industriearchäologie spielt erst heutzutage wieder eine Rolle. Dabei taucht immer wieder der Name Stevenson auf. Die Familiendynastie, zu der auch der Schriftsteller Robert-Louis Stevenson gehört, zeichnet verantwortlich für die lebenswichtige Ausstaffierung der Küsten Schottlands ab dem Ende des 18. Jahrhunderts. Die meisten der zahlreichen Landmarken, Leuchttürme erscheinen auf ihre Art zeitlos, wurden von den Stevensons geplant, unter teils abenteuerlichen Bedingungen errichtet und sind ihr weithin sichtbares Vermächtnis.

Während man heute von Gairloch aus recht bequem auf der B8021 an der Küste entlangfahren kann – die zauberhaften Strände von Big Sand, Peterburn und Melvaig ebenso zur Linken wie der Norden der Isle of Skye, Lewis und Harris am nicht selten wolkenverhangenen Horizont – und sich der immer schmaler werdende Weg langsam nordwärts durch Heide und Moorgebiete windet, bis er schließlich oberhalb des Parkplatzes von Rua Reidh endet, vergisst man schnell, dass es ihn vor über 100 Jahren noch gar nicht gab. Die Errichtung des strahlend weiß getünchten und gelb abgesetzten, 25 Meter hohen Turms und der Häuser muss für die Bediensteten eine unvergleichliche Strapaze gewesen sein. Spaziert man, gutes Wetter vorausgesetzt, noch ein Stück weiter an der felsigen Küsten entlang, finden sich bald zwei einsame romantische Sandbuchten.
Am südlichen Ortsrand Gairlochs liegen die breiten Strände Gaineamh Mhòr und Gairloch South Beach, die in einem weiten Bogen in die Meeresbucht hineinragen und problemlos in wenigen Minuten zu Fuß vom lokalhistorischen Museum in einem ehemaligen Atombunker und dem verträumten Zentrum zu erreichen sind. Gut 14 Kilometer südwestlich der B8056 bis zum Ende folgend gelangt man am Red Point zum nicht nur wegen der Aussicht spektakulären Redpoint North Beach. Die ungewöhnliche orangerote bis pinke Farbgebung des Sandes beruht auf den Schalen der Tellin-Muschel, die feinst gemahlen insbesondere im Licht der Abendsonne eine traumhafte Stimmung erzeugen.

Beim Heiligen Máel Ruba

Loch Ewe wird vom wunderschönen Loch Maree gespeist. Die Landschaft am Ufer des 20 Kilometer langen und bis zu vier Kilometer breiten Sees bietet etwas für Schottland Ungewöhnliches: Sowohl die Berge als auch die zahlreichen Inseln im See sind zum Teil bewaldet. Vom Nordufer blickt man auf

den mächtigen Slioch, mit 981 Metern der höchste Berg der Region. Sein Name leitet sich vom Gälischen *sleagh* ab und bedeutet »Speer«. Der Name verwundert, bis man den Berg vom Westen her betrachtet.
Am Loch Maree wird einem wieder bewusst, dass Schottlands Geschichte nicht nur aus Kriegen und Clan-Fehden bestand. Schottland war auch der Schauplatz einer frühen Christianisierung, die von Irland ausging und auf dem europäischen Kontinent fortgeführt wurde. Infolgedessen trifft man an vielen Orten auf die Wirkungsstätten früher Missionare. Um deren Heldentaten ranken sich viele Geschichten von wilden Abenteuern und Begegnungen mit furchterregenden Ungeheuern oder sogar dem Leibhaftigen persönlich.
So befinden sich auf einer Insel im Loch Maree nicht nur uralte Bäume, die eine wichtige Rolle bei religiösen Zeremonien der Druiden eine Rolle gespielt haben sollen, sondern auch die Ruine einer ehemaligen Kapelle, ein kleiner Friedhof, ein heiliger Brunnen und ein heiliger Baum – denn hier soll im 8. Jahrhundert Máel Ruba gelebt haben. Der Gründer des Klosters Applecross ist neben Columban der beliebteste Heilige im Nordwesten Schottlands. Über 21 Kirchen sind nach ihm benannt. Der Legende zufolge wurde Máel Ruba 722 auf seiner letzten Reise von dänischen Wikingern in der Nähe von Strathnaver getötet. Dass Historiker die ersten Wikinger-Überfälle auf die Zeit nach 790 datieren, hat dem Image des Heiligen keinen Abbruch getan.

Monster oder Monsterfisch?

Darüber hinaus besitzt auch Loch Maree sein eigenes Ungeheuer. Das Muc-sheilche ist jedoch schwer zu fassen, da es sich in verschiedenen Lochs der direkten Umgebung aufhält. Es gibt keine Fotos, auch genaue Beschreibungen des Ungeheuers fehlen. Skeptiker meinen, es könnte sich um einen gigantischen Aal handeln. Andere wiederum halten die Story vom Ungeheuer lediglich für eine lokale Legende. Was nun auch immer stimmen mag, die Grenzen der Fantasie sind weit gesteckt; Tatsache aber ist auch, dass Queen Victoria 1877 im Loch Maree Hotel im Örtchen Talladale Station machte. Die reisefreudige Monarchin löste damit einen vorübergehenden touristischen Boom in der Region aus, und der See entpuppte sich als Angelparadies für Freizeitfischer, denen der Sinn nach Forellen stand. Ein zuweilen durchaus ansehnlicher Wasserfall in der kargen wie majestätischen Landschaft unweit des Hotels, das noch heute gern auf den Besuch der Königin hinweist, wurde kurz danach zu den »Victoria Falls«.

TOP ★ ERLEBNIS

★ BEINN EIGHE NATURE RESERVE WOODLAND TRAIL HIKING

Beinn Eighe ist ein Bergmassiv am Loch Torridon, zu dem auch der eindrucksvolle Liathach und der Beinn Alligin gehören. Es ist klar, warum dieses Gebiet so beliebt bei Wanderern ist. Wie überall in Schottland bietet sich hier ein überwältigendes Naturerlebnis, und man kann unterwegs verschiedenste landschaftliche Szenerien genießen.
Der Mountain Trail ist der wohl einzige markierte Bergpfad in Großbritannien. Die abwechslungsreiche Route verläuft durch eindrucksvolle alte Kiefernwälder und über kahle, von Gletschereis glatt geschabte Hochebenen. Auf der mitunter steilen Wanderung sind anständige Wanderstiefel und wetterfeste Kleidung ein Muss.
Der Woodland Trail bleibt, wie der Name schon andeutet, im Bereich der kaledonischen Kiefernwälder. Sie waren der Grund, dass das Gebiet 1951 zum ersten Naturschutzgebiet des Vereinigten Königreichs ernannt wurde. Die Wege in diesem Teil des Naturschutzgebiets sind gut markiert und eignen sich auch für ungeübte Wanderer.

WEITERE INFORMATIONEN
www.walkhighlands.co.uk/torridon/Woodlandtrail.shtml

53 WILDE SCHÖNHEIT – IM HIGHLAND BEI ULLAPOOL

Von der Gruinard Bay zum Loch Assynt

Warum haben sich die Schotten ausgerechnet die stachelige Distel als Nationalblume ausgesucht? Die Region zwischen Loch Ewe und Little Loch Broom könnte die Antwort auf diese berechtigte Frage liefern. Die abweisende Distel passt perfekt zu diesem menschenleeren Gebiet, das in seiner wilden Einsamkeit selbst in den schottischen Highlands seinesgleichen sucht.

Die Fahrt entlang der Küste zwischen Loch Ewe und Little Loch Broom hinterlässt unvergessliche Eindrücke: Es geht immer nur langsam voran, die Straße schlängelt sich zwischen Heidekraut und riesigen Felsbrocken, erlaubt aber immer wieder die schönsten Ausblicke über die Buchten mit ihren Sandstränden und grünen Weiden. Vor langer Zeit gab es hier Bären und Luchse, heute entdeckt man mit etwas Glück sogar vom Auto aus am Wegesrand Schottlands Nationalblume: die Distel.

Die edle Stachelige

»It's the flowret the proud eagle greets in his flight, – as he covers the sun with the wings of his might. – It's the flowret that laughs at the storm as it blows, – for the stronger the tempest, the greener it grows!«

Die Distel ist ein uraltes keltisches Symbol für edlen Charakter und adelige Abstammung. Der schottische Distelorden ist nach dem Hosenbandorden der zweithöchste Orden des Vereinigten Königreichs. Doch warum gerade die Distel, eine Pflanze, die filigran und zart aussehen mag, in Wirklichkeit aber genau das Gegenteil davon ist. Nun, die Legende kennt die Antwort: Sie erzählt von eindringenden Wikingern, die eines Nachts versuchten, sich an ein schottisches Heerlager heranzuschleichen.

Mit 1300 Einwohnern ist das Fischerdorf Ullapool am Loch Broom der größte Ort der Region (unten). In der riesigen Gruinard Bay wechseln sich Sand- mit Kieselstränden ab. Hier münden Loch Broom und Little Loch Broom in The Minch (rechte Seite).

Kommunikationstraditionen werden noch stets in den abgelegenen Regionen des Landes gepflegt (oben). Der Abschnitt an der Gruinard Bay gehört auch zur touristischen Straße North Coast 500 (unten). Zwischen Loch Broom, Loch Assynt und Loch a'Chairn Bhain erstreckt sich eine abwechslungsreiche Landschaft mit Seen, Buchten und Flüssen (rechte Seite oben). Etwas nördlich der Ortschaft Lochinver lockt die Bay of Stoer mit Sandstrand und Dünen (rechte Seite unten).

Aber einer der Wikinger war barfuß und trat versehentlich auf eine Distel. Er schrie vor Schmerz auf, und was dann folgte, liegt auf der Hand ... Die stachelige Distel also wird seither in diesem gebeutelten Land verehrt, das über die Jahrhunderte hinweg so viel Leid erfuhr und sich dennoch nicht besiegen ließ.

Schreckensschöne Gruinard Bay

An der Gruinard Bay schweift der Blick weit bis zu den Summer Isles. Dazwischen liegt die Insel Gruinard, bei deren Erwähnung die meisten Schotten noch heute erschrocken zusammenzucken. Bis heute ist fast niemand bereit, diese Insel zu betreten. Dort wurden während des Zweiten Weltkriegs Versuche mit Milzbranderregern durchgeführt. Man stellte fest, dass die Sporen des Erregers in den Boden eingedrungen waren. Die Insel wurde zum Sperrgebiet erklärt, erst 1986 begann eine groß angelegte Dekontaminierung. Vier Jahre später wurde die Insel offiziell für wieder bewohnbar erklärt. Die Erben des ursprünglichen Besitzers kauften sie daraufhin zum Original-Verkaufspreis von 500 Pfund zurück. Doch obwohl seit 2007 kein Milzbranderreger mehr entdeckt worden ist, bleibt die Insel menschenleer. Die Schotten ziehen es vor, Gruinard von der Ferne aus zu betrachten.

In der Bucht klar erkennbar sind auch die Fährschiffe, die vom Fischerdörfchen Ullapool nach Stornoway auf der Insel Lewis and Harris unterwegs sind. Trotz seiner schaurigen Vergangenheit sollte man die landschaftliche Schönheit des Gebietes genießen. Die Region gehört zu den wildesten schottischen Küstenabschnitten, und von den Summer Isles in der Mündung von Loch Broom war nur Tanera Mòr bewohnt. 1881 wohnten noch 118 Menschen auf der Insel, 2011 nur noch vier. Im Mai 2013 schließlich wurde Tanera Mòr für 2,5 Millionen Pfund zum Verkauf angeboten, der Preis wurde später auf 1,95 Millionen reduziert. Der Andrang der Interessenten hielt sich – trotz der vielen Otter, Kegelrobben und wilden Orchideen, die die Insel bevölkern – in Grenzen. Abenteuerlustige mieten sich ein Boot, um auch zu den anderen Summer Isles zu schippern – Bottle Island, Horse Island, Priest Island und viele andere mit unaussprechlichen gälischen Namen wie Maell nan Gabhar. Auf der »Pferdeinsel« tummeln sich heute nur noch ein paar freilebende Ziegen.

Pittoreskes Ullapool

Richtung Norden führt die Strecke vorbei am Little Loch Broom und an beiden Seiten des Loch Broom entlang nach Ullapool.

Der noch junge und doch äußerst malerische Ort liegt am wildesten Abschnitt der weitgehend unberührten Westküste, doch kommen dank der besseren Straßen und des Fährhafens zu den Äußeren Hebriden immer mehr Besucher in den Ort. Ullapool wurde von der *Fisheries Association* gegründet, die hier die Herings-Industrie aufbauen wollte. Noch heute stehen in dem idyllischen Ort die weiß getünchten Fischerhäuser, allerdings sind dort inzwischen Geschäfte, Restaurants und das Hotel The Cèilidh Place eingezogen. Der Name spielt auf die Tradition der Gälen an, sich bei einem *cèilidh* zusammenzusetzen, um sich gegenseitig Geschichten zu erzählen.

Die Nixe im Loch Assynt

Ullapool ist Ausgangpunkt für Wanderungen in einer der schönsten Berglandschaften der Highlands. Das Ziel ist der Süßwassersee Loch Assynt, der manchmal einem Farbholzschnitt des japanischen Künstlers Hokusai gleicht: Mitten im spiegelglatten Wasser liegt eine Insel mit ein paar windgepeitschten Bäumen, am nordöstlichen Ufer steht die romantische Ruine Ardvreck Castle. Die Burg wurde um 1590 vom Clan MacLeod gebaut, dem Loch Assynt und sein Umland seit dem 13. Jahrhundert gehörten. 1672 wurde sie dann vom Clan MacKenzie eingenommen. Einer Sage zufolge wurde einst die MacLeod-Tochter Eimher dem Teufel als Braut versprochen. Um sich zu verstecken, sprang sie in eine Unterwasserhöhle im Loch und verwandelte sich dort in die Wassernixe von Assynt. Die Überlieferung weiß auch zu berichten, dass die geologischen Verwerfungen der Region entstanden, als der geprellte Teufel wutentbrannt mit Felsbrocken um sich warf.

Die grandiose unberührte Landschaft des Gebiets erkundet man am besten zu Fuß, ausgerüstet mit Wanderstiefeln, Wanderstock und viel Proviant. Wenn man aus den Glens auf die Hochebenen aufsteigt, wähnt man sich in einer anderen Welt. Schier unendlich reicht hier der Blick über baumlose Flächen, zu runden Bergen und kleinen Seen.

Am östlichen Ende des Loch Assynt wartet Inchnadamph mit einer Handvoll Häusern, einer Herberge und einem Hotel auf. In den Höhlen oberhalb des Weilers fanden Archäologen Überreste von Luchsen, Braunbären und Polarfüchsen sowie den einzigen Hinweis auf Eisbären, der je in Schottland entdeckt wurde. Außerdem kamen über 5000 Jahre alte menschliche Knochen zutage sowie das Skelett eines Bären, der allem Anschein nach hier vor 11 000 Jahren überwinterte.

TOP ★ ERLEBNISSE

★ LOCHINVER

Ein hübscher kleiner Hafen in einer geschützten Bucht an der Westküste – eigentlich müsste man von Lochinver aus die Insel Lewis sehen, doch versperren Soyea Isle und ein paar kleinere Inseln in der Bucht des Loch Inver den Blick. Dafür bilden die Berge eine prächtige Kulisse. Der Caisteal Liath, der wie ein Zuckerhut aussieht, sticht aus dem Panorama des Suilven-Massivs hervor. Der Fluss, der dem Ort und dem Loch seinen Namen gab, der River Inver, fließt vom Loch Assynt hierher. Der Ort ist ein herrlicher Ausgangspunkt für Entdeckungen der rund 200 Lochans und mehrerer Strände.

★ KYLESKU HOTEL

Kleines stimmungsvolles Hotelrestaurant mit fantastischer Aussicht und exzellenten Fisch- und Meeresfrüchtegerichten sowie reichhaltiger Getränkeauswahl mit u. a. regionalen Bieren.

WEITERE INFORMATIONEN
www.inverlodge.com;
www.kyleskuhotel.co.uk

Der traumhafte Inverewe Gardens muss ständig gehegt und gepflegt werden (oben). Dank des wärmenden Golfstroms blühen in Inverewe sogar Seerosen und viele Exoten (rechte Seite unten). Schwindelfreiheit ist eine gute Voraussetzung für das Betreten des Steges über der Schlucht von Corrieshalloch (rechte Seite oben).

54 GESCHENK DES GOLFSTROMS – INVEREWE GARDENS

Exoten am Loch Ewe

Neben einer abwechslungsreichen Landschaft bietet Schottlands Westküste auch eine botanische Überraschung, die so manchen Besucher in Erstaunen versetzt. Der warme Golfstrom, der von Florida in Richtung Irland und Britische Inseln fließt, sorgt hier für ein mildes Klima. Das wiederum hat sich für das Überleben tropischer Pflanzen in dieser Region als ausgesprochen günstig erwiesen.

Der segensreiche Golfstrom fließt direkt an Schottlands Westküste vorbei und sorgt mit seinem warmen Wasser, dass dort im hohen Norden ein gemäßigtes Klima herrscht, in dem das Thermometer selten unter -10° Celsius fällt und so gut wie nie über 30° Celsius klettert. Dieses ungewöhnlich milde Klima veranlasste viele Großgrundbesitzer schon in früheren Jahrhunderten, Gärten mit Pflanzen aus aller Herren Länder gestalten zu lassen.

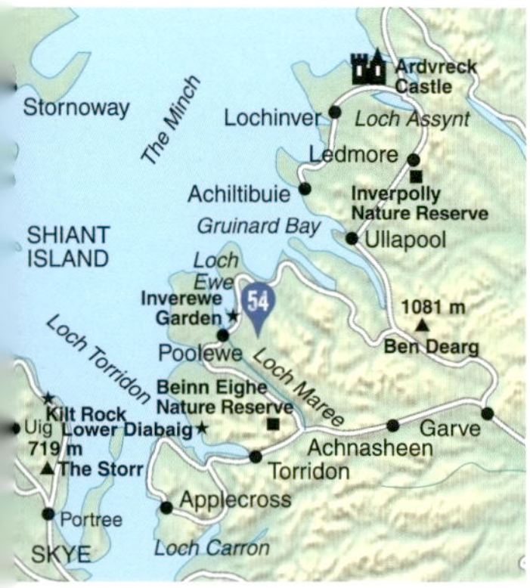

Mackenzies gärtnerische Vision

Der Inverewe Gardens liegt bei Poolewe direkt am Loch Ewe und wurde 1862 von Osgood Mackenzie auf einem 850 Hektar großen Grundstück angelegt, das er von seiner Mutter geschenkt bekommen hatte. Es heißt, dass damals nur ein einziger Baum auf dieser riesigen Fläche stand, eine kümmerliche kleine Weide. Mackenzie besaß jedoch nicht nur Land, er war auch reich und konnte sich eine gärtnerische Gestaltung leisten. Als Erstes ließ er als Windschutz zunächst einheimische, später skandinavische Bäume und Sträucher pflanzen. Die notwendige Erde ließ er aus Irland kommen. Heute befinden sich im Inverewe Gardens große Rhododendrenwälder, die ab Januar fast das ganze Jahr hindurch blühen. Neben den vielen Rhododendrensorten, die teils direkt aus dem Himalaya eingeführt wurden, wachsen in dem schönen botanischen Garten unzählige Eukalyptusbäume aus Australien, Tasmanien und Neuseeland sowie 2500 weitere exotische Pflanzenarten. Die Farbenpracht der Sommermonate entzieht sich jeder Beschreibung. Besonders schön und besonders britisch ist der direkt am Strand gelegene, von einer Ziegelmauer umgebene *walled garden* mit großartigem Blick auf eine schmale Bucht am großen Loch Ewe.

Das natürliche Arrangement der Bepflanzung ist das Erbe der großen englischen Landschaftsarchitekten William Kent und Capability Brown, die sich im 18. Jahrhundert von der typischen Schlossparkarchitektur abwandten und eine natürliche Landschaftsgestaltung einführten. Hoch oben im Nordwesten von Schottland ließ sich dies zwar nicht ganz so einfach umsetzen wie im englischen Süden, doch Mackenzie blieb seiner Vision eines artenreichen Gartens voller Exoten treu. Nach seinem Tod 1922 führte seine Tochter die Arbeit weiter, die die Anlage dem National Trust for Scotland vermachte. Inverewe Gardens war damals allerdings eher ein Geheimtipp, lag er doch in einem abgelegenen Abschnitt der Westküste, der über schlechte einspurige Straßen schwer zu erreichen war. Wer Schottland in den vergangenen Jahrzehnten bereist hat, weiß wie sehr das Verkehrsnetz inzwischen modernisiert wurde. Zwar sieht man immer noch alte Buckelbrücken, die vielleicht schon seit Jahrhunderten über einen Fluss oder Bach führen, oder enge holprige Straßen, die seit vielen Generationen zwei winzige Ortschaften miteinander verbinden, dennoch kommt man heute auf modernen Strecken sehr viel schneller als früher voran. So erklärt sich, dass Inverewe Gardens vor 50 Jahren rund 3000 Menschen anlockte und heute fast 200 000 Besucher pro Jahr zählt. Wie überall gibt es auch hier ein gutes Visitor Centre, einen großen Souvenirshop mit einem umfangreichen Sortiment und ein Café.

Poolewe am Loch Ewe

Aber auch jenseits des Inverewe Gardens ist die Gegend um Loch Ewe wunderschön und lädt zu ausgedehnten Spaziergängen ein. Selbstverständlich profitiert auch das Örtchen Poolewe an der Mündung des River Ewe in den Loch Ewe von der Beliebtheit des Gartens. So gibt es hier ein winziges Hallenbad, ein kleines Café, ein bescheidenes Hotel und einen Minisupermarkt, in dem sich auch die Post befindet. Was eher verwundert, sind die Verteidigungsanlagen und Bunker an der Mündung des Loch Ewe und das World War II Memorial. Aus der geschützten Bucht des Lochs starteten während des Zweiten Weltkriegs die Konvois der britischen Nordmeer-Versorgungsschiffe in Richtung Murmansk.

TOP ★ ERLEBNISSE

★ CORRIESHALLOCH GORGE

Die grüne, dicht bewaldete enge Schlucht, die durch eiszeitliches Schmelzwasser vor langer Zeit gebildet wurde, stellt das kleinste schottische Naturreservat. Der River Droma stürzt sich dramatisch rauschend über 45 Meter in die Tiefe, was man von einer Fußgängerbrücke sowie einer Aussichtsplattform bestens beobachten kann.
www.nts.org.uk/visit/places/corrieshalloch-gorge

★ SANDWOOD BAY

Um den endlos langen goldgelben Strand im nordwestlichen Zipfel Schottlands zu erreichen, ist eine Wanderung von gut sechs Kilometern notwendig, die auf dem Parkplatz im Örtchen Blairmore beginnt. Der Schäfer, eine markante Felsnadel in der Brandung, wacht über die schon oft besungene Bucht, die auch von Fabelwesen frequentiert wird.
www.johnmuirtrust.org/about-us/where-we-work/sandwood

★ POOL HOUSE

Das ehemalige, familiär geführte Gästehaus der Spitzenklasse mit seinen vier ungewöhnlichen, zudem luxuriösen Suiten direkt am Loch Ewe war ursprünglich ein viktorianisches Jagdhaus. Auf Führungen durch das aparte Domizil mit seiner reichhaltigen Ausstattung erfährt man manch Anekdote aus der hochrangigen Gästeschar des Hauses, darunter u. a. Brad Pitt.
www.pool-house.co.uk

55 SANDSTRAND UND MEHR – RUND UM DURNESS

Zur Sango Bay und Smoo Cave

Schottlands Nordküste zeigt die verschiedensten Gesichter. Häufig erscheint sie geradezu abweisend und unzugänglich, an anderen Stellen dagegen ganz zahm. Sie ist jedoch immer sehenswert, zumal am nordwestlichsten Punkt Großbritanniens. Wie an so vielen schottischen Orten sind Mythen und Folklore auch dort allgegenwärtig. Selbst ein Tor zur Unterwelt soll es in dieser Gegend geben.

Besucher der englischen Südküste sind oft von den steinigen Stränden der Region enttäuscht. Wer dagegen zur schottischen West- und Nordküste kommt, kann den Anblick der vielen herrlichen Sandstrände meist erst mal gar nicht fassen. Eine ganze Reihe solch schöner Strände findet man im äußersten Nordwesten, wo Schottland eigentlich am rauesten ist.

Von Durness nach Cape Wrath

Der größte Anziehungspunkt im hohen Nordwesten ist Durness. Der Ort an sich hat eigentlich nur ein Information Centre zu bieten, in dem man bereitwillig Auskunft über die Sehenswürdigkeiten in der Umgebung gibt. Der nachgestellte Steinkreis vor dem Zentrum zählt allerdings nicht unbedingt zu den Topattraktionen, schließlich gibt es ja nun wirklich sehr eindrucksvolle echte Steinkreise in Schottland.

Sehenswert sind hingegen auf jeden Fall die Höhle Smoo Cave sowie die Sandstrände in den Buchten auf dem Weg zum Cape Wrath. Die Nordwestspitze des britischen Festlands ist mit einer Personenfähre, einem Minibus oder zu Fuß zu erreichen. Das Kap dient als Übungsgebiet für die britische und US-amerikanische Air Force, ist also nicht immer zugänglich und manchmal auch nicht sehr idyllisch. Trotzdem lohnt sich ein Ausflug allein schon wegen des mächtigen

Die Strände an der Küste vor Durness sind einfach nur traumhaft und daher auch populäre Locations für Fotografen (unten). In Loch Eriboil ragt der pittoreske Tombolo hinein, an dessen Ende die Kalkgrube und -brennerei Ard Neackie liegt (rechte Seite).

Auf dem Sandstrand der Sango Bay liegen riesige Felsbrocken wie gestrandete Wale (oben). Der Strand von Balnakeil ist ein besonders apartes Schmuckstein in der zauberhaften Küstenszenerie um Durness (unten). Die Smoo Cave führt der Legende zufolge direkt in die Unterwelt (rechte Seite oben). In der Sango Bay herrschen ideale Bedingungen für Surf-Fans (rechte Seite unten).

Leuchtturms aus dem Jahr 1828. Dieser ist wie alle anderen schottischen Leuchttürme nicht mehr bemannt, sondern wird seit 1998 von Edinburgh aus gesteuert. Seit 2001 ist auch sein Nebelhorn verstummt. Wer hier in Schottlands wildestem Landstrich, gefühlt am Ende der Welt, rasten möchte, findet zumindest ein 2009 eröffnetes Café.

Am Tor zur Unterwelt

Der Beatles-Song »In My Life«, geschrieben von John Lennon, wird oft als Hommage des genialen Musikers an Durness gesehen. In seiner Jugend verbrachte er hier viel Zeit, streunte die Strände entlang und warf sicher mehr als einen Blick in die geheimnisvolle Welt der Smoo Cave. Wenn das Wasser des Flusses Allt Smoo 24 Meter in die Tiefe der Meeresgrotte fällt, erzeugt es, insbesondere wenn es zuvor viel geregnet hat, eine geradezu diabolische Geräuschkulisse, die an den Wänden der Höhlenkammern in vielstimmigem Echo widerhallt. Allein schon ihr 40 Meter breiter und 15 Meter hoher Eingang ist äußerst eindrucksvoll. Drei Kammern der großen, meist zusätzlich illuminierten Höhle kann man besichtigen, die dritte jedoch nur mit einem kleinen Boot.

Wir wären nicht in Schottland, wenn es nicht auch unzählige Legenden und Geistergeschichten über die Smoo Cave gäbe. So vermutete man hier früher einen Zugang zur Unterwelt, und so mancher Schotte konnte dies angeblich auch bezeugen: Donald Mackay, der Erste Lord of Reay und Chief des Clans Mackay, behauptete beispielsweise steif und fest, an der Höhle des Öfteren den Teufel getroffen und ihn jedes Mal besiegt zu haben. Darüber soll Satan derart zornig geworden sein, dass er dem Lord eines Morgens vor Sonnenaufgang in der Smoo Cave auflauerte. Glücklicherweise ließ der Lord seinen Hund in die Höhle vorauslaufen. Als dieser kurz danach heulend und komplett enthaart herauskam, wusste der Lord, was die Stunde geschlagen hatte. Gott sei Dank ging in dem Moment die Sonne auf. Im Tageslicht war der Teufel machtlos und verließ den Ort des Geschehens durch das Dach der Höhle. Die drei Löcher, die wir heute dort oben sehen, sind natürlich der Beweis dafür, und an John Lennon erinnern ein Gedenkstein und ein kleiner Garten.

Etwas glaubhafter erscheint vielleicht eher die Geschichte, dass sich in der Höhle eine illegale Whiskybrennerei befunden haben soll. Auf der Suche nach den Schwarzbrennern sollen zwei Steuereintreiber eines Tages in die zweite Höhle vorgedrungen sein, wurden dort aber von einem Hochwasser überrascht. Ihr Boot kenterte, und sie ertranken.

Aber es wurde nur eine Leiche gefunden. Angeblich geistert der zweite Mann bis zum heutigen Tag ab und zu bei Hochwasser in der Höhle herum ...

Einsam und populär

Umrahmt von einer atemberaubenden Klippenküste breiten sich vor Durness fantastische Sandstrände aus, die zu einem Bad einladen, das jedoch hartgesottenen Zeitgenossen vorbehalten ist. Insbesondere die etwas nördlich gelegene Balnakeil Bay zeigt sich dem Besucher als schier übernatürlicher Traum aus Sand, Dünen und türkisblauem Meer. Diese Anmut teilt sie oft nur mit dem Wind und den Seevögeln. Vom ehemaligen winzigen Dorf ist nichts weiter übrig als der frühere Gutshof von 1744, der komplett als Ferienunterkunft vermietet wird, und der uralte Friedhof mit der in Ruinen liegenden Kapelle. Aus den schmucklosen Baracken der in den 1950er-Jahren errichteten Raketenfrühwarnstation am Weg zum Strand entstand das Balnakeil Craft Village, eine kleine Kolonie von Kunsthandwerkern, die die unvergleichliche Inspiration aus der Umgebung kreativ in Schmuck, Bildern und Gebrauchsgegenständen umsetzen. Es gibt eine kleine Bibliothek mit Cafeteria sowie das viel gerühmte Cocoa Mountain Café, das nach einer Strandwanderung die Lebensgeister mit exzellentem heißem Kakao wieder auf Trab bringt.

Schroffe Klippen im Wechselspiel mit herrlichen, meist einsamen Stränden machen den unbestreitbaren Reiz der Nordküste Großbritanniens aus, unterstützt von einigen tief ins Land hineinragenden Fjorden. Ein kleiner feinsandiger Isthmus stellt die Verbindung zur historischen Kalkgrube und -brennerei Ard Neackie auf einem Inselchen im Loch Eriboil her. Das gegenüberliegende Ufer erreichte man früher, als es noch keine durchgehende Straße gab, mittels einer Fähre.

Sie hätte heute extrem viel zu tun, denn sie wäre ein Teil der 2015 eingerichteten touristischen Straße North Coast 500, gepriesen als Traumstraße, als schottische Antwort auf die Route 66 und mit dem durchaus ehrenwerten Hintergedanken, diese sehr abseits gelegene Region den Schottlandurlaubern näherzubringen. Das Konzept ging auf. Ein unerwartet großer Hype brach aus, denn plötzlich wollte jeder die markierte Runde befahren. Dass die zahlreichen Single Track Roads dem erhöhten Verkehrsaufkommen nicht gewachsen sein würden, hatte man nicht bedacht, ebenso wenig, dass die Reisenden reichlich Unrat hinterlassen würden. Die Bewohner des Nordens, gerade um Durness, haben daher sehr zwiespältige Gefühle über den Nutzen der NC500.

TOP ★ ERLEBNIS

★ SURFEN IN DER SANGO BAY

An Schottlands dünn besiedelter Nordküste liegt mit Durness das nordwestlichste Dorf des britischen Festlandes. Besucher entdecken hier eine beeindruckende Landschaft von rauer Schönheit – auch in der Sango Bay, wo schwarze Felsen mit dem weißen Sand des Strandes kontrastieren. Die Sango Bay ist ein beliebtes Ziel für Surfer, sicherlich nicht zuletzt auch deshalb, weil man dort – in Schottland ist dies mehr oder weniger erlaubt – hervorragend wild zelten kann. Wildcamper lassen sich hier auf den Wiesen oberhalb der Bucht nieder, wo sie eine herrliche Aussicht auf das Meer und die umgebende Landschaft genießen können. Aber auch der offizielle Campingplatz Sango Sands Oasis enttäuscht nicht und lockt die Surfer sogar außerhalb der Saison an, denn dann kann man dort kostenlos sein Zelt aufschlagen oder seinen Camper parken. Allerdings ist dann das Wasser abgestellt. Den Surfern gefällt in der Sango Bay jedoch vor allem, dass es hier je nach Wind- und Swellrichtung einen guten Beachbreak gibt, dass man sich seine eigenen Buchten aussuchen kann und im Sommer die Nächte extrem kurz sind.
www.sangosands.com

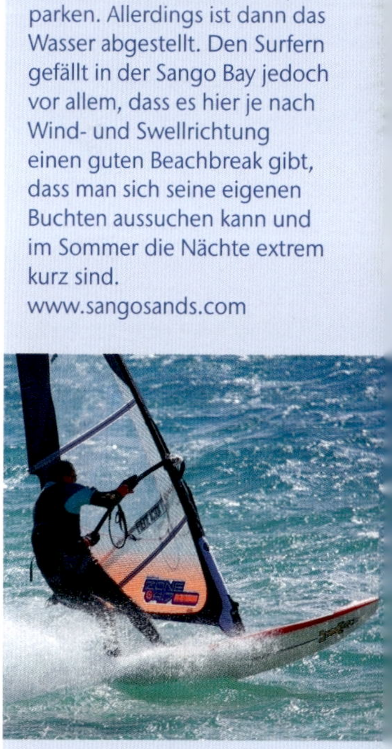

Nur ein paar Krebskörbe erinnern noch daran, dass in Staxigoe einst Fischerboote in See stachen (oben). Mit ihrer Zerstörung 1690 begann die bezaubernde Romantik von Castle Sinclair Girnigoe. Die Burg liegt dramatisch an der felsigen Klippenküste über der sturmumtosten Nordsee (rechte Seite unten). Castle of Mey, das bevorzugte Schloss der lebenslustigen Queen Mum (rechte Seite oben).

56 FLACHLAND – IM ÄUßERSTEN NORDOSTEN

Von Duncansby Head bis Sinclair's Bay

Der Nordosten Schottlands liegt an der Nordsee und unterscheidet sich erheblich von der Atlantikküste. Verschwunden sind die wilden Berge und zerklüfteten Buchten des Westens. Hier ist das Land unendlich flach, und es wechseln sich Viehweiden mit Hochmooren ab. Dazwischen zeugen vereinzelte Burgruinen von erbitterten Kämpfen mit Eindringlingen aus dem Norden.

Wer einmal durch das gesamte Vereinigte Königreich wandert oder radelt, der bringt von Land's End in Cornwall bis John o'Groats hoch oben in Schottlands Nordosten über 876 Meilen hinter sich. Nicht eingeschlossen sind auf dieser langen Strecke der nördlichste Punkt, Dunnet Head in der Nähe des Leuchtturms am Cape Wrath, und die Nordostspitze am Leuchtturm von Duncansby Head. Für die Landvermesser entscheidend ist nur John o'Groats als einzige, wenn auch wirklich winzige Ortschaft in der Region. Das Dorf fungiert noch nicht einmal als bedeutender Fährhafen zu den Orkney-Inseln. Von hier setzt lediglich eine Fähre zur Insel South Ronaldsay über, die Boote zur Hauptinsel der Orkneys legen in Scrabster bei Thurso ab.

An der Nordseeküste

In Sichtweite der Orkneys beginnt auf dem Festland beim Leuchtturm von Duncansby Head die an der Nordsee gelegene Ostküste Schottlands. Das Land ist vorwiegend flach und grün, dazwischen liegen Hochmoore und Heideflächen sowie einige wenige Häuser und kleine Höfe. Statt Trockensteinmauern trennen nun Zäune die einzelnen Viehweiden voneinander. Dass die Küste hier nicht ganz so gefährlich ist wie im Westen, erkennt man schon an der geringen Größe des viereckigen Leuchtturms, der keinesfalls majestätisch in den Himmel ragt. 22 Seemeilen reicht das Licht des 1924 errichteten Bauwerks in die Nordsee und warnt die Schiffe vor den pittoresken Duncansby Stacks.

Die Strecke entlang der Küste gen Süden ist schön, fast ständig öffnet sich der Blick aufs Meer. Hin und wieder kann man sogar bis ans Wasser fahren, beispielsweise bei Auckengill. Für den besseren Überblick lohnt es sich unbedingt, eine Landkarte der Ordnance Survey mitzunehmen. Auf die erste Ortschaft trifft man 16 Kilometer von Duncansby Head entfernt am nördlichen Ende der Sinclair's Bay. Keiss ist zwar kein besonders malerischer Ort, bietet jedoch zumindest ein Hotel, einen Laden und einen winzigen Fischereihafen.

Romantisches Keiss Castle

Eine Touristenattraktion ist die rund 1,5 Kilometer außerhalb von Keiss gelegene Ruine von Keiss Castle. Die beeindruckende Burg wurde direkt ans Meer auf einer Steilklippe gebaut und war schon im frühen 18. Jahrhundert baufällig. Wegen eines Erbstreits stand sie viele Jahre leer, zudem wurde sie von den Nordseewinden schwer gebeutelt. Ein zweites Schloss wurde in Sichtweite landeinwärts im Scottish-Baronial-Stil erbaut und 1866 an den Herzog von Portland verkauft.
Um die Ruine zu besichtigen, muss man bis zum Hafen fahren und dann ungefähr einen Kilometer an der Küste zu Fuß gehen. Auf keinen Fall darf man sie betreten, da sie inzwischen stark einsturzgefährdet ist. Man kann jedoch immer noch erkennen, dass sie einst ein höchst elegantes Bauwerk mit zwei Türmen gewesen war.

Imposanter Ackergill Tower

Die Sinclair's Bay erstreckt sich in Richtung Süden von Keiss bis zum Ackergill Tower, einer sehr gut erhaltenen mächtigen Burg aus dem frühen 16. Jahrhundert, die ebenfalls direkt am Meer gebaut ist. Die fünfstöckige Burg wurde erst 1986 als bewohntes Schloss verkauft und zu einem Luxushotel umfunktioniert. Inzwischen hat es neue Besitzer, die es für Veranstaltungen und Hochzeiten vermieten. Der wunderschöne weiße Sandstrand ist natürlich eine zusätzliche Attraktion.
Die Sinclair's Bay erstreckt sich noch über Ackergill hinaus und endet erst an einer weiteren Burgruine hoch oben auf einem Felsen. Castle Sinclair Girnigoe aus dem späten 15. Jahrhundert war eine der ersten Burgen des Clans Sinclair. Sie wurde 1690 von einem gewissen George Sinclair of Keiss zerstört, der sie an einen Campbell of Glen Orchy verloren hatte.

TOP ★ ERLEBNIS

★ CASTLE OF MEY

Hoch oben im äußersten Norden Schottlands steht das Castle of Mey, das 1952 von der Queen Mother gekauft wurde. Sie war Schottin und liebte die Einsamkeit Nordschottlands – ganz im Gegensatz zu Queen Victoria, die das malerisch gelegene Balmoral zu ihrer Sommerresidenz erklärte. Das Castle of Mey stammt aus dem 16. Jahrhundert und war damals vom 4. Earl of Caithness (so heißt die dortige Grafschaft) in Auftrag gegeben worden. Das Schloss blieb die Residenz der Earls of Caithness bis zum Ende des 19. Jahrhunderts. Konig Charles, der seiner Großmutter sehr nahestand, verbrachte hier jeden Sommer eine Woche. Ansonsten ist das Schloss, das seit 2002 von einer Stiftung verwaltet wird, für die Öffentlichkeit zugänglich, außer, die königliche Familie braucht es. Selbstverständlich wohnt hier auch ein Geist. Der Überlieferung zufolge hatte sich die Tochter des 5. Earl of Caithness in einen Landarbeiter verliebt, wurde daraufhin von ihrem Vater eingesperrt und stürzte sich vor Kummer aus dem Fenster. Seitdem spukt sie im Schloss.

WEITERE INFORMATIONEN
Castle of Mey:
www.castleofmey.org.uk

Die markanten Duncansby Stacks an der Nordküste gehören zu den eindrucksvollsten Felsformationen Schottlands.

OSTKÜSTE UND DIE ZENTRALEN HIGHLANDS

Eine Brise Freiheit

Die Windmühle von St Monans ist eine der Landmarken auf dem Fernwanderweg »Fife Coastal Path« (links). Tossing the Caber gehört zu den Highlights der Wettbewerbe bei Highland Games (oben). Unterwegs entdeckt man auf Wanderungen immer wieder zarte Blumen auf dem kargen Felsboden (unten).

Das prächtige Dunrobin Castle wurde im 19. Jahrhundert von Charles Barry umgebaut, der auch das Londoner Parlamentsgebäude plante (oben). Herrliche Ruhe findet man am kleinen Loch Fleet an der Ostküste (rechte Seite unten). Fahnen markieren die Linien der sich im Jahr 1746 gegenüberstehenden feindlichen Truppen auf dem schicksalsträchtigen Culloden Battlefield (rechte Seite oben).

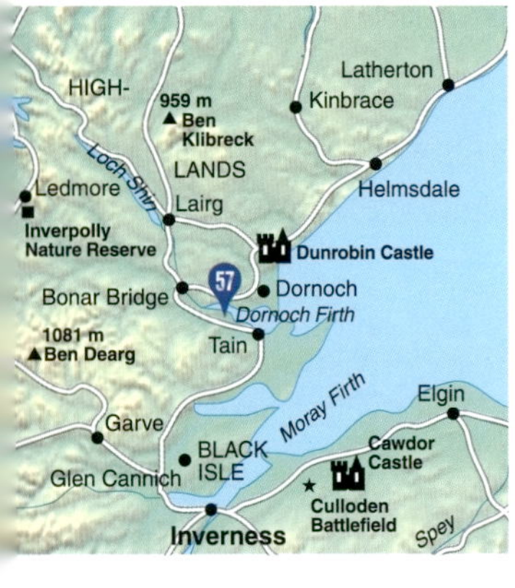

57 EINMAL UNABHÄNGIG – AM DORNOCH FIRTH

Schottlands Drama und Stolz

Noch heute läuft vielen Schotten ein eiskalter Schauer den Rücken hinunter, wenn man den ersten Herzog von Sutherland erwähnt. Er vertrieb mit brutaler Härte die Lehnbauern von seinem Land und verschiffte sie in die weit entfernten Kolonien Kanada, Australien und Neuseeland. Die Bauern mussten Platz machen für die lukrative Schafzucht und für das Rotwild, das Jäger aus allen Teilen des Landes anlockte.

Immer wieder wird man in Schottland an die *Clearances* erinnert, die Vertreibung der Landbevölkerung, mit der Platz für die wesentlich ertragreichere Schafzucht gemacht wurde. Die schlimmsten *Clearances* fanden in Sutherland statt. Hier lagen die Ländereien des Marquess of Stafford, einem der reichsten Männer des Vereinigten Königreichs. Die *Clearances* wurden für den Lord durch James Loch durchgeführt. Er nannte sie zunächst *Improvements*, also Verbesserungen. Loch stand mit Leib und Seele hinter seinem Auftrag und war überzeugt, dass sein Werk diesen einfältigen, faulen und nichtsnutzigen Menschen, als die er die Highlander betrachtete, nur zum Besten dienen würde. In vielen Fällen ließ er die Lehnbauern von ihren Häusern aus einfach an den Strand treiben, wo schon Emigrationsschiffe auf sie warteten. Das Ziel: Kanada, Australien oder Neuseeland.

Schottlands Prachtschloss

Für seine Verdienste wurde der Marquess of Stafford von König William IV zum 1. Duke of Sutherland erhoben. Brutalität und Grausamkeit hatten sich für ihn bezahlt gemacht. Die Sutherlands entwickelten sich im Lauf der

Jahrzehnte zu Europas größten Großgrundbesitzern. Dunrobin Castle, seit 1275 Stammsitz des Clans, gehörte zu den opulentesten Schlössern Europas. Bei seinem Anblick soll selbst Königin Victoria vor Neid erblasst sein. Schwer zu schätzen, was der erste Herzog von Sutherland wohl darüber denken würde, dass die Nachfahren der vertriebenen Lehnbauern heutzutage aus Kanada, Australien und Neuseeland anreisen, um sein prächtiges Schloss zu besichtigen. Es wird noch immer von der Familie bewohnt, ist aber wie fast alle Schlösser und Gartenanlagen der britischen Aristokratie von Anfang April bis Mitte Oktober für Besucher geöffnet. Dunrobin Castle gehört zu den ältesten, kontinuierlich bewohnten Häusern in Schottland und ist mit 189 Zimmern eines der größten und ohne Zweifel auch eines der eindrucksvollsten.
In den Annalen des Clans Sutherland wird selbstverständlich auch der erste Herzog aufgeführt. Da heißt es schlicht über ihn: Er war ein »liberaler Reformer, verheiratet mit der Countess of Sutherland und verantwortlich für die Sutherland Clearances«.
Südlich vom Schloss kommt man am Loch Fleet vorbei zum Dornoch Firth. Die Meeresbucht reicht 35 Kilometer weit ins Land hinein und ist unter Ornithologen aus aller Welt wohlbekannt. In den dortigen Naturschutzgebieten lebt unter anderem der in Europa seltene Fischadler, überwintern Graugänse und Brachvögel, entdeckt man Alpenstrandläufer, Austernfischer und Krickenten.

Schottlands Traum für einen Tag

Das zwischen Loch Fleet und dem Dornoch Firth gelegene Dembo ist ein winziger, eher unbekannter Ort. Dennoch sorgte Dembo einmal für Schlagzeilen in den britischen Zeitungen, als es sich am 16. Juli 1988 vom Vereinigten Königreich trennte und für einen Tag für »unabhängig« erklärte. Die Aktion diente einem guten Zweck und sollte genug Geld einbringen, um die ehemalige und seit geraumer Zeit ungenutzte Grundschule in ein Gemeindezentrum zu verwandeln. Zu diesem Zweck wurde eine eigene Währung eingeführt: der Cuddie. Der Wechselkurs betrug zwei Cuddies zu einem Pfund. Die neue Währung wurde im einzigen Pub des Ortes, Grannies Heilan' Hame, für einen einfachen Clynelish Malt-Whisky akzeptiert. Die Besitzer der Brennerei im nahe gelegenen Brora hatten die Unabhängigkeitsbewegung unterstützt und damals sogar eine Sondersorte auf den Markt gebracht, The Spirit of Free Embo.

TOP ★ ERLEBNISSE

★ CLYNELISH DISTILLERY

Bereits 1819 gegründet, erlebte die Whiskybrennerei einige Besitzerwechsel und temporäre Schließungen. 1967 entstand direkt daneben eine neue Destillerie, 1969 wurde diese unter dem Namen Brora bis 1983 weitergeführt.
www.malts.com/en-row/distilleries/clynelish

★ CULLODEN BATTLEFIELD

Durch die vernichtende Schlacht des Jahres 1746, die kaum eine Stunde dauerte, wurde dem schottischen Freiheitsstreben ein jähes und nachhaltiges Ende bereitet. In eindrucksvollen Videoinstallationen lässt sich damalige Geschehen authentisch miterleben, während im außenbereich die Kampflinien abgesteckt sind.
www.nts.org.uk/culloden

★ MERMAID OF THE NORTH

Auch Schottland hat seine kleine Meerjungfrau, die auf einem mächtigen Stein, dem »Clach Dubh«, eher fordernd als verschämt auf ihren Prinzen beim Dörfchen Balintore wartet.
www.seaboardcentre.com/mermaid-of-the-north

WEITERE INFORMATIONEN
Coach House: www.coachhousedornoch.co.uk, www.dunrobincastle.co.uk, www.visitdornoch.com

Die Felsen am Strand von Rosemarkie auf der Black Isle wirken wie kleine Brüder der wuchtigen Felsen der West- und Nordküste (unten). Auf der Black Isle reicht der Blick über Felder und die Munlochy Bay bis zum Beauly Firth (rechte Seite oben). Bottlenose dolphins – die Großen Tümmler erfreuen die Besucher am Chanonry Point (rechte Seite unten).

58 IDYLLISCHES BURGENLAND – BLACK ISLE

Keinesfalls düster

Ganz im Gegensatz zu ihrem düsteren Namen punktet die »Schwarze Insel« an der Nordseeküste bei Reisenden hauptsächlich durch ihren lieblichen Reiz. Auf der idyllischen Black Isle spielen Ackerbau und Viehzucht die Hauptrolle. Auf einer Fahrt über die Halbinsel kommt man immer wieder durch kleine Waldstücke und genießt die Aussicht auf Moray und Cromarty Firth.

Die Briten lieben die Bezeichnung »Insel«, auch wenn sie gar nicht passt. So verdient zum Beispiel Londons bekannteste Insel, die Isle of Dogs gegenüber von Greenwich, eigentlich noch nicht einmal den Namen Halbinsel, ist sie doch lediglich in einer Flussschleife der Themse gelegen. The Isle of Whithorn am Solway Firth und die Black Isle sind dagegen »echte« Halbinseln.

Zum roten Schloss des rauen Königs

Die Black Isle grenzt im Norden an den Cromarty Firth, im Südwesten an den Moray Firth und im Süden an den kleinen Beauly Firth. Dies jedoch nur am Rande, denn bekannt ist die Halbinsel durch ganz andere Dinge geworden, beispielsweise durch Castlecraig, Kilcoy Castle, Kinkell Castle und viele weitere Burgen und Burgruinen. Das heute verlassene Redcastle in Killearnan geht auf das Jahr 1179 zurück und wurde von William The Lion erbaut. Der »Löwe«, im Volksmund auch »das Raubein« genannt, herrschte von 1165 bis 1214 als König von Schottland. Damit war er bis zum Zusammenschluss der beiden Kronen der am längsten regierende schottische Monarch. Das königliche »rote Schloss« war bis in die 1950er-Jahre in

Betrieb und somit eines der ältesten bewohnten Häuser in Nordschottland. Selbst Mary, *Queen of Scots*, soll sich dort aufgehalten haben. Es war im wörtlichen Sinn »a castle fit for a queen«.

In früheren Zeiten bot die Black Isle große strategische Vorteile. Heute bezaubert das Gebiet Besucher vor allem mit seiner sanften Landschaft. Hier reicht der Blick über weite Felder zu den Bergen in der Ferne, die weder allzu groß noch imposant sind. Die Region ist ein hübsches Beispiel für die Vielfalt Schottlands und ein wunderbares Erholungsgebiet. Den Charme der Halbinsel entdeckt man am besten, wenn man sich auf schmalen Landstraßen und Feldwegen einfach treiben lässt und unterwegs zu den Küsten durch kleine Wälder fährt, Weiden und Felder passiert.

Uraltes Brauchtum

Black Isle blickt auf eine bewegte Geschichte zurück, denn selbst hier, in dieser bäuerlichen Idylle, wüteten die *Clearances*. Sie war eines der ersten Gebiete der Northern Highlands, aus denen die heimische Bevölkerung vertrieben wurde, um Schafhirten aus den Lowlands Platz zu machen. Vom Ende der Munlochy Bay reicht der Blick Richtung Süden über den Moray Firth bis zum gegenüberliegenden Ufer. Dort liegen Inverness, die Hauptstadt der gälischen Highlands, und das Culloden Battlefield, wo die Jakobiten bekanntlich ihre letzte Verzweiflungsschlacht gegen die Engländer verloren und den Traum von Unabhängigkeit aufgeben mussten.

Unweit der Munlochy Bay findet man in der Nähe von Munlochy ein historisches Relikt der besonderen Art: ein Clootie Well oder »Lumpenbrunnen«. Clootie Wells sind vorchristliche Kultstätten, die auf den Britischen Inseln vor allem in ehemaligen keltischen Siedlungsgebieten zu finden sind. Neben den Brunnen oder Quellen stehen sogenannte *rag trees* (Lumpenbäume), an die man Textilien, Tuchstreifen oder Kleidungsstücke hängt, wenn sich ein Wunsch erfüllen soll – in der Regel bittet man um die Heilung von einer Krankheit für sich oder andere Menschen. Bis Ende des 19. Jahrhunderts soll es diesen Kult zum Beispiel auch bei Börfink im Hunsrück an der gefassten Quelle »Guter Born« gegeben haben. Im Vereinigten Königreich existieren bis heute mehrere solcher keltischen Kultstätten. Sie sind heute jedoch eher »Schandflecken«, weil die Bittsteller häufig synthetische Kleidungsstücke an die Bäume hängen, die sich nicht nach einer Weile auflösen.

TOP ★ ERLEBNISSE

★ DELFINE AM CHANONRY POINT

Man übe sich in Geduld, wenn man die lange Landzunge Chanonry Ness betritt, die von der Black Isle wie eine Lanze in den Moray Firth sticht. An der Spitze angekommen, weist eine Tafel darauf hin, dass man hier Delfine beobachten kann. Bottlenose dolphins heißen die Großen Tümmler auf Englisch, die vor der Landspitze zur Freude der Besucher ihre Spielchen treiben. Der Chanonry Point ist einer der besten Orte im Vereinigten Königreich, um das ganze Jahr hindurch Delfine zu sehen. Vor allem zu Beginn einer Flut kommen sie in die Nähe des Strandes, um zu fischen.
www.moraydolphins.co.uk/chanonry-point.html

★ BLACK ISLE BREWERY

Vollständig nach ökologischen Grundsätzen produziert haben sich die Gerstensäfte der kleinen Brauerei im Dörfchen Munlochy längst nicht nur national einen Namen gemacht. Ungekrönte Königin der Produktpalette ist das Black Islay mit 8,1 %. Dieses dunkle, sehr spezielle Bier reift in Whiskyfässern der Bruichladdich-Destillerie von der Insel Islay.
www.blackislebrewery.com

WEITERE INFORMATIONEN
www.black-isle.info

Der Leuchtturm mitten im Küstenörtchen Cromarty steht heute ausschließlich in Diensten der Universität von Aberdeen zur Delfinbeobachtung und der Erforschung des Lebens der geselligen Meeressäuger.

59 DAS DORF AN DER SPITZE – CROMARTY

Idyllisches Küstenkleinod

An der Spitze der Halbinsel Black Isle, die vorwitzig in die Meeresbuchten des Cromarty, Beauly und Moray Firth hineinragt und deren Name auf der Tatsache beruht, dass sie so gut wie nie von Schnee bedeckt ist, liegt das pittoreske Cromarty. Eine Wanderung durch die Straßen des Dorfes gleicht einer kleinen Zeitreise ins ausgehende 18. Jahrhundert.

An Cromartys Hafen starten Rundtouren zur Beobachtung von Walen, Delfinen und Seevögeln, und auch von Bord der kleinen Personenfähre nach Nigg lassen sich meist völlig problemlos Delfine beobachten. Nigg am Horizont ist Produktions- und Wartungsstätte für Ölplattformen, die wie gestrandete Riesen zuweilen das Panorama beherrschen. Vom Anleger am Dolphin Centre führt der Weg zum gedrungenen Cromarty Lighthouse von 1846. Der Leuchtturm wurde 2006 abgeschaltet, erfüllt aber noch Aufgaben als wachhabende Landmarke und Delfinbeobachtungs- und Forschungsstation für Studenten der Universität Aberdeen.
Eine weitläufige Wiesenfläche dehnt sich vor Cromarty Beach aus, beliebter Rastplatz für Wohnmobile. Der 2002 errichtete, eckige Emigration Stone ist schottischen Kanada-Auswanderern gewidmet, die von hier aus ihre Reise in unbekannte Gefilde antraten.
An der Shore Street stehen die typischen alten Fischerhäuser der Fishertown, in ihrem ureigenen viktorianischen Stil, während sich um die historische East Church, die alte Brauerei und das Court House (heute historisches Museum) kleine, weiß getünchte Bürgerhäuser gruppieren. Das Geburtshaus des bekannten Geologen Hugh Miller (1802–1856) trägt sogar wie zu seiner Bauzeit 1711 ein Reetdach. Die besondere Bedeutung Millers für den Ort zeigt die zu seinen Ehren bereits 1859 aufgestellte Statue. Im georgianischen Forsyth House von 1772 residierte mit William Forsyth einer der bedeutendsten Kaufleute und Begründer der aufstrebenden Heringsfischerei.

INFO: www.cromartylive.co.uk

60 TAKTGEBER DER HIGHLANDS – INVERNESS

Die Hochland-Hauptstadt

Stolz trägt das Städtchen am Übergang des Moray Firth in den Beauly Firth den Titel einer »Hauptstadt« des Hochlandes. Erst im Jahr 2000 wurde es mit dem Status als Stadt, mithin der fünften City Schottlands, versehen. Damit zählt Inverness, wegen seiner strategisch günstigen Lage an der Mündung des Rivers Ness als eine der ersten Siedlungen Schottlands gegründet, zu den am schnellsten wachsenden Orten im Land.

Aus erhabener Hügellage oberhalb des Südufers des Flusses Ness wacht das imposante Inverness Castle von 1835, das mit seinen verschachtelten Türmen viktorianische Züge trägt, über der Stadt, der Nordturm ist als Aussichtspunkt zugänglich. An gleicher Stelle gab es davor schon Befestigungen, von denen eine auch mit Macbeth in Verbindung gebracht wurde. Den von Shakespeare (historisch nicht korrekt) geschilderten Mord beanspruchen allerdings auch Cawdor Castle und konkurrierend Glamis Castle für sich. Im neugotischen Town House von 1882, dem Rathaus der Stadt, tagte 1921 erstmals ein britisches Kabinett außerhalb der Hauptstadt London – unter den Teilnehmern waren die Minister Winston Churchill, Austen Chamberlain und Stanley Baldwin. Das außerordentliche Zusammentreffen der Riege des damaligen britischen Premierministers David Lloyd George erbrachte den Abschluss des Anglo-Irischen Vertrages und die Unabhängigkeit Irlands. Die St Andrew's Cathedral, ebenfalls unmittelbar am Ufer des Ness gelegen, wurde 1869 geweiht.

Inverness ist heute eine aufgeschlossene, moderne Stadt mit besten kulturellen Einrichtungen, guten Einkaufsmöglichkeiten und ausgezeichneter Verkehrsanbindung durch Flughafen und Eisenbahn. Die verspielte viktorianische Shopping Arcade kontrastiert dabei mit dem als Veranstaltungsort populären Eden Court Theatre am River Ness und der Inverness Museum & Art Gallery, die 2006 umfangreich ausgebaut und modernisiert wurde.

INFO: www.visitinvernesslochness.com

Die Burg von Inverness liegt idyllisch an den Gestaden des Flusses Ness und überblickt aus der Höhe die inoffizielle Hauptstadt der Highlands.

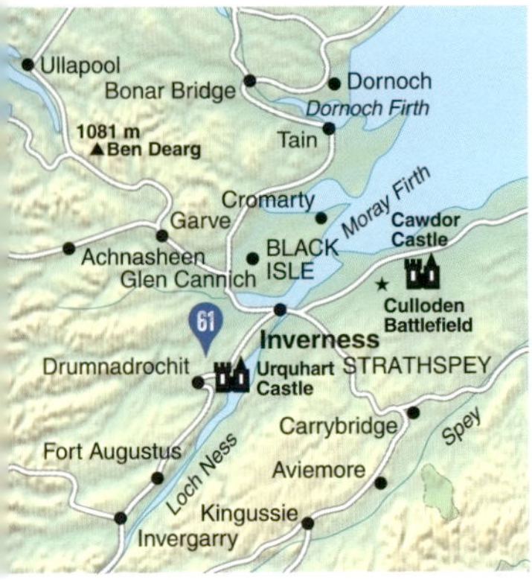

61 UNGEHEUERLICH – GLEN CANNICH UND LOCH NESS

Nessies Welt

Fährt man kilometerweit in eine Sackgasse, um am Ende wieder umzudrehen, oder lässt man dies bleiben? In den Highlands kommen Besucher nicht selten ins Grübeln, wenn sie eine scheinbar unsinnige Entscheidung treffen sollen. Doch natürlich sollte man die Fahrt wagen. Sonst würde man zum Beispiel nicht die schöne Strecke von Cannich durch das Glen Cannich zum Loch Mullardoch entdecken.

Der River Cannich im Glen Cannich fließt durch eine großartige Landschaft mit unbeständigem Wetter (unten). Der Caledonian Canal – hier die Schleuse bei Fort Augustus – brachte nicht den erhofften wirtschaftlichen Erfolg und wird heute von Ausflugsschiffen und Sportbooten genutzt (rechte Seite oben). Der größte Bestand der *Scots Pine* – Waldkiefern – hat sich im Glen Affric erhalten (rechte Seite unten).

Als Juwel in der Highland-Krone gilt das Glen Cannich. Nicht so breit wie eine Strath, schlängelt sich das Tal mithilfe des Cannich River vom Staudamm des Loch Mullardoch in Richtung Nordsee. Hin und wieder taucht eine kleine Gruppe Fichten auf, säumen mickrige Birken den Straßenrand. Die Berge abgeflacht, ganz selten ein kleiner Bauernhof, winzige weiße Häuschen und Ställe. Auch hier erzählen die Alten, dass im Tal bis zu den Zeiten der *Clearances* viele Menschen gelebt haben. Heute sieht man nur noch Ruinen. Einige der verlassenen *crofts* werden inzwischen allerdings als Ferienhäuser genutzt.

Kein Wunder, dass Besucher, die zum ersten Mal in dieses Tal kommen, von einem Gefühl der Einsamkeit überwältigt werden. Die Strecke von Cannich zum Staudamm ist 14 Kilometer lang. Und wie so oft in den Highlands handelt es sich auch hier um eine Sackgasse. Trotzdem ist auch die Rückfahrt ein Erlebnis. Wenn man wieder in dem winzigen Örtchen Cannich ankommt, fühlt man sich nach der Stille des Tals wie in einer Großstadt. Hier mündet der River Cannich in den River Glass, der seinerseits in den River Beauly fließt. Dieser windet sich über viele Kilometer und mündet schließlich bei der Black Isle in den Beauly Firth. Von Cannich führt eine Straße

nach Drumnadrochit am Loch Ness und zu einem der meistfotografierten Motive Schottlands, dem Urquhart Castle.

Loch Ness und sein Ungeheuer

Loch Ness ist 37 Kilometer lang und ein Teil des Caledonian Canal. Mit einer Oberfläche von 56 Quadratkilometern ist der eindrucksvolle See nach Loch Lomond der größte in Schottland und mit einem tiefsten Punkt von 230 Metern nach Loch Morar auch der tiefste. Der See bietet somit dem Fabelwesen »Nessie«, dem Ungeheuer von Loch Ness, viel Raum. Sicherlich könnten hier sogar zwei Ungeheuer leben, aber die Rede ist merkwürdigerweise immer nur von einem dinosaurierähnlichen Monster.

Nessies Legende reicht in der Geschichte Schottlands weit zurück und spielte schon eine Rolle, als der heilige Columban von Iona 563 nach Schottland kam, um das Christentum zu verbreiten. Der Missionar war zwar nicht der Erste, der das Ungeheuer von Loch Ness mit eigenen Augen gesehen haben wollte, aber doch der Erste, dessen Begegnung mit Nessie in den Annalen festgehalten wurde. Sein Biograf Adamnan schildert, dass Columban am Loch Ness weilte und wieder einmal intensiv damit beschäftigt war, einigen Pikten das Christentum näherzubringen. Als Columban und seine Gefolgsleute den River Ness an der Stelle überqueren wollten, wo heute die Stadt Inverness liegt, gewahrten sie einen piktischen Trauerzug. Der Tote, so erfuhren sie, war trotz der Rettungsversuche seiner Freunde von einem Wasserungeheuer mit einem fürchterlichen Schlag getötet worden. Columban bestand dennoch darauf, den Fluss zu überqueren. Er bat deshalb einen seiner Anhänger, auf die andere Flussseite zu schwimmen und einen Kahn zu holen, der dort am Ufer lag. Als sich der Mann gerade in der Mitte des Flusses befand, sah ihn das Ungeheuer und schwamm mit großem Gebrüll und weit geöffnetem Maul auf ihn zu. Es wollte gerade zubeißen, als Columban einschritt und dem Untier Einhalt gebot. Er schlug das Kreuz und rief mit fester Stimme: »Think not to go further nor touch thou that man. Quick! Go back!« (»Halt an und rühr' den Mann nicht an. Schnell! Zurück!«) Das Ungeheuer muss so verblüfft gewesen sein, dass es von seinem Opfer abließ und das Weite suchte. Erst 1933 wagte es wieder, sich zu zeigen. Seither taucht es vor allem in der Saure-Gurken-Zeit in regelmäßigen Abständen in der Weltpresse auf.

TOP ★ ERLEBNIS

★ GLEN AFFRIC NATURE RESERVE

Glen Affric wird oft als das Herz Schottlands bezeichnet. Es ist auf jeden Fall ein Tal von überwältigender Schönheit. Der River Affric ist an manchen Stellen so breit, dass er kleinere Seen mit winzigen Inseln bildet. Zusammen mit den bewaldeten Berghängen, die bis ins Wasser reichen, ergibt sich ein Bild natürlicher Harmonie. Im Hintergrund wachen kahle Berge, von denen viele über 1000 Meter hoch sind. Wohin man im Tal auch blickt, sieht man Waldkiefern – im Glen Affric hat sich mit der größte Bestand der *Scots Pine* erhalten. Mancher Ausblick erinnert an chinesische oder japanische Gemälde. Wenn man Glück hat, trifft man auch auf stolzes Rotwild, das aus Bequemlichkeit, so scheint es, die Straße benutzt. Über den kleinen Seen fliegen Fisch- und Steinadler. Im Jahr 2001 wurde das Tal zum staatlichen Naturschutzgebiet und Gebiet von außergewöhnlicher landschaftlicher Schönheit deklariert. Auch im Glen Affric lebten früher Kleinbauern, die sich mit Subsistenzwirtschaft und Viehzucht ihren kärglichen Lebensunterhalt erwirtschafteten. Die *Clearances* machten dem ein Ende. www.glenaffric.org

WEITERE INFORMATIONEN
www.visitinverness lochness.com

Im Gegensatz zu Schottlands sonstigen Burgen wurde das Castle of Wick von Wikingern erbaut.

62 DER »ALTE MANN« – ZUM CASTLE OF OLD WICK

Auf der A99 zur Wikingerburg

Das einst imposante Castle of Wick wurde von den Wikingern erbaut, als der norwegische König noch über große Teile des hiesigen Festlands und der Inseln herrschte. Die sonstige Geschichte der heute verfallenen, doch sehenswerten Burg liegt völlig im Dunklen.

Die A9 ist eine der interessantesten Straßen Schottlands. Sie führt von Dunblane über Perth, Dunkeld, Pitlochry, Blair Atholl, Aviemore, Inverness und Tain nach Thurso, ab Dunrobin Castle folgt sie der Nordseeküste. Rund 140 Kilometer nördlich von Inverness gabelt sich die Straße in dem Dorf Latheron. Die A9 führt von dort weiter nach Thurso an der Nordküste, die A99 in Küstennähe über eine Hochebene in das 25 Kilometer entfernte Wick und weiter nach John o'Groats. Kurz vor Wick, wo man die Geschwindigkeit auf 30 Meilen drosseln muss, führt eine Straße, eigentlich ein Feldweg, zur Küste. Kein Schild verrät etwas über die unscheinbare Ruine auf einem Felsvorsprung. Castle of Old Wick ist Schottlands am besten erhaltene Ruine einer Wikingerburg. Es muss einst eine gewaltige Burg gewesen sein, ein beinahe quadratisches Bauwerk, das vier Stockwerke hoch war. Auf der zweiten Etage ist noch der Kamin zu erkennen. Die Burg wurde vermutlich im 12. Jahrhundert erbaut – das Castle ist damit eine der ältesten Burgen Schottlands. Damals herrschten die Könige Norwegens sowohl über Caithness und Sutherland als auch über die Western Isles.

Über die Geschichte der Burg ist leider nur wenig bekannt. Man weiß aber, dass sie während der Unabhängigkeitskriege von Sir Reginald le Cheyne gehalten wurde, der den König von England unterstützte. Die Einheimischen nennen die Ruine »The Old Man of Wick«. Archäologen vermuten, dass in direkter Nähe noch andere Gebäude gestanden haben. Bisher hat man sich aber noch nicht an weitere Ausgrabungen gemacht.

INFO: www.historicenvironment.scot/visit-a-place/places/castle-of-old-wick/

63 IM ANFLUG – FALKNER AUF DUNROBIN CASTLE

Von der Beizjagd zum Besuchermagneten

Viele Burgen und Schlösser Schottlands gehören heute dem National Trust for Scotland. Die schottische Denkmalschutzbehörde muss sich ständig neue Attraktionen einfallen lassen, um Besucher anzulocken.

Kaum eine alte Burg in Schottland kann heute ohne die Eintrittsgelder ihrer Besucher erhalten werden. Dafür muss aber natürlich auch einiges geboten werden. Ein Souvenirshop oder ein Tea Room reichen da oft nicht aus. Das wissen auch die Besitzer und der National Trust, der für Denkmalschutz zuständig ist und sich um die Erhaltung des historischen Erbes bemüht. Dazu zählen nicht nur Schlösser und Burgen, sondern auch Gärten, Forste, Wanderwege und Küstenstreifen. Um die Attraktivität der verschiedenen Sehenswürdigkeiten zu steigern, unterstützt der National Trust zahlreiche Projekte und hat mancherorts auch die Falknerei wieder bekannt gemacht.
Die Beizjagd mit Falken hat in vielen Ländern der Welt eine lange Tradition. Ein Zeugnis hierfür ist beispielsweise in Deutschland das bekannte Bild von Konradin von Hohenstaufen auf der Beizjagd aus dem 13. Jahrhundert. Für bestimmte Länder wurde die Falknerei sogar von der UNESCO zum immateriellen Kulturerbe erklärt.
Im Vereinigten Königreich werden Falken heute vor allem an Flughäfen eingesetzt, um Vogelschwärme zu vertreiben, oder in Innenstädten, um den Tauben das Fürchten zu lehren. Ansonsten ist die Falknerei in Großbritannien kein Sport, sondern eine Show. In Dunrobin Castle zeigt der Falkner zweimal täglich seine Künste. Seine Wanderfalken und der majestätische Steinadler kommen auch in den Highlands wild vor. Der Europäische Uhu dagegen ist in Schottland etwas Besonderes. Auf die Besucher üben die Greifvögel eine ungeheure Faszination aus. Diese Vögel haben einfach etwas Edles an sich.
INFO: www.dunrobincastle.co.uk/garden.html#falconry

Falkner Andy Hughes bei der Arbeit. Als meisterhafte Jäger üben Greifvögel eine große Faszination aus.

Stechginstersträucher bilden häufig die einzigen Farbflecken in der schottischen Landschaft (oben). Blair Castle ist ohne Zweifel eines der eindrucksvollsten Schlösser Schottlands und das einzige mit einer Armee von Highländern (Highland Guard) (rechte Seite unten). Den Blick über Loch Tummel genoss schon Königin Victoria (rechte Seite oben).

64 BEI DEN HIGHLAND GAMES – BLAIR CASTLE

Schwerttänzer und Bäumewerfer

Traditionelle Folklore oder Touristennepp? Das ist bei den Highland Games im schottischen Hochland gelegentlich schwer zu entscheiden, doch viele Schotten betrachten diese »Gatherings« tatsächlich als Ausdruck ihrer Kultur. Interessant und unterhaltsam sind die Vorführungen allemal. Selbst die königliche Familie besucht sie jedes Jahr in Braemar – die Männer selbstverständlich im Kilt.

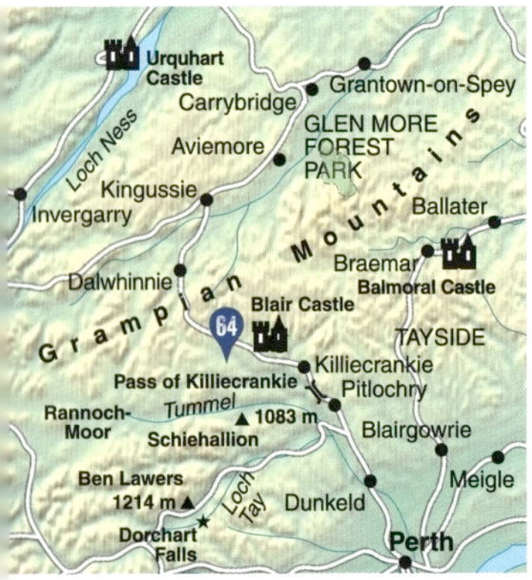

Dass die Schotten eine Nation von kräftigen Männern sind, die bei ihren Highland Games mit Baumstämmen um sich werfen, während zarte Mädchen in hübschen Tartan-Röcken elegant über Schwerter tanzen, weiß die ganze Welt. Was die Männer da im Unterhemd, einem bunten Rock, weißen Kniestrümpfen und derben Stiefeln veranstalten, nennt sich *tossing the caber*. Der *caber* ist gewöhnlich eine Lärche, genau 5,94 Meter lang und 79 Kilogramm schwer. Aber der *thrower* darf den Baum nicht einfach so weit wie möglich werfen. Er muss den *caber* so werfen, dass er sich überschlägt und nach Möglichkeit direkt vor dem Werfer senkrecht ausgerichtet wieder hinunterfällt. Jeder *thrower* hat drei Versuche. Andere Herausforderungen sind das Steinwerfen – *putting the stone* – und *throwing the hammer*. Dabei wird ein Eisengewicht rücklings so über eine Stange befördert, dass der Hinterkopf nur um Haaresbreite verfehlt wird. Die Steine und Eisengewichte wiegen im Übrigen bis zu zehn Kilogramm und können nur von großen, kraftstrotzenden Männern geworfen werden. Demonstriert wird dies jeden Sommer hauptsächlich im August und September bei den rituellen Spielen der schottischen Muskelmänner, den Highland Games oder Highland Gatherings. Die grazile Leichtfüßig-

keit, mit der diese Riesen jedoch auch den *seann truibhas* oder den Schwerttanz *ghillie calum* in Ballettschuhen tanzen können, sorgt immer wieder für Erstaunen.

Laut und schnell

Diese Sportarten sind wohl uralt, denn schon die Römer meinten, die Schotten seien ein wildes, barbarisches Volk. Höhepunkt einer jeden Veranstaltung ist aber zweifellos die Parade der Massed Pipes and Drums, der Dudelsack-Kapellen. Nirgendwo ist dieser Aufmarsch größer als in Dunoon, wo am Abend immer 1000 Dudelsackspieler auf dem Sportplatz einziehen. Die Highland Games, die früher mehr oder weniger ernste Kraftproben zwischen verschiedenen Clans waren, sind heute eine Gelegenheit für Schotten aus aller Welt, zusammenzukommen, Gedanken auszutauschen und die neuesten Nachrichten über ihren jeweiligen Clan zu erfahren. Sie sind ohne Zweifel kommerzialisiert, aber sie sind trotzdem echt. Ihr Ursprung ist verschwommen. Manche Quellen lassen aber darauf schließen, dass die ersten Braemar Games im 11. Jahrhundert von König Malcolm Canmore organisiert wurden. Ursprünglich wurden dabei die schnellsten Läufer ermittelt. Denn Geschwindigkeit in der Nachrichtenübermittlung war schon damals von größter Wichtigkeit.

Märchenschloss mit Privatarmee

Eindrucksvolle Highland Games finden beim Atholl Gathering alljährlich Ende Mai nördlich von Perth statt. Dort steht am River Garry, der 1689 noch ein tosender Wildbach war, ein weißes Märchenschloss mit vielen Zinnen, Türmchen und Giebeln in einem wunderschönen Park: das weiße Stammschloss der Dukes of Atholl. Scottish Baronial heißt der Baustil des Blair Castle, dessen Geschichte 1269 beginnt. Als der 10. Duke of Atholl 1996 starb, zählte er zu den fünf führenden Großgrundbesitzern Schottlands, hatte aber Schloss und den Großteil seiner Ländereien in eine wohltätige Stiftung umwandeln lassen. Durch diesen Akt entgingen seine Nachfahren der Erbschaftssteuer. Es wurde aber gleichzeitig gewährleistet, dass das gestiftete Besitztum für immer unter schottischer Kontrolle blieb. Der 11. Duke zeigte allerdings kein großes Interesse, das Erbe seines Vaters anzutreten. Er wurde in Südafrika geboren und starb dort auch 2012. Dessen Sohn, der 12. Herzog, lebt heute noch auf dem fernen Kontinent. Das Schloss begeistert also in erster Linie Besucher, vor allem natürlich, wenn es mal wieder Zeit ist für ein Atholl Gathering. Dann marschieren unter anderem auch die Atholl Highlanders auf, die einzige europäische Privatarmee, die von der Europäischen Union als legal anerkannt wird.

TOP ★ ERLEBNIS

★ LOCH TUMMEL UND UMGEBUNG

Loch Tummel in der Nähe von Pitlochry ist ein lang gestreckter, schmaler See zwischen bewaldeten Hügeln, der 1950 als Teil des Tummel Hydro-Electric Scheme aufgestaut wurde. Der ruhige See wird von Besuchern auch wegen seiner wunderschönen Ausblicke über die Landschaft geschätzt. Am berühmten Aussichtspunkt Queen's View ließ sich 1866 Königin Victoria von dem herrlichen Blick auf den See, eine kleine Insel und das weitläufige Tal bis zum eindrucksvollen Schiehallion in Verzückung versetzen. Das ist die von der Königin selbst kolportierte Geschichte. Andere behaupten, dass der Name des Aussichtspunktes auf Robert the Bruce's Gattin Königin Isabella of Scotland zurückgeht, die den Blick über den See gut 500 Jahre früher genoss. Heute ist der Aussichtspunkt mit einer richtigen Besucherplattform ausgestattet. Und, ja, der Blick ist wunderschön und gehört zu Recht zu den beliebtesten Motiven von Schottlandreisenden.
www.blair-castle.co.uk

WEITERE INFORMATIONEN
www.atholl-estates.co.uk/blair-castle, www.scotland.org/events/highland-games/highland-games-traditions

Morgendunst in den letzten Tagen des Herbstes über dem weitläufigen Landschaftspark von Blair Castle

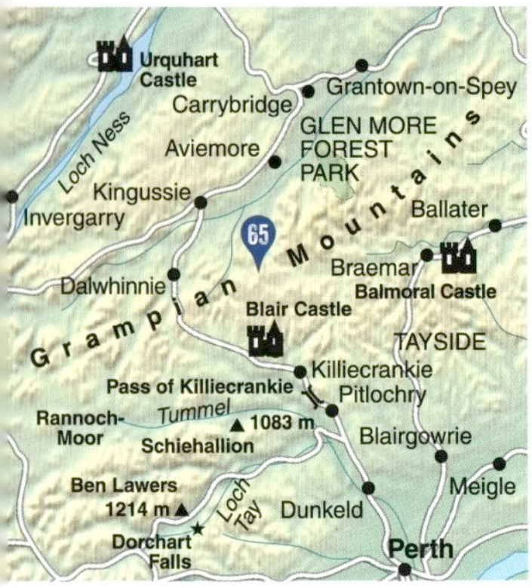

65 FÜR OUTDOORFANS – DIE GRAMPIAN MOUNTAINS

Wo die wilden Pilze wachsen

Die Grampians sind ein Gebirge mit mächtigen Gipfeln. Diese Berge nehmen fast die Hälfte der schottischen Landfläche ein. In den Grampians liegt eines der wenigen Skigebiete des Vereinigten Königreichs, doch sind seine Berge vor allem das Ziel von Wanderern und Bergsteigern. Sie erkunden die Grampians auf Wegen und Steigen der unterschiedlichsten Schwierigkeitsgrade. Darüber hinaus findet man aber kaum Menschen in den Grampians. Größere Siedlungen sucht man vergeblich.

Im Cairngorms National Park sollte man auf jeden Fall das Auto gegen Wanderschuhe eintauschen (unten). Schottland bietet, günstige Wetterverhältnisse vorausgesetzt, erstaunlich gute Wintersportmöglichkeiten, wie in der Region um Glenshee, das gleich mehrere Liftanlagen und auch Loipen besitzt (rechte Seite oben). Zahlreiche Brücken verschiedenster Baustile queren den emsig plätschernden Dee, der seinen Weg aus den Cairngorms bis hinunter nach Aberdeen nimmt (rechte Seite unten).

Die Grampian Mountains, kurz Grampians genannt, gehören zu den drei großen Bergketten der Highlands. Zu ihnen zählen auch die Cairngorms sowie die Lochaber Hills und die beiden höchsten Berge Schottlands, Ben Nevis und Ben Macdui.

Schlicht verschrieben

Es heißt, dass schon die Römer bis hierher vorgedrungen seien. So berichtet Tacitus von der Schlacht am Mons Graupius, die wohl 83 oder 84 n. Chr. ausgetragen wurde und mit einem Sieg der Römer endete. Historiker streiten sich darum, wo diese Schlacht stattgefunden hat, ja sogar, ob es sie überhaupt gegeben hat. Angeblich aber kam es dazu, weil Gnaeus Iulius Agricola seine Flotte ausgesandt hatte, um den aufmüpfigen Kaledoniern ein bisschen Respekt einzuflößen. Bis dahin hatten es die Römer nämlich nicht geschafft, die Kaledonier zu unterwerfen. Nach der Schlacht vom Mons Graupius hat sich das dann wohl geändert.

Trotzdem geht der Name Grampians eher auf einen kleinen Schreibfehler als auf die Römer zurück. Der schottische Historiker, Hector Boecee, wollte 1520 eigentlich wohl den Namen Grampius schreiben und vertat sich dabei ein wenig. Genauso unklar wie der Ursprung des Namens ist auch der

Verlauf des Gebirges an sich. Den meisten Schotten genügt deshalb die Erkenntnis, dass die Grampians einfach ein großes Gebirge und damit ein ideales Gebiet für Wanderer, Spaziergänger, Skifahrer oder Angler, kurz für Outdoorfans jeden Alters sind.

Süßwasserperlen

Von Süden her schlängelt sich die A9 zwischen Pitlochry über Kingussie um die Grampians und den Cairngorms National Park herum nach Aviemore. Auf der östlichen Seite verbinden die A93 und 939 die schottische Residenz des Monarchen, Braemar, mit Ballater und Tomintoul, einem Ort, der jeden Winter als Erster in Schottland einschneit und damit regelmäßig Schlagzeilen macht. In einer so vielseitigen Region kann man einfach irgendwohin ins Blaue fahren, enttäuscht wird man nie. Wer trotzdem Tipps braucht, sollte sich an die Initiative »Keep Scotland Beautiful« halten. Diese vergibt jedes Jahr auch einen Preis für den schönsten Strand in Schottland. Vor einiger Zeit war Loch Morlich der erste Süßwassersee, der sich mit dieser Auszeichnung stolz schmücken konnte. Rund 300 Meter über dem Meeresspiegel gelegen, ist sein Strand zugleich der höchstgelegene schottische Strand, der jemals preisgekrönt wurde.

Ein anderes kleines Juwel ist der »See mit der Insel«, Loch an Eilein, in der Nähe von Aviemore. Er lockt vor allem Spaziergänger und Naturfreunde an. Auf der Insel steht die Ruine einer kleinen Burg aus dem 15. Jahrhundert, die einst Alexander Stewart, dem Wolf von Badenoch, gehörte. Damals war die Insel noch über einen Damm zu erreichen. Damit war es vorbei, als im 18. Jahrhundert der Wasserspiegel angehoben wurde. 1690 belagerten Jakobiter auf der Flucht vor englischen Soldaten den Berg, aber ohne Erfolg.

Wild essen

Nach wie vor kommen Spaziergänger und Wanderer in den Cairngorms in kulinarische Genüsse, von denen sie auf dem europäischen Kontinent oft nur träumen können. Die Wälder sind voll von Beeren, Wildpflanzen und Pilzen, die nur darauf zu warten scheinen, geerntet zu werden. Schier unglaublich ist die Fülle an gelb leuchtenden Pfifferlingen, verlockend der Anblick von rot glänzenden Himbeeren. Die Briten wussten jahrzehntelang nichts mit diesen Schätzen anzufangen. Erst allmählich finden sie Gefallen daran, die freie Natur nach essbaren Köstlichkeiten abzusuchen. *Foraging* nennt sich dieses Hobby, das zwar an Beliebtheit zunimmt, die schottischen Wälder aber noch nicht leergeräumt hat.

TOP ★ ERLEBNIS

★ DER GÖTTLICHE FLUSS DEE

Über eine Strecke von 140 Kilometern fließt der Dee von den Cairngorm Mountains durch das Strathdee bis zur Nordsee bei Aberdeen. Kurz nach der 1220 Meter hoch gelegenen Quelle rauschen die ersten Wasserfälle und bei Inverey die unter Schottlandbesuchern beliebteste Stromschnelle, Linn of Dee. Da der obere Verlauf des Flusses in der Nähe von Balmoral Castle vorbeifließt, der schottischen Sommerresidenz der königlichen Familie, heißt dieses Gebiet Royal Deeside. Schon die Römer hatten den Verlauf des Dee auf ihren Karten verzeichnet. Sein von Ptolemäus verzeichneter Name Deva, »Göttin«, deutet darauf hin, dass schon die ursprünglichen schottischen Bewohner dem Fluss göttliche Kräfte zuschrieben. Die A93 von Aberdeen bis zum 90 Kilometer entfernten Braemar führt durch eine abwechslungsreiche Landschaft. Unterwegs sollte man sich Zeit lassen und immer wieder aussteigen. Gleiches gilt für den folgenden Abschnitt der A93 bis Perth, der weitere 80 interessante Kilometer verspricht.

WEITERE INFORMATIONEN
Guter Ausgangspunkt für den Cairngorms National Park: Ruthven Steadings, Kingussie, www.ruthven-steadings.co.uk, www.visitcairngorms.com

HEIMAT BERÜHMTER WHISKYS – STRATHSPEY

Mit Volldampf zur Whiskyhauptstadt

Als 2014 ein japanischer Whisky zum besten Single Malt der Welt gekürt wurde, ging ein ungläubiges Staunen um die Welt. Die Freunde des schottischen Nationalgetränks hielt das aber nicht davon ab, weiterhin die Brennereien zu besuchen und die zahllosen Sorten so weit wie möglich zu verkosten. Besonders leicht fällt dies in Strathspey, liegen doch in dieser Region die meisten Whiskybrennereien. Anfang November 2014 erlebte Schottland einen veritablen Schock, als ein führender Whiskyexperte einen japanischen Single Malt zum besten Whisky der Welt erklärte. Das Wundergetränk stammte aus der Brennerei Suntory. 1000 von insgesamt 4500 Sorten soll dieser Experte probiert haben. Als sein Urteil bekannt wurde, meinte ein Schotte erschüttert: »Zuerst das ›No‹ beim Unabhängigkeits-Referendum, und jetzt das. In den Glens werden viele Tränen fließen.«

Lebenswasser für die Engel

Schon für den Normalverbraucher ist die Entscheidung schwierig, welche Sorte er im Pub bestellen soll. Fast überall werden gleich mehrere Dutzend Whiskys angeboten, sodass die Qual der Wahl oft eine persönliche Sache ist. In einem sind sich aber alle Schotten einig: Sie wissen, dass der Garten Eden auf den westlichen Inseln lag und dass die Sprache von Adam und Eva Gälisch war. Nicht ohne Grund stammt ja auch das Wort Whisky vom gälischen *uisge beatha*, »Wasser des Lebens«, ab. Das ändert aber nichts an dem Streit, ob reiner Malzwhisky oder blended (verschnittener) Whisky als die höchste Kunst des Whiskybrennens betrachtet werden sollte. Der wahre Experte lässt nichts auf seinen Single Malt Whisky kommen. Aber man sollte trotzdem nicht vergessen, dass Whisky niemals weltweit eine solche Prominenz unter den bedeutendsten alkoholischen Getränken erzielt hätte, wenn nicht die Kunst des Blendings von Highland-, Islay- und Lowland-Malzwhisky mit gutem Kornwhisky entwickelt worden wäre. Pure Malt oder Single Malt ist der ursprüngliche schottische Whisky, der noch heute genauso gebrannt wird wie vor Hunderten von Jahren. Der Unterschied zwischen heute und

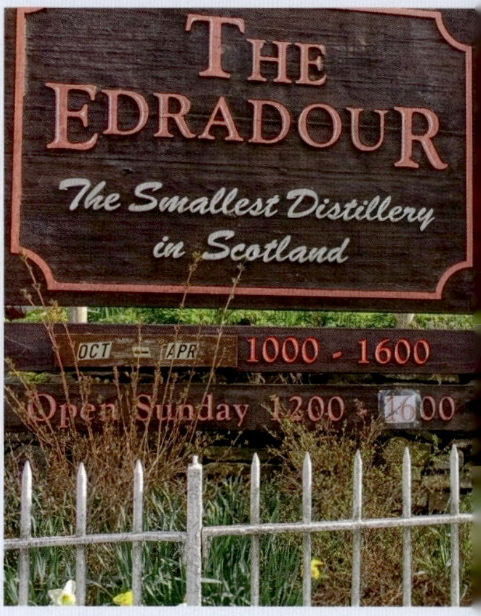

Da es viele neue Brennereien gibt, mag das so nicht mehr stimmen.

Die runde »Mash Tun« am Spey in Aberlour überzeugt mit einer bestens sortierten Whiskbar.

Die Destillerie von Strathisla in Keith gehört zu den meistfotografierten des Landes.

früher besteht hauptsächlich im Produktionsausstoß und im Alter des Destillats. Früher konnten die illegalen Brenner nicht warten, tranken den Whisky direkt vom Fass, mit all seinen Verunreinigungen. Heute reift Malt Whisky jahrelang in Holzfässern, aus denen alljährlich Millionen Liter in der schottischen Luft verdunsten. Der Volksmund nennt das the Angels' Share – den Anteil, der den Engeln zusteht.

Offiziell muss ein schottischer Whisky drei Jahre reifen, aber die meisten Malt-Whisky-Sorten reifen bis zu zwölf Jahre und werden gerade dadurch samtweich. Es gibt zwar Whiskys, deren Etiketten stolz erklären, der Inhalt sei 20, ja 25 Jahre alt, aber die wahren Experten sind der Ansicht, dass Whisky nach zwölf Jahren nicht mehr merklich besser wird. Auseinander gehen auch die Meinungen darüber, wie man Whisky trinken sollte. Wobei es allerdings nur zwei Möglichkeiten gibt: neat (pur) oder mit ein bisschen Wasser. Viele glauben, dass erst das Wasser den wahren Geschmack des Whiskys herausbringt. Einig ist man sich aber auf jeden Fall darin, dass man dieses edle Getränk auf keinen Fall »on the rocks« trinken oder mit irgendwelchem Firlefanz mischen sollte.

Die Edradour Distillery in Pitlochry nennt sich selbst die kleinste Brennerei Schottlands.

Jahrhundertealte Brennkunst

Die Kunst des Destillierens hatte eine lange Reise hinter sich, bevor sie in Schottland ankam – von China über den Nahen Osten nach Frankreich und Irland und von dort schließlich zunächst zum Mull of Kintyre. Das haben wir wohl den Kelten zu verdanken.

Es dauerte dann nicht lange, bis der Fiskus erkannte, dass die Besteuerung des Destillats eine gute Einnahmequelle bot. Seit der Whisky 1644 mit einer Steuer belegt wurde, begann ein

Fast wie das Bernsteinzimmer: Whiskysammlung im Scottish Whisky Heritage Centre

200-jähriger Kleinkrieg zwischen illegalen Whiskybrennern und dem Staat. Es waren raue Zeiten, in denen die Schotten erbittert dafür kämpften, selbst Whisky brennen zu dürfen. Allein in Edinburgh soll es im Jahr 1777 mindestens 408 Brennereien gegeben haben, von denen lediglich acht eine Lizenz besaßen. Man kann sich vorstellen, wie schwierig es war, illegale Brennereien in den unwirtlichen Highlands und auf den abgelegenen Inseln ausfindig zu machen. Aber die excise men hatten eine Berufung und 1797 sollen 859 illegale Brennereien vernichtet worden sein. Dass es so viele gab, hatte auch etwas mit der Höhe der Steuer zu tun. 1823 gelang es einer Kommission, das Oberhaus in London zu überzeugen, durch eine vernünftige Besteuerung das Problem zu lösen. Das hat sich bewährt. Wurden 1823 noch 14 000 illegale Brennereien entdeckt, waren es 1874 noch ganze sechs.

Schottisches Gold in Tasting-Gläsern

Korn und Malz – Gott erhalt's

Eine Erfindung von 1833 sollte Schottlands Whiskyindustrie einschneidend verändern. Ein pensionierter Steuerinspektor aus Irland meldete ein Patent zum Brennen großer Mengen von Whisky aus einer Mischung von gemalzter Gerste, Roggen und Mais an. Eine Brennerei konnte nach diesem Patent des kontinuierlichen Destillierens in einer Woche so viel herstellen wie eine Malzbrennerei in 40 Wochen. Ein paar Jahre später kamen die ersten Blended Whiskys auf den Markt. Lassen wir zwei sich widersprechende Experten zu Wort kommen. James Hogg (1770–1830) meinte: »Wenn es einem Menschen gelingen würde, das richtige Verhältnis und Maß herauszufinden, das man täglich trinken

Ungezählte Fässer im zylinderförmigen Raum der hochmodernen Macallan-Destillerie.

sollte, und wenn sich dieser Mensch daran halten würde, ich sage Euch, er würde womöglich ewig leben und nie sterben.« Schon 100 Jahre davor hatte der Schriftsteller Martin Martin (um 1660–1718) ganz im Gegensatz dazu vor der tödlichen Kraft des Skye Whisky gewarnt: »Zwei Löffel reichen aus. Sollte ein Mann aber diese Dosis überschreiten, sein Atem würde augenblicklich stocken und sein Leben bedroht sein.«

Das Wort Whisky leitet sich vom gälischen *uisge beatha* ab. Das »Lebenswasser« bereitet auch dem Staatssäckel große Freude.

Whiskyregionen

Schottland umfasst fünf klassische Whiskyregionen: von den in Geschmack und Aroma eher milden Whiskys der Lowlands über die torfigrauchigen von Islay und aus Campbeltown sowie von den Highlands (Skye bis Orkney) bis zu den ausgewogenen Whiskys aus der Speyside, die insbesondere für Whiskyneulinge zu empfehlen sind. In jüngster Vergangenheit etablieren sich zunehmend neue, kleine Destillerien, die eine frische Brise durch vermeintlich angestaubte Traditionen pusten, aber stets die drei Jahre Reifeprozess respektieren müssen. Ähnlich kreativ wie beim Craftbeer bekommt auch der Whisky Gegenwind, und zwar durch den Gin. So könnte nämlich der Wacholderschnaps in Schottland, mittlerweile internationales Trendgetränk, der Whisky des 21. Jahrhunderts werden. Die Destillation erfordert weniger technischen Aufwand, die Reifezeit ist wesentlich kürzer und die Geschmacks- und Aromenvielfalt durch Zugabe natürlicher Pflanzenextrakte schier unendlich. Wie in Lussa auf der Insel Jura finden sich kleine, feine Gindestillerien nun fast überall im Land. Ideenreiche, oft junge Leute experimentieren mit Aromen und Pflanzen aus ihrem nahen Umfeld und kreieren höchst individuelle, qualitativ hochwertige Produkte.

Hinter der Cooperage von Craigellachie stapeln sich die Fässer, die auf ihre Aufbereitung und spätere Füllung warten.

66 FÄSSER UND BRÜCKEN AM SPEY – CRAIGELLACHIE

Im Herzen der Speyside

Der Loch Spey in der unwirtlichen Hochlandregion im Nordosten des Ben Nevis speist den zweitlängsten und sicherlich berühmtesten Fluss Schottlands. Das klare, reine Wasser des River Spey bahnt sich seinen Weg im Tal zwischen den Monadhliath Mountains und dem Nationalpark der Cairngorm Mountains und mündet bei Kingston in den Moray Firth.

Am Zusammenfluss von Spey und Fiddich, den beiden Flüssen, die den Pulsschlag der Whiskyproduktion Schottlands maßgeblich bestimmen, entstand etwa in der Mitte des 18. Jahrhunderts das kleine Örtchen Craigellachie. Es bedeutet so viel wie »felsiger Berg«, beschreibt die Geologie und weist ausdrücklich auch auf die Lage des Ortes hin, der mit etwas Wohlwollen fast das Herz der Speyside sein könnte. Das stilvolle Craigellachie Hotel von 1893, deren Quaich Bar den Whiskyfreund mit 700 verschiedenen Destillaten zur gepflegten Auswahl versorgt, markiert den Beginn der Victoria Street am Westende des Dorfes. Sie schlängelt sich als A95 vorbei an typischen Häusern dieser Zeit parallel zum Flussufer, quert bald den Fiddich und lässt Craigiellachie schon hinter sich. Nimmt man stattdessen vom Hotel aus die Edward Avenue und die Hill Street, kommt man auf jenen felsigen Berg und erreicht die 1891 gegründete und 1965 vollständig erneuerte örtliche Whiskybrennerei, die Craigellachie Distillery, die jedoch keinen Publikumsverkehr hat.

Zum Anfassen

Die Besucher zieht es eher in die etwas außerhalb gelegene »Speyside Cooperage«, die eine maßgebliche und herausragende Stellung für die Whiskyregionen Schottlands besitzt. Gegründet 1947 mitten im Ort in einem ausrangierten Hangar des Flughafens Aberdeen, zog die Produktionsstätte der

Fast nahtlos fügt sich das hochmoderne Gebäude der Macallan-Destillerie in die Landschaft ein und nimmt sogar ihre gewellte Form auf (unten). Schon mehr als 200 Jahre überspannt Thomas Telfords ikonische Craigellachie Bridge den River Spey (rechte Seite oben). Gilt das Lächeln den Besuchern (rechte Seite unten)?

Küfer und Böttcher 1991 an ihren heutigen Standort an der Straße nach Dufftown. Gut 100 000 Eichenfässer werden hier hergestellt, überwiegend jedoch repariert und rekonstruiert, um für neue Aufgaben vorbereitet zu sein. Von einer Galerie aus lassen sich die durchaus geräuschintensiven, traditionellen Arbeitsprozesse bestens verfolgen. Dabei qualmt und dampft es ordentlich. Aber das ist letztlich Grundvoraussetzung für die Reifung eines Whiskys, der je nach Lagerung im ehemaligen Bourbon-, Sherry- oder Portweinfass seinen ureigenen, unverwechselbaren Charakter erhält. Hinter der Cooperage stapeln sich in Pyramidenform Unmengen von Fässern aus Amerika, Frankreich und Spanien, die auf ihre weitere Verarbeitung, ihre Runderneuerung warten.

Bei der Gründung Craigiellachies sorgte eine Fähre für die trockene Überwindung des nur wenige Meter breiten Spey. Sie wurde 1814 durch eine kühne Brückenkonstruktion des Thomas Telford ersetzt, ein wahres Meisterwerk der Baukunst, das das flache südliche Ufer mit dem wesentlich steileren Nordufer gegenüber verbindet. Die filigrane »Craigellachie Bridge« ist heute die älteste erhaltene gusseiserne Bogenbrücke Schottlands. Eine Plakette an einem der massiven Brückenpfeiler weist auf ihren Ursprung hin und informiert darüber, dass die Metallarbeiten in Wales ausgeführt wurden. Nur noch Spaziergänger und Radler passieren das architektonische Kunstwerk, die modernen verkehrstechnischen Herausforderungen hat längst die Hauptstraße A941 übernommen.

Whisky für die Zukunft

Am jenseitigen Speyufer auf der Höhe über dem Fluss wurde 1824 beim Herrenhaus Easter Elchies die Macallan-Destillerie gegründet, die sich in einer mehr als nur bemerkenswerten, großflächigen und hypermodernen Architektur unter einem rhythmisch gewölbten Grasdach befindet, dessen so beschwingt wirkende, gleichwohl außerordentlich komplexe Holzkonstruktion aus gut 380 000 einzelnen Elementen besteht. Nichts erinnert mehr an die klassischen, gemeinhin bekannten Bauweisen, an Pagodendächer und hohe Schornsteine. Die Produktion wurde quasi in die Erde verlegt. Seit dem Frühsommer 2018 können Besucher den mehrfach ausgezeichneten Betrieb bestaunen, die Macallan-Historie anhand von Exponaten und Fotografien anschaulich nachverfolgen und natürlich auch einen Blick in die Produktion werfen. Ein besonderes Highlight stellt dabei das beleuchtete gläserne Rondell in der Mitte des Besucherzentrums mit einer Phalanx unzähliger Holzfässer dar.

TOP ★ ERLEBNISSE

★ WOLF UND POLARFUCHS SAGEN SICH GUTE NACHT

Der weitläufige Highland Wildlife Park bei Kingussie feierte 2022 seinen 50. Geburtstag und blickt aufgrund jüngster Zuchterfolge stolz in die Zukunft. Der Schwerpunkt liegt naturgemäß auf der heimischen Fauna, vertreten durch Wolf, Wildkatze, Luchs oder Vielfraß, aber auch die Tierwelten der Polarregion, Nordskandinaviens und des Himalaya werden repräsentiert durch Elch, Rentier, Polarfuchs, Schneeleopard, Yak und Amurtiger. Ein tierisches Erlebnis für Groß und Klein. www.highlandwildlifepark.org.uk

★ BALLINDALLOCH CASTLE

Seit 1546 Wohnsitz der Familie MacPherson-Grant sind Teile von Schloss und Garten südlich von Knockando öffentlich zugänglich. Auf dem weitläufigen Gut sind stilvoll-aristokratische Beschäftigungsmöglichkeiten wie die Fasanenjagd en vogue, aber auch Golf oder Angeln. Cottages und die ehemaligen Häuser der Bediensteten sind als Selbstversorgerunterkünfte buchbar. Zudem gibt es Tearoom, Spielplätze und Wanderwege. www.ballindallochcastle.co.uk

Ehemalige Fischerdörfer wie Crovie sind heute beliebte Ferienziele (oben). Die 1224 erbaute Kathedrale von Elgin wurde 1560 im Zuge der schottischen Reformation den Elementen preisgegeben (rechte Seite oben), dennoch blieben einige fantastische Details in ihrem Innern erhalten (rechte Seite unten).

67 MACBETHS TRIUMPH – VON ELGIN BIS CROVIE

Region der Umstürze und Reformen

Nördlich vom Cairngorms National Park liegt zehn Kilometer abseits der Küste die ehemalige Königsstadt Elgin. Dort tötete einst Macbeth den schottischen König Duncan I. Von der ursprünglichen Bedeutung der Stadt zeugt heute nur noch die Ruine einer imposanten Kathedrale aus dem frühen 13. Jahrhundert. Sie war einst Schottlands größtes Gotteshaus, fiel jedoch der Reformation zum Opfer.

Das auf der flachen Hochebene von Moray gelegene Elgin wurde weithin bekannt, weil in der Nähe im Jahr 1040 König Macbeth in der Schlacht bei Elgin seinen Rivalen, König Duncan I, tötete. Bereits 1136 von König David I zu einer Royal Burgh ernannt, war die Stadt bis zur schottischen Reformation ein wichtiger Bischofssitz. Von Elgins Bedeutung zeugt die eindrucksvolle Ruine der mächtigen Kathedrale, einst Schottlands größte Kirche und ehrfürchtig »Lantern of the North«, »Laterne des Nordens«, genannt. Noch heute erkennt der Betrachter, dass diese Kathedrale mit Abstand das beste Beispiel schottischer Kirchenarchitektur darstellte.

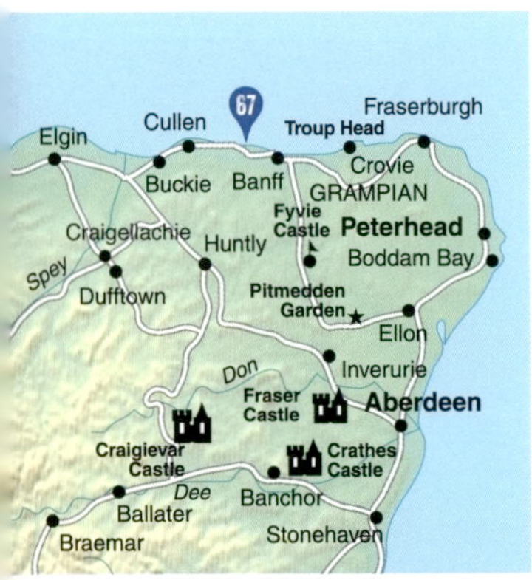

Könige und Bilderstürmer

Elgin war stets beliebtes Ziel schottischer Könige. David I, William I, Alexander II und Alexander III hielten sich hier häufig auf oder kamen zur Jagd in den königlichen Wäldern. Wahrscheinlich aber war die Stadt deshalb so beliebt, weil sie so weit entfernt von den Borders, der Grenze zu England, lag. Aber auch englische Könige fanden Gefallen an Elgin. Edward I kam zweimal hierher und beschrieb den Ort als »bon chastel et bonne ville«, als »gute Burg und gute Stadt«.

Bei Elgins Bürgern war die neue Religion der presbyterianischen Covenanter beliebt, im 16. Jahrhundert nach der Reformation eingeführt. Sie verabscheute Dekoratives und

An die zauberhafte Bucht des Fischerdörfchens Sandend grenzt das Areal der Whiskybrennerei von Glenglassaugh (oben).

sorgte dafür, dass auf Geheiß des Kronrats Bilder, Gemälde und Kirchenfenster, sogar das Bleidach der Kathedrale entfernt wurden. Es sollte verkauft werden, um den Sold der Soldaten zu bezahlen. Das Schiff, mit dem das Blei nach Holland geschafft werden sollte, sank aber bereits im Hafen von Aberdeen. Dem Bildersturm der Covenanter wurde erst 1807 durch Joseph King ein Ende gesetzt. Er ließ eine Mauer um die Ruine ziehen und verhinderte, dass auch noch die letzten verbliebenen Steine abgetragen wurden. Dem Reichtum Elgins hatte der Raubbau allerdings kaum etwas angetan. Und die Fischerdörfer am Firth waren von den Auswüchsen der Reformation ohnehin verschont geblieben.

Faszination Findhorn

Das bekannteste dieser Dörfer war lange das nördlich von Forres gelegene Findhorn. 1962 gründeten dort Eileen und Peter Caddy eine Kommune – nichts Ungewöhnliches zu jener Zeit. Aber Findhorn war anders, nicht politisch, nicht an »freier Liebe« interessiert. Eileen Caddy war davon überzeugt, in direktem Kontakt zu Gott zu stehen und von diesem Anweisungen zu einer neuen Form des Zusammenlebens mit Menschen und der Natur zu erhalten. Ihre Kommune zog Dutzende junge Menschen an und erwies sich bald als sehr erfolgreich. Die Arbeit wurde geteilt, man lebte vegetarisch und verfolgte gleichzeitig auch ökonomisch vorausschauende Ideen. Tatsächlich besteht die Kommune bis heute, wenn auch inzwischen in eine Findhorn Foundation umfunktioniert. Trotz etlicher Veränderungen konzentriert sie sich weiterhin auf die Kernbereiche Gemeinschaftsleben, Nachhaltigkeit und Spiritualität.

Neue Ideen brachte bereits in den 1930er-Jahren der aus Nazideutschland geflüchtete deutsche Reformpädagoge Kurt Hahn in die Region. 1933 gründete er nördlich von Elgin das Internat Gordonstoun, das heute zu den bekanntesten der Welt gehört und von zahlreichen Prominenten besucht wurde. Hier drückten unter anderem viele Mitglieder des britischen Königshauses die Schulbank, darunter auch Prinz Philip und der damalige Thronfolger und heutige König Charles III. Hahn hatte 1920 zusammen mit Prinz Max von Baden das Internat und die Schule Schloss Salem am Bodensee ins Leben gerufen und führte Gordonstoun nach denselben Prinzipien seiner ganzheitlichen Pädagogik. Anhänger der inzwischen in der ganzen Welt verbreiteten Round-Square-Philosophie sind davon überzeugt, dass Kinder und Jugendliche in der Schule nicht nur akademisches Wissen erwerben müssen. Für mindestens ebenso wichtig halten sie sportliche Fitness, soziale Verantwortung, tolerantes Denken und Weltoffenheit.

An der Küste von Burghead nach Osten

Rund zwölf Kilometer nordwestlich von Elgin liegt Burghead auf einer Halbinsel am Moray Firth. Als der Ort zwischen 1805 und 1809 angelegt wurde, entdeckte man (wenn auch erst in letzter Minute), dass man am Standort eines piktischen Forts baute und die Hälfte bereits zerstört hatte. Zum Glück blieben die schönen Felsplatten mit Darstellungen von Stieren erhalten, die man bei den folgenden Ausgrabungen entdeckte. Die »Burghead Bulls« sind heute im British Museum in London ausgestellt. Das Hafenstädtchen macht einen adretten Eindruck, hat aber seine Glanzzeit eindeutig hinter sich. In Lossiemouth sieht man die Yachten hinter den hohen Mauern der Hafenmole, hier starten Ausflüge mit pfeilschnellen Motorbooten zu den westlich gelegenen Ruheplätzen der Seehunde und an die vogelreiche Klippenküste unterhalb des Covesea Lighthouse, Begegnungen mit Delfinen nicht unbedingt ausgeschlossen. Die Station der Royal Air Force sorgt für das ökonomische Überleben von Lossiemouth, das jedoch unter dem ohrenbetäubenden Lärm der Düsenjets leidet. Ehemalige RAF-Piloten gründeten kürzlich die »Windswept Brewing Company« und sorgen mit ihren Bierkreationen, darunter auch eine Kölschvariante, für Furore. Nach Osten hin erstrecken sich die breiten Sandstrände der Spey Bay bis zur Mündung des River Spey in den Moray Firth und drücken Lossiemouth das Prädikat der unbestrittenen »Riviera des Nordens« auf.

Fischerdörfer an der Perlenschnur

Cullen, das im Mittelalter Stadtrechte erhielt, ist ein zweigeteilter Ort. Die Seatown mit den Fischercottages liegt an Hafen und Strand, der mit der Felsformation »Drei Könige« aufwartet. Die elegante Oberstadt mit Marktplatz, weiten Straßen und noblen Villen blickt indes von oben herab auf die

Portsoy ist ein malerisches Fischerdorf in Aberdeenshire mit pastellfarbenen Häuschen und drei Pubs (oben). Ebenso skurril wie exzentrisch präsentiert sich der Antiquitätenladen an der Hauptstraße in Cullen (unten).

Eng schmiegen sich die kleinen Häuser Gardenstowns aneinander und genießen das warme Licht der Abendsonne über dem Moray Firth (unten). Der bizarr geformte »Fiedelbogenfelsen« steht an der Küste von Portknockie (rechte Seite oben). Basstölpel am Troup Head (rechte Seite unten).

Bucht. Die dortige Kirche »Old Kirk of Cullen« wurde im 13. Jahrhundert gegründet und ist das letzte historische Überbleibsel im Ort, dessen Anlage aus der Zeit um 1820 stammt. 1327 verstarb in Cullen die Ehefrau des Schottenkönigs Robert the Bruce. Ihre inneren Organe wurden in der Kirche beigesetzt. Fortan zahlte der König einen Obolus an die Gemeinde, eine Tradition, die von den demokratischen Regierungen bis heute beibehalten wird. Oberstadt und Seatown trennen die ehemalige Bahnlinie der Great North of Scotland Railway von 1886 und deren imposantes Sandsteinviadukt. Seit den 1960er-Jahren verkehren keine Züge mehr.

Der Herkunftsort der kräftigen Fischsuppe Cullen Skink ist durch einen Wanderweg entlang der Steilküste mit dem malerischen Portknockie, von Fischern 1677 gegründet, verbunden. Am Weg liegt der ikonische »Bow Fiddle Rock«, ein natürliches Felsportal mitten in der Nordseebrandung.

Der malerische Hafen Portsoys, umgeben von historischen Wohn- und Lagerhäusern, wurde im 17. Jahrhundert angelegt und ist der älteste in der Region. Die Kais wurden aus Naturstein zusammengefügt und geben dem Hafen seinen besonderen Charme. Der Marmor der Steinbrüche von Portsoy genoss einst weltweite Berühmtheit. Ludwig XIV. bekam als Baumaterial für seine Kamine in Versailles das grünlich und pink schimmernde Gestein. Zumeist geht es in den Straßen und Gassen ruhig und beschaulich zu, nur im Juni drängen Besuchermassen in die historische Kulisse. Dann findet das Scottish Traditional Boat Festival statt, eines der größten regionalen Events.

Kleine Orte, große Geschichten

Von Portsoy aus erreicht man das historische Fischerdorf Sandend mit dem Auto oder auf dem Wanderweg an der Steilküste. Die im 16. Jahrhundert gegründete kleine Siedlung am Ende einer geschützten Sandbucht erfreut sich unter Surfern großer Beliebtheit. Geht man an den liebevoll gepflegten Cottages, den Räucherhäusern vorbei, erscheint die Zeit einfach still zu stehen. Nach mehr als zwei Jahrzehnten Dornröschenschlaf nahm die kleine Glenglassaugh Distillery jenseits des Strandes 2008 wieder ihre Produktion auf und bietet auch Führungen an. Ein kurzes Stück landeinwärts liegt das Bilderbuchdorf Fordyce. Herausgeputzte Häuschen, eine trutzige Wohnburg, ein Netz gewundener Gässchen, eine kleine Parkanlage und ein Heimatmuseum – der denkmalgeschützte Ort, dessen Ursprünge bis ins Mittelalter reichen, lädt zum Bummeln und Verweilen ein.

In Macduff am östlichen Mündungsufer des Deveron hat die Fischerei lange Tradition. Noch heute wird kommerziell gefischt, und in der Werft werden Boote repariert oder gebaut, so auch die traditionellen Holzboote. Das Macduff Marine Aquarium vermittelt einen Einblick in die Unterwasserwelt der heimischen Nordsee, während Banff nur einen Katzensprung entfernt auf der anderen Seite der Deveronmündung liegt und im 14. Jahrhundert Stadtrechte erhielt. Viele elegante Häuser aus dem 17. und 18. Jahrhundert zeugen vom einstigen Reichtum und machen Banff zu einem Vorzeigedorf Schottlands.

Küstenidyll

Das kleine Küstendorf Gardenstown östlich von Banff lebt hauptsächlich von der Fischerei. Auf dem Hochplateau oberhalb von Gardenstown hatten 2014 Einwohner mit einer Motorsense in riesigen Lettern das Wort »YES« in eine Wiese geschnitten. Sie wollten damit bekunden, dass sie für ein unabhängiges Schottland stimmen würden. Auf dem Plateau steht auch die Ruine einer hübschen Kirche. 1004 hatten dänische Belagerer in der Gamrie Bucht Anker geworfen und auf dem Gebiet, wo heute die Ruine steht, Position bezogen. Der Anführer der Schotten versprach, er werde eine Kapelle bauen, sollte es ihnen gelingen, die Dänen zu schlagen. Er hielt sein Versprechen. Da in die Wand der Kapelle die Schädel von drei dänischen Anführern eingelassen wurden, heißt sie auch »Church of the Sculls«, »Kirche der Schädel«.
Weiter östlich schmiegt sich Crovie in einer einzigen Häuserreihe eng an die Steilküste. Wer das Dorf besuchen möchte, muss oben auf der Hochebene parken. Crovie wurde von Crofter-Familien gegründet, die von ihrem Land vertrieben worden waren. Hier gingen sie zunächst mit den Booten des Großgrundbesitzers auf Fang. Im Lauf der Jahre konnten sie sich selbstständig machen, bis sie Jahrzehnte später ein weiterer Schicksalsschlag ereilte. Nicht nur ging es mit dem Fischfang stark bergab, 1953 schwemmte ein gewaltiger Sturm mehrere Häuser hinweg. Die meisten Bewohner mussten fliehen. Trotzdem ging Crovie nicht verloren. Zwar leben viele der ursprünglichen Bürger inzwischen weiter landeinwärts. Ihre Cottages in Crovie aber wurden vor einigen Jahren zu Ferienhäusern umfunktioniert.

TOP ★ ERLEBNISSE

★ EISCREME UND MEHR

Süße Verführungen, nicht nur der gefrorenen Art sind in dem kleinen, familiengeführten Icecream Shop Cullen an der Hauptstraße zu bekommen. Das traditionell, aber variantenreich hergestellte Eis konnte schon mehrere bedeutende Auszeichnungen verbuchen. Daneben gibt es bunte Bonbons, Lollis und viele andere Leckereien in großen Einmachgläsern.
www.facebook.com/theicecreamshopcullen

★ RSPB TROUP HEAD RESERVE

Zwischen Crovie und Pennan liegt die größte Basstölpel-Kolonie auf dem schottischen Festland. Hier kommt man den eleganten Flugkünstlern recht nahe und hat einen fantastischen Blick auf die Küste.
www.rspb.org.uk/reserves/guide/t/trouphead/index.aspx

★ DUFF HOUSE

Ein wahres Schmuckstück unter den Werken des William Adam ist das Herrenhaus Duff House von 1740. In seiner wechselvollen Geschichte war der ursprüngliche Adelssitz Country House Hotel, Sanatorium und Kriegsgefangenenlager. Heute beherbergt das Gebäude eine exquisite Sammlung an historischem Mobiliar und herausragenden Gemälden der schottischen Nationalgalerie, ein Shop und ein Café.
www.historicenvironment.scot/visit-a-place/places/duff-house/

68 ANRUF AUS HOLLYWOOD – PENNAN

Lebendige Kulisse eines Kultfilms

Ferness hieß das Dorf in dem Hollywood-Streifen »Local Hero« von 1983, und die Location-Scouts hatten ganze Arbeit geleistet, denn ein schöneres Fleckchen Schottland zur Umsetzung weiter Teile des Drehbuchs von Bill Forsyth hätte man kaum finden können. Abgeschieden und verschlafen bot sich die schnuckelige Häuserreihe am Meer unterhalb schroffer Klippen einfach nur an.

Eine zentrale Rolle des Films spielt dabei eine klassische rote Telefonzelle, doch diese gab es eigentlich gar nicht an dem kleinen Hafenbecken beim Pennan Inn, sondern sie wurde eigens von den Filmleuten dort drapiert und nach Drehschluss wieder abgebaut. Man erkannte aber schnell, dass der Filmstar, dieses Relikt traditioneller öffentlicher Kommunikation, alle Voraussetzungen für eine touristische Pilgerstätte erfüllte. So wurde sie flugs dauerhaft installiert und 1989 sogar unter Schutz gestellt.

Das Fischerdorf Pennan entstand, wie einige weitere an der schottischen Nordostküste, mit seinen guten drei Dutzend Häusern zu Beginn des 19. Jahrhunderts, als Crofter in Folge der Highland *Clearances* zwangsweise umgesiedelt wurden. Sie stachen vom dreieckig angelegten Hafenbecken in See und erzielten damit auch ein erkleckliches Auskommen, verließen ob des mühseligen Gewerbes aber nach und nach den Ort. Der Tourismus hielt Einzug. Viele der hübschen kleinen Häuser wurden zu Ferienunterkünften umgewidmet, einzig der Pennan Inn, das lokale Gasthaus, überlebte die schwierigen Zeiten und fungiert nun als B&B mit Galerie. Die romantische Aura des Films mit Burt Lancaster in der Hauptrolle (und natürlich mit Happy End) liegt immer noch über der Dorfstraße mit den zum Meer hin ausgerichteten Vorgärten, über die die Wäscheleinen lustig im steten Wind flattern. Und an klaren Winternächten führt die Natur Regie und zaubert spektakuläre Nordlichtfilme an den Himmel.

INFO: www.thepennaninn.co.uk

Auch das Wetter kann Drama und schafft eine hollywoodreife Atmosphäre über dem kleinen Küstenort Pennan.

Der Musikpavillon im Strandpark von Nairn kann seine dominante Präsenz vor der Kulisse des Moray Firth kaum verleugnen.

69 BADEORT MIT TRADITION – NAIRN

Die Schöne an der Küste

Schottlands sonnigstes Plätzchen zu sein, beanspruchen gleich einige Orte für sich. So auch Nairn, das sich wegen seiner langen Sandstrände und guten Golfplätze als beliebtes Feriendomizil einen Namen gemacht hat, gar als »Brighton des Nordens« bezeichnet wird. Nairns großzügige Anlage mit vielen Wiesen- und Parkflächen rund um den heimeligen Fischerhafen sorgt für eine entspannte Atmosphäre.

Schon die Pikten hatten Siedlungen an der Mündung des River Nairn in den Moray Firth angelegt, wo später der kleine Fischereihafen von »Inbhir Narann« entstand. Heute starten hier eher die Ausflugsboote zur Erkundung der Küste, zur Beobachtung von Seehunden und Delfinen, weniger die Trawler der Fischer, die zumeist nur noch aus Liebhaberei ihrem Beruf nachgehen. Zu Zeiten Queen Victorias gedieh das Städtchen zu einem populären Heilbad mit gesundem Meeresklima. Als herausragendes Relikt dieser Epoche steht der filigrane rote Musikpavillon »The Wallace Bandstand« mit seinem silbrig glänzenden Pagodendach auf den Nairn Links, einer weiten Wiesen- und Parkfläche zwischen dem Strand und der Marine Road.

Mary, *Queen of Scots*, machte diverse Stippvisiten in Nairn, während der legendäre Charles Spencer Chaplin gleich mehrere Urlaube hier verbrachte. Er reservierte die komplette zweite Etage des damaligen Newton Hotels und genoss die entschleunigende Wirkung seiner Spaziergänge zum Strand und zum Hafen. Die lebensgroße, sehr naturgetreue Bronzestatue »Nairn Fishwife« sah er nicht, denn sie wurde erst 2007 in Schottlands Jahr der Kultur aufgestellt. Sie erinnert an die Frauen der Fischer, die zu den Glanzzeiten der Fischerei im späten 19. Jahrhundert nicht nur Haus und Familie betreuten, sondern auch immense Leistungen rund um das eigentliche Fischen erbrachten.

INFO: www.nairnscotland.co.uk

Viele Bürger von Fraserburgh fragen sich, ob die Fischerboote eines Tages komplett verschwinden werden.

70 NOCH WIRD GEFISCHT – FRASERBURGH

Schottlands erster Festlands-Leuchtturm

An Schottlands langer, zerklüfteter Küste mit den zahllosen vorgelagerten Inseln spielen Leuchttürme eine große Rolle. Die alten Bauwerke dienen oft als Ferienhäuser oder Museen, so auch das Kinnaird Head Lighthouse.

Fraserburgh ist einer der wenigen großen Fischereihäfen im Vereinigten Königreich, die als solche überlebt haben. Anfang des 16. Jahrhunderts kaufte eine Familie Fraser das Land. 1546 wurde hier der erste Hafen angelegt, und um 1570 ließen die Frasers auch eine Burg bauen. Sogar eine Universität gab es einst. Bedeutung erlangte der Ort aber erst, als die Burg 1791 zu einem Leuchtturm umfunktioniert wurde. Kinnaird Head Lighthouse war Schottlands erster Leuchtturm auf dem Festland. Er ist heute Teil des Museum of Scottish Lighthouses und immer noch in Betrieb, wenn auch wie alle anderen schottischen Leuchttürme von Edinburgh aus gesteuert. Besucher bestaunen hier technisches Gerät sowie die Wohnbereiche der Leuchtturmwärter, in denen unter anderem eine herrliche alte Vitrine mit eingebauter Radio- und Grammofonkombination steht.

Zu sehen ist aber auch der merkwürdige Winetower, ein steinerner Quader mit kleinen Fenstern und einer Treppe, die auf halber Höhe zu einer Tür führt. Dieser drei Stockwerke hohe »Weinturm« wurde wohl im 16. Jahrhundert gebaut und diente als Vorratskammer. Man kann die Kammern nur durch diese betreten. In der Höhle darunter soll die Fraser-Familie einst den Freund einer Tochter eingesperrt haben, der darin ertrank. Die Tochter stürzte sich daraufhin vor Kummer vom Winetower auf die Felsen, die rote Farbe auf den Steinen symbolisiert noch heute ihr Blut. Und da es auf den Britischen Inseln selten ohne Geister geht, soll es selbstverständlich auch im Winetower spuken.

INFO: www.lighthousemuseum.org.uk

71 STILL STANDING – BODDAM

Leuchtfeuer für die gefährliche Küste

Der spektakuläre Leuchtturm von Boddam wurde 1827 gebaut, als immer weniger Boote den gefährlichen Hafen anliefen. Der Fischfang ging zurück, die Eisenbahntrasse verschwand, der Turm aber leuchtete weiter.

Vor der Küste versank ein Schiff, und alle Mann an Bord ertranken. Nur ein Affe überlebte, der auf den Mast geklettert war. Die Leute von Boddam hängten ihn auf. Die Einwohner des kleinen Fischerdorfs Boddam an der Küste von Aberdeenshire konnten nur dann eine Schiffsladung beanspruchen, wenn alle an Bord umgekommen waren – also auch Affen.

Im 16. Jahrhundert ließen die Keiths hier eine Burg bauen, aber erst 1831 wurde ein Hafenbecken angelegt. Bis dahin mussten die Fangschiffe an Land gezogen werden. Im Lauf der Jahre nahm der Fischfang stark zu, vor allem profitierte davon jedoch das etwas nördlich gelegene Peterhead. So viele Schiffe versanken vor der Küste von Boddam, dass 1827 ein Leuchtturm vor dem Städtchen mit zwei roten Streifen errichtet wurde, der auf der Nordsee schon von Weitem zu sehen ist. 1897 wurde der Ort auch ans Schienennetz angeschlossen. Und heute? Boddams Fischereiindustrie ist nur mehr ein Schatten ihrer selbst, die Burg eine Ruine, die Eisenbahntrasse schon seit 1950 zum größten Teil entfernt. Verschwunden ist zudem die Meereshöhle Bullers of Buchan, die Richtung Süden nicht weit von Boddam entfernt gelegen war. Die Öffnung zur See hin ist zwar noch vorhanden, doch ist das Dach der Höhle eingestürzt. Diese neue Sehenswürdigkeit in Boddam entdeckt man auf einem schönen Spaziergang entlang der Steilküste. Wer weitermarschiert, erreicht unter anderem die Schlossruine Slains Castle, die den Schriftsteller Bram Stoker angeblich zu seinem ersten Dracularoman inspirierte.

INFO: www.nlb.org.uk/lighthouses/buchan-ness/

Der Leuchtturm von Boddam erinnert daran, dass die schottische Küste für jeden Kapitän eine Herausforderung darstellt.

Das rustikale Innere der St. Machar's Cathedral überspannt eine beeindruckende Kassettendecke aus dem 16. Jahrhundert (oben). Die Union Street führt auf die Zitadelle der Salvation Army zu, die 1896 just dort entstand, wo viele hundert Jahre zuvor Aberdeen Castle lag. Der Turm, der nicht zufällig jenem von Balmoral Castle gleicht, überragt das Castlegate mit dem Mercat Cross in dessen Mitte ein weißes Einhorn prangt (rechte Seite).

72 EINE STADT IN GRAU UND SILBER – ABERDEEN

Im Zeichen von Öl und Granit

Durch die Nähe zum Nordseeöl und den geschäftigen Hafen mutierte Aberdeen in den letzten Jahren zur inoffiziellen Energie-Hauptstadt Europas, sowohl für fossile Brennstoffe als auch für Zukunftstechnologien. Aber die Metropole im Nordosten des Landes hat noch einiges mehr zu bieten.

Grau, trist, langweilig – die Synonyme für die drittgrößte Stadt Schottlands tendieren überwiegend ins Negative. Darüber hinaus genießt sie den zweifelhaften Ruf, in einer Schlechtwetterregion zu liegen, wo es unaufhörlich nieselt und das schlichte Grau der Gebäude zu einer unansehnlichen, gräulichen Masse mutiert. Wagt sich aber die Sonne hindurch – und dies geschieht entgegen aller gängigen Klischees unvermutet häufig –, dann glänzt und glitzert Aberdeen geradezu glamourös und aristokratisch. Aus der Ödnis einer grauen »Granite City« wird urplötzlich eine höchst erquickende »Silver City«. Diese besitzt zudem reichlich Grün und mit dem weitläufigen Duthie Park am Ufer des Dee nicht nur eine grüne Lunge.

Wann genau die Stadt gegründet wurde, lässt sich nicht eindeutig klären. Der heilige Machar, ein Weggefährte St Columbas, soll um 580 eine Kirchengründung auf einer Anhöhe oberhalb des Don vorgenommen haben. Ihm ist die prächtige Kathedrale in Old Aberdeen gewidmet, die im 12. Jahrhundert just am Standort jenes Sakralbaus errichtet wurde und deren Innenraum eine imposante, hölzerne Kassettendecke aus dem 16. Jahrhundert, geschmückt mit 48 Wappen, überspannt. Die Ostfassade mit ihren hohen Glasfenstern wurde indes erst 1953 vollendet. Von St Machar's Cathedral aus erreicht

INVEST ABERDEEN
One of the UK's most competitive cities
FG Burnett
INVEST ABERDEEN
A World Energy City
SCOTIA
TO LET

Verspielt und gern auch etwas exzentrisch: die Häuser und Gärten in Footdee (oben). Die Brig o' Balgownie wölbt sich im hohen Bogen über den River Don (unten). Längst gilt die Uni-Bibliothek »Duncan Rice Library« als modernes Wahrzeichen Aberdeens (rechte Seite oben). Nur ein Modell, trotzdem gigantisch: die Ölbohr-Plattform im Aberdeen Maritime Museum (rechte Seite unten).

man den in den 1940er-Jahren angelegten Seaton Park. Im Norden reicht er bis an den River Don und den Stadtteil Balgownie heran. Bemerkenswert ist die Brig o' Balgownie, eine hohe Steinbrücke mit gotischem Spitzbogen aus dem 14. Jahrhundert.

Die alte Universität

Old Aberdeen, ursprünglich eine selbstständige Kommune und erst 1891 eingemeindet, ist eine der beiden Siedlungen, die zwischen den Mündungen des Don und des Dee angelegt wurden und zu einer großen Stadt verschmolzen sind. Kopfsteinpflaster dominiert die High Street mit Häusern aus dem 18. und 19. Jahrhundert mit Wohnungen und einigen kleinen Geschäften. Dies ist das Studentenviertel der drittältesten Universität des Landes, des King's College. Dessen markante sandsteinfarbene, 1505 errichtete Universitätskirche mit der filigranen Kronenkuppel ist das älteste Gebäude des Viertels. Im ehemaligen Rathaus von Old Aberdeen befindet sich ein Museum, und in dem kleinen Viertel an der Kathedrale, »The Chanonry«, liegen die Cruickshank Botanic Gardens. Sie wurden 1898 der Universität gestiftet. Der Garten entspricht weitgehend der ursprünglichen Anlage und bietet naturnahe Informationen über die Pflanzenwelt.
Im Lauf der Zeit verwischten die Stadtgrenzen, Neubaugebiete rückten in die unmittelbare Nachbarschaft. Dennoch hat Old Aberdeen seinen Charme bewahrt, was mit seiner universitären Tradition zusammenhängen mag. King's College wurde 1495 auf Initiative von William Elphinstone, Bischof von Aberdeen, gegründet. Im Namen des Königs bat er den Papst um die Errichtung einer Universität, der damit dritten Hochschule Schottlands. Im 19. Jahrhundert wurde King's College mit dem Marischal College zusammengelegt, Old Aberdeen blieb aber der zentrale Campus. Davor steht ein imposanter Bronzesarkophag mit einem Abbild des Bischofs. Das Werk aus dem frühen 20. Jahrhundert verdankt seine Position dem Umstand, dass es schlicht zu groß für die Kapelle war. Einen Kontrast dazu, gar nicht weit entfernt, bildet der moderne Kubus der Unibibliothek »Duncan Rice Library« und seine unverwechselbare Dschungelfassade.

Zwei Dörfer – eine Stadt

Zwischen Don und Dee erstreckt sich der schöne Aberdeen Beach, der Hausstrand der Aberdonians, die hier viel Freizeit verbringen – nicht nur mit Golf auf den Grüns des King's Links Golfplatzes, sondern vor allem mit Sonnenbaden, Beach Volleyball oder schlichtem Badevergnügen. Im Queen Links Leisure Park gibt es zusätzlich Angebote

vom Riesenrad bis zum einarmigen Banditen. An der Südspitze des Strandes ragt der charakteristische Navigationsturm an der Mole über der Einfahrt in den betriebsamen Hafen himmelwärts. Unmittelbar angrenzend erstreckt sich das schachbrettartig angelegte Fischerdorf Footdee, das liebevoll »Fittie« genannt wird. Die einfachen Häuserreihen entstanden im 19. Jahrhundert nach Plänen von John Smith, dem Architekten von Balmoral Castle, und beherbergten die Familien der Seeleute der einst umfangreichen Flotte an Heringsfischern. Geschützt vor Wind und Wetter befindet sich hier ein heimeliger Mikrokosmos aus kleinen Grünflächen, verspielten Schrebergärten und Ferienhäuschen, schnurrenden Katzen, flatternder Wäsche und grinsenden Gartenzwergen. Auf der Südseite der Dee-Mündung erhebt sich die Torry Battery, eine um 1860 erbaute Artillerieanlage, die nun als Golfplatz angelegt ist, und dahinter ragt schlank und strahlend weiß der Leuchtturm von Girdle Ness auf. Ihm gegenüber steht ein gigantisches Nebelhorn, »The Torry Coo«. Vom Café des kommunal geführten Greyhope Bay Centre lassen sich bestens Delfine beobachten, die sogar bis ins Hafengebiet hineinkommen.

Das typische graue Silber Aberdeens findet man vornehmlich an der Union Street und in faszinierender Ausprägung am Marischal College, der zweiten Universität der Stadt. Diese Viertel, New Aberdeen, entstanden teilweise oberhalb der historischen Unterstadt, dem Merchant Quarter. Dieser mittelalterliche Stadtteil mit seinen Kopfsteinpflastergassen, The Green, Keimzelle des ursprünglichen Aberdeen, besitzt eine ganz eigentümliche Atmosphäre. Kleine Bars, Pubs und Restaurants sind insbesondere bei den Studenten beliebt.

Aberdeens wirtschaftliche Entwicklung ist wechselvoll. Fischerei, Schiffbau, Papierherstellung, Woll- und Textilverarbeitung, Granitgewinnung und Gießereien hatten eine lange Tradition. Der Öl- und Erdgasboom setzte in den 1960er-Jahren ein. Die Industrie wuchs schnell, Arbeitsplätze entstanden, und die gesamte Region profitierte. Die Arbeitswelt der Offshoreindustrie veränderte auch das Gesicht des Hafens. Das Hauptgeschäft der Fischerei verlagerte sich in den Norden nach Peterhead und Fraserburgh. Nicht weit vom Fischdock entfernt liegen die Fährschiffe der Linie NorthLink Ferries, die täglich zu den Orkney- und Shetland-Inseln fahren.

TOP ★ ERLEBNISSE

★ THE SILVER DARLING

Auf der rundum verglasten ersten Etage des populären Fischlokals in Footdee laden ausgezeichnete Gerichte und Menüs rund um ein reichhaltiges Angebot an Meeresfrüchten, wie frittierten Austern, zum kulinarischen Genuss ein. Beeindruckend ist allein schon die Aussicht über die Hafeneinfahrt, wo mit etwas Glück Delfine zu sehen sind.
www.thesilverdarling.co.uk

★ KUNSTMUSEUM

Die Aberdeen Art Gallery wurde 2021 zum Gebäude des Jahres in Schottland gekürt. Man ehrte damit die hervorragende Restaurierung und Überarbeitung des fast 140 Jahre alten Gebäudes, das insgesamt über 18 verschiedene Ausstellungsbereiche verfügt und historische wie zeitgenössische Kunst und Künstler präsentiert.

★ NAUTISCHES MUSEUM

Die enge Verbindung Aberdeens mit der Welt der Seefahrt kommt in beeindruckender Form im Aberdeen Maritime Museum zum Ausdruck. Auf vier Etagen spiegeln Modelle, Bilder und zahllose Gegenstände die abwechslungsreiche nautische Geschichte von Stadt und Region wider. Prunkstück ist das maßstabsgerecht verkleinerte Modell einer Ölplattform, das die gesamte Gebäudehöhe vereinnahmt.

WEITERE INFORMATIONEN
www.aberdeencity.gov.uk/AAGM

73 ABERDEENSHIRES KÜSTENIDYLL

Von Stonehaven zur Lunan Bay

Schon lange leben die meisten Dörfer an der schottischen Küste nicht mehr vom Fischfang. Ihre malerischen Häuser aber sind geblieben und dienen jetzt als Touristenattraktionen. Und ihre weiten Strände als feine Plätze zur Entspannung für Mensch und Tier.

Die Küste von Aberdeenshire bietet Gelegenheit für ausgedehnte Spaziergänge, zum Beispiel auf dem Wandertrail von Auchenmithie zur Lunan Bay (unten). Im Hafen von Stonehaven liegen heute die Segelboote der Besucher (rechte Seite oben). Zum House of Dun gehört ein hübscher kleiner Park (rechte Seite unten).

Die Borders und die Highlands and Islands faszinieren Besucher aus verschiedenen Gründen. Dort beeindrucken die raue, zum Teil unwirtliche Landschaft, hört man ungewöhnliche Sprachen, trifft auf uralte Traditionen und Zeugnisse einer dramatischen Vergangenheit – Relikte von Kelten, irischen Missionaren und blutrünstigen Wikingern. Und nicht zuletzt locken die Whisky Trails.

Stonehaven und Dunnottar Castle

Den Fischern von Stonehaven gingen die Heringe schon früh aus. Bereits 1939 war dieser Industriezweig nur noch ein Schatten seiner selbst. Dafür hat das Städtchen einen wunderschönen, geschützten Hafen, der seetüchtige Jachten anlockt. Hier befindet sich auch das Stonehaven Tolbooth, das »Rathaus« aus dem späten 16. Jahrhundert. Es erfüllte ursprünglich die Funktion eines Gerichtsgebäudes und später eines Gefängnisses. Historisch ist es interessant, weil hier drei Priester der schottischen Episkopalkirche eingekerkert waren. Sie hatten Gottesdienste für mehr als neun Personen abgehalten. Das war Mitte des 18. Jahrhunderts nicht erlaubt. Heute ist das Gebäude ein Museum.
Einer der bedeutendsten Söhne dieses winzigen Ortes war zweifellos Lord Reith, der 1922 zum ersten Director General der BBC ernannt wurde. Er ist bis heute berühmt für seine Definition der Aufgaben einer Anstalt

des öffentlichen Rechts: Bildung, Information und Unterhaltung. Stonehaven konzentriert sich inzwischen primär auf Tourismus. Der Hafen ist ohne Zweifel mit seinen Pubs ein gemütliches Eckchen, während die Fish'n' Chips Shops in der Ortsmitte regelmäßig um die Krone des besten »Chippys« im Land konkurrieren. Und das obwohl gerade hier das umstrittenste kulinarische Erzeugnis Schottlands, der frittierte Schokoriegel, im Jahr 1992 das schummrige Neonlicht über der Fritteuse erblickte. Aber viel bedeutender ist eine der meistfotografierten Burgruinen Schottlands, Dunnottar Castle, auf steilen Klippen thronend, markant und wildromantisch, hoch über der Nordsee.
Zahlreiche Mythen und Legenden ranken um die Burg aus dem späten 13. Jahrhundert. So sollte sie die letzte Befestigung sein, die den Truppen Oliver Cromwells erfolgreich Widerstand leistete. Die dort versteckten schottischen Kronjuwelen konnten vor dem Feldherrn ebenfalls in Sicherheit gebracht werden. Einer listigen Pfarrersfrau gelang es jedoch, die Preziosen an den belagernden Truppen vorbeizuschmuggeln und in ein neues Versteck zu schaffen: Unter den Bodenfliesen der Old Church in Kinneff, wo man sich über die waghalsige Aktion informieren kann.

Ein schottischer Traumstrand

Gut 40 Kilometer südlich von Dunnottar Castle lockt in der herrlichen Bucht Lunan Bay ein drei Kilometer langer Sandstrand. Dieser wurde schon mehrfach zu Schottlands schönstem Strand gekürt. Angeblich sollen bereits die Wikinger an der Bucht Gefallen gefunden haben, vermutlich jedoch nur, um im Jahr 1010 von hier aus gen Dundee zu marschieren. Allerdings wurden sie auf dem Weg dorthin vom Heer von König Malcom II zurückgeschlagen.
Heute kommen in der Lunan Bay Urlauber und Ornithologen auf ihre Kosten. Letztere können hier in aller Ruhe seltene Vogelarten wie den Raubwürger, den Neuntöter oder Raufußbussard beobachten, deren Namen allein schon an die Wikingerpräsenz in der Gegend zu erinnern scheinen. Lohnend sind hier aber auch Strandspaziergänge nach einem Sturm, weil dann im Sand gelegentlich glitzernde Achate auftauchen oder auf den herrlichen Küstenwanderwegen, auf denen frische, würzigsalzige Seeluft um die Nase weht. Beeindruckende Felsformationen mit klangvollen Namen wie Devil's Head und Needle's Eye sorgen für optische Kurzweil zwischen den weiten Sandflächen.

TOP ★ ERLEBNISSE

★ HOUSE OF DUN

Das im georgianischen Stil erbaute Herrenhaus nordwestlich von Montrose wurde 1743 nach den Plänen von William Adam errichtet. Im Inneren beeindrucken aufwendige Stuckarbeiten, die von Führern in historischen Gewändern erläutert werden. Vom riesigen Garten mit vielen Wanderwegen bietet sich ein toller Blick über das Montrose Basin in Richtung Küste.
www.nts.org.uk/visit/places/house-of-dun

★ FIREBALL FESTIVAL

Gut 25 Minuten dauert der Marsch der Fackelträger, die pünktlich zum Jahreswechsel brennende Feuerbälle um ihre Köpfe schwingend durch die Hauptstraße von Stonehaven tragen. Das heidnische Ritual zur Vertreibung des Winters und von Dämonen hat eine lange Geschichte, die bis ins tiefe Mittelalter reicht. Belegt für den Ort ist das »Fireball Festival« als jährlich wiederkehrende Veranstaltung seit 1908.
www.stonehavenfireballs.co.uk

★ THE QUAYSIDE

Beliebtes Fischlokal direkt am Hafen des Fischerdorfs Gourdon mit perfekter Aussicht, stets fangfrischen Angeboten und hervorragendem Fish-Supper im Take-Away.
www.quaysidegourdon.co.uk

WEITERE INFORMATIONEN
www.dunnottarcastle.co.uk, www.visitabdn.com/plan-your-trip/towns-villages/stonehaven, www.visitangus.com/lunan-bay

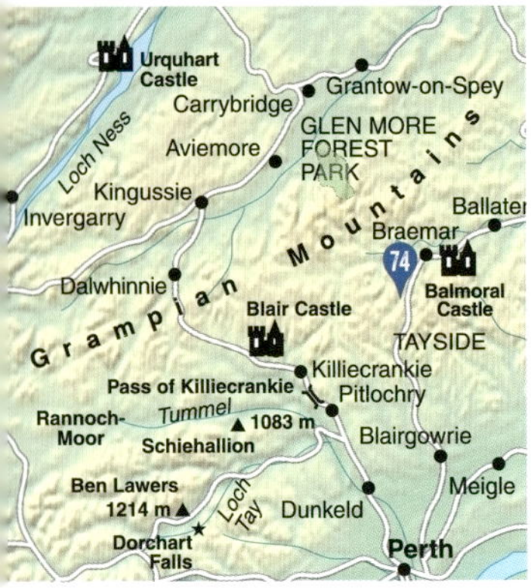

74 KÖNIGLICHE SPIELE IN BRAEMAR

Sport mit Tradition

Alljährlich, wenn sich die lange Saison der Highland Games in schottischen Landen ihrem Ende entgegenneigt, findet am ersten Samstag im September das Braemar Highland Gathering statt. Diese Veranstaltung ist etwas ganz Besonderes, weil das britische Königshaus die Schirmherrschaft übernimmt und bei den traditionellen Wettspielen stets royale Vertreter zugegen sind, so auch über 70 Jahre lang Queen Elizabeth II.

Königin Victoria verliebte sich in die Deeside, erwarb das Anwesen von Balmoral und ließ nach ihren Vorstellungen ein Schloss errichten, das seither schottische Sommerresidenz der königlichen Familie ist (unten). Tauziehen ist einer der populären, mithin kraftraubenden Wettbewerbe der starken Männer bei den Highland Games (rechte Seite oben). Braemar Castle am Ufer des Dee (rechte Seite unten).

Die royale Gesellschaft sorgte schon immer für einen erheblichen Zuschauerzuspruch, wenn sie vom eigens hergerichteten Pavillon aus die Wettkämpfe beobachtet. So sind die Braemar Games, erstmals ausgerichtet 1832, heute die wichtigsten Spiele im gesellschaftlichen Kalender Schottlands. Das Ereignis heißt deshalb auch »The Gathering of The Braemar Royal Highland Society«.

Disziplin und Disziplinen

Der Sportdress der kraftstrotzenden Männer ist natürlich der Kilt, und auch die Damen, die sich auf dem hölzernen Tanzboden um die Krone der Besten im »Highland Dancing« messen, tragen kariert. Was so locker, leicht und graziös aussieht und von den Mädchen mit einem steten Lächeln begleitet wird – sei es nun der anspruchsvolle »Highland Fling« oder »Gaelic Stepdance« –, ist in Wirklichkeit eine immense körperliche Anstrengung, die viel Training, Ausdauer und höchste Konzentration erfordert. Gleichwohl tragen die Herren das schwerere Paket und haben zudem eine entsprechend stattliche Erscheinung. Zu den traditionellen Sportarten gehören »Tug-o-War«, das Tauziehen, »Tossing the Caber«, das Werfen eines gut fünf Meter langen, geraden und etwa 50 Kilogramm schweren Baumstamms, wobei es nicht auf

die größte Wurfweite ankommt, sondern auf eine präzise Landung des Wurfgerätes, nämlich möglichst in der Senkrechten zum Werfer, und der »Scottish Hammer«, ein Hammerwurf mit einem an einem festen Stiel angebrachten Gewicht von 7,5 oder zehn Kilogramm. Sehr spektakulär auch »Weight for Height«: Ein 25-Kilogramm-Gewicht muss rückwärts über eine Latte gewuchtet werden. Weitere Wurfwettbewerbe reichen vom »Haggis Hurl« über den Gummistiefelweitwurf »Tossing the Wellie« bis hin zum 25-Kilogramm-Gewicht. Auch Laufveranstaltungen, die Jüngeren etwa haben großen Spaß bei der 30 Meter Konkurrenz im Sackhüpfen, gehören zum Standardrepertoire der »Highland Games«, die von traditionellen Klängen des Dudelsacks und der Fiddle begleitet werden. Für die passende Jahrmarktatmosphäre sorgen Karussells für Kinder und rustikale kulinarische Versorgungsstände. Manchen Akteuren wird sogar die Ehre zuteil, ihre Siegerurkunde aus königlichen Händen in Empfang zu nehmen.

Royales Domizil

Es war 1842, als Königin Victoria und ihr Prinzgemahl Albert erstmals gemeinsam schottischen Boden betraten. In den Folgejahren kehrten beide mehrfach zurück und gelangten aufgrund des guten Klimas auch in die Deeside. Dort erwarb Albert 1848 das Anwesen Balmoral, ein Herrenhaus aus dem 16. Jahrhundert mitsamt kompletter Einrichtung und Belegschaft, sowie umfangreiche Ländereien, ohne alles zuvor je gesehen zu haben. Im September des Jahres besichtigte das Königspaar dann endlich seinen Kauf, und Victoria verliebte sich sofort unsterblich in das zauberhafte Szenario. Ihrem Tagebuch vertraute sie an, wie hübsch das Haus sei, wie sehr ihr Ruhe und Frieden an diesem einzigartigen Ort gefielen. Und Albert erinnerten die umgebenden Hügel und Berge an seine thüringische Heimat.

Die Größe des Schlosses erschien ihnen jedoch nicht unbedingt standesgemäß, sodass man schnell übereinkam, einen Neubau wenige Meter nordwestlich vom Original in optimierter Lage auszuführen. Er war 1856 bezugsfertig, und im Herbst 1857 kam die neue, vom genialen Konstrukteur Isambard Kingdom Brunel geschaffene Brücke über den Dee dazu. Das neue Balmoral Castle, der Name stammt vom gälischen »Baile Mhoireil« ab, die majestätische Heimstatt, gilt als strenges Musterexemplar des schottischen Baronialstils. Im Gegensatz zu anderen Gebäuden dieser Zeit wirkt es etwas zu kühl und – wie Kritiker anmerkten – zu geordnet, was man auf den deutschen Einfluss Alberts zurückführte. Alle folgenden britischen Monarchen nutzten fortan und bis heute Balmoral als Residenz für ihren Sommerurlaub. Einige Räume des Schlosses sowie die Ländereien sind zeitweise für die Öffentlichkeit zugänglich.

TOP ★ ERLEBNISSE

★ BRAEMAR CARAVAN PARK

Einer der schönsten Campingplätze der Royal Deeside im Herzen der Cairngorms, der auch im Winter geöffnet ist und neben zahlreichen Stellplätzen auch über kleine, komfortable Hütten verfügt. Bestens geeignet für jegliche Aktivitäten rund ums Wandern und Radfahren. www.braemarcaravanpark.co.uk

★ HERRSCHAFTLICH RESIDIEREN

Tradition und Moderne vereinen sich aufs Allerfeinste in dem ehrwürdigen Hotel Fife Arms aus dem 19. Jahrhundert im Zentrum Braemars. Die Zimmer sind alle individuell eingerichtet, und die Gemeinschaftsräume sind mit zahlreichen zeitgenössischen Kunstwerken geschmückt. www.thefifearms.com

★ BRAEMAR CASTLE

Obwohl es wie eine Festung erscheint, war Braemar Castle in erster Linie als Jagdsitz gedacht. Die sichtbaren schützenden Bollwerke baute der Earl of Mar ein, dessen Nachbarn, die Farquharsons of Invercauld, 1734 tatsächlich in den Besitz der fünfstöckigen Burg gelangten. Das Gebäude befindet sich im Besitz der Gemeinde, und die Besucher wandeln durch die authentisch rekonstruierten Wohnräume der Besitzer. Ein Raum ist Robert Louis Stevenson gewidmet, der 1881 in Braemar die ersten Kapitel des Romans »Die Schatzinsel« verfasste.
www.braemarcastle.co.uk

Aus den Höhen der Cairngorms kommend, passiert der River Dee Braemar und strömt zumeist in aristokratischer Gelassenheit der Nordsee entgegen.

75 CASTLE TRAIL

Im schottischen Burgenland

Mehr als 3000 Burgen, ganz genau lässt sich das kaum beziffern, befinden sich auf schottischem Boden – das ergibt ein Schloss oder eine Festung pro 259 Quadratkilometer. Während einige noch in voller Pracht erstrahlen, zu touristischen Landmarken wurden, gar zu stilvollen Unterkünften avancierten, sind andere nur noch malerische Mauerreste.

In Aberdeenshire ist die Konzentration an pittoresken Schlössern und ehrwürdigen Herrenhäusern besonders hoch. Viele dieser historisch bedeutungsvollen Bauwerke entdeckt man auf einer Reise entlang des Castle Trails im schottischen Nordosten. Mit einem Schlosslogo ausgeschildert startet der Weg am Dunnottar Castle bei Stonehaven an der Ostküste und führt landeinwärts über die A957 nach Crathes Castle, einem typischen Wohnturm aus dem 16. Jahrhundert mit zauberhaften Deckenfresken und spukenden Bewohnern. Ein Stück nach Osten auf der A93 erreicht man den 1296 erbauten wuchtigen (und ältesten schottischen) Wohnturm von Drum Castle. Von Peterculter nordwärts liegt Castle Fraser vor uns, ein kompaktes, etwas gedrungenes Schloss mit vielen verspielten Türmchen und Erkern im baronialen Stil des 15. Jahrhunderts.

Castle Fraser ist eine der größten Wohnburgen Schottlands und besitzt einige skurrile, architektonische Details, die man bei einer Führung entdecken kann.

Wehrhaft in erhabener Hochlandszenerie: Corgarff Castle aus dem 16. Jahrhundert

Große Namen und prächtige Gemäuer

Über Inverurie und Oldmeldrum gelangen wir nahe den wunderbaren Pitmedden Gardens zur gut erhaltenen Ruine von Tolquhon Castle aus dem 12. Jahrhundert. Als Nächstes steht Haddo House auf dem Programm. Die stattliche Villa, 1732 nach Plänen William Adams erbaut, besitzt eine feine Sammlung historischen Mobiliars und einen sehr schönen Garten. Ähnliches gilt auch für Fyvie Castle, das auf das 13. Jahrhundert zurückgeht und die stilvolle Eleganz aristokratischen Lebens der edwardianischen Zeit widerspiegelt. Im fast 1000-jährigen Delgatie Castle bei Turriff war Mary, *Queen of Scots*, 1562 zu Besuch. Ihr Schlafgemach ist noch zu sehen. Dem Verlauf des Deveron folgend kommen wir bei Duff House, ebenfalls ein Werk William Adams, an den Moray Firth. Wieder südwärts folgt am Zusammenfluss von Bogie und Deveron die mächtige Ruine von Huntly Castle, die 1307 illustre Unterkunft des Königs Robert the Bruce war.

Der Herrensitz Leith Hall inmitten wogender Hügellandschaft wurde um 1650 fertiggestellt und vermittelt einen guten Eindruck über das Leben der vielen Generationen der Besitzerfamilie Leith. Über die A97 erreichen wir im Tal des Rivers Don am Rande der Cairngorms mit der Ruine von Kildrummy Castle, erbaut um 1260 und einst Fluchtort der Familie von Robert the Bruce, den Sitz der Earls of Mar. Die A944 führt uns hinein in die karge, im Spätsommer im Violett des Heidekrauts schier explodierende Berglandschaft. Abgelegen darin als leuchtend weißer Punkt strahlt Corgarff Castle, strategisch günstig seit dem 16. Jahrhundert als Garnison genutzt. Über die einsamen Bergstraßen A939 und B976 gelangen wir in den Weiler Crathie ins Tal des Dee und ins Herz der Royal Deeside. Gleich gegenüber liegt der königliche Sommersitz Balmoral Castle, und ein Stück westlich steht Braemar Castle. Mit dem wunderhübschen, rosa getünchten und bald 400 Jahre alten Craigievar Castle erreichen wir zum Abschluss unseres Weges das Märchenschloss schlechthin. Es soll sogar Walt Disney inspiriert haben.

Ein Schloss wie ein Märchen: Craigievar Castle

TOP ★ ERLEBNISSE

★ WINTERSPORT IN GLENSHEE

Schottland gehört nicht zu den klassischen Wintersportdestinationen, hat aber einige beachtliche Alpinregionen aufzubieten. Glenshee, auf einer Höhe von 650 Metern in den Cairngorms, besitzt die mit zwei Kilometern längste und beste Abfahrt des Landes, zudem eine ausgezeichnete Infrastruktur an Loipen, Pisten und Liftanlagen.
www.ski-glenshee.co.uk

★ LOCH MUICK

Drei Gipfel des Dark Lochnagar beherrschen das Bergpanorama südlich von Ballater. Ein inspirierender Anblick, der zu den Ländereien Balmorals gehört, und ein ideales Gebiet zum Wandern – vorbei an der Victoria Lodge »Glas-allt Shiel«, eine kleine Villa, in die sich die Königin einst zurückzog und die das Königshaus noch heute nutzt.
www.walkhighlands.co.uk/cairngorms/loch-muick.shtml

★ URLAUB IN GLEN TANAR

Gleich sieben gut ausgestattete Ferienhäuser stehen in dem zauberhaften Landschaftspark Glen Tanar am Fuß der Cairngorm Mountains zur Verfügung. Diverse Freizeitmöglichkeiten finden sich vor Ort.
www.glentanar.co.uk

★ PITMEDDEN GARDEN

Die zauberhafte Parkanlage am öffentlich nicht zugänglichen Pitmedden House vertritt den Stil der für Schottland eher unüblichen französischen Barockgärten und stammt aus der Zeit um 1675. Sieben Kilometer Buchsbaumhecken sind zu aufwendigen Mustern angelegt, die im Sommer eine prächtige Blütenvielfalt füllt.
www.nts.org.uk/visit/places/pitmedden-garden

Glamis Castle war der Familiensitz von Queen Mum, der Mutter von Queen Elizabeth II (oben). Eine Führung durch das prächtige Gemäuer vermittelt ein gutes Bild zur Geschichte der noch immer ansässigen Familie des Earls von Strathmore. Während sich der Adel früher von Malern portraitieren ließ (rechte Seite unten), übernahm dies in der jüngeren Vergangenheit die Zunft der Fotografen (rechte Seite oben).

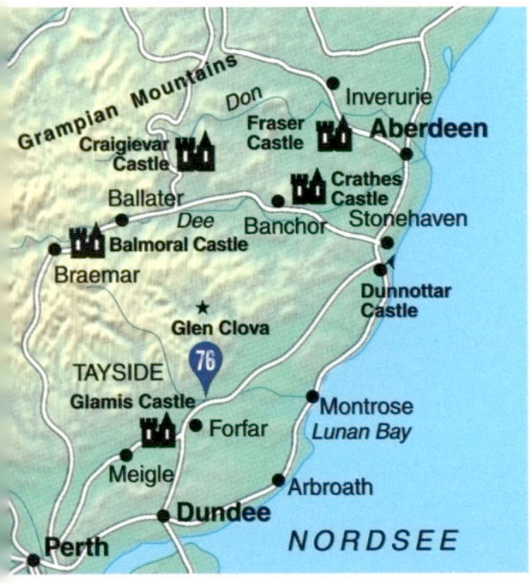

76 NICHT NUR RINDER – GLAMIS UND GLEN CLOVA

Die Grafschaft Angus

Die Ortschaft Glamis kennt man in der ganzen Welt, denn in Shakespeares Drama »Macbeth« war die Hauptperson der Thane von Glamis. Der heutige Schlossherr von Glamis ist der 18. Earl of Strathmore and Kinghorne. Das über 600 Jahre alte mächtige Glamis Castle steht stolz in einem wunderschönen Park, der allein schon einen Besuch wert ist.

Heil dir, Macbeth, Heil, Heil dir, Than von Glamis! – Heil dir, Macbeth, Heil, Heil dir, Than von Cawdor! – Heil dir, Macbeth, dir, künft'gem König, Heil!«

Die Heilrufe der Hexen zu Beginn von Shakespeares Drama »Macbeth« sind Theaterfans natürlich wohlbekannt. Sie gelten Macbeth, dem Than oder Schlossherrn von Glamis, dem Fürsten von Cawdor, dem späteren Anwärter auf den schottischen Thron. Historisch stimmt das zwar nicht ganz, aber kein Shakespeare-Freund würde jemals darüber grübeln, ob der echte King Macbeth tatsächlich irgendwann einmal auf Glamis lebte. Hat er nicht, aber das Schloss spielte trotzdem in der Geschichte Schottlands eine wichtige Rolle.

Bei Queen Mum zu Hause

Glamis Castle liegt ungefähr einen Kilometer nördlich der Ortschaft Glamis. Das Schloss stammt in seinen Ursprüngen von 1372, wurde aber natürlich ständig umgebaut und erweitert. Der erste Eindruck dürfte auch Mary, *Queen of Scots*, überwältigt haben, die hier 1562 mit ihrer Entourage Station machte. Der mächtige Turm in der Mitte stammt aus dem Jahr 1435, im 17. Jahrhun-

dert kamen der Westflügel und eine Kapelle hinzu. Damals wurde das Schloss im Stil eines französischen Châteaus erweitert. Gegen Ende des 18. Jahrhunderts erhielt der berühmteste englische Landschaftsarchitekt, Capability Brown, den Auftrag, den Park neu zu gestalten. Im ausgehenden 19. Jahrhundert kehrte man allerdings an vielen Stellen zum französischen und italienischen Gartenstil zurück. Zauberhaft auch der Mauergarten, der zuverlässig über die Jahrhunderte als fruchtbarer Obst- und Gemüsegarten der Schlossküche fungierte. Im Pinetum, einem Teilstück des Waldes, sind mehr als 100 verschiedene Nadelbaumarten zu finden.

Glamis diente nicht nur als Festung und kann, wie die meisten Schlösser, in weiten Teilen besichtigt werden, gehört aber nicht dem National Trust for Scotland, sondern ist seit nunmehr über 600 Jahren Wohnsitz des Earls of Strathmore. Die Mutter Queen Elizabeth II und Großmutter des heutigen Königs stammte aus dieser Familie. Queen Mum hieß mit bürgerlichem Namen Bowes-Lyon und verbrachte hier glückliche Tage ihrer Kindheit. Das Innere des hochherrschaftlichen Palastes konnte seine elegante royale Atmosphäre, seinen aristokratischen Glanz bewahren. Sei es im viktorianischen Speisesaal mit den beeindruckenden Buntglasfenstern und den prächtigen Eichenholzdekors, sei es im Salon der Königinmutter, in dem zahllose Erinnerungsfotos der royalen Familie aus den 1930er-Jahren zu sehen sind, oder sei es die Krypta mit ihren drei Meter dicken Mauern und der stattlichen Sammlung alter Waffen. Eine selbst für schottische Verhältnisse ungewöhnlich große Zahl an Sagen und Legenden rankt sich um Glamis Castle. Da ist die Rede von einem graubärtigen Mann, der nächtens umgeht, einer »White Lady«, »Jack the Runner« und »Lady Glamis«, von geheimnisvollen Kartenspielern. In einem bis dato noch nicht entdeckten Zimmer soll gar noch immer das Monster von Glamis hausen. Die eloquenten Schlossführer jedenfalls haben manch schaurige Geschichte parat, die sie höchst anschaulich zum Besten geben.

In den Glens von Angus

Glamis liegt in der Grafschaft Angus, die im Norden an Aberdeenshire grenzt und im Süden an Fife. Die landschaftlich abwechslungsreiche Region ist im Norden und Westen gebirgig und sehr, sehr spärlich besiedelt. Im hügeligen Süden und Westen leben mehr Menschen, hier liegen größere Ortschaften und mit Dundee sogar eine richtige Stadt. Aus Angus stammen die bekannten Rinder, die in den Steak-Restaurants der Welt so beliebt sind.

Fischer im Hafen von Arbroath bei der Verarbeitung fangfrischen Fischs (oben). Arbroath Smokies im Räucherofen (unten). In der Klosteranlage von Arbroath fand 1320 die Unterzeichnung der Unabhängigkeitserklärung Schottlands statt. Mitte der 20. Jahrhunderts entdeckte man hier den sagenumwobenen »Stone of Destiny« (rechte Seite oben). Der Signal Tower in Arbroath (rechte Seite unten).

Wem all dies zu viel ist, dem sei eine Wanderung in einem der sechs Glens von Angus empfohlen. Eines der schönsten ist Glen Clova, das sich von Dykehead im Norden bis zum Fluss South Esk beim Glen Doll erstreckt. Das Tal eignet sich für leichte Spaziergänge genauso gut wie für anstrengende Kletterpartien zum Gipfel des 836 Meter hohen Snub. Zum wunderschön gelegenen Loch Brandy sind die Wege gut ausgezeichnet. Das ist eher eine Seltenheit, da ja große Landstriche Schottlands in Privatbesitz sind. Vom Loch hat man einen Panoramablick von fast 180 Grad. Auf der einen Seite des Lochs erstrecken sich die Hügel um den Snub ziemlich steil in den See, ansonsten aber reicht der Blick in weite Ferne. Etwas sollte man wissen, wenn man Ausflüge in entlegene Gebiete Schottlands macht: »Entlegen« kann hier selbst bei zugänglichen Gebieten wirklich genau das bedeuten – meilenweit keine Ansiedlung, meilenweit kein Bauernhäuschen. Die Straßen sind in sehr vielen Fällen einspurig und weisen in regelmäßigen Abständen Ausweichbuchten auf. Wie überall in Schottland gilt auch hier: Lieber höflich Platz machen, als der Erste am Ziel sein! Wer wandert, darf sich nicht vom sanften Anblick der Hügel verführen lassen. Der Weg ist oft anstrengender, als man vermutet. Und auch die Übernachtung sollte eingeplant sein. Bed & Breakfast-Pensionen gibt es nicht überall.

Schottische Wiege

Das Städtchen Arbroath ist untrennbar mit Räucherfisch verbunden. »Arbroath smokies« stehen landauf, landab in der kulinarischen Gunst ganz weit oben. Seinen Ursprung hat der geräucherte Schellfisch eigentlich im nahen Fischerdorf Auchmithie, wo man die skandinavischen Räucherkünste adaptierte, auch wenn die Fischverkäufer nicht müde werden, haarsträubende Theorien über die wahre Herkunft ihrer »smokies« zu verbreiten. Arbroath ist aber vielmehr auch die Keimzelle Schottlands, denn es war in der 1178 gegründeten Arbroath Abbey, wo 1320 die »Declaration of Arbroath«, die Urkunde und Erklärung zur schottischen Unabhängigkeit, unterzeichnet wurde. Zwischen den hoch aufragenden rötlichen Sandsteinmauern der heute in Ruinen liegenden Klosteranlage fand man 1951 den aus der Westminster Abbey gestohlenen legendären »Stone of Destiny«. John Chalmers erblickte in Arbroath 1783 das Licht der Welt. Sein Vermächtnis bestimmte gut 150 Jahre lang das weltweite Postwesen, denn er erfand die haftfähige Briefmarke.

TOP ★ ERLEBNISSE

★ LEUCHTTURM-GESCHICHTEN

Der halsbrecherische Bau des Bell-Rock-Leuchtturms, der etwa 20 Kilometer von Arbroath entfernt auf einem Felsen im Meer thront, sorgte 1811 für Aufsehen. Als Wohnstätte für die Leuchtturmwärter wurde 1813 das weiße Gebäude des heutigen Signal Tower Museums am Hafen errichtet. Mittels einer Kupferkugel an einer Fahnenstange auf dem Dach konnte man von hier aus mit dem Bell Rock kommunizieren. www.visitangus.com/arbroath-signal-tower-museum

★ CAMERA OBSCURA

In Kirriemuir, dem Geburtsort des durch »Peter Pan« weltberühmten Schriftstellers J. M. Barrie, befindet sich im Cricket Pavillon auf dem Kirrie Hill die von ihm finanzierte, 1930 eröffnete Camera obscura, eine von nur dreien in Schottland. Ihre Funktion wird anschaulich von ehrenamtlichen Kräften erläutert, die auch das zugehörige Café mit sensationellen Erdbeertörtchen betreiben. www.kirriemuircamera obscura.com

★ POLIZEIMUSEUM

Wie die Ordnungshüter ab etwa 1800 lebten und arbeiteten, erfährt man in dem kleinen Tayside Police Museum in Kirriemuir, das im Gebäude der Tayside Police angesiedelt ist. www.taysidepolice museum.org.uk

77 DIE WANDELBARE STADT – DUNDEE

Marmelade, Jute und Design

Dundee konnte in den letzten Jahren ein wenig dem Mauerblümchendasein entfliehen und entwickelt sich allmählich zu einer interessanten, weltoffenen Stadt, die mit guten Einkaufsmöglichkeiten und interessanten Museen lockt. Als Einzige unter den schottischen Großstädten nach Süden hin ausgerichtet, kokettiert Dundee damit, die sonnigste Stadt des Landes zu sein.

Gemeinhin ist Dundee bekannt für die drei »J«: jam, journalism, jute. Vor mehr als 200 Jahren schlug die Geburtsstunde der Dundee Orange Marmelade. 1797 entstand die erste Marmeladenfabrik der Welt. Es war ein Zufallsprodukt, weil die findige Janet Keiller, Frau des Kaufmanns John Keiller, eine Schiffsladung spanischer Bitterorangen nicht wegwerfen wollte, sondern damit in ihrer Küche experimentierte. Durch Zugabe von Zucker entstand dabei die in Großbritannien beliebte Marmelade, die per definitionem nur aus Südfrüchten und Zucker hergestellt wird. Darauf begründet sich eine bis heute währende Begriffsverwirrung in Sachen Fruchtaufstrich, denn den Süddeutschen und Österreichern ist zum Frühstück alles Marmelade – egal ob Orange, Zitrone oder Himbeere.

Gezeichnet

1905 öffnete mit D. C. Thomson der erste Zeitungs- und Buchverlag, dem viele weitere folgen sollten, von denen letztlich jedoch nur wenige den Sprung über die Jahrtausendwende schafften. Aus den kleinen Bildergeschichten in den Zeitungen der 1920er-Jahre indes entstand eine Art schottisches Comicimperium. »Oor Wullie«, »The Broons« oder »Dennis the Menace« sind aus keinem schottischen Kinderzimmer wegzudenken, »The Dandy« und »The Beano« agieren

Schwungvoll führen die Treppen hinauf zur McManus Gallery (unten). Maschinen aus der Anfangszeit der Verarbeitung von Jutefasern sind in den Verdant Works zu sehen (rechte Seite oben). Oor Wullie in Bronze vor der McManus Gallery (rechte Seite unten).

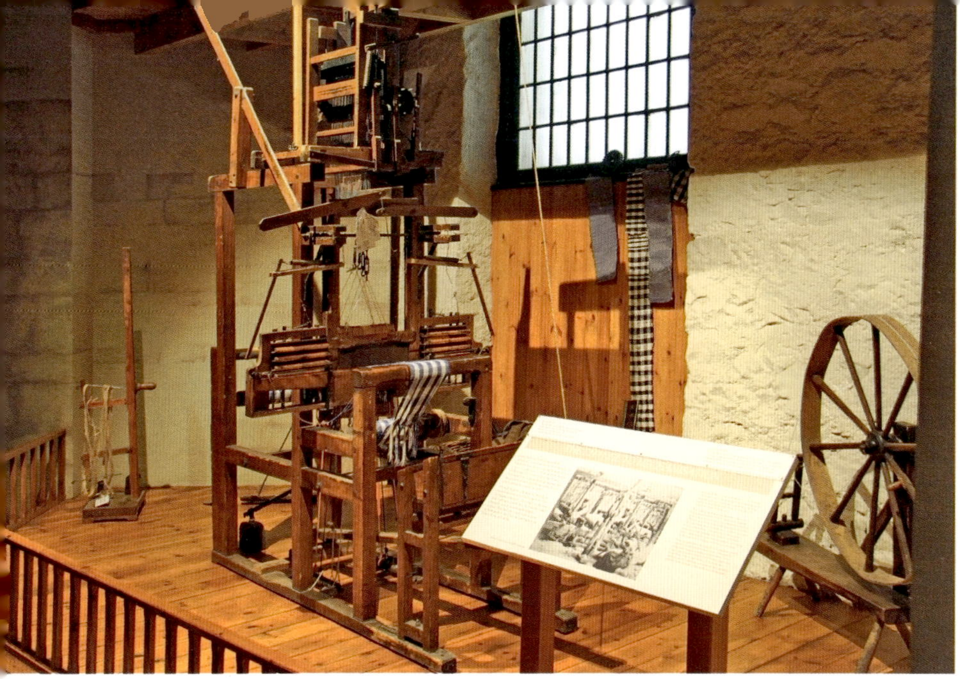

ununterbrochen seit rekordverdächtigen über 85 Jahren in den Gazetten. Die schrulligen Charaktere, die an verschiedenen Stellen im Stadtgebiet als Skulpturen zu finden sind, sprechen Scots und treffen noch immer den Zeitgeist. Das geht so weit, dass die Universität einen Masterstudiengang in Comics und Bildergeschichten anbietet.

Die Hafenlage in unmittelbarer Nähe zur Nordsee verschaffte Dundee schon im Mittelalter einen schnellen Aufstieg als Handelsstadt. Im 19. Jahrhundert setzte eine rasante Industrialisierung durch die Produktion von Jute ein. Über diese Zeit, die noch bis etwa zur Mitte des 20. Jahrhunderts andauerte, gibt das mehrfach preisgekrönte Museum Verdant Works in einer alten Jutefabrik in aller Ausführlichkeit und mit interaktiven Ausstellungen Auskunft. Dabei kommt auch zum Ausdruck, wie groß die Diskrepanz zwischen den für geringe Löhne arbeitenden, in Armut und beengten Verhältnissen lebenden Menschen und jenen in den Führungsetagen war. Einst lebhaft und geschäftig, kehrte im Hafen Dundee durch die Abkehr der Textilindustrie nach Asien eine gespenstische, fast zerstörerische Ruhe ein. Doch der andauernde Dämmerzustand konnte jüngst mit einem großen »D« für Design beendet werden konnte.

Neue Wege

Dank Initiativen der Universität entstand 1999 das Museum- und Kunstzentrum DCA, das den Aufbruch in eine neue Ära markiert, die durch die Ernennung zur UNESCO City of Design im Jahr 2014 zusätzlichen Auftrieb erhielt. Statt auf Jute setzt Dundee heute auf moderne Technologie, so zählt die Universität zu den besten Hochschulen für Naturwissenschaften und Technologie in Großbritannien. Als attraktive Landmarke zwischen den beiden Tay-Brücken ging die »RSS Discovery« am Discovery Point vor Anker. Der traditionelle Holzdreimaster, der Letztgebaute seiner Spezies in Großbritannien, wurde speziell für den Einsatz in der Arktis entwickelt und lief 1901 in Dundee vom Stapel. Der Großsegler ging in die Geschichte ein, als der Polarforscher Robert Falcon Scott (1868–1912) mit ihr seine erste Forschungsreise in die Antarktis unternahm. Aus dem mittlerweile großzügig umgewidmeten Hafengebiet sticht besonders die sehenswerte Dependance des Londoner Victoria & Albert Museum mit ihrer futuristischen Architektur als neues Wahrzeichen heraus. Sie vermittelt den Begriff Design in historischer wie zeitgenössischer Form, so zeigt die Dauerausstellung einen wiederaufgebauten Glasgower Tearoom aus der kreativen Gedankenwelt von Charles Rennie Mackintosh.

TOP ★ ERLEBNISSE

★ THE BEER KITCHEN

Stets lebhafte Atmosphäre herrscht im Brauerei-Ausschank von Innis & Gunn. Neben einer großen Bierauswahl kredenzt man im Herzen Dundees Kreatives, darunter auch Vegetarisches neben Burgern und Chips. www.innisandgunn.com/row/taprooms/dundee

★ HMS FRIGATE UNICORN

2024 feiert das älteste hölzerne und in Großbritannien vom Stapel gelaufene Kriegsschiff »HMS Unicorn« seinen 200. Geburtstag. Es liegt, noch immer seetüchtig, am Victoria Dock und kann kostenfrei besichtigt werden. Auf vier Decks verteilt taucht der Besucher in die Welt zwischen Messe, Kombüse, Offiziersquartieren und den winzigen Kojen der Mannschaft ein. www.hmsunicorn.org.uk

★ ERLESENE KUNST

Zwischen einer Statue von Königin Victoria und einer solchen von Oor Wullie befindet sich mit den McManus Galleries die monumentale Gedenkstätte für Prinz Albert, die 1867 im neugotischen Stil errichtet wurde. Hinter dem prachtvollen geschwungenen Treppenaufgang gelangt man in einen weitläufigen Ausstellungsbereich, der europäische und schottische Kunst der letzten zwei Jahrhunderte zeigt. www.mcmanus.co.uk

Die Kathedrale von St Andrews in Fife wurde 1158 gebaut und im 16. Jahrhundert mit dem Verbot der katholischen Messe ihrem Schicksal überlassen (oben). Elie besitzt den breitesten Strand am der Küstenlinie zum Firth of Forth (rechte Seite oben). Die Fischerei hat in Pittenweem noch immer eine recht große Bedeutung (rechte Seite unten).

78 EINST EIN KÖNIGREICH – DIE HALBINSEL FIFE

Beim heiligen Andreas der Golfer

Aus aller Welt reisen Golfspieler auf die hübsche Halbinsel Fife zu den berühmten Golfplätzen von St Andrews. Darüber hinaus kann man hier an der drittältesten Universität der englischsprachigen Welt studieren. Auch Thronanwärter Prince William war hier Student und hat dabei auch gleich noch seine Kate kennengelernt. Doch auch jenseits von Golf und Uni ist Fife einen Besuch wert.

Zwischen dem Firth of Forth und dem Firth of Tay liegt die Grafschaft Fife, die manchmal von Einheimischen auch »Königreich Fife« genannt wird. Hier befand sich einmal eines der wichtigsten piktischen Königreiche. Warum ausgerechnet die Pikten mehrere Königreiche hatten, ist leicht zu verstehen, wenn man sich vor Augen führt, dass es bei ihnen eigentlich sieben Unterkönigreiche gab. Eines von diesen war Fife.

Königlich angebandelt

Heute ist Fife rund um den Globus vor allem für die Stadt St Andrews mit ihrer Universität und dem weltberühmten Old Course bekannt. Der britische Thronanwärter Prinz William, Prince of Wales, und Kate Middleton, jetzt Catherine, Princess of Wales, haben sich während ihres Studiums in St Andrews kennen- und liebengelernt. Aber auch Alex Salmond, bis 2014 First Minister of Scotland und Verfechter der schottischen Unabhängigkeit, hat dort studiert. St Andrews ist nach Oxford und Cambridge die drittälteste Universität der englischsprachigen Welt. 1410 gründeten Augustinermönche hier eine Hochschule, die 1413 in den Stand einer Universität erhoben wurde. International ist St Andrews als Golflegende bekannt, und der Royal & Ancient wurde 1754 als einer der ersten Golfclubs der Welt gegründet. Auf den Greens oder St Andrews Links dürfen aber auch Nichtmitglieder spielen. Der Golftourismus zählt zu den Hauptein-

ML 129
SANELA
JUST REWARD

nahmequellen der Stadt, doch St Andrews hat mehr als nur Golf zu bieten, etwa die Ruinen der beeindruckenden Kathedrale und der Burg St Andrews Castle.

Auf dem Coastal Path

Als Doppelort gehören Elie und Earlsferry mit ihren wunderbaren breiten Stränden zu den beliebten Ausflugszielen gestresster Städter aus Edinburgh und Lothian auf der anderen Seite des Firth of Forth. Ursprünglich waren die beiden aber getrennt. Earlsferry besitzt eine wesentlich längere Historie und wurde schon im 12. Jahrhundert von den Pilgern auf dem Weg nach St Andrews als Fährhafen genutzt. Die kleine Kapelle am Aussichtspunkt über die weite Bucht ist Stein gewordener, stummer Zeuge dieser Zeit. Blühender Handel mit Textilien und Kohle sorgte für Wohlstand im Ort, doch durch die Meeresströmungen kämpfte man mit zunehmender Versandung, und der Hafen wurde letztlich in den geschützteren Nachbarort Elie verlegt. Der Sand behielt seine touristische Anziehungskraft und sorgt für einen hohen Freizeitwert, von dem beide profitieren.

Von Elie führt ein Abschnitt des traumhaft schönen Küstenwanderwegs »Fife Coastal Path« nach St Monans. Schiffbau, der dem Ort über zwei Jahrhunderte einen hervorgehobenen Status bescherte, wird hier heute nicht mehr betrieben. Dafür bevölkern nun vornehmlich die schwimmenden Domizile der Freizeitskipper die beiden ineinander verschachtelten Hafenbecken, um die sich eine gefällige Reihe in dezenter Farbigkeit erstrahlender Fischerhäuser versammelt. Noch wesentlich bunter präsentiert sich davor der Welly Garden. Ausrangierte, gleichwohl blitzblank geputzte Gummistiefel, jeder einzelne bestückt mit üppigem Blumenarrangement, machen aus einer ehemaligen Slipanlage einen verspielten, kleinen Park. Der Fernwanderweg führt als schmaler Pfad unmittelbar am Wasser ostwärts zu einem Hafenstädtchen mit dem netten Namen Pittenweem. Dabei passiert er eine steinerne Windmühle am Hang und die kleinen, teils überwachsenen Salzpfannen, die vor 200 Jahren zur damals profitablen Salzgewinnung dienten, und versorgt mit Meerwasser durch von der Mühle betriebene Pumpen. Ein Sprung ins Wasser ist sogar im vor langer Zeit angelegten und von den Dorfbewohnern in Schuss gehaltenen, rustikalen Gezeiten-Swimmingpool möglich.

Fischer von Fife

Der schottische Sänger und Dichter John Watt (1933–2011) erinnerte in einem Lied an die Zeiten, als in Pittenweem noch Heringe angelandet wurden:

Die »Fish Supper« aus der Anstruther Fish Bar gehören nachweislich zu den besten im Königreich (oben). Blumen in Stiefeln verschönern die nicht mehr genutzten Slipanlagen im Hafen von St Monans (unten). Das ungewöhnliche runde Hafenbecken von Crail entstand vor knapp 200 Jahren nach Plänen von Robert Stevenson, einem Mitglied der Leuchtturmbauer-Dynastie (rechte Seite oben). »Hand made« in Schottland (rechte Seite unten).

»I'm goin' wi' a lassie fae Pittenweem,
She's every fisher laddie's dream.
She guts the herrin' doon by the quay,
And saves her kisses just for me.
Well, last July it come tae pass
I met this bonnie fisher lass,
Wi' her e'en sae blue, and black was her hair.
I met her doon by the village fair.
Oh, Pittenweem, Pittenweem,
She's every fisher laddie's dream.
She guts the herrin' doon by the quay,
And saves her kisses just for me.«

»Ich gehe aus mit einer Maid aus Pittenweem. Sie ist der Traum eines jeden Fischerjungen. Sie nimmt die Heringe am Kai aus. Und hebt ihre Küsse für mich auf. Im vergangenen Juli traf ich diese hübsche Fischermaid. Ihre Augen so blau, ihr Haar so schwarz. Beim Dorffest erblickte ich sie. Oh Pittenweem, oh Pittenweem. Sie ist der Traum eines jeden Fischerjungen. Sie nimmt die Heringe am Kai aus. Und hebt ihre Küsse für mich auf.«

Die Fischerei spielt in Pittenweem noch immer eine gewichtige Rolle. Und das, obwohl eine gewisse verklärte Romantik dem geschichtsträchtigen Umfeld des alten Hafens nicht abzusprechen ist. Rote Ziegeldächer, Treppengiebel an den alten Steinhäusern, die von niederländischen Einflüssen berichten, erzeugen eine heimelige, aber durchaus lebendige Atmosphäre, denn der Fischmarkt findet noch wie einst jeden Morgen statt. Ein Hauch von Flandern weht auch durch die schmale Shore Street von Cellardyke, das östlich an das belebte Anstruther anschließt. Die Häuser drängen sich eng aneinander, sie genießen die Ruhe, denn viele Gäste kommen nicht bis hier, und säumen den alten rechteckigen Hafen, der nur noch selten Boote sieht, obwohl er Ende des 19. Jahrhunderts für gut 200 Fischerboote Heimat war. Wäsche flattert nun auf den Leinen ringsum im Wind und bietet ein idyllisch-friedliches Bild. Das niedliche Crail liegt am weitesten im Osten an der Forth-Küste und blickt auf mehr als 1000 Jahre Geschichte zurück. Den kleinen uralten Hafen erreicht man über eine steile, enge Gasse, die im Bogen abwärts zum fast runden Becken führt, das 1828 von Robert Stevenson errichtet wurde. Auffällig ist die ungewöhnliche vertikale Ausrichtung des Mauerwerks. Die wenigen verbliebenen aktiven Fischer verkaufen ihren Fang, meist Krabben und Hummer, direkt vom Boot. Wenig später ist der östlichste Punkt des Coastal Path am East Neuk erreicht.

TOP ★ ERLEBNISSE

★ ST. FILLAN'S CAVE

Im Mittelalter hatten sich Missionare immer mit besonderen Lebensumständen zu arrangieren. So auch der Ire St Fillan, der in einer Sandsteinhöhle am Cove Wynd in Pittenweem wohnte. Gemäß Legende spendete sein linker Arm Licht, sodass er in der geheimnisvollen Düsternis predigen und schreiben konnte. Ein spannender Blick in eine sagenhafte Welt. Den Schlüssel zur Höhle erhält man im Cocoa Tree Café.
www.britainexpress.com/scotland/Fife/churches/st-fillans-cave.htm

★ GEHEIMER SCHUTZBUNKER

Der Secret Bunker in der hügeligen Landschaft des Kingdom of Fife, der im Falle eines atomaren Angriffs zum Einsatz kommen sollte, vermittelt einen bedrückenden Blick in die Zeit des kalten Krieges. Faszinierend, welche Technik damals zum Einsatz kam.
www.secretbunker.co.uk

★ HÜBSCHE KERAMIK

Keramik der innovativen Art zu akzeptablen Preisen präsentiert der kleine Handwerksbetrieb Crail Pottery an der Nethergate in Crail. Die Qual der Wahl fällt hier wirklich mehr als schwer angesichts ansprechenden, oft auch zeitlosen Designs.
www.crailpottery.com

79 GEKRÖNTE HÄUPTER AM FORTH

Königliche Geschichte

Der Firth of Forth besitzt eine jahrhundertealte Historie als wichtige schottische Handelsstraße. Licht und Schatten der einstigen wirtschaftlichen und präsidialen Macht des Kingdom of Fife kommen besonders an den nördlichen Ufern des Meeresarms zum Ausdruck.

Im 16. Jahrhundert war Culross ein wichtiger prosperierender Hafen am Firth of Forth, bewohnt von reichen Kaufleuten, die Handel mit Europa trieben und vornehmlich quasi vor Ort geförderte Kohle und Salz exportierten. Doch das Geschäft erlahmte, und Culross verarmte. Ein Umstand, der dem Ort zugutekam, denn es waren keine finanziellen Mittel vorhanden, um ihn umfangreich zu modernisieren. So blieben die urigen schiefen Häuser mit ihren seitlichen Treppenaufgängen, die sich an verwinkelten, schmalen Gassen zum alten Kloster hinaufwinden, und es blieb auch das holprige Kopfsteinpflaster bis ins 21. Jahrhundert. Oben beim Kloster stand die winzige Kapelle, in der Mungo im 6. Jahrhundert heiliggesprochen wurde – jener St Mungo, der Glasgow, so berichtet die Legende, gegründet hat, und der in Culross geboren wurde.

Culross Palace von 1597 weckte schon früh das Interesse des National Trust for Scotland, der es sich zur Aufgabe macht, historisches Gut zu bewahren und bereits in den 1930er-Jahren den Wert des Ortes erkannte. Umfangreiche Restaurierungsmaßnahmen führten zu dem erfreulichen Resultat, dass man heute das Gefühl hat, die Zeit sei schlicht Mitte des 18. Jahrhunderts stehengeblieben und Culross verharre in seiner Ursprünglichkeit. Nostalgische Anmut zeichnet den Ort als perfekte Kulisse für Historiendramen aus, und so wurden und werden viele Szenen der »Outlander«-Saga nach den Romanen von Diana Gabaldon rund um die leuchtend gelben Fassaden des Palastes gedreht.

Das malerische, ehemalige Klostergebäude Abbot Haus liegt unmittelbar hinter der mächtigen Kathedrale von Dunfermline (unten). Der Falkland Palace gehörte zu den Lieblingsplätzen der Mary, *Queen of Scots*, die hier sogar Tennis gespielt haben soll (rechte Seite oben). Die historischen Busse des Museums von Dunfermline sind größtenteils noch betriebsbereit (rechte Seite unten).

Ruhestätte der Krone

Die Gründung des Klosters von Dunfermline, Schottlands erster Benediktinerabtei, durch Margaret, Prinzessin von Sachsen und Königin durch die Heirat 1070 mit König Malcolm, erfolgte vor gut 900 Jahren. Margret besuchte zum heimlichen Gebet die mystische, stille Grotte am Rande des heutigen Stadtzentrums. Höchst unromantisch an einem Parkplatz gelegen, zieht sie den Besucher noch immer in ihren Bann, atmet den bedeutungsschwangeren Geist Dunfermlines, das wesentlich älter als das Kloster und zudem bis 1603 Königsstadt war. 22 schottische Könige und Königinnen fanden auf dem Klosterfriedhof ihre letzte Ruhe. Darunter Robert the Bruce, dessen steinernen Sarg man erst im frühen 19. Jahrhundert beim Umbau des Chors der Klosterkirche fand. In großen Lettern prangt sein Name an den höchsten Zinnen des Sakralbaus, dessen düstere Hallen den Besucher ehrfürchtig verstummen lassen. Dunfermline, seit 2022 Schottlands achte »City«, erreichte durch die florierende Textilindustrie eine wirtschaftliche Blüte und profitierte von der Nähe zu Edinburgh. Die durchaus vorhandenen Schönheiten der Stadt verblassen etwas neben dem Kloster und dem warmroten Abbot House von etwa 1550, dem ältesten Gebäude der Stadt.

Sport im Ort

Falkland Palace, das alte Jagdschloss der Stuarts aus dem 14. Jahrhundert, später ausgebaut von James V zum Königspalast, erscheint mit den beiden gewaltigen runden Türmen um das herrschaftliche Portal etwas überdimensioniert angesichts des Puppenstubencharakters des heimeligen kleinen Ortes, der als erster in Schottland 1970 unter Schutz gestellt wurde. Dennoch haben auch der Palast und die umliegenden Parkanlagen ihre Reize. Geschichtsträchtig ist das schwarze Himmelbett aus Eiche, in dem der König 1542 verstarb, sechs Tage nach der Geburt seiner Tochter Mary, die als Königin der Schotten Falkland zu ihrem Lieblingsort erkor. Hierher zog sie sich gerne zurück, streifte mit ihren Falken durch die Wälder und spielte Tennis! Das war im 16. Jahrhundert, und Historiker sind sich sicher, dass der Tennisplatz von Falkland Palace der älteste noch in Gebrauch befindliche Tennisplatz Großbritanniens ist. Golfen war zu dieser Zeit übrigens per Edikt von König James II verboten. Der Monarch war der Ansicht, seine Männer sollten sich besser im Bogenschießen üben.

TOP ★ ERLEBNISSE

★ SCOTTISH VINTAGE BUS MUSEUM

Die Sammlung historischer Busse im Scottish Vintage Bus Museum nördlich von Dunfermline ist ein Traum für Freunde des ÖPNV. Insbesondere die hervorragend herausgeputzten und konservierten, typisch britischen Doppeldecker sind eine Augenweide. Das älteste Exponat, eine Pferdestraßenbahn, stammt von 1888 und verdient ebensolche Beachtung wie die charmanten »Knutschkugeln« der Marke Heinkel Trojan. www.svbm.online

★ LOMOND HILLS

Der Lomond Hills Regional Park ist ein wunderbares, sanft hügeliges und sehr weitläufiges Wandergebiet westlich von Falkland mit einigen mystischen Bachläufen und Wasserfällen, mit Seen und teils historischen Monumenten. www.fifecoastandcountryside trust.co.uk/walks/lomond-hills

★ LOCH LEVEN CASTLE

Ob der Geist Maria Stuarts tatsächlich noch auf der Burgruine von Loch Leven Castle unterwegs ist, lässt sich nicht mit Gewissheit sagen. Tatsächlich war die Königin für elf Monate im fünfstöckigen Burgturm inhaftiert, bevor ihr die Flucht gelang. Noch vier Jahre zuvor in Amt und Würden traf sie an gleicher Stelle mit John Knox zusammen. Auch Theodor Fontane war 1858 prominenter Besucher auf dem Eiland im See östlich von Kinross. www.historicenvironment.scot/visit-a-place/places/lochleven-castle

ORKNEY- UND SHETLAND-INSELN

Wildes Land

In Schottlands äußerstem Norden locken die Shetlands mit rauer Natur, archäologischen Attraktionen, saftigen Wiesen und freundlichen Menschen (links). Ein Bier mit dem Namen »Schädelspalter« ist nichts für zartbesaitete Gemüter (oben). Die Steilküsten der Inseln im Norden sind wahre Paradiese für Tölpel (unten).

Der Steinkreis Ring of Brodgar auf der Orkney-Insel Mainland hat einen größeren Durchmesser als Stonehenge (oben). Stolz und erhaben in ihrem Kleid aus roten Sandstein: die St Magnus Kathedrale im Zentrum von Kirkwall (rechte Seite oben). Der alte Friedhof neben St Magnus birgt mancherlei Geschichten und Geheimnisse (rechte Seite unten).

80 NAHE FREMDE WELT – DIE ORKNEY-INSELN

Im Archipel der Geschichte

Orkney liegt in Sichtweite des schottischen Festlands, und doch bilden die Inseln des Archipels eine Welt für sich. Rund 70 Inseln umfasst die Gruppe, von denen nur 20 bewohnt sind. Der Archipel im hohen Norden wirkt eher skandinavisch und ist ein Mekka für alle, die sich für Frühgeschichte interessieren. Doch auch sonst sind die einsamen Orkney-Inseln einen Besuch wert.

Hoch oben im Norden liegen zwei sturmgepeitschte Inselgruppen, die sich völlig von den Highlands und den Western Isles unterscheiden. Die beiden Archipele wirken ganz und gar nicht schottisch, was sich aus ihrer Geschichte erklärt. Immerhin gehörten die Orkney- und die Shetland-Inseln 600 Jahre lang zu Norwegen. Die Orkney-Inseln wurden 875 von den Norwegern annektiert und 1472 von den Schotten wieder zurückerobert, als die Norweger versäumten, die Mitgift für die Braut von James III, Margaret von Dänemark, zu zahlen.
Das skandinavische Erbe der Inseln ist überall leicht zu erkennen, sei es beispielsweise an der St.-Magnus-Kathedrale aus dem 12. Jahrhundert in Orkneys Hauptstadt Kirkwall oder am jährlichen Wikingerfest Up-Helly-Aa. Dieses wird alljährlich am letzten Dienstag im Januar in Lerwick gefeiert, der Hauptstadt der Shetlands.

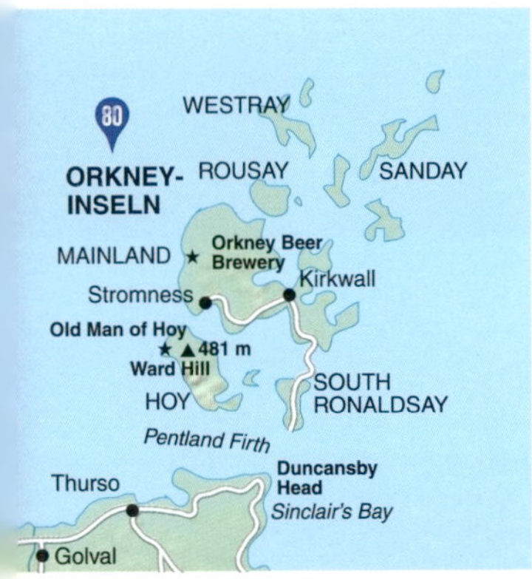

Von Mainland nach Hoy

Die rund 70 Orkney-Inseln liegen nur 16 Kilometer von der Küste entfernt, gleichsam im Windschatten des schottischen Festlands, und sind von dort bei gutem Wetter auch zu sehen. Dennoch waren die rauen Inseln stets so abgeschieden, dass ihre Bewohner eine eigene Identität entwickelten und sich eigent-

Die gewaltige St Magnus Cathedral ist der größte Stolz der Orkneys (unten). Skara Brae gehört zu Europas bedeutendsten archäologischen Stätten aus der Jungsteinzeit (rechte Seite oben). Eine der nunmehr raren Telefonzellen auf der Entdeckungsfahrt von LoveOrkneyTours (rechte Seite unten).

lich gar nicht zu Schottland zugehörig fühlen. Insgesamt leben circa 21 000 Menschen auf 20 Inseln verstreut, allein 9000 davon in der Hauptstadt Kirkwall auf Mainland.

Mainland ist die größte und somit die Hauptinsel des Archipels. Auch bei Umfragen von Reisewebseiten hat die Insel die Nase vorn und landet dabei stets in Britanniens erster Reihe. Mainland weiß auch zu überraschen, etwa mit der St Magnus Cathedral in Kirkwall, die zusammen mit der Kathedrale von Glasgow zu Schottlands schönsten gotischen Kathedralen zählt. Rund 300 Jahre dauerten die Bauarbeiten für das Gotteshaus. Noch immer eindrucksvoll ist auch die Ruine des

wuchtigen Earl's Palace nahe der Kathedrale. Die Burg, deren Baustil stark von der französischen Renaissance beeinflusst ist, wird allgemein zu den schönsten Bauwerken der schottischen Renaissance gezählt. Der Earl of Orkney war jedoch ein selbst für schottische Verhältnisse unakzeptabler Tyrann. Zusammen mit seinem ebenso grausamen Sohn wurde er 1614 in Edinburgh zum Tode verurteilt und hingerichtet.

Auf Mainland liegt zudem mit Stromness auch die zweitgrößte Stadt der Orkneys. Etwas über 2000 Einwohner leben in dem hübschen Hafenstädtchen, dessen enge Straßen von den typischen grauen Steinhäusern der Insel gesäumt werden. Das älteste Haus im Ort war dem Vernehmen nach ein Wirtshaus, das schon 1580 eine Lizenz erhielt.

Wikingergraffiti im neolithischen Maeshowe

Die Orkneys sind ein beliebtes Ziel für norwegische Besucher, die hier die einmaligen Ausgrabungen ihrer Wikingervorfahren bewundern. Auf den Inseln findet man jedoch noch andere faszinierende Stätten, deren Geschichte erheblich weiter zurückgeht.

Auf Mainland beispielsweise liegt die riesige jungsteinzeitliche Grabanlage Maeshowe, die zum UNESCO-Welterbe »The Heart of Neolithic Orkney« gehört. Interessanterweise gibt es Megalithanlagen dieses Typs nur auf den Orkneys. Maeshowe war vermutlich das Grab einer sehr mächtigen Person. Die Hauptkammer ist auf den Sonnenuntergang am Tag der Wintersonnenwende ausgerichtet. Im 12. Jahrhundert brachen Wikinger auf der Suche nach Schätzen in das Grab ein. Sie müssen wohl etwas gefunden haben, was sie als besonders wertvoll betrachteten und brauchten mehrere Tage, um den Schatz zu bergen. Allerdings können uns weder Archäologen noch Historiker sagen, worum es sich dabei handelte. Die Nordländer benutzten die Grabanlage später als Unterschlupf vor dem Regen und hinterließen

darin eine der größten Sammlungen von Runengraffiti, die jemals entdeckt wurden. Zur großen Freude der Wissenschaftler hinterließen die Wikinger in Maeshowe Botschaften, die weit über die üblichen formelhaften Anmerkungen hinausgehen, und verwendeten bei ihrer Nachrichtenübermittlung alle drei bekannten Runenschriften. Dies machte es erst möglich, eine dieser Schriften zu entziffern.

Ring of Brodgar und Skara Brae

Auf Mainland zeugen zahlreiche *standing stones* (Menhire) von der frühen Besiedlung der Insel. Besonders eindrucksvoll ist der Ring of Brodgar am Ufer des Loch of Harray. Von den ursprünglich wohl 60 Steinen des rund 5000 Jahre alten Steinkreises sind nur noch 27 erhalten, doch übt die Anlage auf einer kleinen Anhöhe von ihrem erhöhten Standpunkt über der Ebene noch immer eine große Wirkung auf Besucher aus. Diese dürfen mittlerweile das Innere des imposanten Steinkreises allerdings nicht mehr betreten.

Die faszinierendste steinzeitliche Hinterlassenschaft ist jedoch sicherlich Skara Brae an der Westküste von Mainland. Als »Europas am vollständigsten erhaltene jungsteinzeitliche Siedlung« gehört es heute zum Weltkulturerbe der UNESCO und war wohl schon von den Dünen bedroht, als es noch von Bauern bewohnt war. Archäologen datieren die Siedlung auf die Zeit zwischen 3110 und 2500 v. Chr. Danach lag Skara Brae Jahrtausende unter Sand begraben, bis es 1850 bei einem besonders starken Sturm zum Teil freigelegt wurde.

Die Grabstätte der Adler

Ronald Simison entdeckte im Jahr 1958 auf seinem Acker einen *cairn*, wie die Hügel von Megalithanlagen genannt werden. Er fand drei Äxte, einen Keulenkopf, ein Messer aus Kalkstein und einen Knopf. 1976 fing er selbst an, die Grabstätte freizulegen, da den Archäologen die finanziellen Mittel fehlten. Dabei stieß er auf eine Grabkammer mit Nebenkammern. Die Hauptkammer ist durch Steinplatten in fünf Abteile geteilt und hat zusätzlich zwei Endkammern. Die Seitenzellen auf der Westseite sind intakt. In der Anlage fand Simison die Überreste von 338 Menschen sowie Knochen und Krallen von Seeadlern. Deshalb wird die Stätte, die eigentlich Isbister Chambered Cairn heißt, auch Tomb of the Eagles (Grabstätte der Adler) genannt. Das wunderbare kleine Museum kann aktuell leider nicht besucht werden.

TOP ★ ERLEBNISSE

★ KURZ UND HEFTIG

An den schroffen, eindrucksvollen Klippenformationen der Nordküste Mainlands liegt das Dörfchen Birsay, das die faszinierende Ruine Earl's Palace dominiert. Erbaut zwischen 1569 und 1574 von Robert Stewart, Sohn des schottischen Königs James V., der 1581 zum Inselfürsten Earl of Orkney bestimmt wurde, erlebte das Schloss nur eine kurze Blüte. Als die Truppen Cromwells 1653 eintrafen, war es bereits dem Verfall preisgegeben. Heute verströmen die dunklen, teils noch prunkvollen Mauerreste eine eigentümliche, fast elegante Mystik.
www.historicenvironment.scot/visit-a-place/places/earls-palace-birsay

★ SPURENSUCHE

Die ikonischen roten Telefonzellen verschwinden zunehmend aus dem Landschaftsbild Großbritanniens. Der Reiseveranstalter LoveOrkneyTours bietet eine ungewöhnliche, geführte Tour zu den auf Orkney noch relativ oft vorkommenden Kommunikationszentren des vergangenen Jahrhunderts in den Versionen K2 oder K6. Das flexible Programm kann nach Wunsch über die roten Landmarken hinausgehen und die eine oder andere zusätzliche historische Attraktion am Wegesrand miteinschließen.
www.loveorkneytours.com

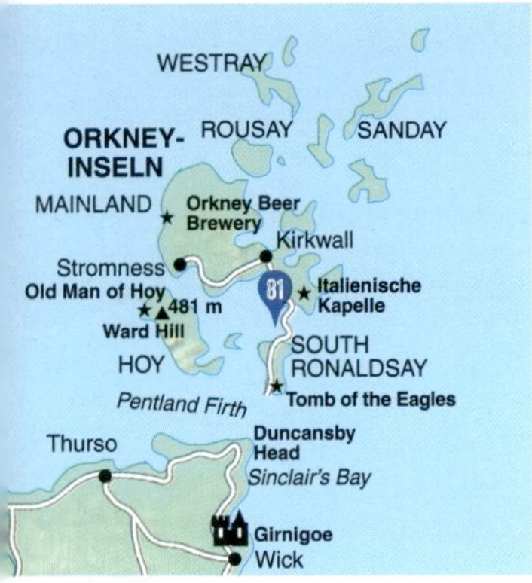

81 DIE ITALIENISCHE KAPELLE VON LAMB HOLM

Heiliges Wellblech

Der Orkney-Archipel spielte während des Zweiten Weltkrieges eine gewichtige strategische Rolle als geschäftige Marinebasis. Davon zeugen nicht nur die Überbleibsel der Seebarrieren und gestrandeten Schiffswracks an den Küsten, sondern auch einige eigentümliche Bauwerke: eiligst aufgestellte Baracken, Provisorien, die die Zeit überdauerten und spannende Inhalte verbergen.

Der maritime Schutzwall Scapa Flow war in akuter Gefahr, als es einem deutschen U-Boot im Oktober 1939 gelang, in den schmalen Holm Sound einzudringen und die dort liegende HMS Royal Oak mit ihrer 835 Mann starken Besatzung zu versenken. Winston Churchill reagierte unvermittelt und sandte 13 000 italienische Kriegsgefangene in den Archipel. Sie sollten Barrieren aus Beton errichten (die später als Churchill Barriers in die Geschichte eingingen), um den östlichen Bereich der Basis nachhaltig abzusichern. Während dieser Maßnahmen entstanden auch die Dämme, die eine feste Straßenverbindung zu den südlichen Inseln Lamb Holm, Glimps Holm und besonders South Ronaldsay ermöglichten. Um seinen auf Lamb Holm internierten Landsleuten religiösen Beistand zu gewährleisten, arrangierte der italienische Lagerpriester auf einer Anhöhe des Eilands die Einrichtung einer kleinen Kapelle aus zwei zusammengefügten Wellblechhütten. Das Innere der ungewöhnlichen sakralen Stätte wurde mit einfachsten Mitteln von einem Schmied und einem Betonbauer ausgestaltet, ergänzt durch fantasievolle christliche Malereien des Künstlers Domenico Chiocchetti über dem Altar und an den Wänden des Chors. Das improvisierte, später liebevoll restaurierte Gotteshaus zu den meistbesuchten Attraktionen im Archipel. Die rührende Historie begründete zudem eine enge Freundschaft zur italienischen Stadt Moena, dem Geburtsort Chiocchettis.

INFO: www.orkney.com/listings/the-italian-chapel

Von Außen schnödes Wellblech, von Innen aber ein fein gearbeitetes Gotteshaus: die italienische Kapelle.

82 IMPOSANTE KLIPPEN – IM SÜDWESTEN

Der Alte Mann von Hoy

Der »Old Man of Hoy« wird stets von Meeresvögeln umschwärmt und stellt, obwohl bereits bezwungen, noch immer eine große Herausforderung für ambitionierte Kletterer dar.

Im Orkney-Archipel sind 17 Inseln bewohnt. Und Hoy, die zweitgrößte von ihnen, im Südwesten von Mainland gelegen, bietet besonders spektakuläre Landschaftseindrücke. Mit dem 481 Meter hohen Ward Hill erhebt sich hier der höchste Hügel der Northern Isles, und am St John's Head befinden sich die steilsten, senkrecht ins Meer abfallenden Klippen Großbritanniens.

Von Lyness mit dem Scapa Flow Visitor Centre, in das wir nach halbstündiger Fährpassage von Houton aus gelangen, führt lediglich eine einzige Straße durch das südliche Drittel der Insel Hoy entlang der Ostküste, über Linksness ganz im Norden. Hier pendelt eine Passagierfähre nach Stromness, und auf die anderen Inselseite liegt der ausgedehnte Rackwick Beach. Am Wanderparkplatz beim Strand herrscht meist ungewöhnlich emsiges Treiben, denn er ist der perfekte Ausgangspunkt für ausgiebige Touren zum »Old Man of Hoy«. Weitestgehend offen, ungeschützt und stets von starkem Wind umtost, kurzum: allen Wetterunbilden ausgesetzt, erreichen wir auf dem von niederem Buschwerk und widerstandsfähiger Flora gesäumten Höhenpfad die markante, rötlich schimmernde und stets von kreischendem Möwenvolk umschwärmte Felsennadel.

137 Meter ragt sie als höchste ihrer Art im Königreich in die Höhe und galt lange als unbezwingbar, bis 1966 die ersten Kletterer die felsige Herausforderung erstmals meisterten. Im Schutz eines Bachtals bei Rackwick liegt der Berriedale Wood, der nördlichste natürlich gewachsene Wald des Landes. Und nicht weit davon liegt der mystische Dwarfie Stane aus rotem Sandstein, die wohl einzige prähistorische Grabkammer Britanniens, geschlagen aus einem einzigen Felsblock. Auch der Süden von Hoy lohnt mit einem Abstecher auf die Halbinsel South Walls. Liebliche, fruchtbare Landschaft schließt der markante Leuchtturm Cantick Head von 1858 ab.

INFO: www.hoyorkney.com

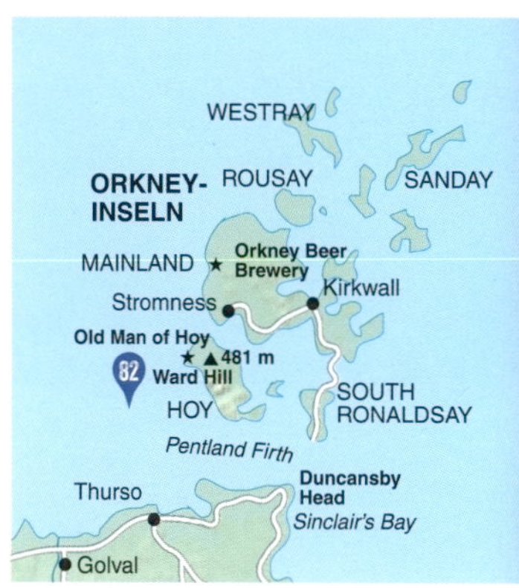

Das kleine Craa Nest Museum in Rackwick beschäftigt sich mit den historischen Wohnformen auf den Inseln und liegt unmittelbar, aber gut getarnt, am Wanderweg zum Old Man of Hoy.

Der Erfolg der Orkney Brewery beweist, dass auch hoch oben im Norden gutes Bier gebraut wird. Die Flieger für die Luftsprünge von Westray nach Papa Westray bieten acht Personen Platz (rechte Seite oben).

83 STARKE BIERE VOLL IM TREND

Es muss nicht immer Whisky sein

Selbst die kleinste Inselgruppe kann sich ihre eigene Brauerei leisten. Seit 1988 überzeugt die Orkney Brewery in Quoyloo als eine der ersten Mikrobrauereien Schottlands mit ihren Bieren, lockt Besucher mit Führungen und einem Restaurant. Noch wesentlich jünger ist die 2012 gegründete nördlichste Brauerei im Königreich: die Lerwick Brewery auf dem Stanley Hill am Rand von Shetlands Hauptstadt.

Denkt man an Alkohol und Schottland, fällt einem natürlich eher Whisky als Bier ein, neuerdings in zunehmendem Maße auch Gin. Mehr als 130 schottische Brennereien produzieren Single Malt, und auch deren Zahl steigt. Aber in Schottland hat sich gegen Ende des 20. Jahrhunderts eine exzellente Craftbeerkultur entwickelt, unter anderem in kleinen traditionellen Privatbrauereien wie im wunderschönen Traquair House im Tal des Tweed. Dessen Besitzer, Peter Maxwell Stuart, entdeckte in den 1960er-Jahren, dass zu seinem Herrenhaus schon im 18. Jahrhundert eine Brauerei gehörte. So begann er 1965, mithilfe der historischen Gerätschaften Bier zu brauen.

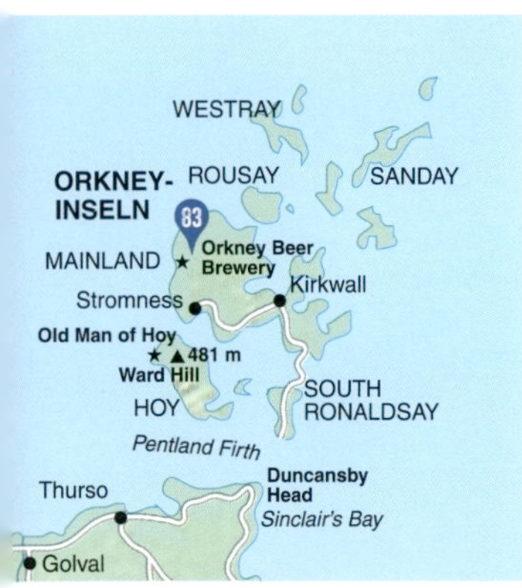

Gerstensaft aus der Schule

Noch exklusiver geht es auf den Orkneys in einer ehemaligen Dorfschule in Quoyloo unweit von Stromness zu. Die winzige Orkney Brewery wurde 1988 gegründet und 2006 von Norman Sinclair übernommen. Dieser hatte zuvor bereits ein Hotel in Fort William und einen Pub in der Nähe von Inverness geführt, ist ein Orcadian (so heißen die Bewohner der Orkneys) und jetzt also in die Heimat zurückgekehrt. Seine Biersorten haben beinharte Namen: Der »Skull Splitter« beispielsweise heißt nach Thorfinn Torf-Einarsson. Der siebte Wikingergraf der Orkneys erwarb sich Ende des 10. Jahrhunderts den hübschen Beinamen »der Schädelknacker«.

Andere Biere der Orkney Brewery heißen »Dragonhead« (Drachenkopf), »Raven Ale« (Raben-Ale) oder »Dark Island« (Düstere Insel), huldigen dem heimlichen Nationalvogel der Northern Isles, dem »Puffin« (Papageientaucher) und dem schottischen Kulinarikklassiker »Clootie Dumpling«. Die Biere sind im internationalen Vertrieb und in vielen schottischen Supermärkten erhältlich.

Das nördlichste Bier

I2019 musste die Valhalla Brewery am ehemaligen Militärflugplatz Saxa Vord auf der Insel Unst nach 22 Jahren Bierherstellung ihren Betrieb einstellen und überließ somit gezwungenermaßen der noch jungen Lerwick Brewery den Status als nördlichster Bierproduzent im Königreich. Die unscheinbaren, funktional ausgerichteten Räumlichkeiten, an deren Fassade das schwarz-weiße Logo mit dem zotteligen Shetlandpony prangt, beherbergen neben der Produktion einen kleinen Laden und einen Bistrobereich. Verglichen mit so mancher Whiskydestillerie bildet dies einen geradezu spartanisch bescheidenen Rahmen für Tastings und Führungen, die üblicherweise mit einer Verkostung der Biere enden. Doch der Enthusiasmus des kleinen Brauerteams überzeugt nachhaltig. Bei der Bezeichnung ihrer Biersorten hält man sich ebenfalls an die Regionalität, so gibt es ein »Tushkar Oatmeat Stout« nach einem typischen Spaten zum Torfstechen oder das »60° North Lager«, das eine schmackhafte Verbindung von bayerischer Braukunst mit schottischem Einschlag offeriert.

Hoch hinaus

Wie ein Tsunami mischt seit 2007 die Brauerei Brewdog die Craftbeerszene auf. Sie blickt auf eine märchenhafte Erfolgsgeschichte zurück, die mittlerweile internationale Größe erreicht hat, mit Bars und Gaststätten in São Paulo, Helsinki, Barcelona oder Berlin sowie weiteren Produktionsstandorten in den USA, in Australien und ebenfalls Berlin. Ganz neu sind auch Hotelkonzepte mit Zapfhahn im Gästezimmer und mit Gerstensäften gefülltem Kühlschrank im Bad. Dabei begann alles ganz klein in einer Garage in Fraserburgh, in der die Studenten James Watt und Martin Dickie ihre ersten Biere herstellten und sie mit provokantem Marketing bekannt machten und dabei extensiv die sozialen Netzwerke nutzten. Auf diese Weise konnten sie ihre extremen Starkbiere »Tactical Nuclear Penguin« und »Sink the Bismarck« am Markt etablieren. Schon bald stand ein Umzug an, die Brauerei wurde nach Ellon unweit von Aberdeen verlegt und stetig ausgebaut. Die unkonventionelle Vorgehensweise hat auch in der Kooperation mit einer Kölschbrauerei und dem dabei entstandenen »King Kölsch« noch lange kein Ende gefunden.

TOP ★ ERLEBNISSE

★ KURZSTRECKE

Der kürzeste Linienflug der Welt dauert gerade einmal 90 Sekunden und legt eine Strecke zurück, die kürzer ist als die Hauptstart- und Landebahn von Edinburgh. Von Juni bis Anfang September fliegt Loganair dienstags, donnerstags und samstags von Westray nach Papa Westray. Die Reise ist Bestandteil eines Rundfluges, der in Kirkwall startet und endet. Die achtsitzige Maschine in den Farben der Highland-Park Destillerie bietet mit großen Fenstern und niedriger Flughöhe tolle Ausblicke. Jeder Fluggast erhält eine Urkunde und eine Miniflasche des orkadischen Whiskys. Eine Vorausbuchung ist unabdingbar. www.loganair.co.uk/destinations/scotland/orkney-inter-island/

★ FUNDGRUBE

Als wahrer Quell neolithischer Entdeckungen entpuppte sich Rousay nordöstlich von West Mainland. Die Dichte an Funden aus der Jungsteinzeit, die Forscher Anfang des 20. Jahrhunderts zutage förderten, ist immens. Eine schmale Straße führt um die felsige, nur in Küstennähe bewirtschaftete Insel aus rotem Sandstein herum. Die Grabkammern, Brochs und Steinsetzungen können von hier aus besucht werden. Ansonsten hinterließ der Architekt David Bryce mit Trumland House seine baronialen Spuren. Vom Berg Blotchnie Fiold (250 Meter) ist bei klarem Wetter die Insel Foula am Horizont zu erkennen. www.aroundrousay.co.uk

DAS ERBE DER WIKINGER

Traditionen bis ins 21. Jahrhundert

Ab etwa 800 bis Mitte des 13. Jahrhunderts bedrängten und belagerten die Wikinger den Norden der britischen Insel. Sie raubten und brandschatzten und brachten erheblichen Unfrieden in das Reich der Pikten und Skoten. Aber sie trieben auch bald schon Handel und ließen sich letztlich sogar im Lande nieder, da es bezüglich Klima, Geologie und Landschaft, ja auch der Mentalität der Menschen durchaus Ähnlichkeiten zu ihrer skandinavischen Heimat aufwies.

Den finalen kriegerischen Auseinandersetzungen zwischen Schotten und Nordmännern widmet sich das Vikingar!-Freizeitzentrum in Largs am Firth of Clyde. Die Kämpfe fanden in den ersten Oktobertagen des Jahres 1263 in der Region statt, gingen als »Battle of Largs« in die Geschichte ein und besiegelten den endgültigen Rückzug der Skandinavier, die zudem überraschenderweise schon bald danach von der Weltbühne verschwanden. Verschiedenen Legenden zufolge waren es Disteln, die den vermutlich barfüßigen Wikingern zusetzten, das Kampfgeschick entscheidend beeinflussten und letztlich ihre Aufgabe und ihren Abzug einleiteten. König Alexander III., seinerzeit schottischer Machthaber, erkor daraufhin die Distel zum schottischen Wahrzeichen und zur Nationalblume, der damit ältesten der Welt. Auch die inoffizielle schottische Nationalhymne »Flower of Scotland« bezieht sich auf die stachelige Kugel mit ihrem pinken bis violetten haarigen Blütenkopf.

Up-Helly-Aa bietet einen spektakulären Feuerzauber nach Wikingerart.

Sitten und Gebräuche

Insbesondere auf den schottischen Inseln finden sich noch unzählige Reminiszenzen an die Wikingerzeit: rekonstruierte Langhäuser und Hünengräber, Werkzeuge, Schmuck und Alltagsgegenstände in lokalhistorischen Museen. Darüber hinaus haben viele Begriffe aus der nordischen Sprache Einzug in den schottischen Sprachgebrauch gehalten, manche Ortsnamen auf Orkney oder Shetland klingen norwegisch oder dänisch. Und gerade auf diesen beiden Archipelen, die noch etwas länger unter norwegischer Herrschaft standen, huldigt man im Winter etwas skurrilen nordischen Ritualen. Die Main Street in der orkadischen Hauptstadt Kirkwall sieht alljährlich am ersten Weihnachtstag und an Neujahr das Aufeinandertreffen der »Uppies« und der »Doonies«, die sich in einer ungewöhnlichen Form des Straßenfußballs »The Ba Game« gegenüberstehen. Ziel des Spiels, an dem im Schnitt gut 200 Personen teilnehmen, ist es, einen eineinhalb Kilo schweren, handgenähten Lederball an den eigenen Ausgangspunkt zu befördern, an

Eine Sturmflut legte im späten 19. Jahrhundert das prähistorische Dorf frei, das nach Sir Walter Scott Jarlshof benannt wurde. In der Anlage finden sich unterschiedlichste architektonische Bauformen.

eine Mauer am Ortsausgang oder an den Hafen. Blaue Flecken und Hautabschürfungen gehören im Spielverlauf zur Tagesordnung, schwerwiegendere Verletzungen sind eher die Ausnahme. Und das, obwohl es keinerlei Regeln gibt. Sportliche Fairness wird einfach vorausgesetzt. Das soll bei den Wikingern anders gewesen sein: Der Legende nach frönten sie der archaischen Betätigung mit Feindesköpfen statt mit Lederbällen.

Nicht nur beim Einwurf, sondern während des gesamten Spiels des Ba'Games herrscht großes Gedränge.

Das Schiff auf der Straße

Am letzten Dienstag im Januar gedenkt man auf den Shetland-Inseln mit dem Fest Up-Helly-Aa der frühesten Vergangenheit, feiert die Wintersonnenwende und stimmt die nordischen Götter gnädig für einen milden Sommer und gute Ernten. Während des Jahres wird an einer originalgetreuen Wikingergaleere gearbeitet, die am Up-Helly-Aa-Abend in einem großen Umzug durch die Straßen Lerwicks gezogen wird, von Männern im authentischen Wikingeroutfit und illuminiert nur durch Fackeln. Ein wenig an Karneval erinnern die kostümierten Gruppen, die sich dem Konvoi hinter dem Schiff anschließen, um am Ende des Zuges auf einem Sportplatz zusammenzukommen. Zum mystischen Knistern der Fackeln hält das auserwählte Wikingeroberhaupt, der Guizer Jarl, eine donnernde Ansprache vom Deck des Schiffes, das danach unter dem Jubel seines Gefolges feierlich in Flammen aufgeht. Danach ziehen die shetländischen Wikinger durch die Stadt und feiern durch bis zum Sonnenaufgang.

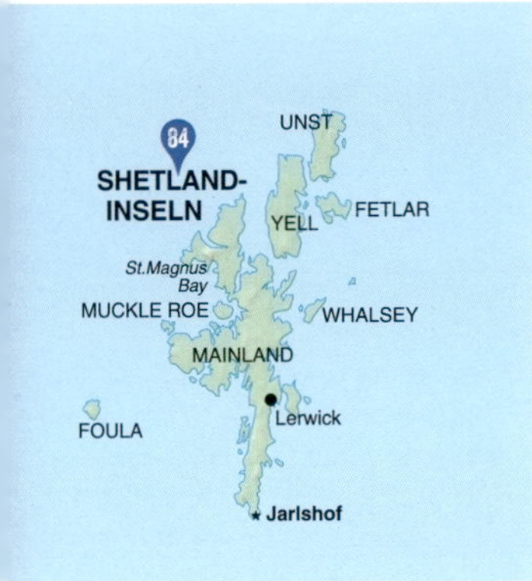

84 ENERGIEREICH – DIE SHETLAND-INSELN

Von Schottland weit entfernt

Großbritanniens nördlichste Inselgruppe liegt näher bei Bergen als bei Edinburgh, und von Lerwick auf Shetland Mainland ist man schneller am Polarkreis als in London. Ungeachtet dessen leben auf den Shetland-Inseln schon seit Jahrtausenden Menschen. Die berühmteste prähistorische Anlage des Archipels ist die Stätte Jarlshof auf Mainland, die Ende des 19. Jahrhunderts entdeckt wurde.

Rund 100 Inseln gehören zu den Shetlands, und nur 16 davon sind besiedelt. Knapp über 23 000 Menschen leben auf den Inseln im hohen Norden, und gern weisen sie darauf hin, dass die nächstgelegene Großstadt nicht in Schottland liegt, sondern das norwegische Bergen ist. Die Nähe zu Skandinavien – oder besser die Entfernung zu Schottland – zeigte sich auch bei Umfragen vor der Unabhängigkeitsabstimmung im September 2014. Die Shetlands, meinten viele ihrer Bewohner, sind doch ziemlich weit entfernt nicht nur von London, sondern auch Edinburgh. Immer wieder hörte man Stimmen, die darauf verwiesen, dass sich viele Inselbewohner kulturell eher mit Norwegen und Dänemark verbunden fühlen als mit Schottland. Die Geografie gibt ihnen natürlich recht: Herma Ness ist zwar der nördlichste Punkt Großbritanniens. Aber hier ist man gut 350 Kilometer von John o'Groats auf dem schottischen Festland entfernt und über 1600 Kilometer von Lands End in Cornwall.

Wirtschaftlicher Aufschwung

Der aktuelle Zensus von 2021 zeigt eine stagnierende Bevölkerungszahl, der Trend der letzten Zeit, dass immer mehr Städter

Die Steilklippen von Eshaness schützen die Halbinsel Northmavine vor der See (unten). Die Häuser der Altstadt Lerwicks reichen bis an den alten Hafen heran (rechte Seite oben). Die Nordsee vor den zahlreichen verlockenden Strandpartien Shetlands ist eiskalt (rechte Seite unten).

Scalloway Castle wurde 1600 auf der Shetland-Insel Mainland für den verhassten 2. Earl of Orkney erbaut (unten). Der rund 2000 Jahre alte Broch of Clickhimin ist ein imposanter Turm aus der Eisenzeit (rechte Seite oben). Die fleißigen Teddy-Mamas Wendy und Robyn lassen sich bei ihrer Arbeit gern über die Schultern schauen (rechte Seite unten).

aus England und Schottland auf die Inseln ziehen, weil sie sich nach einem Leben sehnen an freier Natur, frischer Luft, gesunder Umwelt, bleibt damit auf hohem Niveau. Die Neuansiedler kommen auch, weil es mit der Wirtschaft bergauf geht und speziell im Sektor erneuerbare Energien ständig neue Arbeitsplätze entstehen. Die große Veränderung trat auf den Shetland-Inseln bereits Mitte der 1970-Jahre ein. Bis dahin war Sullom Voe nicht mehr als ein Ortsname in einer öden, gleichwohl höchst faszinierenden Landschaft. Als jedoch 1969 Öl in der Nordsee entdeckt wurde, begann man in Sullom Voe mit dem Bau eines Ölterminals. Der 1979 funktionsfähige und 1983 fertiggestellte Ölterminal ist der größte Europas und wird heute von der ehemals staatlichen britischen Ölgesellschaft British Petroleum – BP – betrieben. Viel ist inzwischen darüber gestritten worden, ob das Nordseeöl für die Shetlands ein Segen oder Fluch war. Sicherlich hat es den Bewohnern unverhofften Wohlstand gebracht. Gleichzeitig aber bedroht gerade dieser natürlich die traditionellen Werte einer früher abgeschlossenen Gemeinschaft. Auch althergebrachte Berufe laufen Gefahr, für immer zu verschwinden, während globale Entwicklungen immer mehr Einfluss gewinnen. Allerdings hatten die Shetlands trotz ihrer Abgeschiedenheit schon immer zahlreiche Kontakte zur Welt. So bahnte sich schon Anfang des 15. Jahrhunderts eine enge Verbindung zur deutschen Hanse an. Die deutschen Händler kauften Schiffsladungen mit gesalzenem Fisch, Wolle und Butter und verkauften ihrerseits Salz, Stoffe und Bier an die Inselbewohner. Dieser Handel florierte bis zum Act of Union 1707, als es mit der Wirtschaft Shetlands steil bergab ging.

Neue Wege im Naturtourismus

Seit einigen Jahren floriert die Wirtschaft der Inseln jedoch nicht zuletzt wieder, seitdem man gezielt auch auf den Tourismus setzt. Die Einheimischen haben erkannt, dass ihre Inseln gerade mit ihrer Abgeschiedenheit und ihrer ursprünglichen Natur eine gewaltige Anziehungskraft ausüben. Just an dieser Stelle treten nun neue Konflikte auf: gegen die Planungen von größeren Windenergieparks wird protestiert, denn sie beeinträchtigen das Landschaftsbild, zu dessen Attraktionen unter anderem die Naturschutzgebiete der Königlichen Vogelschutzgesellschaft RSPC gelten. Hier lassen sich auch an der unwirtlichen Nordsee viele, viele Vogelarten nieder. Ornithologen überschlagen sich vor Begeisterung angesichts der putzigen Papageitaucher, Sturmschwalben, Sterntaucher, Basstölpel, Großen Raub-

möwen oder Schwarzbraunen Albatrosse und Schneegänse, die sie auf den Shetlands entdecken können. Pferdefreunde erfreuen sich des Anblicks der frei herumlaufenden, weithin berühmten Shetlandponys, die sich mit einer Maximalhöhe von 107 Zentimetern ideal für Kinder eignen und gleichzeitig auch noch sehr hübsch aussehen, mit ihren wilden zotteligen Mähnen, die der Wind in schöner Regelmäßigkeit zerzaust und den Blick in die schwarzen Pferdeaugen schlicht verwehrt.

Hauptstädte

Als nördlichste Stadt Großbritanniens bildet Lerwick das wirtschaftliche und kulturelle Zentrum Shetlands. Vom Run aufs Öl Verschont blieb der kleine Fischereihafen Lerwicks, angelegt von niederländischen Fischern im 17. Jahrhundert, worüber das kleine Museum für Lokalgeschichte umfangreich Auskunft gibt. Gegenüber ragt die gläserne Fassade des jungen Kulturzentrums Mareel auf das Wasser hinaus. Die verschachtelt um die Commercial Street errichteten Bruchsteinhäuser im Zentrum sind 100 Jahre jünger. Schmale Stiegen und Treppen führen in die Höhe, um sie herum wurde der 7000 Einwohner zählende Ort planmäßig erweitert und reicht bereits weit über die bestens erhaltene Bronzezeitansiedlung Broch of Clickimin hinaus. Der ovale Wohnturm auf dem Eiland im Loch Clickimin, mit dicken Mauern aus grobem Feldstein, lässt einen authentischen Blick in das Leben vor mehr als 2000 Jahren zu. Geheimnisvoller, der etwa 700 Jahre jüngere Fußabdruck auf einer Steinplatte, der belegt, dass der Broch auch später noch als Wohnstätte diente.

Scalloway, gegründet zur Zeit der Wikinger, verlor 1708 den Status als Kapitale von Shetland, worauf nicht nur die um 1600 gebaute, noch heute den Ort dominierende Burg in Bedeutungslosigkeit versank und zusehends verfiel. Der Hafen rückte nun immer näher mit Schuppen und Hallen an das stolze Gebäude heran, dessen Ruine an Präsenz einbüßte. Dennoch lohnt es den Schlüssel für die Burgpforte im 2012 gleich nebenan in vom norwegischen Ministerpräsidenten eröffneten Scalloway Museum zu holen und den Aufstieg in die Höhe zu wagen. Es bieten sich schöne Ausblicke über die Küste, den Atlantik und die verstreuten Dörfer ringsum. Das Museum berichtet in modernem Gewand über die Geschichte und Geologie der Region um Scalloway. Darüber hinaus nimmt der »Shetland Bus« eine prominente Stellung ein. Während des Zweiten Weltkriegs war der Hafen eine wichtige Station des norwegischen Widerstands.

TOP ★ ERLEBNISSE

★ CROFTING

Bis 1962 war das typisch shetländische Croft mit Strohdach, ummauertem Garten und kleiner Wassermühle noch in Betrieb. Ab 1972 repräsentiert es als Shetland Crofthouse Museum das typische ländliche, entbehrungsreiche Leben in der Abgeschiedenheit des Archipels. www.shetlandmuseumandarchives.org.uk/crofthouse-museum

★ HISTORISCHES HOCHHAUS

Vor Sandwick auf Mousa entstand um Christi Geburt der 13 Meter hohe, konisch sich nach oben verjüngende Mousa Broch. Die Wände des runden Turms messen gut 4,5 Meter und verbergen mehrere Räume und Kammern. Über eine Treppe kann man in dem bestens erhaltenen Bauwerk nach oben steigen. www.shetland-heritage.co.uk/mousa

★ DESIGNER-TEDDYS

Strickwaren aus Shetland genießen weltweiten Ruhm aufgrund ihrer hochwertigen Qualität. Eher zufällig wurden die »Burra Bears« geboren, die seit 1997 als »Original Shetland Teddy Bears« in Heimarbeit hergestellt und vermarktet werden. Erst aus Wollresten gefertigt, schöpft man nun aus einer Vielzahl typischer Muster, was eine große Individualität der knuffigen, mit Wolle gefüllten Stofftiere bedingt. www.burrabears.co.uk

Wem die Hauptinsel der Shetland-Inseln zu aufregend ist, für den gibt es noch ganz ruhige Inseln zum Ausspannen.

85 REIZVOLLES NICHTS – MUCKLE ROE

Auf der großen roten Insel

Die Shetlands sind so kompakt, dass man leicht interessante Tagesausflüge zu den »entlegenen« Teilen der Inseln unternehmen kann. Als lohnendes Ziel bieten sich beispielsweise die »Shetland-Highlands« auf der westlich von Mainland gelegenen Insel Muckle Roe an, in deren Küstenverlauf reizvolle Höhlen und Felsnadeln aus mächtigem Granitgestein zu finden sind.

Auch auf Shetland gibt es Highlands. Dazu gehört zum Beispiel die Insel Muckle Roe, auf der nur rund 130 Menschen leben. Wie an einer Perlenkette reihen sich kleine Gehöfte entlang der Südostküste, der recht kleinen, fast kreisrunden Insel, die über eine Brücke mit der Hauptinsel Mainland verbunden ist. Die erste Brücke wurde 1905 über den schmalen Sund gebaut. Sie sorgte dafür, dass der Bevölkerungsschwund zurückging. Dieses Problem hat Muckle Roe mit den Highlands gemein: die ständige Abwanderung der Bewohner, die ihre Heimat entweder erzwungen oder auf der Suche nach Arbeit verlassen. 1851 wohnten hier noch 290 Personen, heute weniger als die Hälfte.

Der Reiz von Muckle Roe besteht vor allem darin, dass die Insel außer 18 Quadratkilometern Einsamkeit eigentlich nichts zu bieten hat. Mit dem Auto kann man nur einen Teil befahren, weil sich der Rest in Privatbesitz befindet. Als Wanderer darf man aber auch dieses Gebiet erkunden, für Outdoorfreunde ein Genuss. Die höchste Erhebung von Muckle Roe ist 172 Meter hoch. Außerdem gibt es hier einen erloschenen Vulkan, von dem die Insel ihren Namen hat: Muckle Roe bedeutet auf Altnordisch »Große rote Insel«. Besonders eindrucksvoll ist der wilde Teil der Insel – eine von Lochans durchzogene Moorlandschaft. Man kann es sich auch bequem machen und die Insel mit einem Boot umrunden, die roten Felsklippen bewundern und, wenn man Glück hat, Seehunde und Robben, Schweinswale oder Delfine beobachten. Erwischt man einen besonders guten Tag, schwimmen vielleicht sogar Orcas vorbei.

INFO: www.shetland.org/visit/do/outdoors/walk/hams-of-muckle-roe-circular

86 MAINLANDS ANHÄNGSEL – ST NINIAN'S ISLE

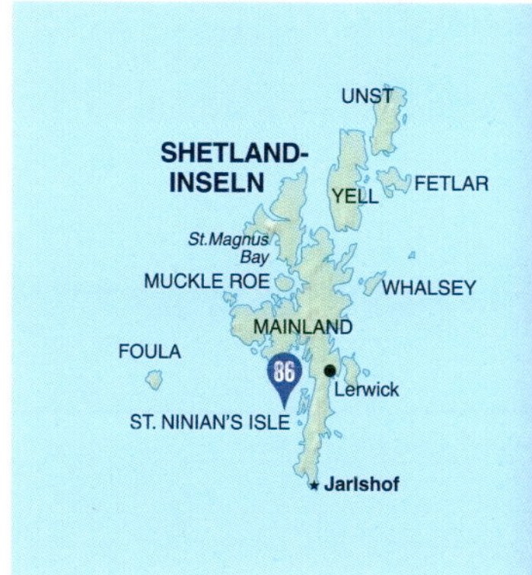

Schatz am Tombolo

Der schmale Süden der shetländischen Hauptinsel Mainland zeichnet sich durch seine stark zerklüftete Küste mit wind- und wellenumtosten scharfkantigen Felsenformationen aus, aber auch durch heimelige Sandbuchten geradezu karibischer Anmutung. Zur ungewöhnlichen Gezeiteninsel St Ninian's Isle vor Bigton führt ein Dünenweg über den Sand zu einem historischen Kleinod.

Der heilige Ninian soll um 390 n. Chr. nach Schottland gekommen sein und nach der Gründung eines Klosters in Whithorn begonnen haben, die heidnischen Pikten zum Christentum zu bekehren. Dabei kam er vermutlich bis Shetland und landete in der später nach ihm benannten Bucht gegenüber dem Eiland. Bei einer Wanderung über die landschaftlich höchst reizvolle Insel, die mit tollen Ausblicken nicht geizt, erreichen wir schon bald die Überreste von St Ninian's Chapel. Die Mauerstümpfe der uralten Kapelle aus dem 8. Jahrhundert – sie wurde tatsächlich noch bis um 1800 als Kirche genutzt – barg bis 1958 unter ihrem Fußboden eine wahrhaftige Schatzkiste aus Lärchenholz, in der Gebrauchsgegenstände und Schmuck aus Silber aus piktisch-schottischer Zeit gelagert waren.

Robben am Strand

Die Originale dieses wertvollen archäologischen Fundes bewahrt das National Museum of Scotland, im Shetland Museum von Lerwick kann man zumindest ihre Repliken bewundern. Am natürlichen sandigen Damm, dem als »Tombolo« bezeichneten Dünenstreifen – der festen Verbindung zur Insel, an der zur Linken wie zur Rechten die Meeresbrandung sanft und leise rauschend ausläuft –, finden sich gerne Robben und Seehunde ein und lassen sich genussvoll die Sonne Shetlands auf den schimmernden Pelz brennen. Sind ihnen zu viele Spaziergänger unterwegs, dann weichen sie in die südlichen Buchten unterhalb von Scousburgh nahe dem Spiggie Hotel aus.

INFO: www.shetland.org/visit/do/outdoors/walk/st-ninians-isle-circular

Im Winter verengt das Meer den Dünenübergang nach St. Ninian's Isle zu einem dünnen Sandstreifen.

87 VON YELL NACH UNST

Der Norden im Norden

Bevor Großbritannien zu Ende ist, besuchen wir mit Yell und Unst noch die beiden nördlichsten Inseln Shetlands, hinter denen lediglich noch die Weite des Nordatlantiks liegt. Unst befindet sich dabei etwa auf derselben geografischen Höhe wie die Südspitze Grönlands.

Nach Ankunft der Fähre in Ulsta im Süden Yells nehmen wir die A968 an der Westküste der zweitgrößten Insel im Archipel. Bei Clothan überblicken wir einen kleinen Tombolo, hinter den sich ein fast kreisrundes Eiland wie ein Pfannkuchen aus dem Panorama des Yell Sound erhebt. Durch karge Landschaft biegen wir an der nächsten Abzweigung links ab, folgen dem Schild nach West Sandwick. Zwischen verstreuten Höfen geht es links zum Strand. Kristallklares Wasser und fast weißer Sand locken zum Bad am mehrfach ausgezeichneten Kleinod »Westsandwick Beach«. Bei der Bushaltestelle und dem roten Briefkasten setzen wir den Weg auf der A968 fort und gelangen bei der Windhouse Lodge zur schmalen Inseltaille, hier kaum 1000 Meter breit. Hier zweigt die B9081 ab, unser späterer Rückweg. Der Nordteil Yells ist noch einsamer. Wir passieren den Abzweig zur Hofschaft »Basta«, die Shetland Gallery mit Werken lokaler Künstler und kommen zur Fähre in Gutcher, die nach Unst und zur wildromantischen Insel Fetlar, dem »Garten Shetlands«, verkehren.

Attraktive Superlative

Belmont House, um 1772 in schnörkelloser Lowlandarchitektur erbaut, thront wachsam über dem Bluemull Sound, durch den wir auf die nördlichste Insel Britanniens gelangen. Ein rotes Doppeldeckerbus-Café sorgt im Hafen für die gastronomische Komponente. Nordwärts machen wir in der erhabenen Kargheit der Landschaft einen Abstecher nach links in Richtung Westing. Beäugt von

Wikingerlanghaus und -galeere an der Bucht vor Haroldswick

Schafen und Shetlandponys spazieren wir zum Strand und zu Relikten der Wikingerzeit. In Baltasound durchqueren wir eine größere Ansiedlung an der gleichnamigen Bucht. Die Bushaltestelle im Norden des Ortes macht lange schon Furore: Bobby's Bus Shelter ist komfortabel eingerichtet mit Fernseher, Sessel und Mikrowelle. Nördlich davon passieren wir in Haroldswick das Viking Unst Project: Wikingergeschichte authentisch aufbereitet mit grasbewachsenem Langhaus und der Galeere Skibladner. Der Weg nach rechts bringt uns an der geplanten Raketenstation SaxaVord zum wunderschönen Norwick-Strand. Er endet bald an der sandigen Skaw Beach beim nördlichsten bewohnten Haus. Zurück liegt rechts am Burrafirth noch das Naturschutzgebiet

Vor Bewunderung über die liebevolle Deko in Bobbys Bus Shelter läuft man Gefahr den Bus zu verpassen.

Hermaness. Den Aussichtspunkt auf den Leuchtturm Muckle Flugga am britischen Nordkap erreichen wir über einen Wanderpfad. Die gleiche Strecke retour werfen wir noch einen Blick auf Muness Castle am Ende einer Sackgasse von Uyeasound aus.
Zurück auf Yell erkunden wir über die B8091 noch den Inselosten mit den Ansiedlungen Mid Yell und East Yell. Die Sackgasse bei Otterswick zur Linken endet bei der »White Wife«, einer Galionsfigur des 1924 an der Küste havarierten deutschen Segelschulschiffs Bohus. Ganz unten auf Yell kommen wir in Burravoe zum 350 Jahre alten Haus des Old Haa Museums mit seiner kulturhistorischen Sammlung. Nach einer Teepause dort fahren wir wieder zur Fähre in Ulsta.

Selbst am nördlichsten Punkt des Vereinigten Königreichs an der Nordspitze von Unst trifft man auf die unvermeidlichen Schafe.

TOP ★ ERLEBNISSE

★ DIE NÖRDLICHSTE BURG

Die zweite Befestigung Shetlands, Muness Castle, liegt im Süden von Unst. 1598 wurde mit dem Bau des eindrucksvollen Wohnturms für den Earl of Orkney begonnen, das Gebäude erlebte sodann turbulente Jahre, manch einen Besitzerwechsel und war ab Mitte des 18. Jahrhunderts dem Verfall preisgegeben. Trotzdem bietet es unter der Verwaltung von Historic Environment Scotland ein stattliches Erscheinungsbild.
www.shetland.org/visit/do/history/archaeology

★ DURCHSICHT MIT WEITSICHT

Cheryl Jamieson, aufgewachsen in Norwich, gab ihr Mathematikstudium auf und widmete sich fortan der Kunst, fasziniert vom Werkstoff Glas. Insbesondere das Verschmelzen in Öfen, das sie bei einer Norwegenreise kennenlernte, hat es ihr angetan und führte 2008 zur Gründung von »Glansin Glass«. Schmuck, fantasievolle Kunstobjekte, aber auch Gebrauchsgegenstände finden sich in ihrem Portfolio, wobei Blau, die Farbe des Himmels, eine tragende Rolle spielt.
www.glansinglass.co.uk

★ TEE-TRADITION

Victoria aus Devon betreibt in Haroldswick seit 2014 die nördlichste Teestube des Landes, offeriert im nostalgischen Ambiente mit Meerblick kleine hausgemachte Gerichte und exquisite Kuchen. Besonders beliebt sind die ihre Cream Teas, typisch serviert mit frischen Scones, Sahne und Erdbeermarmelade. Ganz neu sind die *scone-wiches* mit herzhafter, regionaler Füllung aus Lammfleisch oder Käse.
www.victoriasvintagetearooms.co.uk

Stricken ist nicht nur Freizeitgestaltung, sondern trägt auf Fair Isle auch zum Lebensunterhalt bei (oben). Stets sturmumtost: der Leuchtturm Southlight (rechte Seite unten). Wachsamer Zaungast auf dem rustikalen Geläuf des Fair Isle Golfcourse (rechte Seite oben).

88 FAIR ISLE – INSEL DER SCHAFE UND VÖGEL

Glückliches Eiland

Nicht alle Briten wissen um die genaue Lage von Fair Isle. Das Inselchen ist eher bekannt durch den Seewetterbericht der BBC, der zu jeder Jahreszeit manch wilde und ungemütliche Wetterlage am Ort auf halbem Weg zwischen Orkney und Shetland vermeldet. Knapp 60 Menschen leben permanent auf der abgelegensten bewohnten Insel des Vereinigten Königreiches.

Das Wetter sorgte schon immer für maritimes Ungemach. Schiffswracks aus vergangenen Jahrhunderten, die auf dem Meeresgrund rund um Fair Isle ruhen, zeugen davon. Prominentestes Opfer war 1588 der Segler El Gran Grifon, der zur legendären spanischen Armada gehörte. 300 Seeleute erlitten Schiffbruch und mussten von der Inselbevölkerung sechs Wochen lang beherbergt werden, was zu chaotischen Zuständen und großen Versorgungsengpässen führte. Gleichwohl sollen die Iberer für bestimmte Einflüsse bei den Strickwaren stehen, die Fair Isle zu einem Eintrag in der internationalen Haute-Couture-Szene verhalfen. Mützen und Pullover mit dem traditionellen Strickmuster aus kleinen Kreuzen und Kreisen sind ebenso begehrt wie selten, dürfen original nur aus Wolle der Fair-Isle-Schafe und eben auf der Insel hergestellt sein. Die ersten Pullover hatten noch die natürlichen Wollfarben Beige sowie Hell- und Dunkelgrau, später ging es bunter zu. Viele Farben und das engmaschige, komplexe Muster bewirken indes in den Augen eines Ungeübten ein gepflegtes Garnchaos an der Stricknadel. Ob die Schafe, die deutlich die vierbeinige Mehrheit auf dem felsigen Eiland stellen und auch namensgebend für Fair Isle sind, ähnlich den zu Dänemark gehörenden Færøer Inseln, ist nicht eindeutig zu klären, denn der nordische Name Friðarey verweist auf die Insel der Ruhe.

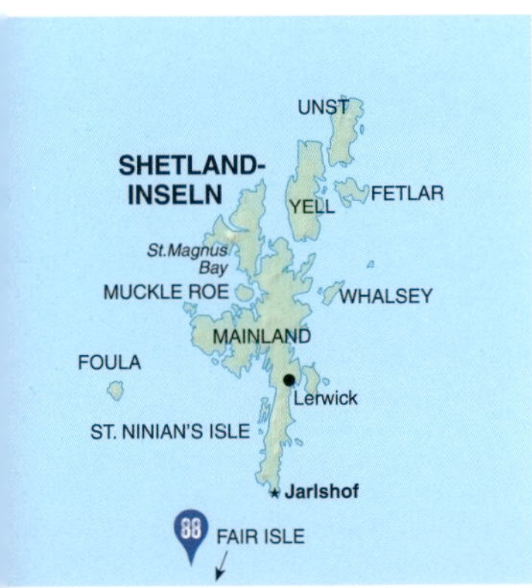

Starke Gemeinschaft

Schon in der Bronzezeit war Fair Isle bewohnt. Mitte des 19. Jahrhunderts war die Bevölkerungszahl auf heute unglaubliche 360 angewachsen, nimmt seither jedoch stetig ab, und 1973 stand die Insel kurz vor ihrer Evakuierung. Doch die starke Inselgemeinschaft konnte dieses Schicksal abwenden und eine recht stabile Zukunft sichern. Fair Isle ist seit 1954 im Besitz des National Trust for Scotland, der das Eiland vom Vogelforscher George Waterston erwarb. Waterston erkannte bei einem Besuch im Jahr 1935 die außerordentliche Bedeutung der Insel hinsichtlich ihrer ornithologischen Vielfalt und erwarb sie 1947. Er errichtete das Bird Observatory, eine Vogelbeobachtungsstation, die gleichzeitig als Unterkunft angelegt war. Sie wich 2009 einem neuen, größeren und modernen Gebäude, das 2019 durch ein Feuer zerstört wurde und nach aktueller Planung Ende 2023 wieder eröffnet wird. Der National Trust wacht sorgfältig über die Entwicklungen und ist maßgeblicher Entscheidungsträger bei der Auswahl der Neubürger, die zwingend eine Ergänzung zur bestehenden Gemeinschaft darstellen müssen. Bevorzugt werden in jedem Falle junge Familien mit kleinen Kindern, die zur örtlichen Grundschule gehen können. Kommunalpolitisch gehört Fair Isle zu den Shetland-Inseln, doch über Politik macht sich hier niemand wirklich Gedanken, im Prinzip verwalten sich die Fair Islander nämlich selbst, so hat es zumindest den Anschein für den Besucher.

Baumlose Landschaft

Auf zwei Anhöhen steht die lokale Energieversorgung: Windräder, die 1982 als erste kommerzielle Produktionsstätten von Windenergie europaweit in Betrieb gingen. Die beiden Leuchttürme im Norden und Süden sind 90 Jahre älter, South Lighthouse wurde als letzter bemannter Leuchtturm Schottlands am 31.März 1998 automatisiert. Zur Verabschiedung des letzten Leuchtturmwärters Angus Hutchison erschien als royaler Gast Prinzessin Anne. The Good Shepherd IV sorgt für die Schiffsverbindung zur Hauptinsel, ist aber wegen des Seegangs nur bedingt beliebt. Beim bequemeren Anflug mit dem kleinen Flieger zum winzigen Inselflugfeld, geeignetes Wetter vorausgesetzt, wird das zweigeteilte Bild der Insel deutlich. Während im hügeligeren, schroffen Norden baumloses, raues Heide- und Moorland dominiert, präsentiert sich der Süden flacher, grüner, fast lieblich, jedoch ebenso baumlos. Hier stehen die Häuser, die beiden kleinen Kirchen und das Heimatmuseum, hier grasen die Schafe und breiten sich die Äcker der Bauern aus. Einen Pub gibt es nicht, dafür einen kleinen Supermarkt.

TOP ★ ERLEBNISSE

★ FOULA – DIE VOGELINSEL

Vögel gaben der Insel Foula ihren Namen, abgeleitet aus dem Norwegischen. 800 n. Chr. kamen erste Siedler, sie blieben bis Ende des 16. Jahrhunderts. Die Ortsnamen blieben nordischen, selbst die alte gesprochene Sprache überlebte lange. Weihnachten und Neujahr feiern die etwa 30 Insulaner nach dem julianischen Kalender mit 14 Tagen Verspätung, und bei der Bestellung der Äcker orientiert man sich an nordischen Festtagen. Das Gemenge aus Natur mit den zweithöchsten Klippen Großbritanniens, ungewöhnlich sturen Schafen und Kultur in Verbindung mit rauem Klima macht den Besuch zu einem unvergesslichen Erlebnis in einer ganz eigenen Welt. www.shetland.org/visit/plan/areas/foula

★ KEINE INSEL OHNE GOLFPLATZ

Der Lighthouse Keeper's Golf Course zwischen Südhafen und pittoresken Southlight-Leuchtturm ist nur eine 6-Loch-Anlage, aber wegen des Wetters eine echte Herausforderung. Tommy Hyndman, gebürtiger New Yorker, Künstler und Betreiber der B&B-Unterkunft im Auld Haa Cottage von 1700, hat den Platz neu angelegt und folgt so der Tradition der Leuchtturmwärter, die dem Sport in freien Stunden frönten, misstrauisch von Schafen beäugt. Zur Runde Golf gehört ein Fernglas, denn seltene Vögel sind fast immer zu sehen. www.fair-isle.blogspot.com

Im Herbst verwandelt sich das Tal des Flusses Etive in eine bernsteinfarbene Zauberlandschaft.

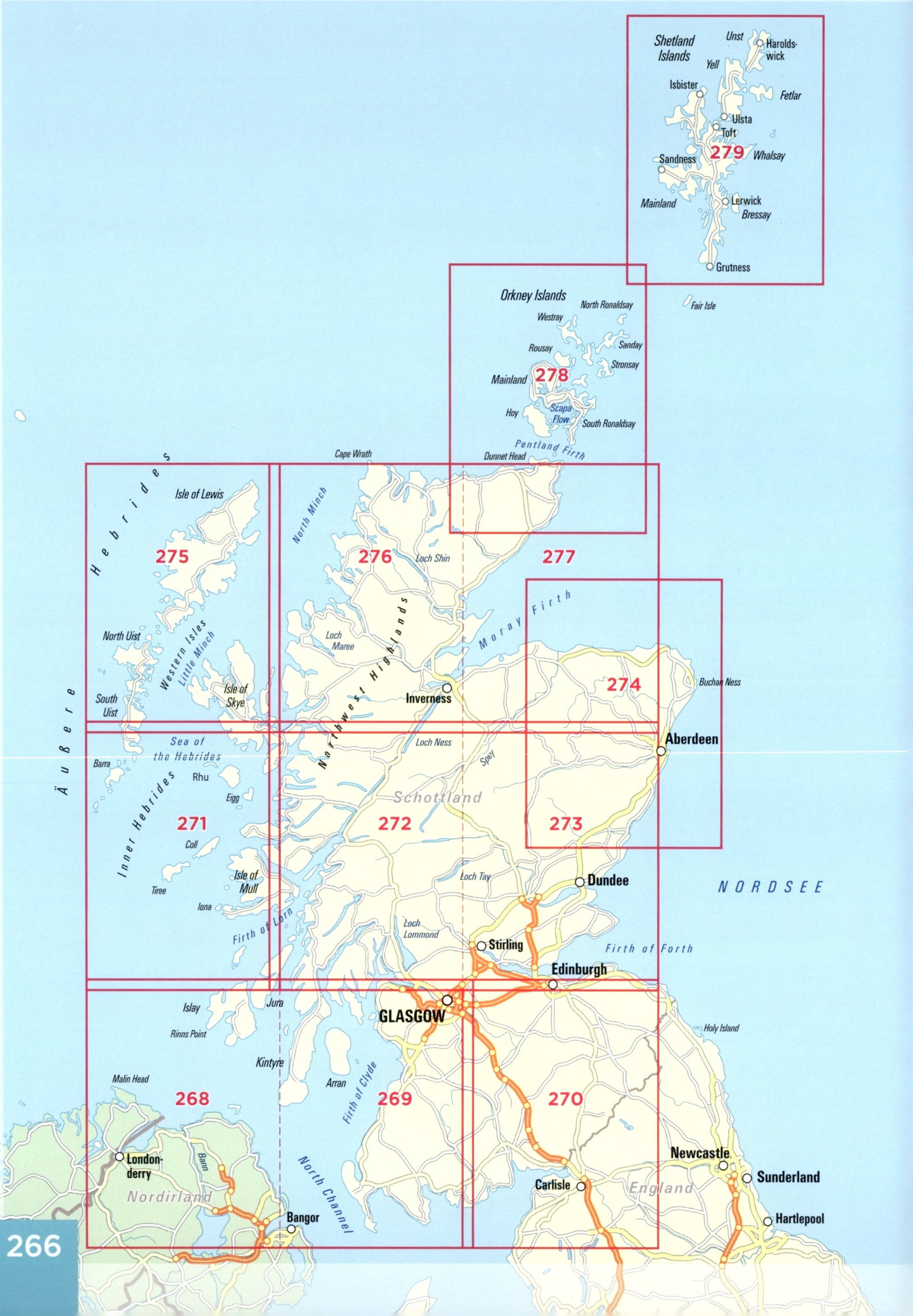
Shetland Islands
Unst
Harolds-wick
Yell
Isbister
Fetlar
Ulsta
Toft
279
Whalsay
Sandness
Mainland
Lerwick
Bressay
Grutness
Fair Isle
Orkney Islands
North Ronaldsay
Westray
Rousay
Sanday
Stronsay
Mainland
278
Hoy
Scapa Flow
South Ronaldsay
Pentland Firth
Dunnet Head
Cape Wrath
Hebrides
Isle of Lewis
275
North Minch
276
Loch Shin
277
Moray Firth
North Uist
Western Isles
Little Minch
Loch Maree
Northwest Highlands
274
Buchan Ness
Isle of Skye
South Uist
Inverness
Äußere
Sea of the Hebrides
Loch Ness
Aberdeen
Barra
Rhu
Spey
Inner Hebrides
Eigg
Schottland
271
272
273
Coll
Isle of Mull
Tiree
Iona
Loch Tay
Dundee
NORDSEE
Firth of Lorn
Loch Lommond
Stirling
Firth of Forth
Edinburgh
Islay
Jura
GLASGOW
Rinns Point
Holy Island
Kintyre
Malin Head
Arran
Firth of Clyde
268
269
270
London-derry
Bann
North Channel
Newcastle
Sunderland
Nordirland
Carlisle
England
Bangor
Hartlepool

LEGENDE

Autobahn	Sehenswürdigkeit - Kultur
Schnellstraße	Sehenswürdigkeit
Fernstraße	Kirche, Kloster
Hauptstraße	Schloss
Nebenstraße	Schlossruine
Sonstige Straße	Museum
Fahrweg	Höhle
Eisenbahn	Windmühle
Flüsse	Leuchtturm
See	Aussichtspunkt
Bebauung	Flughafen
Natur-, Nationalpark	Wasserfall
Staatsgrenze	Skigebiet

HUBER
KARTOGRAPHIE

N

0 15 km

1 : 600.000

271

Islay
Bunnahabhai Distillery
Paps of Jura
Beinn an Oir
785
Sanaigmore
Port Askaig
Feolin Ferry
Craigh
Loch Gruinart
Iaggan Castle
848
Jura House
Kilchoman
Loch Indaal
Bridgend
Port Charlotte
Bowmore
847
846
Ardtalla
Laggan Bay
Portnahaven
Glenegedale
Kidalton Cross
Rinns Point
Kintra
Port Ellen
Ardbeg
Laphroaig Distillery
Lower Killeyan
Mull of Oa
Malin Head
Ballyhillin
Portaleen
Ballyliffin
Malin
Culdaff
Clonmany
Carndonagh
Gleneely
Rathlin Island
Benbane Head
Ballintoy
Inishowen Head
Fair Head
Drumfree
Slieve Snaght
615
Inishowen
Moville
Greencastle
Port-stewart
Bushmills
Ballycastle
Portrush
Downhill
Derrykeighan
Knocklayd
517
2
Buncrana
Articlave
Coleraine
Carrowkeel
Armoy
Rathmullan
Fahan
Macosquin
Dervock
Cushendun
Lough Foyle
Stranocum
Burnfoot
Muff
37
26
Drumdallagh
Antrim Mountains
Cushendall
Bridge End
Ringsend
Ballymoney
44
Limavady
Trostan
554
Derry
Eglinton
Ballykelly
Glenariff
Newtown Cunningham
Garvagh
Clogh Mills
Newtown-Crommelin
New Buildings
Roe
54
Rasharkin
Carnlough
St. Johnstown
Northern Ireland
43
Glenarm
Kilrea
Killymurris Presbyterian Church
Clogh
Dungiven
29
Bann
The Sheddings
Claudy
Feeny
6
Cullybackey
42
Foyle
Park
Upperlands
Greenlough Parish
Broughshane
Dunnamanagh
40
Lifford
Artigarvan
Portglenone
Ballymena
Mid-Antrim Museum
Strabane
Ballynamallaght
Maghera
Ahoghill
Moorfields
Kilwaughter
Clady
Sion Mills
Draperstown
Tobermore
Bellaghy
36
Cranagh
Lough Beg
Kells
Plumbridge
47
Desertmartin
Randalstown
Ballyclare
Slieve Gallion
529
Magherafelt
Toome
Ballynure
Newtown-stewart
Rousky
31
Doagh
Gortin
8
Owenkillew
Ballyronan
M22
Antrim
162
Moneymore
Templepatrick
Mountfield
Lough Neagh
Creggan
Cookstown
Coagh
Newport Trench
29
52
Crumlin
26
Newtown-abbey
Carrickmore
Pomeroy

272

270

Colintraive
Greenock
Port
Glasgow
Antonine Wall
Bearsden
Kirkintilloch
Kelvingrove Art Gallery and Museum
Glasgow Airport
Riverside Museum
GLASGOW
Coatb
Clydebank
Johnstone
Paisley
Rutherglen
Barrhead
Blantyre
Hamilton
East Kilbride
Larkha
Neilston
Loch Caolisport
Knapdale
Crinan Canal
Portavadie
Millhouse
Tarbert
Cretshengan
Kilberry Stones
Ardlamont Point
Rothesay
Innellan
Wemyss Bay
Skelmorlie
Clyde Muirshiel National Park
Great Cumbrae I.
Largs
Kilbirnie
Beith
Burnhouse
Lugton
Dunlop
Stewarton
Fenwick
Skipness
Skipness Point
Claonaig
Ardpatrick Point
Clachan
Millport
Kingarth
Fairlie
Garroch Head
Portencross
West Kilbride
Seamill
Dalry
Kilwinning
Corse Hill 376
Strathaven
Crossaig
Lochranza
Sound of Bute
Sound of Gigha
Tayinloan
Kilbrannan Sound
Pirnmill
Corrie
Arran
Ardrossan
Stevenston
Saltcoats
Irvine
Irvine Bay
Dean Castle
Galston
Drumclog
Irvine
Kilmarnock
Dundonald Castle
Bogend
Middleyard
Muirkirk Parish Church (The Church of Scotland)
Muirkirk
Glenbarr
MacAlister Clan Centre
Beinn an Tuirc 454
Dippen
Carradale
Brodick
Auchagallon
Stone Circle
Clauchlands Point
Lamlash
Holy Island
Troon
Mauchline
Catrine
Ayr
Tarbolton
Monkton
Prestwick
Glasgow Prestwick Airport
Saddell
Drumadoon Point
Black-waterfoot
Whiting Bay
Dippin
Firth of Clyde
Ayr
Trabboch
Auchinleck
Cumnock
Kilchenzie
Kilmory
Kildonan
Alloway
Robert Burns Birthplace Museum
Hollybush
Campbeltown
Stewarton
Cairn Table 511
Feochaig
Dunure
Maybole
Dalrymple
New Cumnock
Kirkconnel
Patna
Culzean Castle
Kirkoswald
Crossraguel Abbey
Doon
Dalmellington
Dalleagles
Southend
St. Columba's Footsteps
Turnberry
Straiton
Sanda Island
Dailly
Cairnsmore of Carsphairn 798
Ailsa Craig
Girvan
Craiglee 523
Loch Doon
Barr
Carsphairn
Galloway
Knowehead
Lendalfoot
Merrick 843
Bennane Head
Pinwherry
Knockdolian Castle
Barrhill
Forest
Ballantrae
Cree
St. John's Town of Dalry
Glenapp Castle Gardens
Glen Trool Lodge
New Galloway
Drumlamford House
Clatteringshaws Loch
Dee
Threave Castle
Milleur Point
Park
Parton
Corsewall Point
Kirkcolm
Cairnryan
Loch Ken
North Channel
Loch Ryan
Leswalt
Inner-messan
New Luce
Newton Stewart
Laurieston
Castle Kennedy
Glenluce Abbey
Kirkcowan
Threave Castle
Tunnel
Stranraer
Glenluce
Creetown
Rhinns of Galloway
Portpatrick
Dunragit
Torhouse Stone Circle
Cardoness Castle
Cairn Holy
Gatehouse of Fleet
Ringford
Dunskey Castle
Wigtown
Kirkcudb
Island Magee
Sandhead
Whauphill
Maclellan's C
Luce Bay
Mochrum
Garlieston
Borness
Ardwell House Gardens
Ardwell
Port William
Wigtown Bay
Whitehead
Logan Botanic Gardens
Whithorn
Belfast Lough
Carrickfergus
St. Ninian's Cave
Isle of Whithorn
Bangor
Copeland Island
Drummore
Burrow Head
Donaghadee
Mull of Galloway
Millisle

273
269

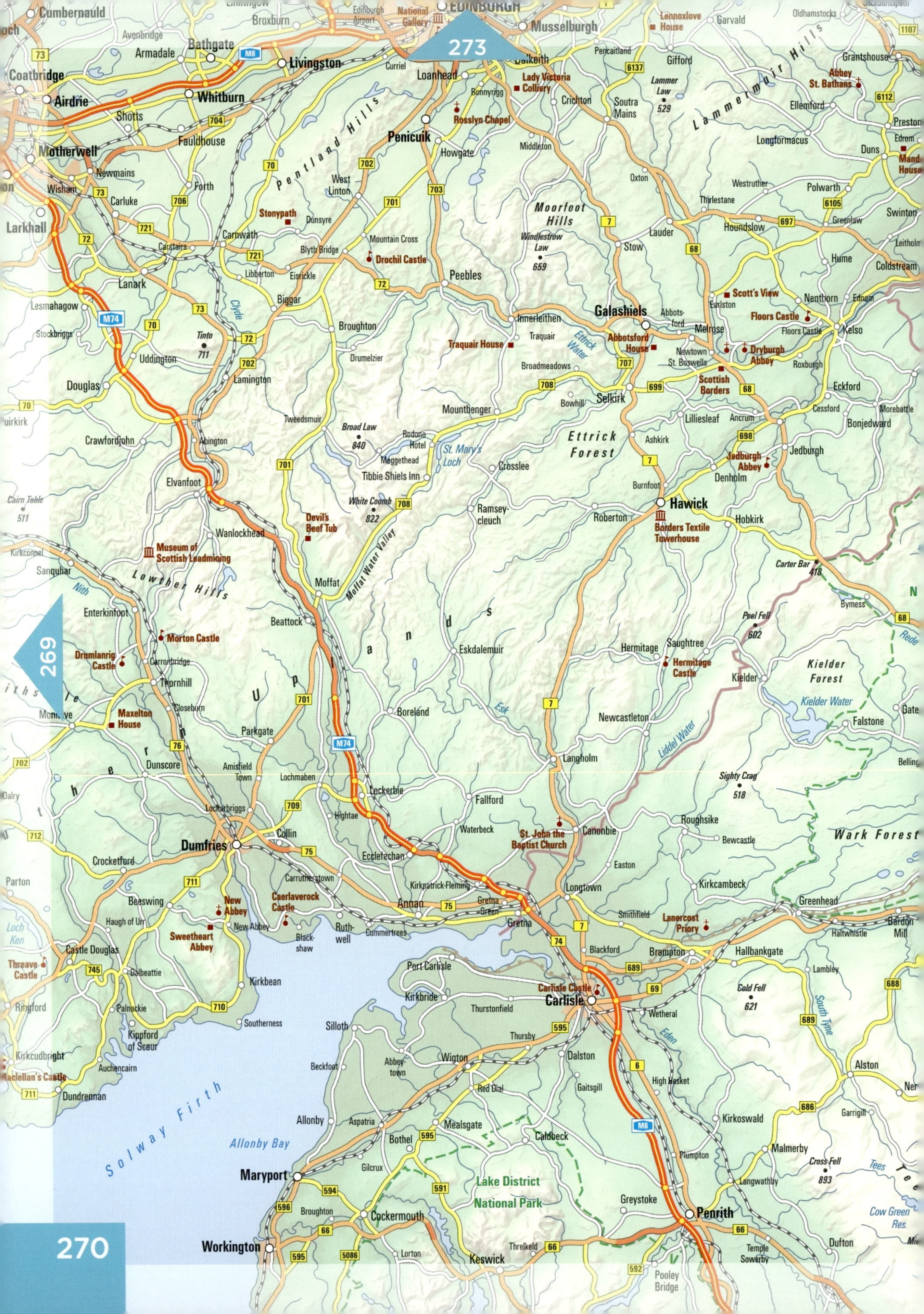
Cumbernauld
Broxburn
Edinburgh Airport
National Gallery
EDINBURGH
Musselburgh
Lennoxlove House
Garvald
Oldhamstocks
Avonbridge
Armadale
Bathgate
Livingston
Dalkeith
Pencaitland
Gifford
Grantshouse
Coatbridge
Airdrie
Whitburn
Curriel
Loanhead
Bonnyrigg
Lady Victoria Colliery
Crichton
Soutra Mains
Lammer Law 529
Lammermuir Hills
Abbey St. Bathans
Ellemford
Preston
Shotts
Fauldhouse
Penicuik
Rosslyn Chapel
Howgate
Middleton
Longformacus
Duns
Edrom
Manderston House
Motherwell
Newmains
Wishaw
Pentland Hills
Forth
West Linton
Oxton
Westruther
Polwarth
Larkhall
Carluke
Stonypath
Dunsyre
Moorfoot Hills
Thirlestane
Greenlaw
Swinton
Carnwath
Carstairs
Mountain Cross
Windlestraw Law 659
Lauder
Houndslow
Leitholm
Blyth Bridge
Drochil Castle
Stow
Hume
Coldstream
Lanark
Libberton
Elsrickle
Peebles
Scott's View
Nenthorn
Ednam
Lesmahagow
Biggar
Clyde
Innerleithen
Galashiels
Abbotsford
Earlston
Floors Castle
Stockbriggs
Tinto 711
Broughton
Traquair
Traquair House
Ettrick Water
Abbotsford House
Melrose
Newtown St. Boswells
Dryburgh Abbey
Kelso
Uddingston
Lamington
Drumelzier
Broadmeadows
Scottish Borders
Roxburgh
Douglas
Tweedsmuir
Mountbenger
Bowhill
Selkirk
Eckford
Cessford
Morebattle
Broad Law 840
Rodono Hotel
St. Mary's Loch
Lilliesleaf
Ancrum
Bonjedward
Crawfordjohn
Abington
Meggethead
Ettrick Forest
Ashkirk
Jedburgh Abbey
Jedburgh
Elvanfoot
Tibbie Shiels Inn
Crosslee
Burnfoot
Denholm
Cairn Table 511
White Coomb 822
Hawick
Ramseycleuch
Robertson
Borders Textile Towerhouse
Hobkirk
Devil's Beef Tub
Wanlockhead
Museum of Scottish Leadmining
Moffat Water Valley
Kirkconnel
Sanquhar
Carter Bar 418
Lowther Hills
Moffat
Nith
Enterkinfoot
Bymess
Beattock
Peel Fell 602
Rede
Eskdalemuir
Morton Castle
Hermitage
Saughtree
Drumlanrig Castle
Carronbridge
Hermitage Castle
Kielder
Kielder Forest
Thornhill
Closeburn
Boreland
Kielder Water
Moniaive
Maxelton House
Esk
Newcastleton
Falstone
Liddel Water
Parkgate
Langholm
Dunscore
Amisfield Town
Lochmaben
Sighty Crag 518
Lockerbie
Fallford
Locharbriggs
Hightae
Roughsike
Dumfries
Collin
Waterbeck
St. John the Baptist Church
Canonbie
Wark Forest
Bewcastle
Crocketford
Ecclefechan
Easton
Carrutherstown
Parton
Beeswing
New Abbey
Caerlaverock Castle
Kirkpatrick-Fleming
Annan
Longtown
Kirkcambeck
Greenhead
Gretna Green
Gretna
Haugh of Urr
Sweetheart Abbey
Ruthwell
Blackshaw
Cummertrees
Smithfield
Lanercost Priory
Bardon Mill
Haltwhistle
Loch Ken
Castle Douglas
Blackford
Brampton
Hallbankgate
Threave Castle
Dalbeattie
Kirkbean
Port Carlisle
Lambley
Carlisle Castle
Cold Fell 621
Ringford
Palnackie
Kirkbride
Thurstonfield
Carlisle
Wetheral
South Tyne
Kippford of Scaur
Southerness
Silloth
Thursby
Eden
Kirkcudbright
Auchencairn
Beckfoot
Abbeytown
Wigton
Dalston
Alston
Maclellan's Castle
Dundrennan
Red Dial
Gaitsgill
High Hesket
Solway Firth
Allonby
Aspatria
Mealsgate
Kirkoswald
Garrigill
Caldbeck
Allonby Bay
Bothel
Plumpton
Malmerby
Gilcrux
Cross Fell 893
Maryport
Lake District National Park
Langwathby
Tees
Greystoke
Penrith
Cow Green Res.
Broughton
Cockermouth
Workington
Lorton
Keswick
Threlkeld
Pooley Bridge
Temple Sowerby
Dufton
M8
M74
M6

275

Flora MacDonald's Birthplace
Daliburgh
Lochboisdale
Kilbride
Eriskay
Scurrival Point
Fuday
Cille Barra
Sound of Barra
Cuier
Hellisay
Barra
Castlebay
Kiessimul Castle
Vatersay
Sandray
Pabbay
Mingulay
Bemeray
Barra Head
Hebridensee
Inner Hebrides
Minginish
Cuillin Hills
Luib
850
Broadford
Glenbrittle House
Sgurr Alasdair
993
Torrin
Loch Scavaig
Elgol
Loch Slapin
Soay
Prince Charles' Cave
Canna
Magnetic Hill
Sanday
Sound of Canna
Kinloch Castle
Armadal
Aird of Sleat
Point of Sleat
Rhum
Askival
812
Sound of Rhum
Cleadale
Eigg
Muck
Point of Ardnamurchan
Ockle
Achosnich
Ardnamurchan
Kilchoan
Glenborrodale
Sorisdale
Arnabost
Ballyhaugh
Arinagour
Arileod
Coll
Caliach Point
Tobermory
292
Calgary
Dervaig
Achleck
Mull
Salen
Clachan Mór
Caoles
Tiree
Scarinish
Barrapoll
Crossapoll
Treshnish Isles
Loch Tuath
Gometra
Fingal's Cave
Staffa
Ulva
Inchkenneth Chapel
Balnahard
Ben More
967
Loch na Keal
Ardmeanach
The Burgh
Iona Abbey
Baile Mór
Iona
Fionnphort
849
Bunessan
Carsaig
Loch Buie
Sound of Iona
Ross of Mull
Carsaig Arches
Erraid
Firth of Lorn
Klioran Gardens
Colonsay
Scalasaig
Jura
Oronsay
Rubha a'mhail

272

268

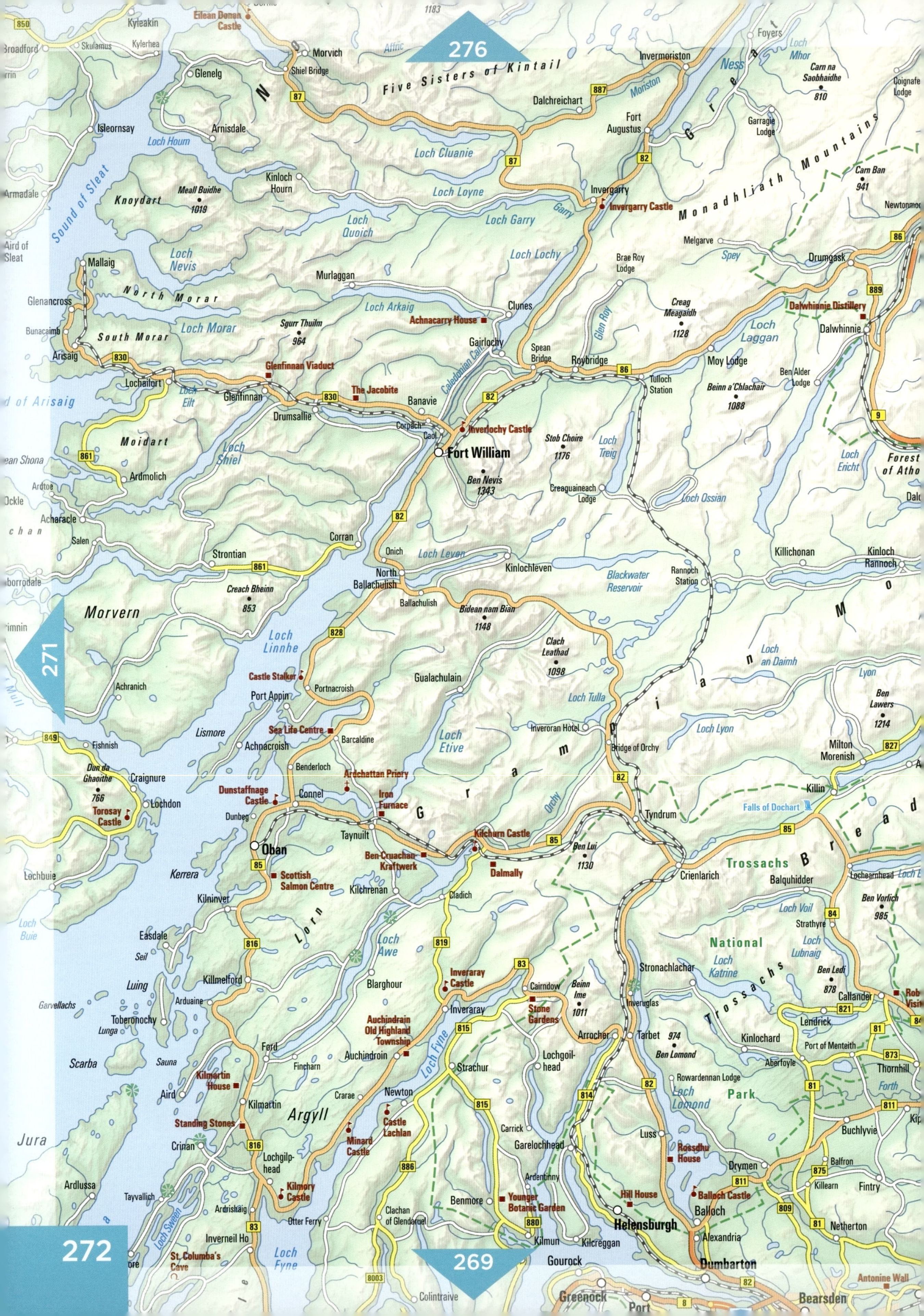

276
271
269
Eilean Donan Castle
Kyleakin
Kylerhea
Skulamus
Broadford
Morvich
Shiel Bridge
Glenelg
Five Sisters of Kintail
Invermoriston
Foyers
Loch Mhor
Carn na Saobhaidhe
810
Ness
Dalchreichart
Monston
Fort Augustus
Garragie Lodge
Isleornsay
Arnisdale
Loch Hourn
Loch Cluanie
Kinloch Hourn
Knoydart
Meall Buidhe
1019
Sound of Sleat
Armadale
Loch Loyne
Invergarry
Invergarry Castle
Loch Garry
Garry
Monadhliath Mountains
Carn Ban
941
Newtonmore
Loch Quoich
Loch Nevis
Aird of Sleat
Mallaig
Loch Lochy
Melgarve
Spey
Drumgask
Brae Roy Lodge
Murlaggan
North Morar
Glenancross
Loch Arkaig
Clunes
Creag Meagaidh
1128
Dalwhinnie Distillery
Dalwhinnie
Loch Laggan
Bunacaimb
South Morar
Loch Morar
Sgurr Thuilm
964
Achnacarry House
Glen Roy
Arisaig
Gairlochy
Spean Bridge
Roybridge
Moy Lodge
Ben Alder Lodge
Glenfinnan Viaduct
Caledonian Canal
Tulloch Station
Beinn a'Chlachair
1088
Lochailort
Loch Eilt
Glenfinnan
The Jacobite
Banavie
Drumsallie
Corpach
Caol
Inverlochy Castle
Fort William
Stob Choire
1176
Loch Treig
Loch Ericht
Forest of Atholl
Moidart
Loch Shiel
Ben Nevis
1343
Ardmolich
Ardtoe
Creaguaineach Lodge
Loch Ossian
Acharacle
Salen
Corran
Onich
Loch Leven
Kinlochleven
Killichonan
Kinloch Rannoch
Strontian
North Ballachulish
Ballachulish
Blackwater Reservoir
Rannoch Station
Morvern
Creach Bheinn
853
Bidean nam Bian
1148
Loch Linnhe
Clach Leathad
1098
Loch an Daimh
Lyon
Castle Stalker
Portnacroish
Port Appin
Gualachulain
Loch Tulla
Ben Lawers
1214
Achranich
Lismore
Sea Life Centre
Barcaldine
Loch Etive
Inveroran Hotel
Bridge of Orchy
Loch Lyon
Fishnish
Achnacroish
Milton Morenish
Dun da Ghaoithe
766
Craignure
Benderloch
Ardchattan Priory
Killin
Falls of Dochart
Torosay Castle
Lochdon
Dunstaffnage Castle
Connel
Iron Furnace
Dunbeg
Oban
Taynuilt
Kilchurn Castle
Tyndrum
Orchy
Ben Lui
1130
Grampian Mountains
Breadalbane
Lochbuie
Kerrera
Scottish Salmon Centre
Ben Cruachan Kraftwerk
Dalmally
Crianlarich
Trossachs
Balquhidder
Lochearnhead
Loch Earn
Kilninver
Kilchrenan
Cladich
Loch Buie
Easdale
Seil
Lorn
Loch Awe
Loch Voil
Strathyre
Ben Vorlich
985
National
Loch Lubnaig
Luing
Killmelford
Blarghour
Inveraray Castle
Cairndow
Beinn Ime
1011
Stronachlachar
Loch Katrine
Ben Ledi
878
Callander
Garvellachs
Arduaine
Toberonochy
Lunga
Inveraray
Stone Gardens
Inveruglas
Trossachs
Lendrick
Auchindrain Old Highland Township
Arrochar
Tarbet
974
Ben Lomond
Kinlochard
Port of Menteith
Scarba
Sauna
Ford
Fincharn
Auchindrain
Loch Fyne
Strachur
Lochgoilhead
Aberfoyle
Thornhill
Kilmartin House
Rowardennan Lodge
Aird
Crarae
Newton
Loch Lomond
Park
Forth
Kilmartin
Standing Stones
Argyll
Castle Lachlan
Carrick
Luss
Buchlyvie
Jura
Crinan
Minard Castle
Garelochhead
Rossdhu House
Drymen
Lochgilphead
Ardentinny
Balfron
Ardlussa
Kilmory Castle
Benmore
Younger Botanic Garden
Hill House
Balloch Castle
Killearn
Fintry
Tayvallich
Ardrishaig
Clachan of Glendaruel
Helensburgh
Balloch
Loch Sween
Otter Ferry
Kilmun
Kilcreggan
Alexandria
Netherton
Inverneil Ho
Gourock
Dumbarton
St. Columba's Cave
Loch Fyne
Antonine Wall
Colintraive
Greenock
Port
Bearsden
1183
850
87
887
82
86
889
830
861
9
828
849
827
85
816
819
83
815
821
81
873
814
811
886
875
809
880
8003
8
84

277
274
270
Cairngorm
National Park
Braemar
Carrbridge
Tomintoul
Carn Mór 804
Mossat
Kildrummy Castle
Kintore
Kemnay
Aberdeen International Airport
Aviemore
Inverdruie
Glenmore Lodge
Loch Morlich
Cairn Gorm 1245
Loch an Eilean
Kincraig
Feshie
Ben Macdui 1309
Beinn Bhrotain 1157
Glenfeshie Lodge
Colnabaichin
Corgarff Castle
Gairnshiel Lodge
Crathie Church
Crathie
Royal Deeside
Balmoral Castle
Royal Lochnagar Distillery
Braemar Castle
Braemar
Dee
Linn of Dee
Inverey
Clunie Water
Lochnagar 1155
Loch Muick
Ballater
Glenkindie
Morven 872
Tarland
Dinnet
Aboyne
Craigievar Castle
Tillyfourie
Castle Fraser
Dunecht
Blackburn
Westhill
Echt
Midmar Castle
Torphins
Peterculter
Bieldside
Kirkton of Maryculter
Crathes Castle
Crathes
Banchory
Strachan
Bridge of Muchalls
Kerloch 535
Stonehaven
Mount Keen 939
Auchronie
Tarfside
Cairncross
Loch Lee
Fordoun
Fasque House
Fettercairn
Hill of Wirren 403
Laurencekirk
Inverbervie
Todhead
Johnshaven
Clova
Rottal
Edzell
Marykirk
Lochside
Tigerton
Brechin
House of Dun
Montrose
Boddin Point
Lunan
Lunan Bay
Red Head
Redcastle
Auchmithie
Arbroath Abbey
Arbroath
An Sgarsoch 1006
Beinn Dearg 1008
Glas Maol 1068
Glen Shee
Beinn a'Ghlo
Beinn a Ghlo 1120
Grampians
Auchavan
Mt. Blair 744
Glen Clova
Blacklunans
Dykends
Dykehead
Finavon
Finavon Castle
Kirriemuir
Kirkton of Kingoldrum
Forfar
Letham
Friockheim
Glamis Castle
Glamis
Kirkbuddo
Kellie Castle
Blair Castle
Blair Atholl
Killicrankie
Queen's View
Blair Atholl Distillery
Tressait
Loch Tummel
Pitlochry
Enochdu
Kirkmichael
Netherton
Gorge of the Ericht
Alyth
Ballinluig
Castle Menzies
Aberfeldy
Ardle
Blairgowrie
Rattray
Meigle
Kenmore
Dunkeld
Coupar Angus
Gallow Hill 455
Balgray
Milton
Meikleour
Burrelton
Sidlaw Hills
Muirhead
Dundee
Claypotts Castle
Carnoustie
Monifieth
Broughty Ferry
Bankfoot
Tay
Stanley
Inchture
V&A Dundee
Tayport
Newport-on-Tay
Almond
Scone Palace
Balbeggie
Buchanty
Methven
Fowlis Wester
The Black Watch Castle & Museum
Perth
Elcho Castle
Errol
Balmerino
Leuchars
Earlshall Castle
St Andrews Bay
Crieff
Innerpeffray Library
Drummond Castle Gardens
Kinkell Bridge
Lindores Abbey
Newburgh
Dairsie or Osnaburgh
Cupar
St Andrew's
East Neuk
Muthill
Bridge of Earn
Auchterarder
Dunning
Auchtermuchty
Pitscottie
Hill of Tarvit
Kingdom of Fife
Fife Ness
Crail
Braco
Roman Fort
Greenloaning
Ladybank
Largoward
Kellie Castle
Falkland
Kirkton of Largo
Anstruther
Pittenweem
St. Monance
Ochil Hills
Glendevon
Loch Leven
Kinross
Glenrothes
Leven
Methil
Earlsferry
Isle of May
Dunblane
Yetts o'Muckhart
Bridge of Allan
Alva
Dollar
Tillicoultry
Ballingry
Buckhaven
Kelty
Lochgelly
Firth of Forth
Stirling Castle
Stirling
Alloa
Cowdenbeath
Kirkcaldy
Cowie
Airth
Culross
Dunfermline
Burntisland
North Berwick
Auldhame
Tyne Mouth
Gullane
Dirleton
Whitekirk
Aberdour
Inverkeithing
Aberlady Bay
Aberlady
Drem
Dunbar
Denny
Larbert
Grangemouth
Bo'ness
Forth Road Bridge
Forth Bridge
Hopetoun House
National Gallery of Modern Art
National Museum of Scotland
Longniddry
Museum of Flight
Hailes Castle
Pitcox
Falkirk
Tranent
Haddington
Cumbernauld
Linlithgow
Edinburgh Airport
National Gallery
Cathedral
Edinburgh Castle
Musselburgh
Lennoxlove House
Garvald
Oldhamstocks
Broxburn
Avonbridge
Bathgate
M9
M80

277
Branderburgh
Lossiemouth
Spey Bay
Findochty
Portknockie
Cullen
Portsoy
Buckie
Spey Bay
Elgin
Mosstodloch
Fochabers
Broadley
Kirktown of Deskford
Fordyce
Banff
Macduff
Duff House
Troup Head
Crovie
Gardenstown
Pennan
Rosehearty
Fraserburgh
Mid Ardlaw
St. Combs
Strathbeg Bay
Rathen
Ladysford
Rattray Head
Strichen
New Pitsligo
Craigston Castle
Gordonstown
Strathisla Distillery
Farmtown
Aberchirder
Turriff
Cuminestown
Denhead
Deer Abbey
Mintlaw
Old Deer
Peterhead
Delgatie Castle
New Deer
Rothes
Keith
Glen Grant Distillery
Craigellachie
Bogniebrae
Boddam
Upper Knockando
Cardhu Distillery
Glenfiddich Distillery
Huntly
Huntly Castle
Badenscoth
Fyvie Castle
Auchnagatt
Bullers of Buchan
Torry
Fyvie
Methlick
Cruden Bay
Slains Castle
Marypark
Glenfarclas Distillery
Dufftown
Auchindoun Castle
Bogie
Rothienorman
Haddo House
Toll of Birness
Kirkton of Culsalmond
Ellon
Tolquhon Castle
Pitmedden Garden
Drumin
Glenlivet Distillery
Insch
Oldmeldrum
Pitmedden
Newburgh
Cabrach
Rhynie
Leith Hall
Don
Bennachie
528
Inverurie
Kinkell Church
Newmachar
Mossat
Balmedie
Tomintoul
Carn Mór
804
Kildrummy Castle
Howe of Alford
Kemnay
Kintore
Aberdeen International Airport
Dyce
Denmore
Glenkindie
Tillyfourie
Castle Fraser
Dunecht
Blackburn
Bridge of Don
Colnabaichin
Craigievar Castle
Westhill
Aberdeen
Corgarff Castle
Echt
Girdle Ness
Midmar Castle
Bieldside
Gairnshiel Lodge
Morven
872
Tarland
Torphins
Peterculter
Kirkton of Maryculter
Crathes Castle
Dinnet
Aboyne
Crathie Church
Crathie
Crathes
Banchory
Cammachmore
Royal Deeside
Ballater
Royal Lochnagar Distillery
Balmoral Castle
Strachan
Muchalls Castle
Bridge of Muchalls
Kerloch
535
Stonehaven
Dunnottar Castle
Lochnagar
1155
Mount Keen
939
273
Auchronie
Tarfside
Cairncross
Loch Muick
Loch Lee
Fordoun
Todhead Point
Glas Maol
1068
Fasque House
Fettercairn
Clova
Hill of Wirren
403
Laurencekirk
Inverbervie
Auchavan
Rottal
Edzell
Johnshaven
Glen Clova
Tigerton
Marykirk
Lochside
Mt. Blair
744
Brechin
House of Dun
Dykehead
Finavon
Montrose
Dykends
Kirriemuir
Boddin Point
Kirkton of Kingoldrum
Friockheim
Lunan
Lunan Bay
273

Butt of Lewis
Church of St. Moluag
Port of Ness
857
Shader
Barvas
Arnol
Lewis
North Tolsta
Tolsta Head
858
Garenin
Carloway
Gallan Head
Loch Roag
Back
Broad Bay
Upper Coll
Beinn Mholach 291
Tiumpan Head
Portnaguran
Stornoway
866
Miavaig
Ulig Sands
Breasclete
Callanish
Garynahine
Eye Peninsula
Achmore
Leurbost
Crossbost
Brenish
Laival a Tuath 495
859
Ballalan
Kintarvie
Scarp
Loch Langavat
Lemreway
Hushinish
Gasker
Clisham 799
Loch Seaforth
West Loch Tarbert
Sound of Shiant
276
Tarbert
Taransay
Shiant Islands
Sound of Taransay
Scalpaigh
Toe Head
Harris
Borve
Grosebay
Cluer
Northon
Pabbay
St. Clement's Church
Ensay
Berneray
Rodel
Killegray
Renish Point
Boreray
Sound of Harris
Eilean Trodday
Rubha Hunish
Newtonferry
Kilmaluag
Zilmuir
Museum of Island Life
Flora MacDonald's Tomb
Trumisgarry
Tigharry
North Uist
Kilmuir
Weaver's Point
Waternish Point
Loch Snizort
Staffin
Lochmaddy
Elishade
Sound of Monach
Uig
Kirkibost Is.
Trinity Temple
Earlish
Dunvegan Head
Trumpan
Trotternish
Island of Rona
Samala
Grimsay
Eaval 347
Monach Islands
Baleshare
Carinish
Isay
Stein
Uachdar
Giant Angus MacAskill Museum
The Storr 719
Old Man of Storr
856
Nunton
Ronay
850
Boreraig
Sound of Raasay
Edinbane
Benbecula
Milovaig
Colbost
Dunvegan Castle
Borve
Brochel
Folk Museum
Creagorry
Dunvegan
Roskhill
Isle of
Raasay
Ardivachar Point
Wiay
Aros Experience
Portree
Ramasaig
Loch Druidibeg
Our Lady of the Isles
Bracadale
Camastianavaig
Duinnish
Loch Bracadale
Skye
Clachan
Lochskipport
863
Idrigill Point
Wiay
Howmore
Peinchorran
Drynoch
Fiskavaig
South Uist
Beinn Mhor 620
271
Talisker Distillery
Merkadale
275
Flora MacDonald's Birthplace
Minginish
Cuillin Hills

Clo Mor Cliffs
Faraid Head
Sango Bay
Whiten Head
Torrisdale Bay
Eilean nan Ròn
Balnakeil Church
Durness
Smoo Cave
Midfield
Bettyhill
Loch Hope
838
Tongue
Eriboll
Naver
Kinlochbervie
Rhiconich
Ben Hope 927
Loch Loyal
Handa Island
Laxford Bridge
Dun Dornaigil Broch
Alltnacaillich
Dalvina Lodge
Rosail Clearance Village
Scourie
Loch Stack
Eddrachillis Bay
North Coast 500
Reay Forest
Oldany Island
Kinloch
Altnaharra
Loch Naver
Loch nan Clàr
Old Man of Stoer
Drumbeg
Kylestrome
894
Culkein
Newton
Ben Klibreck 962
Loch Choire Lodge
The Minch
Eas a Chual Aluinn
837
Skiag Bridge
Ardvreck Castle
Crask Inn
Achmelvich
Loch Assynt
Ben More Assynt 998
Lochinver
Inchnadamph
Rubha Réidh
Duchally
Loch Shin
Reiff
Cul Mòr 849
Elphin
Ledmore
Brora
Dalchork
Achiltibuie
Inverpolly Nature Reserve
Lairg
839
Summer Isles
Culnacraig
Drumrunie
Oykel
Invercassley
Loch Broom
Strath Kanaird
Falls of Shin
Priest Island
Isle Martin
835
Oykel Bridge
Kyle
Inveran
Gruinard Bay
Culrain
836
Rubha Mòr
Badluarach
Ullapool
East Rhidorroch
Skibo Castle
Bonar Bridge
Ardgay
Rua Rheidt Lighthouse
Mellon Charles
Badcaul
Blarnalearoch
Tighnafiline
Loch Ewe
Ardessie Falls
Dundonnell
Ardcharnich
Fearn Lodge
Melvaig
Midtown
An Teallach 1062
Lael Forest Garden
Beinn Dearg 1081
Deanich Lodge
Edderton
Longa Island
Tournaig
Highland
Big Sand
Poolewe
Fionn Loch
Kildermorie Lodge
Easter Ross
Gairloch
Gairloch Museum
Corrishalloch Gorge
Loch Vaich
Loch Gairloch
Kerrysdale
Loch Maree
Sgurr Mòr 1109
Dalnavie
Wyvis Lodge
Alness
Redpoint
Victoria Falls
Wester Ross
Ben Wyvis 1046
Eileanach Lodge
Loch Fannich
Cromarty Firth
Loch Torridon
Beinn Eighe National Nature Reserve
Black Water Falls
Achanalt
Gorstan
Black Isle
Lower Diabaig
Kinlochewe
Dingwall
862
Fearnmore
Achnasheen
Strathpeffer
834
Fortrose
Liathach 1053
896
Milton
Contin
Conon Bridge
Avoch
Shieldaig
Torridon
Scardroy
Meig
Marybank
Tore
890
Wester Ross
Applecross
Torridon Hills
Muir of Ord
North Kessock
Beauly Priory
Beauly
Beauly Firth
Inner Sound
Lair
Kilmorack
Inverness
Applecross
Loch Monar
Sgurr a'Choire Ghlais 992
831
Inverness Museum and Art Gallery
Lochcarron
Strathcarron
Struy
82
Daviot
Ardarroch
Attadale House
Farrar
833
Toscaig
Crowlin Islands
Loch Carron
Sgurr na Lapaich 1150
Glen
Loch Ness Monster Centre
Dores
Plockton
Stromeferry
Cannich
Milton
Loch Duntelchaig
Duirinish
Erbusaig
Cannich
Fasnakyle Church
Drumnadrochit
Carnach
Loch Mullardoch
Affric
Urquhart Castle
Tomich
Dornie
Eilean Donan Castle
Kyleakin
Kylerhea
Foyers

275

272

278
273
274
Sinclair's Bay
Moray Firth
Spey Bay
Dornoch Firth
John O'Groat's
Stacks of Duncansby
St. Mary's Chapel
Scrabster
Dunnet
Castletown
Thurso
Buldoo
Portskerra
Melvich
Reay
Halkirk
Roadside
Calder Mains
Kirk
Keiss
Noss Head
Castle Girnigoe and Sinclair
Dalhaivaig
Halladale R.
Olgrinmore
Thurso
Watten
Mybster
Wick
Castle of Old Wick
Westerdale
Altnabreac Station
Dirlot Castle
Grey Cairns of Camster
Thrumster
Forsinard
Achavanich
Hill o' Many Stones
Ulbster
Dalnawillan Lodge
Whaligoe
Glutt Lodge
Lybster
Clann Gunn Museum
Latheron
Kinbrace
Braemore
Morven
705
Dunbeath
Kildonan Lodge
Berriedale
Langwell Gardens
Helmsdale
Timespan
Helmsdale
Lothmore
Brora
Clinelish Distillery
Dunrobin Castle
Littleferry
Tarbat Ness
Portmahomack
Fearn Station
Balintore
Branderburgh
Lossiemouth
Burghead
Duffus Castle
Findhorn
Kinloss
Elgin
Spey Bay
Buckie
Findochty
Portknockie
Cullen
Portsoy
Banff
Macduff
Troup Head
Crovie
Pennan
Rosehearty
Gardenstown
Ladysford
Mosstodloch
Broadley
Kirktown of Deskford
Fordyce
Duff House
Whiteness Head
Nairn
Brodie Castle
Forres
Dallas Dhu Distillery
Fochabers
Strathisla Distillery
Gordonstown
Aberchirder
Turriff
Craigston Castle
New Pitsligo
Dallas
Farmtown
Keith
Cuminestown
Delgatie Castle
Clephanton
Cawdor Castle
Croy
Findhorn
Rothes
Glen Grant Distillery
Bogniebrae
New Deer
Craigellachie
Ferness
Upper Knockando
Tamdhu Distillery
Cardhu Distillery
Glenfiddich Distillery
Huntly
Huntly Castle
Badenscoth
Fyvie Castle
Fyvie
Methlick
Torry
Marypark
Glenfarclas Distillery
Dufftown
Auchindoun Castle
Rothienorman
Haddo House
Lochindorb
Bogie
Kirkton of Culsalmond
Tolquhon Castle
Spey
Drumin
Insch
Oldmeldrum
Carn Glaschoire
659
Tomatin Distillery
Glenlivet Distillery
Cabrach
Rhynie
Leith Hall
Don
Pitmedden
Duthil
Grantown-on-Spey
Bennachie
528
Inverurie
Carrbridge
Tomintoul
Carn Mòr
Mossat
Kildrummy Castle
Howe of Alford
Kemnay
836
9
882
895
941
96
98
97
947
95
939
940
920
938
944
950
981

279

Orkneyinseln
Mull Head
Papa Westray
Noup Head
Knap of Howar
Noltland Castle
Pierowall
Westray
Midbea
Rapness
The North Sound
Scar
Northwall
Westray Firth
Carrick Ho
Kettletoft
Braeswick
Roosay
Wasbister
St. Magnus's Church
Sanday Sound
Backaland
Brough of Birsay
Brough Head
Broch of Gurness
Brinyan
Whitehall
The Barony
Georth
Aith
Stronsay
Twatt
Mainland
Sandwick
Tingwall
Rothiesholm
Dounby
Edmonstone
Shapinsay
Skara Brae
Aith
Balfour
Auskerry
Loch of Harray
Sandgarth
Yesnaby
Maes Howe
Shapinsay Sound
Ring of Brogar
Finstown
Kirkwall
Mull Head
Stromness
Round Church
Gritley
Orphin
Houton
Linksness
Italian Chapel
Copinsay
Ward Hill 481
St. Mary's
Scapa Flow
Cava
St. John's Head
Hoy
Fara
Burray
Lyness
St. Margaret's Hope
Bow
South Ronaldsay
961
Melsetter
Longhope
South Walls
Tomb of the Eagles
Swona
Burwick
Pentland Firth
Stroma
Muckle Skerry
Dunnet Head
Castle of Mey
Scarfskerry
Huna
Duncansby Head
Dunnet Bay
836
Mey
John O'Groat's
Dunnet
John O'Groat's
St. Mary's Chapel
Scrabster
Stacks of Duncansby
North Coast 500
Totegan
836
Thurso
Castletown
Freswick
Eilean nan Ròn
Buldoo
Portskerra
Melvich
Reay
Nybster
Strathnaver Museum
Roadside
Sinclair's Bay
Halkirk
Kirk
Calder Mains
9
Noss Head
Keiss
Castle Girnigoe and Sinclair
Halladale R.
Naver
Dalhaivaig
Olgrinmore
Thurso
Watten
882
Mybster
Wick
Castle of Old Wick
Westerdale
895
Altnabreac Station
Dirlot Castle
Grey Cairns of Camster
Thrumster
Forsinard
9
Achavanich
Ulbster
Hill o' Many Stones
Dalnawillan
Whaligoe
Glutt Lodge
Lybster
Clann Gunn Museum

276

277

Herma Ness
Burrafirth
Norwick
Haroldswick
Unst
Baltasound
Uyeasound
Muness Castle
Cullivoe
Yell
Belmont
Gutcher
Uyea
Point of Fethaland
Yell Sound
Lumbister Reserve
Hascosay
Brough Lodge
Fetlar
Houbie
Funzie
North Roe
Mid Yell
West Sandwick
North Roe
Colgrave Sound
Ronas Hill
449
Otterswick
Ollaberry
Tangwick Haa Museum
Stenness
Gate of Giants
Burravoe
Ulsta
Old Haa
Hillswick
Toft
Laxobigging
Saint Magnus Bay
Out Skerries
Hamnavoe
Skaw
Brae
Busta House
Muckle Roe
Laxo
Vidlin
Whalsay
Papa Stour
Hillside
Vementry
Voe
Symbister
West Burrafirth
Neap
Melby Ho
Brettabister
Bridge of Walls
Erne's Stack
Bixter
Mainland
Dale
Tresta
Walls
Vaila
Culswick
Veensgarth
The Deeps
Heogan
Bressay
Shetland Museum & Archives
Vaila
Ham
Lerwick
Scalloway
Isle of Noss
Scalloway Castle
Kirkabister
Shetland Islands
Okneyman's Cave
Hamnavoe
Quarff
Bard Head
West Burra
Royl Field
293
Mousa
Mousa Broch
Sandwick
Cliff Sound
Levenwick
St. Ninran's Isle Church
Skelberry
Croft House Museum
Toab
Fitful Head
Grutness
Jarlshof
Sumburgh Head
Stonybreck

Abendliche Idylle am Loch – auch Romantikern hat Schottland eine Menge zu bieten.

REGISTER

A

Abbeys Cycle Route 50
Abbotsford 52
Aberdeen 188, 198 f., 204, 216, 218 f., 251
Ailsa Craig 78
Anstruther 237
Applecross 148 f., 167
Arbroath Abbey 231
Armadale 143
Arnol 154 f.
Arran 76, 78, 88 ff.

B

Balmoral Castle 33, 35, 156, 179, 199, 219, 223, 227
Barra 108, 154, 159 ff.
Bass Rock 40, 43, 123
Beauly Firth 148, 162, 186, 189, 190
Beinn Eighe 167
Ben Lawers 84 f.
Ben Nevis 130 f., 163, 198, 204
Black Isle 186 ff., 190
Blair Castle 194 f.
Boddam 215
Bonnie Prince Charlie 53, 55, 133, 136, 158
Bowmore 93
Braemar 157, 194 f., 199, 222 f., 227
Braemar Gathering 157
Brodick 88 f.
Brodick Castle 88
Burghead 209
Burns, Robert 32, 54 f., 98, 100
Butter Bridge 83

C

Cairnbaan 107
Caledonian Canal 130 ff., 148, 162 f., 191
Cape Wrath 174, 178
Carsaig 111, 114
Castle Fraser 226
Castle of Mey 179
Castle of Old Wick 192
Castle Stalker 128 f.
Castle Trail 226
Chanonry Point 187
Coldstream 65
Connel Bridge 125
Corgarff Castle 227
Corsewall Point 60, 62
Craigellachie 204 f.
Craigellachie Cooperage 204 f.
Craigievar Castle 227
Crail 237
Crinan Canal 106 f.
Cromarty 186, 188
Cromarty Firth 186
Cromwell 221, 245
Crossmichael 64
Crovie 206, 211
Cullen 209
Culloden Battlefield 185
Culross 238
Culzean Castle 79

D

Defoe, Daniel 70
Dickens, Charles 118
Dornoch 184 f.
Dornoch Firth 184 f.
Dryburgh Abbey 50 f.
Duart Castle 129
Duff House 227
Dumfries 36, 54 f., 57, 64, 122, 159
Dunardry 107
Dunbar 40, 42
Duncansby Head 178 f.
Dundee 46, 221, 230 ff.

Alte Fischerhäuser im Hafen von Port Logan. Ploughman Pub in Wigtown. Die großen Ketten haben die kleinen Geschäfte noch nicht verdrängt. Blumenboot in Pittenweem. Auch Wein wird in Schottland gern getrunken. Hummer und Krebse gehören zu den schottischen Delikatessen. (v.l.n.r.).

Stirling Castle liegt prominent auf dem Burgberg oberhalb des Stadtzentrums.

Dunfermline 52, 239
Dunnottar Castle 220 f., 226
Dunrobin Castle 185, 192 f.
Durness 174, 176 f.

E
Earlsferry 236
Edinburgh 25 f., 28, 30 ff., 33 ff., 38 f., 42, 46, 52, 55, 65, 92, 137, 164, 176, 202, 214, 244, 251, 254
Edinburgh International Festival 32
  Dean Village 39
  Royal Mile 28, 31 f., 39
  Scottish National Gallery 32 f.
  Zoo 35
Eilean Donan Castle 134, 135
Elgin 206, 208 f.
Elie 236
Eriskay 154, 159

F
Falkirk Wheel 48 f.
Falkland Palace 239
Ferness 212
Fife 230, 234, 236 ff.
Fife Coastal Path 236 f.
Findhorn 208
Fionnphort 110 ff.
Firth of Clyde 76, 78 f., 88, 90, 106, 252
Firth of Forth 40, 42 f., 46, 88, 123, 234, 236, 238
Flora MacDonald 144 f.
Fort Augustus 136 f., 162
Fort William 129 ff., 132, 155, 163, 250
Forth Bridge 47, 125
Fraserburgh 214, 219, 251

G
Gairloch 163 f., 166
Galashiels 51
Gardenstown 210
Gigha 94 f.,
Glamis Castle 85, 189, 228, 230
Glasgow 12, 25, 38, 49, 58, 66, 68, 70 ff., 73 ff., 77 f., 80, 82, 106, 132, 238, 246
  Celtic Connections 75
  Gallery of Modern Art 33, 71
  Royal Concert Hall 74 f.
  Willow Tea Rooms 74
  Sauchiehall Street 74 f.
Glen Affric 191
Glen Cannich 190
Glen Coe 116, 118 f., 130
Glen Etive 119
Glen Orchy 124 f., 179
Glen Shiel 134, 136 f.
Glenfinnan 119, 130, 132 f.
Grafschaft Angus 228, 230
Grampian Mountains 198
Gruinard Bay 168, 170

H
Harry Potter 33, 119, 132
Helensburgh 73f.
Highland Games 25, 157, 194 f., 222 f.
Hopetoun 42, 49

I
Inverewe Gardens 172 f.
Inveraray 104 f.
Inverness 71, 85, 123, 125, 130, 155, 162, 187, 189, 191 f., 250,
Iona 108, 110 f., 113 f., 142, 191
Islay 90, 93, 95, 108, 114, 187, 200, 203
Isle of Bute 77
Isle of Lismore 129
Isle of Whithorn 56 f., 186

J
Jedburgh 50 f.
John o'Groats 178
Jura 93 ff., 106, 114, 122, 203

K
Kelso 50 f.
Kilmuir 144 f.
Kingussie 122, 199, 205
Kinnaird Head Lighthouse 214
Kintyre 76, 89 f., 92 ff., 95, 104 ff., 108, 201
  Skipness Castle 92

REGISTER

St Brendan's Chapel 92
Tarbert 93, 95, 104 f., 155
Kirkcudbright 58 f.

L
Leith 38
Lewis and Harris 152, 154, 170
Linlithgow Castle 36, 40 f., 52
Little Loch Broom 168, 170
Loch Assynt 166, 171
Loch Awe 124 f., 137
Loch Carron 146, 148 f.
Loch Duich 136 f.,
Loch Ewe 164, 166, 168, 172 f.
Loch Fyne 104 ff.
Loch Inver 171
Loch Ken 64
Loch Leven 37, 118 f., 239
Loch Linnhe 118 f., 125, 128 ff., 148, 163
Loch Lomond 82 f., 137, 191
Loch Maddy 158
Loch Maree 164, 166 f.,
Loch Morar 137, 191
Loch Ness 128, 137, 162 f., 190 f.
Loch Ryan 60,62
Loch Shiel 133
Loch Shieldaig 147 f.
Loch Spey 204
Loch Tay 84 f.
Loch Torridon 147 ff., 167
Loch Tummel 195
Lochgilphead 104
Lossiemouth 209
Lothian, East und West 40
Lower Diabaig 145
Luce Bay 60, 63
Lunan Bay 220 f.

M
MacAllan Distillery 205
Macbeth 110, 189, 206, 228
Mackintosh, Charles R. 68, 72 ff., 233
Mallaig 132 f., 143
Melrose 43, 51 f.
Moffat 81
Morar 133, 137, 191
Moray Firth 123, 186 ff. 187, 204, 209, 213, 227
Mull (Insel) 76, 90, 92, 108, 110 f., 114, 123, 129, 142

N
Nairn 213
New Lanark 80 f.
North Berwick 40, 43

O
Oban 38, 108, 110, 123, 129
Old Man of Storr 140, 145
Orkney Brewery 250 f.
Lamb Holm 246
Scapa Flow 246 f.
Maeshowe 244
Ring of Brodgar 245
Skara Brae 245
Stromness 244
Kirkwall 244, 252 f.
Orkney-Inseln 178, 242
Hoy 24, 247
Isbister Chambered Cairn 245
Mainland 242, 244 f., 247, 251, 254, 258

P
Pennan 212
Perth 65, 192, 195, 199
Pitlochry 192, 195, 199
Pittenweem 236 f.

Eshaness Cliffs auf Shetland. In der sehenswerten St Magnus Cathedral von Kirkwall. Schafe und Widder sind allgegenwärtig. Aus Irland kam nicht nur das Christentum nach Schottland. Furchtloser Hirsch im Hochlanddorf Corran. »My home is my castle« kann man auch mit Blumen ausdrücken. (v.l.n.r.).

Loch Diabaigas Airde liegt in der einsamen Berglandschaft oberhalb von Lower Diabaig.

Plockton 146
Poolewe 172 f.
Portknockie 210 f.
Portpatrick 62 f.
Portree 140, 142
Portsoy 210

Q
Queensferry 46 f.
Quoyloo 250

R
Raasay 148 f.
Rannoch-Moor 119
Rhinns of Galloway 60, 62 f.
River Orchy 125
River Tweed 50 f., 52
Rothesay 77
Roy MacGregors, Rob 52, 124 f., 156
Royal Deeside 156, 199, 223, 227
Royal Yacht Britannia 38
Rua Reidh Lighthouse 164, 166

S
Sandend 210
Sango Bay 174, 177
Scott, Sir Walter 32, 34, 51 f., 89, 113
Shetland-Inseln 110, 219, 240, 242, 253 f., 256, 263
  Muckle Roe 258
  St Ninian's Isle 259
  Scousburgh 259
  Unst 251, 260 f.
  Yell 260 f.
  Fair Isle 262 f.
  Muness Castle 261
  Lerwick 250, 252 f., 257
  Scalloway 256 f.
  Sinclair's Bay 178 f.
Skye 108, 110, 123, 133, 136 f., 140, 142 ff., 145, 148, 158, 164, 167, 203
  Dunvegan Castle 144
  Old Man of Storr 140, 145
  Portree 140, 142
Smoo Cave 174, 176
Solway Coast 56
Southerness Point 55 f.
South Ronaldsay 178, 246
Staffa 112 f.
Standing Stones of Calanais 154
St Andrews 40, 234, 236
St Monans 236
St Ninian's Chapel
Stirling 33, 83, 96 f., 100 f.
Stirling Castle 96 f., 101
  Bannockburn 30, 55, 100 f.
Stonehaven 220 f., 226
Stuart, Maria 35 f., 51, 97, 239
Strathspey 200

T
Tartans (Kilt) 156 f.
Tayinloan 94
Teviot Hills 50 f.
Tiere 35, 73, 122, 125, 144
Torridon 147 ff., 167
Traigh Mhòr 160
Traquair House 53, 250
Trossachs Nationalpark 83, 101
Turnberry 78
Turner, William 33, 80, 113

U
Uist 108, 123, 154, 158 f.
Ullapool 155, 168, 170 f.
Ulva 115
Urquhart Castle 162, 191

V
Victoria, Königin 62, 118, 156, 185, 195, 223, 233

W
Wallace, William 30, 80, 101
Wemyss Bay 76 f.
Western Isles 93, 108, 114, 142, 145, 152, 154 f., 192, 242
Whisky 33, 35, 89, 90, 93, 95, 105, 111, 176, 185, 200 ff., 203 ff., 220, 250 f.

Die Autoren

Udo Haafke arbeitet als freier Fotograf und Bildjournalist mit seinem eigenen Redaktionsbüro. Neben zahlreichen Fotoausstellungen im In- und Ausland, Veröffentlichungen zu regionalen, nationalen und internationalen Reisethemen, gerne auch zu Schottland, hat er sich bundesweit mit seinen Reisereportagen und Bildbänden einen Namen gemacht.

Peter Sahla lebt als Fernsehjournalist in London. Er veröffentlichte zahlreiche Bildbänden über die Britischen Inseln.

Die Fotografin

Petra Woebke (†2021) reiste auf ihren beruflichen Bildmotivrecherchen nicht nur bis in die entlegensten Gebiete dieser Erde, sondern auch immer wieder nach Schottland.

Danksagung

Herzlicher Dank für tatkräftige Unterstützung an Juliane Frank (Visit Scotland) und Wilfried Klöpping (Der SchottlandBerater) sowie an die gastfreundlichen und stets hilfsbereiten Schotten

Textnachweis

Folgende Texte stammen von Udo Haafke:
S. 12/13, Kapitel 2, 3, 4, 8, 9, 10, 13, 14, 18, 20, 22, 23, 24, 27, 29, Thema Unabhängigkeit, 31, 32, 33, 35, 36, 37, 45, 46, 50, 51, 59, 60, 66, 68, 69, 72, 74, 75, 77, 79, 81, 82, Thema Wikinger, 86, 87, 88.

Herr Haafke hat zudem folgende Texte umfangreich erweitert: Kapitel 42, 55, 67, 78, 83, Thema Whisky.

Alle übrigen Texte stammen von Peter Sahla.

Bildnachweis

Alle Bilder stammen von Petra Woebke außer:

Udo Haafke: S. 1, 4/5, 4 r., 5 (3x), 6–7 (7x), 12/13 (5x), 29 u., 31, 33 u., 34, 35 (2x), 37 u., 38, 39, 41 (2x), 43 u., 47 (2x), 49 (2x), 51 o., 52, 53, 57 (2x), 58, 59 (2x), 60–63 (7x), 70 o., 71 o., 72, 73 (2x), 74, 75, 76, 77 o., 78, 79, 80, 81 (2x), 85 o., 88, 89 u., 91 u., 92 u., 93 u., 94, 95 (2x), 97 (2x), 98–99 (5x), 100, 101 (2x), 103 o., 104–107 (6x), 110 (2x), 111 u., 112, 113 (2x), 114, 115, 118 o., 119 u., 120/121, 123 l.o., 123 u., 125 u., 128, 132 (2x), 133 (2x), 137 u., 140, 146, 147, 149 u., 152, 157 u., 160, 161 (2x), 162, 163 (2x), 164, 165 o., 166 (2x), 167 (2x), 170 (2x), 173 o., 174, 175, 176 u., 182/183, 185 o., 187 u., 188, 189, 195 (2x), 196/197, 199 (2x), 200 (2x), 201 o., 202 (3x), 203 u., 204, 205 (2x), 206, 207 u., 208, 209 u., 210, 211 u., 212, 213, 216–219 (6x), 221 u., 222, 223 (2x), 224/225, 226, 227 (2x), 229–231 (6x), 232, 233 (2x), 234–237 (7x), 238, 239 o., 240/241, 243 (2x), 245 u., 246, 247, 248/249, 250, 251 o., 252–253 (4x), 255 o., 257 u., 259, 260, 261 (2x), 262, 263 (2x), 264/265, 282 l., 282/283 o., 283 l., 284 r., 284/285, 285 M., 287;

Bildagentur Huber: S. 71 u. (Carassale Matteo);

Look photos: S. 131 o. (Avalon.red2), 180/181 (Johaentges, Karl);

Shutterstock: S. 2/3 (TTstudio), 4 M., 183 o. (JASPERIMAGE), 29 o. (SAKhan-Photography), 65 (Kevin Eaves), 70 u. (DrimaFilm), 135 (Binson Calfort), 136 u. (Marc Medcalf), 145 o. (Mikadun), 150/151 (Reimar), 180/181 (Swen Stroop), 239 u. (Chris Jenner).

Impressum

Verantwortlich: Maren Langendorf
Lektorat: Linde Wiesner
Layout: VerlagsService Gaby Herbrecht
Umschlaggestaltung: Alexander Knoll
Repro: Ludwig:media
Kartografie: Astrid Fischer-Leitl (Übersichtskarte, Locators), Huber Kartographie, Heike Block (Routenkarten und Kartenatlas)
Herstellung: Alexander Knoll
Printed in Turkey by Elma Basim

★★★★★

Sind Sie mit diesem Titel zufrieden? Dann würden wir uns über Ihre Weiterempfehlung freuen.

Erzählen Sie es im Freundeskreis, berichten Sie Ihrem Buchhändler, oder bewerten Sie bei Onlinekauf.
Und wenn Sie Kritik, Korrekturen, Aktualisierungen haben, freuen wir uns über Ihre Nachricht an Bruckmann Verlag, Postfach 400209, D-80702 München oder per E-Mail an lektorat@verlagshaus.de.

Unser komplettes Programm finden Sie unter

www.bruckmann.de

In diesem Buch wird aus Gründen der besseren Lesbarkeit das generische Maskulinum verwendet. Weibliche und anderweitige Geschlechteridentitäten werden dabei ausdrücklich mitgemeint, soweit es für die Aussage erforderlich ist.

Alle Angaben dieses Werkes wurden von den Autoren sorgfältig recherchiert und auf den neuesten Stand gebracht sowie vom Verlag geprüft. Für die Richtigkeit der Angaben kann jedoch keine Haftung übernommen werden, weshalb die Nutzung auf eigene Gefahr erfolgt. Sollte dieses Werk Links auf Webseiten Dritter enthalten, so machen wir uns die Inhalte nicht zu eigen und übernehmen für die Inhalte keine Haftung.

Umschlagvorderseite: Eilean Donan Castle am Loch Alsh (look photos/robertharding)
Umschlagrückseite große Bild: Viele kleine Bachläufe durchziehen das Tal von Glencoe (Udo Haafke)
Umschlagrücken: Eine der nunmehr raren Telefonzellen auf der Entdeckungsfahrt von LoveOrkneyTours
Umschlagrückseite kleine Bilder v.o.n.u.: Das moderne Riverside Museum in Glasgow; ebenso zottelig wie widerstandsfähig und meist freundlich: die typischen Hochlandrinder; Tossing the Caber gehört zu den Highlights der Wettbewerbe bei Highland Games.

S. 1: Männer in Röcken sieht man traditionell in Schottland auch noch im 21. Jahrhundert.
S. 2/3: Dunnottar Castle an der Küste Aberdeenshires
S. 8: Das Edinburgher Restaurant The Witchery glänzt mit einer mystisch glamourösen Atmosphäre.
S. 287: Spektakulärer Höhepunkt der Edinburgher Festival-Saison: das Edinburgh Military Tattoo

Die Deutsche Nationalbibliothek verzeichnet diese Publikation in der Deutschen Nationalbibliografie; detaillierte bibliografische Daten sind im Internet über http://dnb.d-nb.de abrufbar.

Infanteriestraße 11a
80797 München

ISBN: 978-3-7343-2824-4